COLLECTION
FOLIO CLASSIQUE

Notre-Dame des écrivains

Raconter et rêver la cathédrale du Moyen Âge à demain

Préface de Michel Crépu

*Textes choisis et commentés
par Michel Crépu et Antoine Ginésy*

*Textes médiévaux traduits du latin et commentés
par Emanuele Arioli*
Maître de conférences
à l'Université Polytechnique Hauts-de-France

Gallimard

Le copyright des textes sous droits
est indiqué après les extraits concernés.

© *Éditions Gallimard, 2020.*

PRÉFACE

Qui entre dans Paris, entre dans Notre-Dame. Qui entre dans Notre-Dame entre dans Paris. Une ville, un roman, une église : Hugo dans Notre-Dame de Paris *a définitivement scellé le pacte, comme une victoire de la littérature, entre ces trois points cardinaux. Nulle part ailleurs dans le monde européen on ne trouve une telle osmose d'architecture et de spiritualité, de visibilité et d'invisibilité, de foule humaine et de cloître mystique. Si l'on veut un exemple incarné de ce qu'Augustin visait d'un point de vue théologique, Notre-Dame de Paris est là pour vous servir. À un point que les spectateurs sidérés de l'incendie d'avril 2019 ne soupçonnaient pas. Qu'eussent-ils soupçonné d'ailleurs, maintenant que l'on se prend en selfie avec Quasimodo ? Tandis que les flammes dévoraient la charpente, il semblait que le feu avait quelque chose à dire. Parle donc, feu ! Dis-nous ce que tu déchires ! Parle à notre tristesse ! Dis-nous pourquoi nous sommes si tristes ! Il y avait quelque chose de beau dans cette catastrophe, comme souvent (c'est-à-dire rarement) avec les catastrophes qui posent leur griffe à même le tissu transcendantal des choses humaines. On pressent un message qui se dérobe, on voit bien que l'absurde chaos est doublé. Sur sa droite ou sur sa gauche, impossible de le dire, mais il est doublé. On n'en saura pas plus, sinon au matin, une fois disparues les flammes, la trace énigmatique d'un passage. Ainsi les pèlerins d'Emmaüs, une fois disparu l'invité mystérieux, sentent leur cœur battre plus fort. Mais pourquoi ?*

*C'est la raison d'être de ce précieux Folio, que de chercher à donner une réponse à la question en « épluchant » les feuilles distraites de la littérature, en recueillant les traces du dîner de la veille, quand l'invité était encore là. Depuis le XII*ᵉ *siècle jusqu'à nos jours, innombrables ont été les visiteurs du soir et du matin. Certains, comme Claudel dans une messe de Noël mémorable, y ont reçu le sceau de la conversion, d'autres comme Hemingway dans* Le soleil se lève aussi *y ont ressenti cette ombre silencieuse, jamais plus parlante que lorsque la nuit est tombée. Il y a là toute une géométrie d'émotions qui doit bénéficier d'une attention particulière, à cause du silence, un silence à la fois énigmatique et tendre, mystérieux et consolateur. Le journal* Libération, *peu suspect de sacristie, a eu l'expression juste en titrant, au lendemain de l'incendie, « Notre Drame de Paris ». Oui, c'était un drame qui s'est arrêté au bord du précipice. Il n'était pas imaginable que l'on assiste à un tas de cendre après dix siècles d'architecture. Alors même qu'aujourd'hui encore il reste impossible de déterminer la cause exacte d'une telle dévastation, le plus singulier réside dans une sorte de « malgré tout » qui empêche de prononcer les mots de l'adieu définitif. Il n'y a pas d'adieu, mais il n'y a pas non plus de retour au temps d'avant. C'est donc qu'il y a bien eu une disparition. Cette disparition ne relève pas du requiem : elle semble plutôt comme la page tournée d'une histoire qui ouvre un nouveau chapitre. Un certain équilibre se cherche sous nos yeux entre deux expériences : à la fois celle* *d'une disparition et celle d'un autre visage, le même cependant.*

Reste la nature secrète de cet évènement où nous attend la littérature. Ce volume, foncièrement anthologique, ne prétend pas « faire le tour » complet de ce que serait un dictionnaire de Notre-Dame à travers les livres. Ce n'est pas un dictionnaire, c'est un abri offert aux instants où la rencontre a pu se faire, même dans la vitesse de l'instant perdu un jour de promenade. Et il accepte tout à fait l'idée de son incomplétude, laquelle est à son principe. Il y a là une rencontre unique entre la matière du volume de pierre et celle qui émane, spirituellement, d'une telle rencontre. L'osmose a lieu dans le paradoxe du bain ambiant, comme il arrive à ceux qui vivent aux pieds de la Joconde *sans avoir la curiosité d'aller la voir. Il leur suffit de savoir qu'elle est là, comme la Françoise de Proust n'est jamais allée à Notre-Dame. Proust le relève malicieusement dans* Le Temps retrouvé *: « "Ah! comme cela devait être beau!", elle qui, habitant Paris depuis tant d'années, n'avait jamais eu la curiosité d'aller voir Notre-Dame. C'est que Notre-Dame faisait précisément partie de Paris, de la ville où se déroulait la vie quotidienne de Françoise [...] ». La « vie quotidienne » de Françoise intègre tout, y compris les ordres transcendantaux, sans qu'il soit besoin de les pratiquer. C'est la loi du bain ambiant de permettre un tel mode de connaissance. Faut-il rappeler combien* À la recherche du temps perdu *se conçoit aussi bien comme un espace architectural hérité du grand âge gothique? Proust n'a pas lu pour rien les textes de Ruskin, et l'on sait à quel point il faisait ses délices des ouvrages d'Émile Mâle sur l'art religieux au XIIIe siècle, véritable comédie humaine sculptée à même les chapiteaux, s'offrant au visiteur comme un livre ouvert. Mais on reste fasciné par le*

« plain-pied » de Françoise, qui n'a pas lu non plus les ouvrages d'Émile Mâle. Il lui suffit de *« vivre à Paris »* pour recevoir les sacrements.

Paris, comme dit Supervielle, « et son brouhaha de chars mérovingiens, ses carrosses dorés, ses fiacres, ses automobiles de tous les âges »… Telles sont les cellules biologiques du tissu général d'où est issue la cathédrale. Notre-Dame est impensable sans son fourmillement de populace, du dedans et du dehors, comme le décrit littéralement Balzac, tout à la fois à la manière d'un maquignon et d'un entomologiste. Si Supervielle entend les chars mérovingiens, Balzac sait se fondre lui-même dans l'ambiance urbaine, ce boucan de ville en perpétuelle éruption. Balzac a saisi les ondes souterraines : il est inouï d'entendre la rumeur de Paris à la lecture, l'onde de fond est allée jusqu'à nous. Accordée au fluide balzacien, elle n'est pas « ruskinienne », style trop réservé aux amis d'Oxford. Notre-Dame de Paris transmise par Balzac explose littéralement les relais de transmission. Inutile d'ôter son chapeau en entrant dans la cathédrale, elle s'en est occupée pour vous. C'est le prodige augustinien de la Cité de Dieu réalisée à l'échelle du marché des Halles. Dans ce théâtre extraordinaire jouant à guichets fermés, les deux tours de Notre-Dame sont comme des donjons qui montent la garde. Qui a songé sérieusement qu'elles allaient vaciller ? Vacillement il y eut, juste assez pour ouvrir la porte aux questions supérieures. Que faisons-nous là ? Pourquoi Françoise est-elle un Père de l'Église ? Et pourquoi Proust a-t-il réussi sa résurrection ? Et surtout, pourquoi l'incendie fait-il de nous des orphelins ? En réalité, Notre-Dame n'est pas morte : elle est une grande blessée de guerre, peut-être victime d'une cigarette mal éteinte. Nous vivons sa blessure comme si elle avait fait de nous des orphelins. Et tout est dans ce quasi-requiem où la quasi-défunte assiste en personne à sa propre remontée des enfers.

L'un des invités de ce livre détient peut-être la clé de l'énigme. Ils sont même au moins deux. Rilke, le premier, Walter Benjamin ensuite (par respect pour la chronologie). Rilke est allé à Paris, on lit cela dans Les Cahiers de Malte Laurids Brigge, *qu'on croirait écrits par un séminariste que tourmente l'idée de devenir un poète d'élégies. Paris, pour Rilke, est comme Vienne pour les Français lettrés de l'entre-deux-guerres, à la manière de Charles Du Bos. Paris est le vrai cœur spirituel de la littérature, il est donc normal qu'un jeune mystique comme Rilke tâche d'en extraire l'adorable liqueur. À moins de faire un rêve de Notre-Dame, comme Walter Benjamin ? Benjamin, l'homme des « passages », le grand lecteur moderne que son ami Gershom Scholem adjurait de venir vivre à Jérusalem plutôt que de rester à Paris. Et qui reste jusqu'à ce qu'il soit trop tard, allant chercher la mort à la frontière espagnole. Pas avant un dernier passage rêvé à Notre-Dame, où l'on se plairait, si l'heure n'était pas si grave, à imaginer notre cher Walter dans l'habit d'un diablotin de corniche. La vérité est que Benjamin ne pouvait pas quitter Paris en dépit des avertissements : il aimait trop cette ville pour penser un instant qu'elle pourrait le trahir, ne plus être là pour lui tenir compagnie. Il faut voir Benjamin photographié par Gisèle Freund, comme un gros ourson, ses livres sous le bras, à la BnF, ne voyant pas l'ombre qui est sur lui. Ce sont là de ces moments parisiens qu'on aimerait ne pas voir. Les dernières heures de l'Europe spirituelle au bord de la Cathédrale-Seine.*

Christopher Newman, héros du roman L'Américain *d'Henry James, a eu cette chance de goûter au suc de l'Europe chrétienne avant les débâcles du XXe siècle. Au contraire même, il a eu un fabuleux jeu de cartes entre les mains. Il le découvre au fur et à mesure que la profondeur devient pour lui une sensation nouvelle. Car pour lui l'Amérique ne connaît pas la profondeur : elle est toute surface. C'est l'Europe, sa profondeur. Notre-Dame y figure une profondeur cardinale, si l'on ose dire. Telle est la vision jamesienne : filtrer le monde comme s'il se résumait à un salon pourpre teinté de lampes dorées où peuvent se déchirer les êtres humains. Notre-Dame pourrait aussi bien être ce salon, sans cesser d'être Notre-Dame. Et c'est d'ailleurs ce qui s'est passé depuis le début : comme si Notre-Dame avait vu à ses pieds les siècles succéder aux siècles, comme si cela avait été sa fonction première d'assister au monde des hommes du haut de son silence. C'est une constante qui sert ici de fil rouge, que l'on croise Montaigne ou Rabelais, Gide, Huysmans, Péguy, Zola ou Claudel : la cathédrale existe comme une confidente mutique. On lui parle beaucoup, elle ne parle pas. La présence silencieuse suffit aux trouées de lumière, aux grands basculements. Je ne passe jamais devant le pilier fameux où l'auteur du* Soulier de satin *dit avoir reçu la foudre de la conversion sans en éprouver la chaleur immédiate. La foudre est tombée là, elle y tombe encore. Comprenne qui pourra, et c'est tant mieux. Il appartient à cet édifice d'incarner ce rôle de grand témoin où chacun sait qu'il peut toujours laisser un message demandant qu'on le rappelle. En général, on nomme cela prier. Les écrivains de ce volume ne sont pas tous, loin de là, des fidèles du psautier. Mais qui sait ce que veut dire prier ?*

Huysmans était un « partisan » de Chartres contre Notre-Dame, jugée par lui un monument mort après avoir été « rafistolé », comme le lecteur pourra le lire dans le présent volume. C'était son droit ; et comme il est impossible de penser du mal au sujet de Chartres, on pardonne à Huysmans ce manquement à la courtoisie religieuse. Mais la vision de l'incendie eût pu peut-être inciter Huysmans à réviser son procès. Et d'ailleurs, encore une fois, peu importe. Ce livre ne joue pas un match Notre-Dame contre Chartres — quoique passionnant.

Traitant du motif spirituel de la « rose », Georges Duby écrit admirablement, dans Le Temps des cathédrales *: « Dans les structures de la cathédrale gothique, le cercle tient une place moindre que dans l'église romane. Devient maîtresse ici la ligne droite, vecteur de l'histoire, projection rectiligne du rayon lumineux qui figure l'acte créateur et la grâce divine, élan de la dynamique rationnelle, de la recherche scolastique et de tout le progrès de ce temps, qui filent droit. Seules les roses, symboles de la création dans sa plénitude, où la circulation de la lumière, jaillie de son foyer ineffable et revenant converger vers lui, se réduit à l'unité de son principe, épousent la courbe fermée que les astres parcourent dans le firmament. » Et il ajoute : « L'art du vitrail aboutit à ces roses. Elles portent à la fois la signification des cycles du cosmos, du temps se résumant dans l'éternel, et du mystère de Dieu, Dieu lumière, Christ soleil. Dieu apparaît sur la rose méridionale de Notre-Dame de Paris dans le cercle des prophètes, des apôtres et des saints. » À l'échelle des siècles, ces bouquets de vitraux ne sont qu'un instant, comparés aux civilisations défuntes, de Sumer ou des Hittites, dont parlèrent Élie Faure et André Malraux. Ce sont bien eux pourtant qui offrent son miroir à l'espèce humaine, si bouleversante quand on la voit se presser dans les travées, ces dimanches soir d'automne, où toute la planète paraît attendre un signe.*

Poussons la porte, et mêlons-nous à l'immense chœur des voix chuchotées.

MICHEL CRÉPU

Note sur l'édition

Ce projet est né au lendemain de l'incendie de Notre-Dame de Paris, dans l'incrédulité et l'hébétude qui suivent la chute de ceux qu'on croyait immortels. Nous ressentions le besoin de parler à nos proches, nos collègues, nos voisins ; la rue redevenait cet espace où l'on regarde le paysage qui nous entoure, où la beauté enfin nous frappe, se détachant, éclatante, de la grisaille aveuglante du quotidien. La littérature nous apparut alors comme le refuge à notre tristesse.

Qu'est-ce qu'un évènement historique ? Comment l'identifier tout en le vivant ? Inconsciemment, nous avons eu la réponse. Notre besoin immédiat de retracer l'histoire de la cathédrale Notre-Dame en était la preuve : nous sentions que l'évènement qui venait de se produire sous nos yeux était de ceux qui font l'histoire. Nous avions compris que l'incendie du 15 avril 2019 n'était pas un simple accident, ni un fait divers de plus, mais un évènement qui nous mettait en garde. Qui nous convoquait à plus de considération envers le passé, à plus de responsabilité face à l'avenir. Le patrimoine architectural révélait sa fragilité : soudain, en miroir, le patrimoine littéraire prenait une importance considérable à nos yeux. Nous avons compris cet appel. Et y avons répondu. Pour rebâtir Notre-Dame, nous avons voulu nous ancrer dans le passé, en assurer de solides fondations. Cela commença par l'envie de lire, relire ou offrir *Notre-Dame de Paris* de Victor Hugo. Un élan de solidarité inédit se mit en place, chacun voulant témoigner sa solidarité et aider à sa manière. Le monde de l'édition y prit sa part, en reversant les bénéfices (des éditeurs, auteurs et distributeurs) de certains ouvrages aux fonds de collecte pour la reconstruction de la cathédrale — opération pour laquelle la collection Folio classique fut pionnière, avec le roman de Hugo.

Comme pour tout évènement historique dont nous sommes les contemporains, chacun se souvient où il était, ce qu'il faisait, à l'instant T. Les intellectuels et artistes furent invités à s'exprimer — commentant, analysant, créant sur les cendres pour conjurer le sort. Le romancier Arthur Dreyfus rendit à la cathédrale cet hommage en forme d'examen de conscience[1] :

> *Feignant de le relire / Chacun découvre Hugo / Sur Facebook on peut lire / Je suis Quasimodo*
> *Je suis passé souvent / Devant toi dame célèbre / Je n'avais pas le temps / D'honorer tes ténèbres*
> *Ta presque-mort m'explique / À quel point je vis trop / Vite : pardon à tes reliques / Pardon à tes vitraux*
> *Nous n'avons pas de reine / Nous avons Notre-Dame [...]*
> *On reconnaît un patrimoine / Au bruit qu'il fait quand il part en flammes*

L'incendie de Notre-Dame de Paris fut interprété comme un glas : voilà ce qu'il advient de notre patrimoine si nous n'en prenons pas soin, sembla nous dire la flèche en tombant. C'est aussi ce qui menace la littérature classique si on ne continue pas à la faire vivre. Cette anthologie entend faire résonner le patrimoine littéraire avant que l'oubli le recouvre.

*

---

1. Dans *Télérama* du 17 avril 2019.

À force de traquer Notre-Dame de Paris dans la littérature, on voit des cathédrales partout (c'est ce que les sociologues appellent un biais : un trop fort éclairage qui fausse le résultat). Il convient aussi de se demander qui n'a *pas* parlé de Notre-Dame de Paris. L'historien Jules Michelet par exemple, dont on attendrait qu'il le fît, écrit : « Je voulais du moins parler de Notre-Dame de Paris. Mais quelqu'un a marqué ce monument d'une telle griffe de lion, que personne désormais ne se hasardera d'y toucher. C'est sa chose désormais, c'est son fief ; c'est le majorat de Quasimodo. Il a bâti, à côté de la vieille cathédrale, une cathédrale de poésie, aussi ferme que les fondements de l'autre, aussi haute que ses tours[1]. » C'est bien sûr de Victor Hugo qu'il s'agit, vers qui convergèrent tous les regards des lecteurs après l'incendie. Dans ce volume, nous avons précisément voulu montrer la cathédrale avant Hugo et sans lui. Sans cacher les manques : on a par exemple relevé peu de textes importants du XVIIe siècle — est-ce à dire que le gothique se marie mal avec l'esprit classique ?

Nous n'avons réuni que des textes où l'évocation de la cathédrale est centrale. Pour tant d'autres auteurs, elle est seulement un élément du paysage, un décor devant lequel on ne s'arrête plus. On ne s'étonnera donc pas de l'absence des grands promeneurs que sont Rétif de La Bretonne (l'auteur des *Nuits de Paris*), Léon-Paul Fargue (*Le Piéton de Paris*), les auteurs de romans policiers Georges Simenon ou Léo Malet, ou encore Patrick Modiano : chez eux la cathédrale n'est pas sujet. On trouvera en revanche beaucoup d'auteurs étrangers : peut-être sont-ils, plus que nous encore, attachés à tout ce qui fait Paris.

Notre-Dame assure le lien entre sacré et profane. Pour croyants et non-croyants, la cathédrale est le symbole du « vieux Paris » : elle répond au goût du Paris mythique des films de gangsters et des baisers d'amoureux, cette ville rêvée qui a pourtant existé. Visiter et lire Paris, c'est toujours reconnaître la ville d'après nos lectures, nos souvenirs,

1. *Histoire de France*, t. II (1833).

nos refrains fredonnés. La cathédrale est un palimpseste : un parfait mélange de mémoires populaire et savante.

Ce volume se propose de feuilleter les pages de ce palimpseste, à la recherche des éléments constitutifs de la mythologie de la cathédrale. Dans notre choix des textes, nous nous sommes concentrés sur les questionnements et les métaphores que suscite la cathédrale à travers le temps : leur apparition et leurs reprises. Le regroupement adopté n'est donc pas chronologique : il respecte la progression des idées, des analyses, des évocations. Au-delà de la cathédrale réelle, c'est une cathédrale fantasmée qui se dessine. En témoigne le nombre de textes dans lesquels la cathédrale est le support d'une rêverie érotique.

*

Ce projet ne se limite pas, comme le veut l'usage de la collection Folio classique, aux auteurs du domaine public, mais s'ouvre aux auteurs modernes et contemporains, afin de rendre sensible le retour de mêmes motifs, du Moyen Âge à nos jours. Nous avons également voulu associer la mémoire visuelle à la mémoire littéraire, en donnant un choix d'images de la cathédrale (peinture, gravure, dessin, photographie, bande dessinée) et en proposant à un artiste contemporain, Octave Marsal, de réaliser l'illustration de couverture du livre.

La majeure partie des textes de la section « Notre-Dame et ses contemporains » sont ici traduits du latin pour la première fois, par Emanuele Arioli. La traduction des extraits de Mark Twain et de John Ruskin est également inédite.

Respectant le principe de toute anthologie — la sélection d'extraits —, nous n'avons pas indiqué les marques de coupe au début et à la fin des textes ; mais nous l'avons fait pour les coupes au milieu des textes, et pour les poèmes, quand nous ne les donnons pas en intégralité.

Dans les textes traduits, les mots en italique suivis d'une étoile (*) sont en français dans la version originale.

Note sur l'édition 19

À la fin de chaque texte nous indiquons, quand elle existe, la référence d'une édition moderne facilement consultable.

Les notes de bas de page appelées par des astérisques (*) sont des auteurs ; celles appelées par des lettres (a, b, c) expliquent le vocabulaire des textes anciens ; les notes de commentaire et d'analyse (appelées par des chiffres arabes 1,2,3) figurent en fin de volume.

Les « chapeaux » de présentation ont été rédigés par Michel Crépu (M. C.), Antoine Ginésy (A. G.), Blanche Cerquiglini (Bl. C.) et Emanuele Arioli (E. A.) pour les textes médiévaux latins. Pour *Notre-Dame de Paris* de Hugo, nous avons repris des passages de la préface d'Adrien Goetz à son édition du roman en Folio classique.

« Ceci tuera cela. Le livre tuera l'édifice », soupire Claude Frollo dans le roman de Hugo — le livre imprimé menaçant, aux yeux de l'archidiacre alchimiste, la Parole de l'Église. « Ceci sauvera cela », répondons-nous.

BLANCHE CERQUIGLINI
Folio classique

NOTRE-DAME
DES ÉCRIVAINS

Notre-Dame
et ses contemporains

(1163 - milieu du XIVe siècle)

PAR EMANUELE ARIOLI

Alors qu'on dispose de bien plus de détails pour d'autres chantiers contemporains, les renseignements sur la construction de Notre-Dame de Paris demeurent assez imprécis. Si l'on exclut le cartulaire de la cathédrale — recueil de copies de documents juridiques —, les textes qui la mentionnent à l'époque de son édification (de l'année 1163 au milieu du XIVe siècle) sont extrêmement rares et très concis. D'autant plus précieux, ils permettent de reconstituer les grandes lignes de l'histoire du chantier et les réactions qu'il a suscitées.

C'est Maurice de Sully, évêque de Paris, qui décida de construire une nouvelle cathédrale gothique, à l'instar d'autres qui, dans la France du Nord, venaient de remplacer les cathédrales romanes. La plupart des contemporains éprouvèrent de l'admiration et de la sympathie pour cet homme, jadis enfant pauvre et mendiant, qui parvint au siège épiscopal le plus important de France et se consacra à embellir la ville de Paris en rivalisant avec les rois. La construction de Notre-Dame fut l'œuvre capitale de son épiscopat, pendant lequel il rebâtit également le palais épiscopal et édifia plusieurs ponts et abbayes.

La première pierre de la nouvelle cathédrale fut posée en 1163 par le pape Alexandre III, si l'on prête foi à un témoignage d'un chroniqueur du XIVe siècle, Jean de Saint-Victor. L'édification commença par le chevet, déjà pratiquement achevé en 1177, d'après Robert de Torigni. Le nouveau bâtiment, de dimensions inédites, ne se limitait pas à l'emplacement de l'ancienne cathédrale romane de Notre-Dame : il fut nécessaire de détruire également le baptistère adjacent et la basilique Saint-Étienne. De plus, on sait, grâce au témoignage du chroniqueur d'Anchin et à quelques chartes, que Maurice de Sully racheta également de nombreuses maisons pour ouvrir une grande place devant la cathédrale.

C'est principalement par ses dimensions et en particulier par sa hauteur que Notre-Dame de Paris impressionna ses contemporains. Les nouvelles cathédrales gothiques représentaient de véritables prodiges architecturaux : grâce aux voûtes d'ogives, aux piliers et aux arcs-boutants, le nouveau système de répartition du poids permettait d'élever des nefs de plus en plus hautes et de percer d'immenses fenêtres dans les murs.

La plupart des chroniqueurs de l'époque ont tissé l'éloge de Maurice de Sully et ont reconnu la cathédrale de Paris comme un chef-d'œuvre absolu. Si l'on parvient à achever cette œuvre — écrit Robert de Torigni —, aucune autre ne pourra lui être comparée ! Un témoin du XIVe siècle, Jean de Jandun, fournit une description plus détaillée : il vante les deux tours imposantes, la multitude des voûtes, la clarté des chapelles, un grand crucifix aujourd'hui disparu, mais surtout les deux rosaces nord et sud, construites lors de la seconde phase du chantier qui s'étendit de 1250 au milieu du XIVe siècle. Divers traités liturgiques s'évertuent alors à interpréter dans un sens symbolique les caractéristiques de l'architecture gothique : la hauteur et la clarté des nouvelles cathédrales étaient supposées exprimer de meilleure manière la perfection de Dieu et de son Église, en suscitant non seulement l'émerveillement mais également la ferveur des fidèles.

Objet d'admiration, Notre-Dame de Paris fut aussi objet de réprobation. Dès son édification, elle suscita des sentiments contradictoires. Une anecdote rapportée par Césaire de Heisterbach suggère que l'évêque Maurice de Sully aurait financé par l'indulgence[1] la construction de sa cathédrale, en sollicitant un usurier d'y contribuer par

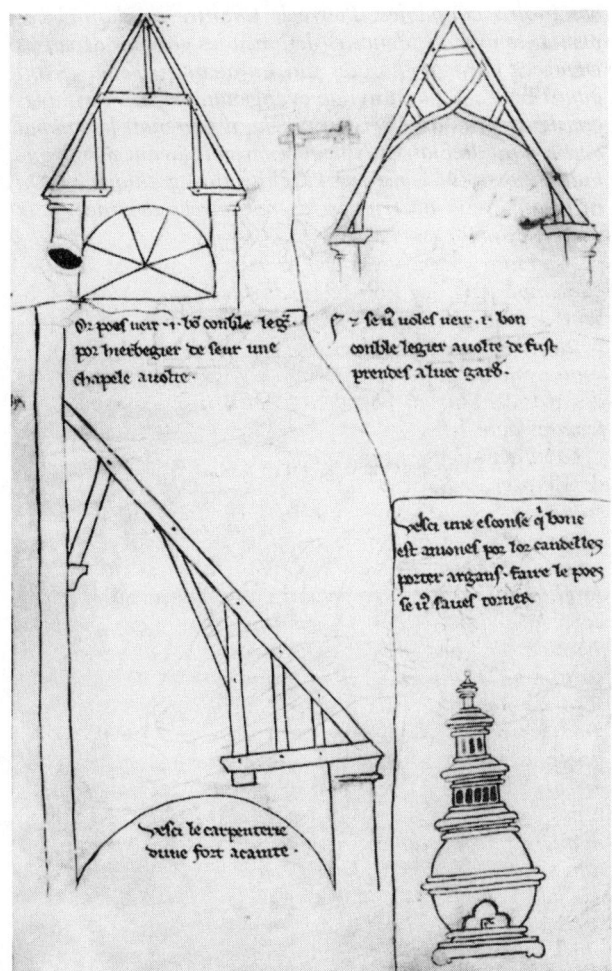

Villard de Honnecourt, *Carnet de dessins* (XIIIᵉ siècle)
Trois modèles de charpente et une lanterne sourde
(ou lampe monastique)

ses profits coupables. Pierre le Chantre condamna ces pratiques avec virulence et dénonça les grandes dépenses engagées dans le chantier qui auraient eu l'effet d'éloigner l'Église de la pauvreté évangélique et des véritables enseignements du Christ. En cela, il reprenait le combat de Bernard de Clairvaux, lequel écrivait, avant même que l'aube ne se fût levée sur l'architecture gothique : « *On offre aux yeux des riches les ressources destinées aux pauvres*[1]. »

JEAN DE SAINT-VICTOR
(JOHANNES VICTORINUS CANONICUS)

On doit le seul véritable témoignage sur la fondation de la nouvelle cathédrale à un texte du XIVe siècle, le Mémorial (Memoriale historiarum) *de Jean de Saint-Victor. Ce chroniqueur, selon un historien du XVIIe siècle, serait entré comme chanoine dans l'abbaye de Saint-Victor de Paris en 1327 et y aurait vécu jusqu'à l'année 1351. Puisant à de nombreuses sources historiques, le* Mémorial *s'étend de la Création jusqu'à 1322, en résumant les évènements sous forme d'annales, souvent très concises.*

Deux lignes seulement sont consacrées à Notre-Dame de Paris : elles figurent au titre de l'année 1175, mais font référence au temps où le pape Alexandre III, qui aurait posé la première pierre, « se trouvait encore en France ». On sait que le pontife dut se réfugier en France pour fuir Frédéric Ier Barberousse avec lequel il était en guerre : comme il séjourna à Paris approximativement entre le 24 mars 1163 (jour de Pâques) et le 25 avril de la même année, cette période est aujourd'hui retenue comme date de la fondation de Notre-Dame. On suppose que Maurice de Sully aurait demandé au pape de poser la première pierre le jour de Pâques lors d'une grande cérémonie[1] en présence du roi Louis VII. Néanmoins, hormis une allusion dans un sermon de Philippe le Chancelier[2], notre connaissance de l'évènement se borne aux deux lignes du Mémorial, *dont la rédaction, comme on l'a vu, est postérieure d'un siècle et demi à l'évènement et qui n'invoque aucune autre source à l'appui.*

Puisque le Mémorial *est pour la plus grande partie inédit, nous proposons une traduction du passage en question à partir de l'un des manuscrits qui le conservent. En raison de l'importance de ce document qui constitue en quelque sorte l'acte de naissance de la cathédrale gothique de Paris, et parce qu'il est inédit[1] et difficilement accessible, nous proposons également notre transcription de l'original latin.*

Tempore eodem fundata est ecclesia beate Marie Parisius ab episcopo Parisiense Mauritio et primum lapidem ibidem posuit Papa Alexander dum adhuc esset in Francia.

En ce temps-là fut fondée la cathédrale de la bienheureuse Marie, à Paris, par l'évêque de cette ville, Maurice, et, là, le pape Alexandre posa la première pierre pendant qu'il se trouvait encore en France.

Transcription et traduction d'Emanuele Arioli, d'après le ms. BnF, lat. 15011, fol. 394v, du XIVe siècle.

ROBERT D'AUXERRE
(ROBERTUS ALTISSIODORENSIS)

Sans mentionner la pose de la première pierre, quelques chroniqueurs contemporains ont laissé dans leurs annales une trace de la construction de la cathédrale. C'est le cas de la Chronique (Chronologia) *de Robert d'Auxerre (1156-1212), religieux de l'ordre des Prémontrés et chanoine à l'abbaye de Saint-Marien d'Auxerre. Cette œuvre couvre, à partir de nombreuses sources, une période allant de la Création jusqu'à 1211 ; une première version s'arrêtait à l'année 1181 et a probablement été rédigée autour de cette date. Pour 1175, la* Chronique *de Robert d'Auxerre mentionne, parmi les œuvres les plus importantes de Maurice de Sully, la construction de Notre-Dame de Paris et de deux ponts.*

Maurice, évêque de Paris, est alors florissant, lui qui, par son application extraordinaire dans les lettres et par son éloquence remarquable, s'est élevé du fond d'une grande pauvreté jusqu'au sommet de la dignité épiscopale. Parmi ses œuvres célèbres, il érigea depuis ses fondements la cathédrale de son diocèse et il construisit deux ponts de pierre, l'un sur la Seine, l'autre sur la Marne[1].

Traduction E. A.

Le même passage a été repris avec quelques modifications dans le Miroir de l'histoire (Speculum historiale), *vaste et célèbre compilation de Vincent de Beauvais. Cette œuvre est l'un des quatre volets — dont l'un est apocryphe — du* Grand Miroir du monde (Speculum maius), *la grande encyclopédie du Moyen Âge achevée par cet auteur vers 1257-1258. L'allusion à Notre-Dame de Paris figure cette fois au titre de l'année 1176. On notera que la référence aux deux ponts a disparu, alors qu'on y trouve une anecdote sur l'enfance de Maurice de Sully.*

À la même époque, Maurice, évêque de Paris, était florissant, lui qui, par son application dans les lettres, s'est élevé du fond d'une grande pauvreté jusqu'au sommet de la dignité épiscopale. De fait, quand il était jeune, pauvre et mendiant, il refusa l'aumône qu'il demandait, lorsqu'on y mit pour condition qu'il ne serait jamais évêque. Parmi ses œuvres célèbres, il érigea depuis ses fondements la cathédrale de son diocèse[1].

Traduction E. A.

ROBERT DE TORIGNI
(ROBERTUS DE TORIGNEIO)

Grâce à une autre chronique de l'époque, on sait qu'en 1177 le chevet de la nouvelle cathédrale était achevé[2], à l'exception de la couverture : il s'agit de la chronique de Robert de Torigni, abbé du Mont-Saint-Michel depuis 1154 jusqu'à sa mort en 1186. Grand bâtisseur, il fit édifier divers bâtiments de cette abbaye et les deux tours de la façade de l'église. Grand collectionneur de livres, il composa aussi quelques ouvrages historiques, pour la plupart des compilations. Sa chronique prend la suite de celle de Sigebert de Gembloux — qui s'arrêtait à l'année 1111 — et elle se poursuit jusqu'à l'année 1182. Robert de Torigni a vraisemblablement été un témoin oculaire de la construction de Notre-Dame de Paris, lorsqu'il écrit pour l'année 1177 :

Il y a déjà longtemps que Maurice, évêque de Paris, travaille beaucoup et avance dans l'édification de la cathédrale de cette ville : le chevet[3] est déjà terminé sauf pour la grande couverture[4]. Si l'on parvient à achever cette œuvre, il n'en y aura aucune autre de ce côté des monts qui puisse lui être comparée[1].

Traduction E. A.

CHRONIQUEUR D'ANCHIN

Le témoignage le plus élogieux sur Maurice de Sully et ses œuvres se trouve dans un autre texte historique qui prolonge la chronique de Sigebert de Gembloux : la continuation d'Anchin *(Continuatio Aquicinctina). Né vers 1028-1029, Sigebert de Gembloux était l'auteur d'une chronique universelle qui intégrait celle de saint Jérôme, lui-même traducteur et continuateur d'Eusèbe de Césarée. La chronique de Sigebert, qui se signale par une indication claire des années dans la marge et par de brèves notices annalistiques, connut un grand succès. Vouée par sa forme et par sa célébrité à susciter des interpolations et des adjonctions, elle a servi de source non seulement aux écrivains dont nous avons déjà traité — Robert d'Auxerre, Vincent de Beauvais et Jean de Saint-Victor — mais elle a aussi été prise comme base par plusieurs autres qui, comme Robert de Torigni, en ont écrit des continuations. Parmi celles-ci figure la continuation d'Anchin, texte anonyme écrit vers 1201 à l'abbaye Saint-Sauveur d'Anchin, à la frontière entre le Hainaut et l'Artois. Pour l'année 1177, on y lit :*

Maurice, évêque de la ville de Paris, vase d'abondance et olivier qui porte ses fruits dans la maison du Seigneur, fleurit parmi les autres évêques de la Gaule.

Sans compter ses qualités intérieures que Dieu seul connaît, il brille au-dehors par son savoir, sa prédication de la parole du Seigneur, par la largesse de ses aumônes et par la diffusion de ses bonnes œuvres. Il a reconstruit la cathédrale de la bienheureuse Marie, mère de Dieu, dans laquelle il siège comme évêque, et, pour cette œuvre si bien faite et si somptueuse, il a employé davantage ses propres ressources que celles des autres. Il a élargi la place devant cette même cathédrale, entre les deux ponts, après avoir acheté à grands frais les terrains auparavant occupés par plusieurs demeures. Il a rebâti le palais épiscopal, il a construit deux abbayes, l'une pour des chanoines et l'autre pour des religieuses. Il se trouve dans la cathédrale plus que fréquemment : il y est constamment. Je l'ai vu dans une fête qui n'était pas solennelle, au moment où on chantait les vêpres, non pas dans la chaire épiscopale, comme c'est l'usage, mais assis dans le chœur, entonnant les psaumes comme les autres, entouré de plus d'une centaine de clercs[1].

Traduction E. A.

CÉSAIRE DE HEISTERBACH
(CAESARIUS HEISTERBACENSIS)

Toutes les œuvres entreprises par Maurice de Sully — l'élévation de la cathédrale, l'ouverture de la place devant elle après le rachat des demeures qui s'y trouvaient, la construction de ponts, d'abbayes et du palais épiscopal — supposaient d'immenses dépenses. Le chroniqueur d'Anchin écrit que, pour bâtir la cathédrale, Maurice de Sully employa surtout « ses propres ressources », c'est-à-dire les revenus de la « mense épiscopale », qu'il multiplia par une administration habile du patrimoine de l'évêché. L'autre source principale pour la construction fut constituée par les offrandes des fidèles (en plus de leur travail bénévole), auxquelles s'ajoutent les contributions du chapitre des chanoines ainsi que les donations, parmi lesquelles se détache celle du roi Louis VII.

Certains évêques accordaient même l'indulgence aux personnes qui donnaient une certaine somme d'argent pour la construction ou pour la restauration d'un bâtiment ecclésiastique. C'est probablement à cette pratique qu'il faut rattacher l'anecdote, mentionnée plus haut, que rapporte Césaire de Heisterbach (ca. 1180-1240), moine cistercien d'une abbaye près de Bonn, dans le Dialogue des miracles (Dialogus miraculorum) : *Maurice de Sully aurait conseillé à un homme de donner pour la construction de Notre-Dame de Paris l'argent qu'il avait obtenu en pratiquant l'usure. Celle-ci était considérée comme un grave péché : au Moyen Âge, on estimait que faire travailler l'argent au lieu de travailler de ses mains est une faute. L'usurier ne fait que vendre du temps, et le temps n'appartient qu'à Dieu.*

LE REPENTIR DE THIBAUT, USURIER DE PARIS

Sous le règne de Philippe Auguste [...], il y avait dans la ville de Paris un usurier très riche, nommé Thibaut. Touché par Dieu, après avoir acquis de grands biens et amassé des fortunes infinies grâce aux intérêts des sommes prêtées, il s'adressa au révérend Maurice, évêque de cette ville, pour s'abandonner à sa conduite. Lui, qui s'occupait avec une ferveur extrême de l'édification de la cathédrale de la bienheureuse Marie, mère de Dieu, lui conseilla de donner son argent pour le chantier en cours. Mais Thibaut, auquel cet avis parut assez suspect, alla consulter le révérend Pierre le Chantre en lui rapportant les mots de l'évêque. Pierre le Chantre lui répondit : « Il ne vous a pas donné en l'occurrence un bon conseil. Allez plutôt faire proclamer par un héraut dans toute la ville que vous êtes prêt à restituer les intérêts à tous ceux que vous avez spoliés. » Ainsi fit-il, puis, revenant vers le révérend, il lui dit : « J'ai rendu à tous ceux qui se sont présentés tout ce que ma conscience m'a témoigné que je leur avais pris, et il me reste encore beaucoup d'argent. — Maintenant, lui répondit l'autre, vous pourrez faire la charité en toute sûreté[1]. »

Traduction E. A.

PIERRE LE CHANTRE
(PETRUS CANTOR)

Qu'elle soit vraie ou fausse, l'anecdote rapportée par Césaire de Heisterbach met bien en lumière le tempérament de Pierre le Chantre. Maître en théologie à Paris, puis chantre à la cathédrale, comme son surnom l'indique, celui-ci est l'auteur de plusieurs sermons et commentaires bibliques, mais son œuvre la plus célèbre est le Verbe abrégé (Verbum adbreviatum), *exposé doctrinal et moral destiné au clergé et en particulier aux prédicateurs. Comme saint Bernard de Clairvaux l'avait fait quelques décennies auparavant, il critique âprement le luxe et le faste des constructions de son époque, les grandes dépenses destinées à l'architecture plutôt qu'aux pauvres. Sous leur forme impersonnelle, ces reproches visent aussi la cathédrale de Paris qu'il voyait s'ériger devant ses yeux et où il occupait l'une des charges les plus importantes sous l'épiscopat de Maurice de Sully. À la mort de celui-ci, nous rapporte un chroniqueur du XIIIe siècle, Pierre le Chantre fut élu évêque de Paris en 1196, mais il refusa la charge; il mourut un an après, en 1197.*

Dans ce chapitre du Verbe abrégé, *Pierre le Chantre s'appuie sur l'autorité de l'Ancien Testament, du Nouveau Testament et des docteurs de l'Église pour rappeler des exemples de pauvreté biblique et évangélique qui ne peuvent que contraster avec la nouvelle passion maladive pour les constructions (« morbo aedificandi ») qu'il déplore.*

CONTRE LA SURABONDANCE DES ÉDIFICES

De même que, dans la profusion et le raffinement des vêtements et des aliments, l'œuvre de la nature se tourne en faute et tombe dans le vice, si l'on manque de discernement, de même en va-t-il pour la surabondance et pour le luxe des édifices. On remarquera combien on s'est éloigné de la simplicité des Anciens dans la construction des maisons. De fait, on lit qu'Abraham, qui a ouvert la voie de la foi, habitait simplement dans des cabanes et ne possédait même pas un pied de terre. Il planta ses tentes entre Béthel et Aï[1], comme un voyageur étranger, non comme un habitant ou un citoyen, et, sous son toit, c'est-à-dire dans une cabane couverte de chaume, il offrit l'hospitalité à des anges[2]. Pareillement, Loth et Noé habitaient dans des tentes[3]. Certains des Anciens vivaient dans les anfractuosités des rochers, d'autres dans les creux et les cavités des arbres : les voyant sortir de ces lieux, on croyait qu'ils en étaient issus de manière fabuleuse[4]. Élisée[5] avait un petit logis qui n'était pas à lui, puisqu'il était hébergé par une veuve, chez qui il avait une chambre avec une petite table, un petit lit et un candélabre. Et il ne changeait pas de lieu pour s'en aller sous un autre toit, par respect de ce précepte évangélique : « Dans toute ville ou tout village où vous entrerez, informez-vous pour savoir s'il s'y trouve quelqu'un qui est digne et demeurez chez lui jusqu'à votre départ[1]. » […]

Aujourd'hui, à cause de la surabondance et du luxe des demeures et des murailles, la piété s'est attiédie et les distributions charitables aux pauvres se sont amoindries. Nous arrivons encore moins à les nourrir, surtout avec des dépenses superflues de ce genre. Isaïe écrit : « Le ciel est mon trône, la terre mon marchepied. Quelle maison pourriez-vous me bâtir, quel serait le lieu de mon repos[2] ? » […] Pareillement, le Christ dans l'Évangile : « Les renards ont des tanières, les oiseaux du ciel ont des nids, mais le Fils de l'homme n'a pas où poser sa tête[3]. » Voilà que la modestie et l'humilité du Christ nous enseignent à être contents de logements humbles, car il n'avait où poser sa tête, ni où marcher, ni où étendre sa gloire. Et par conséquent, pour que nous ne soyons pas semblables aux renards rusés et fétides, ni plus proches du diable et de l'enfer, pour que nous ne soyons pas engloutis dans la terre avec Dathan et Abiron[4], ne bâtissons en aucun cas dans les entrailles de la terre jusqu'au plus profond de celle-ci, ni dans l'air voué à emprisonner les démons jusqu'au jugement dernier[5]. Évitons de devenir, par des constructions orgueilleuses, voisins et compagnons des démons et des autruches[6]. Mais construisons sur la terre, puisque nous sommes des êtres terrestres, en sachant que nous ne faisons que passer sur cette terre et que nous serons des êtres célestes par notre corps et notre âme, et surtout parce qu'il est écrit : « Le ciel appartient au Seigneur, mais il a donné la terre aux enfants des hommes[7]. »

De même, le Prélat[8] écrit à un autre prélat : « À quoi bon cette élévation de vos maisons ? À quoi servent ces tours ? À quoi ces fortifications ? Tu n'y seras pas davantage protégé contre le diable, au contraire tu seras plus proche de lui. » C'est une passion pour les constructions que dénoncent les palais des princes bâtis en volant les pauvres et avec leurs larmes. De plus, les édifices monastiques et ecclésiastiques se construisent avec le profit et l'usure des avares, avec les mensonges des trompeurs et les tromperies des menteurs, des prédicateurs, des mercenaires. [...]

On commet des péchés même dans la construction des églises. En effet, leurs chevets devraient être plus humbles que les corps des édifices à cause de l'idée mystique qu'ils symbolisent, puisque « notre tête, c'est le Christ[1] » et qu'il est plus humble que son Église. Aujourd'hui, au contraire, on les érige de plus en plus hauts. [...]

De même, saint Jérôme écrit dans ses lettres : « Par quel sermon pourrais-je donner une idée de la grotte du Sauveur et de cette étable dans laquelle il vagissait tout petit ? Il vaut mieux les honorer par le silence que par de faibles paroles. Dans ces lieux, où sont donc les larges portiques ? Où sont les lambris dorés ? Où sont les maisons ornées des peines des malheureux et des travaux des criminels ? Où sont les riches édifices, semblables à des palais, érigés par des particuliers pour que le méprisable corps d'un homme déambule dans le faste et, comme s'il y avait quelque chose de plus beau que le monde même, pour qu'il se plaise à contempler ses plafonds plutôt que le ciel ? C'est à Bethléem, dans ce petit coin de terre, que le Créateur des cieux est né ; c'est ici qu'il a été visité par les pasteurs, ici qu'il a été signalé par l'étoile, ici qu'il a été adoré par les mages[2]. »

Traduction E. A.

GUILLAUME DURAND DE MENDE

Si Pierre le Chantre critique la hauteur des chevets « à cause de l'idée mystique qu'ils symbolisent », c'est qu'au Moyen Âge chaque partie de l'église revêtait un sens « spirituel ». Ces diverses significations, qui entraient en ligne de compte dans les choix architecturaux et dans la conception de l'édifice, étaient explicitées dans des traités consacrés à la liturgie. Parmi ces textes se détache par son ampleur et par son succès le Rational des divins offices (Rationale divinorum officiorum) *de Guillaume Durand, évêque de Mende à partir de 1285. Cette œuvre, véritable somme liturgique, établit, dans le premier livre, des parallèles entre l'église matérielle, « construite de pierres jointes ensemble », et l'Église spirituelle, « composée d'hommes différents les uns des autres ». Elle se fonde sur les Saintes Écritures pour expliciter le sens de chaque élément architectural. Loin d'être entièrement originale, elle s'inspire largement de traités antérieurs, jusqu'à en reprendre des paragraphes entiers sans l'indiquer au lecteur, pratique courante dans les textes encyclopédiques de l'époque. L'extrait suivant puise abondamment à la* Somme des offices ecclésiastiques (Mitrale seu De Officiis ecclesiasticis summa), *rédigée entre 1185 et 1195 par Sicard de Crémone, et au* Miroir des mystères de l'Église (Speculum de mysteriis Ecclesiae), *écrit à l'abbaye de Saint-Victor (initialement attribué à Hugues de Saint-Victor) entre 1160 et 1175, mais également, dans une moindre mesure, à la* Gemme de l'âme (Gemma animae) *d'Honorius d'Autun (1080-ca. 1154[1]).*

Des tours aux verrières, des poutres aux portes, tous les éléments de Notre-Dame de Paris — et, bien plus tard, même l'horloge et le coq que la flèche de Viollet-le-Duc a entraînés

Villard de Honnecourt, *Carnet de dessins* (XIIIᵉ siècle)
Plans de chevets d'église [Traduction de la légende :
« Voici le plan de l'église Saint-Étienne à Meaux.
Au-dessus figure une église à double déambulatoire
que Villard de Honnecourt imagina avec Pierre de Corbie. »]

dans sa chute[1] — *ont revêtu, aux yeux de leurs constructeurs comme à ceux des fidèles, des sens mystiques, en faisant de ce monument tout entier un symbole de la chrétienté.*

Voici comment une église doit être construite. Une fois que le lieu de fondation a été préparé selon ces paroles : « La maison du Seigneur est solidement fondée sur la pierre ferme[2] », l'évêque ou le prêtre qui en a obtenu la permission doit y asperger de l'eau bénite pour éloigner les faux-semblants provoqués par les démons et doit y poser la première pierre, sur laquelle il faut graver une croix.

L'église doit aussi être bâtie de telle sorte que le chevet regarde droit vers l'Orient, [...] c'est-à-dire vers le lever du soleil à l'équinoxe, pour signifier que l'Église militante[3] doit se conduire avec modération et avec égalité d'âme dans le bonheur et l'adversité. On ne doit pas tourner le chevet vers le lever du soleil au solstice, comme certains le font. [...]

L'église matérielle dans laquelle le peuple se rassemble pour louer Dieu représente la sainte Église qui est construite de pierres vives dans les cieux. Celle-ci est la maison du Seigneur solidement bâtie, dont le fondement est le Christ, pierre angulaire ; sur ce fondement a été posé celui des apôtres et des prophètes[4], comme il est écrit : « Ses fondements sont dans les montagnes saintes[5]. » Les murs bâtis dessus sont les Juifs et les gentils[6] qui sont venus au Christ des quatre parties du monde et qui ont cru, croient ou croiront en lui. Mais les fidèles, prédestinés à la vie éternelle, sont les pierres employées dans la structure de ce mur que l'on édifiera jusqu'à la fin de ce monde. De fait, on pose une pierre sur une autre lorsque ceux qui enseignent dans l'Église s'occupent des plus jeunes avec zèle, en les instruisant, en les corrigeant, en les consolidant dans la sainte Église.

Celui qui soulage la peine d'un frère supporte sur lui une pierre pour l'édifice tout entier. En vérité, les pierres plus grosses et polies ou équarries, que l'on place à l'extérieur — de part et d'autre du mur — et au milieu desquelles se trouvent des pierres plus petites, représentent les hommes les plus parfaits qui, grâce à leurs mérites et à leurs prières, maintiennent unis les plus faibles dans la sainte Église.

Quant au ciment, sans lequel un mur ne peut être stable, il est fait de chaux, de sable et d'eau. La chaux est la charité brûlante qui s'unit avec le sable, c'est-à-dire les actions de cette terre, puisque la vraie charité possède une très grande sollicitude à la fois pour les veuves, les vieillards, les orphelins et les infirmes : pour cela, les hommes s'appliquent à travailler de leurs mains afin d'avoir de quoi leur faire du bien. Mais pour que la chaux et la terre puissent servir à l'édification du mur, elles doivent être liées avec de l'eau. Et s'il est vrai que l'eau représente le Saint-Esprit, de même que sans ciment les pierres du mur ne peuvent tenir ensemble et lui donner de la stabilité, ainsi les hommes ne peuvent se joindre à la construction de la Jérusalem céleste sans la charité que le Saint-Esprit produit en eux. [...]

De plus, l'église se dresse sur quatre murs, c'est-à-dire sur la doctrine des quatre évangiles. Longue et large, elle s'élève en hauteur, c'est-à-dire jusqu'aux plus hautes vertus. Sa longueur est la longanimité qui fait supporter avec patience les adversités jusqu'à ce que l'on parvienne à la patrie céleste. Sa largeur est la charité qui, élargissant l'esprit, fait aimer ses amis en Dieu et ses ennemis pour Dieu[1]. Quant à sa hauteur, elle est l'espérance d'une récompense future, qui fait mépriser les bonheurs et les adversités de ce monde, jusqu'à ce que l'on voie les biens du Seigneur dans la terre des vivants.

D'autre part, dans le temple de Dieu ou de la grâce, le fondement est la foi, qui consiste à croire ce qu'on ne voit pas. Le toit est la charité qui « couvre une multitude de péchés[1] ». La porte est l'obéissance dont le Seigneur dit : « Si tu veux entrer dans la vie, observe les commandements[2]. » Le pavement est l'humilité dont le Psalmiste dit : « Mon âme est prosternée sur le pavement[3]. »

Les quatre murs latéraux sont les quatre vertus cardinales : la justice, la force, la prudence et la tempérance. Ils sont également les quatre côtés égaux de la cité céleste dans l'Apocalypse[4]. [...]

Les cryptes ou les cavités souterraines, que l'on creuse dans certaines églises, représentent les ermites, puisqu'ils mènent une vie plus retirée. [...]

Les tours de l'église sont les prédicateurs et les prélats de l'Église qui constituent son rempart et sa défense. Pour cela, l'époux parle ainsi à l'épouse dans le Cantique des cantiques : « Ton cou est comme la tour de David construite pour être un arsenal[5]. » La flèche d'une tour représente la vie ou l'esprit du prélat qui tend vers les choses élevées.

Le coq placé sur l'église symbolise les prédicateurs : en effet, le coq veille dans la nuit profonde, divise les heures par son chant, réveille ceux qui dorment, annonce le jour qui approche, mais d'abord s'anime lui-même à chanter, en se frappant avec ses ailes. Aucune de ces choses n'est dépourvue de sens spirituel. De fait, la nuit est le siècle présent ; ceux qui dorment sont les fils de cette nuit, couchés dans leurs péchés ; le coq représente les prédicateurs qui prêchent distinctement, réveillent ceux qui dorment pour qu'ils rejettent les œuvres de ténèbres, et crient : « Malheur à ceux qui dorment ! Lève-toi, toi qui dors[6] ! » Ils annoncent la lumière à venir, lorsqu'ils prêchent le jour du jugement dernier et la gloire future, mais, avec prudence, avant de prôner aux autres l'exercice des vertus, ils se réveillent du sommeil du péché et châtient leurs corps. À ce propos, l'Apôtre dit : « Je châtie mon corps, etc.[1] » [...]

Les verrières sont les Écritures divines qui repoussent le vent et la pluie, c'est-à-dire qui tiennent éloigné ce qui est nocif, tandis qu'elles laissent passer la clarté du vrai soleil, c'est-à-dire de Dieu, dans l'Église, c'est-à-dire dans les cœurs des fidèles, et illuminent ceux qui demeurent en son sein. Elles sont plus larges à l'intérieur parce que le sens spirituel est plus ample que le sens littéral et lui est supérieur. De même, elles symbolisent les cinq sens du corps qui doivent être resserrés à l'extérieur, pour ne pas absorber les vanités du monde, et être bien ouverts à l'intérieur, pour recevoir plus librement les dons spirituels. [...]

La porte de l'église est le Christ, car on lit dans l'Évangile : « Je suis la porte[2] », dit le Seigneur. Les apôtres aussi sont les portes de l'église. [...]

Les colonnes de l'église sont les évêques et les docteurs qui, par la doctrine chrétienne, soutiennent spirituellement le temple de Dieu, ainsi que les évangélistes soutiennent son trône. [...] Les bases des colonnes sont les apôtres, qui précèdent les évêques et supportent la structure entière de l'Église. Les sommets des colonnes sont les esprits des évêques et des docteurs : en effet, de même que les membres sont dirigés par la tête, ainsi nos paroles sont guidées par nos esprits et nos œuvres. Les chapiteaux sont les paroles de la Sainte Écriture, auxquelles nous devons nous conformer en les méditant et en les observant.

Le pavé de l'église est le fondement de notre foi. En vérité, dans l'Église spirituelle, le pavé est constitué par les pauvres du Christ, c'est-à-dire par les pauvres en esprit[3] qui s'humilient dans chaque chose : c'est à cause de leur humilité qu'ils sont comparés au pavé.

De plus, le pavé, qu'on foule aux pieds, est le peuple dont le travail sustente l'Église.

Les poutres[1], qui maintiennent uni l'édifice, sont les princes du siècle présent ou les prédicateurs qui protègent l'unité de l'Église, les uns par l'action, les autres par la parole. [...]

La charpente[2] de l'église représente les prédicateurs qui l'élèvent spirituellement. Les lambris et les ciselures aussi sont les prédicateurs qui l'ornent ou la renforcent. D'eux, qui ne se laissent pas atteindre par la pourriture des vices, se glorifie l'épouse dans le même cantique, quand elle dit : « Les poutres de nos maisons sont des cèdres, les lambris des cyprès[3]. » En effet, Dieu construit son Église avec des pierres vives et du bois imputrescible, selon ces paroles : « Le roi Salomon s'est fait un palanquin en bois du Liban[4] », c'est-à-dire que le Christ a bâti sa maison avec des saints purifiés par la chasteté. [...] Le sanctuaire[5], c'est-à-dire la tête de l'église, plus humble que le reste de son corps, symbolise, dans l'Église, la grande humilité que doit avoir le clergé ou le prélat, selon ces paroles : « Plus tu es grand, plus tu dois t'humilier en toutes choses[6]. » [...]

L'horloge, où les heures logent c'est-à-dire qu'elles y défilent[7], symbolise le soin que les prêtres doivent avoir de célébrer les heures canoniques en temps voulu, selon ces paroles : « J'ai chanté tes louanges sept fois par jour[8]. »

Les tuiles du toit, qui repoussent l'averse, sont les soldats qui protègent l'Église contre les païens et ses ennemis[9].

Traduction E. A.

Villard de Honnecourt, *Carnet de dessins* (XIIIᵉ siècle)
Une tour de la cathédrale de Laon

JEAN DE JANDUN

Lorsque Guillaume Durand écrit le Rational des divins offices, *plus d'un siècle après la fondation de Notre-Dame de Paris, celle-ci est loin d'avoir l'aspect que nous lui connaissons. Une première période de construction s'était achevée en 1250 avec la fin de l'édification de la tour nord. Néanmoins, l'évêque Renaud de Corbeil procéda à la reconstruction des parties qui ne correspondaient plus au goût de l'époque : les travaux s'étendirent jusqu'à la moitié du XIVᵉ siècle, notamment avec l'allongement du transept pourvu de ses rosaces nord et sud, l'ouverture des chapelles du chevet, la création des arcs-boutants du chœur. La description de la cathédrale que fait Jean de Jandun en 1323 dans le* Traité des louanges de Paris (Tractatus de laudibus Parisius) *se réfère déjà à un bâtiment qui ressemble globalement à l'édifice actuel. Commentateur d'œuvres philosophiques, en particulier d'Averroès, Jean de Jandun (1285-1328), originaire des Ardennes, a enseigné à la Faculté des arts de Paris avant de devenir chanoine de Senlis, puis d'entrer au service de Louis de Bavière qui le nommera évêque de Ferrare.*

À Paris, sanctuaire très bénéfique de la foi chrétienne, de magnifiques bâtiments consacrés à Dieu ont été fondés en si grand nombre que, parmi les villes les plus puissantes de la chrétienté, plusieurs ne peuvent probablement pas se flatter de compter autant d'églises. Parmi celles-ci, la vénérable cathédrale de la très glorieuse Vierge Marie, mère de Dieu, brille, à juste titre, comme le soleil parmi les étoiles. Et même si certains, ne pouvant examiner facilement que peu de choses, affirment, par la liberté de leur jugement, que la beauté d'autres églises l'emporte sur elle, j'estime toutefois, avec tout le respect que je leur dois, que, s'ils regardaient attentivement l'ensemble et ses parties, ils abandonneraient vite cette opinion.

En effet, où trouveraient-ils, je vous le demande, deux tours d'une telle magnificence, si parfaites, si larges, si fortes, revêtues d'une telle multitude et d'une telle variété d'ornements ? Où trouveraient-ils, je vous le demande, un tel agencement de voûtes latérales supérieures et inférieures ? Où trouveraient-ils, je vous le demande, la beauté et la clarté des nombreuses chapelles qui l'entourent ? De plus, qu'ils me disent dans quelle église je pourrais voir une si grande croix, dont les bras séparent le chœur de la nef[1]. Enfin, j'aimerais bien savoir où se trouvent deux pareilles rosaces, situées l'une en face de l'autre, en ligne droite, auxquelles on attribue le nom de la quatrième voyelle à cause de leur ressemblance avec celle-ci[2]. Au-dessous, des rosaces et des cercles plus petits disposés avec un art merveilleux, les uns en rond, les autres en angle, entourent les vitraux qui brillent de couleurs précieuses et de figures peintes d'une très subtile élégance. En vérité, j'estime que cette cathédrale offre à ceux qui l'observent attentivement un tel objet d'admiration que l'âme peut difficilement se lasser de la contempler[3].

Traduction E. A.

Déchiffrer la cathédrale

ÉMILE MÂLE

L'Art religieux du XIIIe *siècle en France*
(1898)

> *Nos historiens du Moyen Âge, un Duby, un Le Goff, eurent un grand-père spirituel. C'était Émile Mâle (1862-1954), l'auteur d'un inoubliable* Art religieux du XIIIe siècle en France *(sous-titré : « Étude sur l'iconographie du Moyen Âge et sur ses sources d'inspiration ») publié en 1898, dont Marcel Proust faisait ses délices. Mâle, qui fut élu à l'Académie française en 1927, a été le chroniqueur merveilleux des corniches, des tympans, des chapiteaux de l'art gothique, le traducteur d'une langue de pierre, ce grand livre d'heures spirituelles d'une société chrétienne conçue comme un corps vivant. À l'heure des pesants collectifs de « spécialistes », l'œuvre d'Emile Mâle paraît le véritable roman savant d'un siècle où la théologie conduit le lecteur au plus intime de la révélation.*
>
> M. C.

De trop ingénieux archéologues ont eu, je le sais, la prétention de ne rien laisser d'inexpliqué dans la cathédrale. Suivant eux, la moindre fleur, le moindre monstre grimaçant aurait un sens que les théologiens du Moyen Âge nous révéleraient. « Dans ces majestueuses basiliques, dit l'un d'eux, pas un détail, pas une tête sculptée, pas une feuille de chapiteau qui ne représente une pensée, et ne parle un langage compris de tous[*1]. » [...]

Leur point de départ pourtant était juste. Ils virent très bien que, pour les grands esprits du Moyen Âge, le monde ne fut qu'un symbole. Mais ils eurent le tort de croire que les artistes enfermèrent dans leurs moindres œuvres une conception symbolique du monde. Sans doute, ils le firent quelquefois et suivirent avec docilité les enseignements qu'ils recevaient : les exemples que nous avons donnés plus haut le prouvent. Mais, la plupart du temps, ils se contentèrent d'être des artistes, c'est-à-dire de reproduire la réalité pour leur plaisir. Tantôt ils imitaient avec amour les formes vivantes, et tantôt, se jouant avec elles, ils les combinaient et les déformaient selon leur caprice. [...]

Dans les cathédrales apparaissent une faune et une flore nouvelle. Des êtres inconnus surgissent, qu'on ne peut rattacher au passé, comme au lendemain des grandes révolutions géologiques. On croit voir une autre époque de la nature. Sans modèles, les sculpteurs gothiques ont créé ce monde par un effort de volonté. Pourquoi n'auraient-ils pas mis dans chacune de leurs créations une pensée et un symbole ?

Arguments spécieux, mais qui ne résistent pas à l'examen. Quiconque étudiera, sans parti pris, la faune et la flore décoratives du XIIIᵉ siècle, n'y verra qu'une œuvre d'art pur. Aucune idée dans cet art charmant, mais un tendre et profond amour de la nature. Les sculpteurs du Moyen Âge, livrés à eux-mêmes, ne s'embarrassaient plus de symboles : ils redevenaient peuple, ils regardaient le monde avec des yeux émerveillés d'enfant.

Voyez-les créant la magnifique flore du XIIIᵉ siècle.

---

[*] *Revue de l'Art chrétien*, tome X, p. 133 (article de l'abbé Auber).

Ils ne cherchent pas à lire, dans les jeunes fleurs du mois d'avril, le mystère de la Chute et de la Rédemption. Aux premiers jours du printemps, ils vont dans les forêts de l'Île-de-France, où d'humbles plantes commencent à percer la terre. La fougère, enroulée sur elle-même comme un puissant ressort, est encore couverte d'une bourre cotonneuse, mais, le long des ruisseaux, l'arum est déjà près de s'épanouir. Ils cueillent les bourgeons, les feuilles qui vont s'ouvrir, et les regardent avec cette curiosité tendre et passionnée que nous ne sentons que dans la première enfance et que les vrais artistes conservent toute leur vie. Les lignes puissantes de ces jeunes plantes, qui se tendent et aspirent à être, leur semblent pleines de grandeur par l'énergie concentrée qu'elles expriment, vraiment monumentales. D'un bourgeon qui va s'entrouvrir, ils feront le fleuron qui termine un pinacle. Des pousses qui sortent de terre, ils orneront la corbeille d'un chapiteau. Les chapiteaux de Notre-Dame de Paris, surtout les plus anciens, sont faits de ces feuilles printanières, tout engorgées de jeune sève, qui semblent vouloir, dans leur élan, soulever les tailloirs et les voûtes.

Il faut donc renoncer à faire de nos vieux artistes du Moyen Âge des esprits indépendants, inquiets, toujours prêts à secouer le joug de l'Église. Victor Hugo exprima le premier, dans *Notre-Dame de Paris*, cette idée si parfaitement fausse : « Le livre architectural, dit-il, n'appartient plus au sacerdoce, à la religion, à Rome : il est à l'imagination, à la poésie, au peuple... Il existe à cette époque pour la pensée écrite en pierre un privilège tout à fait comparable à notre liberté de la presse : c'est la liberté de l'architecture. Cette liberté va très loin. Quelquefois un portail, une façade, une église tout entière présente un sens symbolique absolument étranger au culte,

Émile Mâle
L'Art religieux du XIIIᵉ siècle en France
Croquis d'une tige de cresson

ou même hostile à l'Église... Sous prétexte de bâtir des églises, l'art se développait dans des proportions magnifiques. »

En 1832, quand Victor Hugo écrivait ces lignes, on n'avait encore que des notions confuses sur l'iconographie du Moyen Âge ; mais, trente ans après, Viollet-le-Duc était moins excusable de soutenir le même paradoxe. Dans l'article de son *Dictionnaire* qu'il a consacré à la sculpture, il reprend l'idée du poète : « L'art dans la société des villes, dit-il, devient au milieu d'un état politique très imparfait — qu'on nous passe l'expression — une sorte de liberté de la presse, un exutoire pour les intelligences toujours prêtes à réagir contre les abus de l'État féodal. La société civile vit dans l'art un registre ouvert, où elle pouvait jeter hardiment ses pensées sous le manteau de la religion : que cela fût réfléchi nous ne le prétendons pas, mais c'était un instinct... Si l'on examine avec une attention profonde cette sculpture laïque du XIIIe siècle, si on l'étudie dans ses moindres détails, on y découvre bien autre chose que ce qu'on appelle le sentiment religieux. Ce qu'on y voit, c'est avant tout un sentiment démocratique prononcé dans la manière de traiter les programmes donnés, une haine de l'oppression qui se fait jour partout, et, ce qui est plus noble, et ce qui en fait un art digne de ce nom, le dégagement de l'intelligence des langages théocratiques et féodaux. Considérez ces têtes de personnages qui garnissent les portails de Notre-Dame. Qu'y trouvez-vous ? L'empreinte de l'intelligence, de la prudence morale sous toutes ses formes. Celle-ci est pensive et sévère ; cette autre laisse percer une pointe d'ironie entre ses lèvres serrées. Là, sont ces prophètes du linteau de la Vierge, dont la physionomie méditative finit par vous embarrasser comme un problème. Plusieurs, animés d'une foi sans mélange, ont les traits d'illuminés; mais combien plus expriment un doute, posent une question et la méditent* ».

Nous croyons avoir le droit, après la longue étude qui précède, de nous inscrire en faux contre une semblable théorie, que Viollet-le-Duc n'appuie d'ailleurs d'aucun fait.

Non, les artistes du Moyen Âge ne furent ni des révoltés, ni des « penseurs », ni des précurseurs de la Révolution**. Il est devenu inutile aujourd'hui de les présenter sous ce jour pour intéresser le public à leur œuvre. Il suffit de les montrer comme ils furent vraiment : simples, modestes, sincères. Ils nous plaisent mieux ainsi. Ils furent les interprètes dociles d'une grande pensée, qu'ils mirent tout leur génie à bien comprendre. Il leur fut rarement permis d'inventer. L'Église n'abandonna guère à leur fantaisie que les parties de pure décoration. Mais, là, leur puissance créatrice se déploie librement : pour orner la maison de Dieu ils lui tressent une couronne de toutes les choses vivantes. Les plantes, les animaux, toutes ces belles créatures qui éveillent la curiosité et la tendresse dans l'âme de l'enfant et du peuple, naissent sous leurs doigts. Par eux, la cathédrale est devenue un être vivant, un arbre gigantesque plein d'oiseaux et de fleurs. Elle ressemble moins à une œuvre des hommes qu'à une œuvre de la nature.

© Académie des inscriptions et belles-lettres.

* *Dictionnaire raisonné de l'architecture*, tome VIII, p. 144 et suivantes, 1866.
** Sur les associations d'ouvriers qui travaillèrent aux cathédrales, voir Schnaase, *Annales archéologiques*, tome XI, p. 323. Nous apprenons que les francs-maçons allemands, encore à la fin du XVe siècle, étaient tenus de communier chaque année sous peine d'exclusion.

GEORGES DUBY

Le Temps des cathédrales
(1976)

> À l'initiative de l'éditeur d'art Albert Skira, l'historien Georges Duby (1919-1996) propose une réflexion, à partir des images, sur la cathédrale. Elle aboutit aux trois volumes de L'Europe des cathédrales *de 1966-1967. C'est dans le volume II (consacré aux années 1130-1280) que, en regard des roses sud et nord du transept de Notre-Dame de Paris, Georges Duby écrit ce texte qu'il remanie dix ans plus tard, dans l'ouvrage qui paraît chez Gallimard,* Le Temps des cathédrales[1].

Bl. C.

LA CATHÉDRALE
1130-1280

Par définition, la cathédrale est l'église de l'évêque, donc l'église de la cité, et ce que l'art des cathédrales signifia d'abord en Europe, ce fut la renaissance des villes. Celles-ci, aux XIIe et XIIIe siècles, ne cessent de croître, de s'animer, d'étendre leurs faubourgs le long des routes. Elles captent la richesse. Après un très long effacement, elles redeviennent, au nord des Alpes, les foyers principaux de la plus haute culture. Mais la vitalité qui les pénètre vient, presque tout entière encore, des champs environnants. À la ville, la plupart des seigneurs ont à ce moment choisi de transférer leur résidence. Vers la ville ont désormais convergé les produits de leurs domaines. Dans la ville les commerçants les plus actifs sont alors des marchands de froment, de vin, de laine. Art urbain, l'art des cathédrales a donc puisé dans les campagnes proches le principal aliment de sa croissance, et ce furent les efforts d'innombrables pionniers, défricheurs, planteurs de ceps, façonneurs de fossés et de digues qui, dans les succès d'une immense conquête agricole, le portèrent à son accomplissement. Sur un fond de moissons nouvelles et de jeunes vignobles se sont dressées les tours de Laon ; sculptée dans la pierre, la figure des bœufs de labour les couronne ; aux chapiteaux de toutes les cathédrales, des pampres fleurissent ; les façades d'Amiens et de Paris représentent le cycle des saisons par l'image des travaux paysans. Juste célébration : ce moissonneur qui aiguise sa faux, ce vigneron qui taille, bêche ou provigne ont, par leur ouvrage, fait sortir de terre le monument. Il est le fruit de la seigneurie, c'est-à-dire de leur labeur. Or, nulle part l'élan de prospérité rurale ne fut plus vif à cette époque que dans le nord-ouest de la Gaule. Les campagnes les plus plantureuses du monde s'aménagèrent au cœur de cette région, dans les plaines qui entourent Paris. Aussi l'art nouveau fut-il reconnu par tous les contemporains comme étant proprement l'« art de France ». Il s'épanouit dans la province qui portait alors ce nom, celle où Clovis était mort, entre Chartres et Soissons. Il fixa dans Paris le foyer de son rayonnement.

Paris, ville du roi, première cité dans l'Europe médiévale à devenir vraiment capitale — ce que Rome avait depuis longtemps cessé d'être. Capitale non pas d'un empire, ni d'une chrétienté, mais d'un royaume, du Royaume. L'art urbain qui culmine à Paris dans les formes que nous appelons gothiques apparaît comme un art royal. Ses thèmes majeurs célèbrent une souveraineté, celle du Christ et de la Vierge. Dans l'Europe des cathédrales s'affirme la puissance des rois qui se dégage de l'étouffement féodal et qui s'impose.

[...]

ROSES

Dans les structures de la cathédrale gothique, le cercle tient une place moindre que dans l'église romane. Devient maîtresse ici la ligne droite, vecteur de l'histoire, projection rectiligne du rayon lumineux qui figure l'acte créateur et la grâce divine, élan de la dynamique rationnelle, de la recherche scolastique[1] et de tout le progrès de ce temps, qui filent droit vers leur but. Seules les roses, symboles de la création dans sa plénitude, où la circulation de la lumière, jaillie de son foyer ineffable et revenant converger vers lui, se réduit à l'unité de son principe, épousent la courbe fermée que les astres parcourent dans le firmament.

L'art du vitrail aboutit à ces roses. Elles portent à la fois signification des cycles du cosmos, du temps se résumant dans l'éternel, et du mystère de Dieu, Dieu lumière, Christ soleil. Dieu apparaît sur la rose méridionale de Notre-Dame de Paris dans le cercle des prophètes, des apôtres et des saints. Il resplendit sur la rose de la Sainte-Chapelle parmi les vieillards musiciens de la vision apocalyptique. Les roses figurent encore la Vierge, c'est-à-dire l'Église. Elles démontrent, dans le tourbillon des sphères, l'identité de l'univers concentrique d'Aristote et de

Psautier de Robert de Lisle
(vers 1308-1340)
Enluminure du monde en sphères[1]

l'effusion jaillissante de Robert Grosseteste[1]. La rose est enfin l'image de l'amour. Elle figure le foyer effervescent de l'amour divin, en qui tout désir se consume. Mais on peut la voir aussi comme le symbole des cheminements de l'âme qui se poursuivent dans les cercles secrets de dévotion, déjà formés en marge de la discipline catholique. Ou bien encore comme ce labyrinthe qui, d'épreuve en épreuve, conduit l'amour profane vers son but.

Lorsque vers 1225 Guillaume de Lorris mit en vers une somme de l'éthique courtoise où « l'art d'amour fût tout enclos », ce poème s'intitula : *Roman de la Rose*. La rose est ici l'idéal que le chevalier parfait désire passionnément cueillir. Dans la très longue suite que Jean de Meun donna quelque quarante ans plus tard au *Roman*[2], les allégories, dépouillées de leur afféterie mondaine, sont ramenées vers le naturel. L'amour de l'homme pour la femme, le désir dont la rose est le ferment, sortent des mythes et des jeux de la courtoisie. Ils quittent le lieu des dévergondages. La rose devient image d'une victoire sur la mort. Victoire de la Nature, c'est-à-dire de Dieu. C'est-à-dire aussi des hommes : ils coopèrent à la création. Dans le brasier de la rose gothique, il faut voir flamber la joie et la volonté de vivre.

© Gallimard,
coll. « Bibliothèque des Histoires », 1976 ;
Bibliothèque de la Pléiade, 2019.

ESPRIT GOBINEAU DE MONTLUISANT

Explication très curieuse des Énigmes et Figures hiéroglyphiques, Physiques, qui sont au grand portail de l'Église Cathédrale et Métropolitaine[1] de Notre-Dame de Paris

(XVIIe siècle)

On ignore à peu près tout d'Esprit Gobineau de Montluisant, alchimiste du XVIIe siècle. Il a pourtant été pour de nombreux écrivains de la cathédrale, au nombre desquels on peut compter Hugo et Huysmans, une source privilégiée.

Alchimique ou poétique, le propos d'Esprit Gobineau ne peut être qualifié de scientifique, ni considéré comme historiquement pertinent. L'érudition que déploie Gobineau pour décrypter le sens caché de la cathédrale ne témoigne pas d'une connaissance de la cathédrale elle-même mais d'un savoir, élaboration d'une symbolique à la croisée de Platon, d'Aristote et de leurs successeurs. Mais cette appréciation métaphorique de la cathédrale peut être remise en cause comme telle, que la symbolique invoquée soit alchimique ou religieuse. À trop investir Notre-Dame d'un sens caché, ne risque-t-on pas d'en occulter la beauté littérale ? (Voir aussi le texte d'Émile Mâle p. 53)

On ne peut pourtant que s'émouvoir de la posture de Gobineau, ultime héritier d'une tradition séculaire qu'il partage avec les architectes de la cathédrale : celle des lecteurs du monde qui, observant la façade d'une cathédrale ou les anfractuosités d'une pierre, déchiffraient le même alphabet divin. À l'heure où écrivait l'alchimiste, ce savoir était sur le point de mourir : Lavoisier ne tarderait pas à remiser définitivement le fourneau des alchimistes, Galilée avait déjà entrepris d'étudier le chiffre de l'univers plutôt que la lettre du cosmos. En identifiant les caractères du Livre du monde à des nombres plutôt qu'à des signes, les scientifiques se substituèrent aux savants et le labeur incessant de la recherche escamota la quête ésotérique d'une clef universelle.

Bachelard le disait en ces termes : « Avec son échelle de symboles, l'alchimie est un mémento pour un ordre de méditations intimes. Ce ne sont pas les choses et les substances qui sont mises à l'essai, ce sont des symboles psychologiques correspondant aux choses[1]. » Délestés de toute prétention scientifique, les textes alchimiques témoignent du pouvoir d'évocation de leurs objets. Libérée de son symbole, la cathédrale devient l'inspiratrice de mythologies multiples, dont le rêve alchimique de Gobineau fait partie.

A. G.

L<small>E</small> Mercredi 20 de Mai 1640. Veille de la glorieuse Ascension de notre Sauveur Jésus-Christ, après avoir prié Dieu, et sa très sainte Mère Vierge, en l'Église Cathédrale et Métropolitaine de Notre-Dame de Paris, je sortis de cette belle et grande Église, et considérant attentivement son riche et magnifique Portail, dont la structure est très exquise, depuis le fondement jusqu'à la sommité de ses deux hautes et admirables tours, je fis les remarques que je vais expliquer.

Je commence par observer que ce Portail est triple, pour former trois principales entrées dans ce superbe Temple, seul corps de bâtiment, et annoncer la Trinité de Personnes en un seul Dieu, sous lesquelles par l'opération de son Esprit Saint, son Verbe s'est incarné pour le salut du monde dans les flancs de la Vierge sainte ; Symbole des trois principes célestes en unité, qui sont les trois principales clefs ouvrantes les principes, et toutes les portes, les avenues, et les entrées de la nature sublunaire ; c'est-à-dire, de la sève universelle, et de tous les corps qu'elle forme et produit, conserve, ou régénère.

1°. La figure posée au premier cercle du Portail,

vis-à-vis l'Hôtel-Dieu, représente au plus haut, Dieu le Père, Créateur de l'Univers, étendant ses bras, et tenant en chacune de ses mains une figure d'homme, en forme d'Ange.

Cela représente, que Dieu Tout-puissant, au moment de la création de toutes choses qu'il fit de rien, séparant la lumière des ténèbres, en fit ces nobles créatures, que les Sages appellent Âme Catholique, esprit universel, ou soufre vital incombustible, et Mercure de vie; c'est-à-dire, l'humide radical général[1], lesquels deux principes sont figurés par ces deux Anges.

Dieu le Père, les tient en ses deux mains, pour faire la distinction du soufre vital, ou huile de vie, qu'on appelle Âme, et du Mercure de vie, ou humide premier né, qu'on nomme Esprit, quoique ce soit termes synonymes, mais seulement pour faire concevoir que cette Âme et cet Esprit tirent leur principe et leur origine du monde surcéleste, et Archétypique, où est le Siège et le Trône plein de gloire du Très haut, d'où il émane surnaturellement et imperceptiblement pour se communiquer, comme la première racine, la première Âme mouvante, et la source de vie de tous les Êtres en général, et de toutes les Créatures sublunaires, dont l'homme est le chef de prédilection[2].

2°. Dans le cercle au-dessous du monde surcéleste, et Archétypique, est le Ciel firmamental, ou astral, dans lequel paraissent deux Anges la tête penchée, mais couverte et enveloppée.

L'inclination de ces deux Anges, la tête en bas, nous donne à entendre, que l'Âme universelle, ou l'Esprit Catholique, ou pour mieux dire le souffle de la vertu de Dieu, c'est-à-dire, les influences spirituelles du Ciel archétypique, descendent de lui, au Ciel astral, qui est le second monde, également céleste, dit étipique, où habitent et règnent les planètes et les étoiles, qui ont leur cours, leurs forces et vertus, pour l'accomplissement de leur destination et de leurs devoirs, selon les décrets de la Providence [...]

3°. Au-dessous du Firmament est le troisième Ciel, ou l'élément de l'air, dans lequel paraissent trois enfants environnés de nuages.

Ces trois enfants signifient les trois premiers principes de toutes choses, appelés par les sages principes principians, dont les trois principes inférieurs, sel[1], soufre et mercure, tirent leur origine, et qu'on nomme principes principiés, pour les distinguer des premiers, quoique tous ensemble ils descendent du Ciel archétypique, et partent des mains de Dieu, qui de sa fécondité, remplit toute la nature [...]

4°. Au-dessous de ces trois enfants placés dans l'élément de l'Air, est le Globe de l'Eau et de la Terre, sur laquelle paissent des animaux, comme un mouton, un taureau, etc.

Le Globe de l'Eau et de la Terre nous désignent les Éléments inférieurs, tels que l'Eau et la Terre, dans lesquels le Feu céleste et l'humide radical très subtil, par le moyen de l'air[2], s'insinuent jusqu'au profond, et y circulent incessamment par leur propre vertu, sous la forme invisible d'un Esprit surcéleste et de vie, qui, selon David Psaume 18. *v*. 6, 7, 8.[3] a son Tabernacle dans le Soleil, d'où par sa vertu énergique, comme un Époux, qui se lève de sa couche nuptiale, il s'élance pour parcourir la voie des Éléments, ainsi qu'un superbe Géant qui mesure son élan et ses forces dans la vaste étendue de l'air; sa sortie est du plus profond des Cieux; de-là il procède, pénètre partout, et ne laisse rien privé de la chaleur de sa présence vivifiante; de l'expression même de Salomon en son Ecclésiastes, *c*. 1. *v*. 5. 6[4]. C'est ce même Esprit divin qui éclaire l'immensité de l'Univers, qui se poussant et repoussant par vertu énergique et élastique en circuit du centre à l'excentre et en la capacité de tout, retourne sans cesse et perpétuellement dans les cercles qu'il décrit par son mouvement et son cours éternels et universels.

[...]

5°. Au-dessous de ces deux animaux on voit un corps comme endormi, et couché sur son dos, sur lequel descendent de l'air deux ampoules, le col en bas, l'une adressante* vers le cerveau, et l'autre vers le cœur de cet homme endormi.

Ce corps ainsi figuré, n'est autre chose que le sel radical et séminal de toutes choses, lequel par sa vertu magnétique attire à soi l'âme et l'esprit Catholiques, qui lui sont homogènes, et qui sans cesse s'insinuent et se corporifient dans le sel, ce qui est représenté par les deux ampoules, ou fioles, contenant la chaleur, et l'humidité naturelle et radicale ; et ce sel ayant ainsi attiré et corporifié ces deux substances en lui, leur union spirituelle lui ayant acquis de prodigieux degrés de force, il se pousse et pénètre dans le point central des individus ; et d'universel, que ce sel était, il se particularise, se corporifie, se détermine, et devient rose dans le rosier, or dans l'argent vif minéral, or dans l'or, plante dans le végétal, rosée dans la rosée, homme dans l'homme[1], dont le cerveau représente l'humide radical lunaire, et le cœur signifie la chaleur naturelle solaire, véhiculée dans le premier, comme sa matrice.

6°. Au côté droit des mêmes trois enfants, un peu plus bas que l'air, est un escalier, par lequel monte à genoux un homme ayant les mains jointes, et élevées en l'air, duquel élément il descend une ampoule, ou fiole ; et au haut de l'escalier, il y a une table couverte d'un tapis, avec une coupe dessus.

L'escalier nous apprend qu'il faut s'élever à Dieu,

---

* *Adressante* : allant en direction de.

le prier à genoux, de cœur, d'esprit, et d'âme, pour avoir ce don, qui est le Magistère des Sages[1], et vraiment un très grand don de Dieu, une grâce singulière de sa bonté; et qu'il ne faut pas être en des lieux bas, pour prendre la première matière universelle, qui contient la forme végétale et générale du monde; l'ampoule qui descend de l'air, signifie la liqueur, ou rosée céleste, qui découle premièrement de l'influence surcéleste, se mêle ensuite avec la propriété des astres, et d'icelles mêlées ensemble, il se forme comme un tiers entre terrestre et céleste; voilà comme se forme la semence et le principe de toutes choses. [...]

7° Au côté gauche de cette même Porte de ce grand Portail, sont quatre grandes figures de grandeur humaine, qui chacune ont un symbole sous leurs pieds.

La première, la plus proche de la porte, a sous ses pieds, un dragon volant, qui dévore sa queue.

La deuxième, a sous ses pieds un lion, dont la tête est contournée vers le Ciel, ce qui lui fait faire un effort de contorsion de col.

[...]

Par le dragon volant, qui dévore sa queue, est représentée la Pierre des Philosophes[2], composée de deux substances, ou mercure d'une même racine, et extraite d'une même matière; l'une desquelles substances est l'esprit éthéré, humide et volatil, et l'autre est le soufre, ou sel de nature, corporel, sec, et fixe; lequel par sa nature, et siccité[3] interne, dévore sa queue glissante de dragon, c'est-à-dire dessèche l'humidité, et la convertit en Pierre, aidé par le feu constant dans la concavité de l'esprit éthéré humide, siège de l'âme Catholique. [...]

La figure du ridicule représente les faux Philosophes et Sophistes ignorants, qui s'amusent à travailler sur des matières hétérogènes, et ne rencontrent rien de bon, se moquent de la Science hermétique, et disent qu'elle n'est pas vraie, mais purement illusoire, en quoi ils offensent la vérité Divine qui a mis ses plus riches trésors dans le sujet.

Le chien et la chienne, qui s'entredévorent, que les Sages appellent chien d'Arménie, et chienne de Corascene[1], ne signifient que le combat des deux substances de la Pierre, d'une seule racine ; car l'humide agissant contre le sec, se dissout, et ensuite le sec, agissant contre l'humide, qui auparavant avait dévoré le sec, est englouti par le même sec, et réduit en eau sèche ; et cela s'appelle prendre dissolution de corps, et congélation de l'esprit ; ce qui est tout le travail de l'Œuvre hermétique.

8°. Au-dessous de ces grandes figures, dans un pilier proche le Portail, est la figure d'un Évêque, chargé de sa Mitre, et de sa Crosse, en posture méditative.

Cet Évêque représente *Guillemus Parisiensis*[2], ou bien celui qui a fait construire ce magnifique Portail, et qui y a fait mettre les Énigmes.

[...]

[PORTAIL DU MILIEU]

Proche de la Porte à droite, il y a d'un côté cinq Vierges sages, qui tendent leur Calice, ou coupe vers le ciel, et reçoivent ce qui leur est versé d'en haut par une main qui sort d'une nuée ; et au-dessous s'y voient et s'y remarquent les vraies opérations Alchimiques et Philosophiques.

Ces cinq Vierges représentent les vrais philosophes Hermétiques amis de la nature, et qui ayant connaissance de l'unique matière dont elle se sert, pour travailler dans la magnésie des trois règnes,

Esprit Gobineau de Montluisant 71

Notre-Dame de Paris, Portail du jugement dernier (façade ouest)

animal, minéral, végétal, reçoivent du Ciel cette même et unique matière dans des vases convenables [...]

De l'autre côté dudit Portail gauche, on voit cinq autres vierges mais folles, en ce qu'elles tiennent leur coupe renversée contre terre [...]

Ces cinq Vierges folles signifient ces faux philosophes, qui ne demandent que hercelets[1] sophistiques, comme rubification, déalbations, cohobations, amalgamations[2], etc., qui méprisent la lecture des bons auteurs, et qui par cette raison ne peuvent avoir connaissance de la vraie matière, quoiqu'il est vrai de dire, qu'ils la portent toujours avec eux jusque dans leur sein, sur eux, alentour d'eux, sous leurs pieds, et qu'ils la respirent continuellement; mais leur orgueil trop présomptueux leur fait en mépriser la méditation et la recherche, s'imaginant stupidement dans leurs grossières Sophistications et leurs faux préjugés, la trouver sans la connaissance de la belle et pure nature interprète des Mystères divins.

En effet, cette matière est si commune, et d'un si vil prix, que le plus pauvre en a autant que le riche, et elle est néanmoins si précieuse, que chacun en a besoin, et ne peut s'en passer; car l'on ne peut être, vivre et agir sans elle.

Tout ce que j'ai remarqué en ce triple Portail est à la vérité, beau et ravissant, mais ce sont lettres closes, Énigmes et Hiéroglyphes pleins de mystères pour les ignorants, et choses mystiques pour les Savants, pour lesquels j'ai donné cette Explication, qu'ils doivent comme Curieux, considérer exactement, en levant les voiles qui leur cachent l'entrée aux secrets Cabinets de la chaste Diane Hermétique.

Je n'ai point lu dans les Cartes antiques de Paris, ni de cette Cathédrale, pour savoir le nom de celui, qui a été le Fondateur de ce Portail merveilleux; mais je crois néanmoins, que celui qui a fourni ces Énigmes Hermétiques, ces Symboles et ces Hiéroglyphes mystiques de notre Religion, a été ce grand Docte et pieux Personnage Guillaume Évêque de Paris, la profonde Science duquel a toujours été admirée avec raison des plus Savants Philosophes Hermétiques de l'Antiquité, et particulièrement du bon Bernard Comte de Trévisan[1], Savant adepte Philosophe Hermétique; car il est certain que cet Évêque a fait et parfait le magistère des Sages.

Or, comme il a plu à la divine Providence de me faire la grâce de me donner quelque lumière et connaissance de la Philosophie, Physique et Hermétique, j'y ai tellement travaillé qu'après un long temps, beaucoup de soins, de lecture des bons Livres, et avoir fait quantité de belles et bonnes opérations, j'ai enfin trouvé la triple clef par son essence, pour ouvrir le sanctuaire des sages, ou plutôt de la sage Nature; de sorte que je peux fidèlement expliquer les Écrits paraboliques et énigmatiques des Philosophes anciens et modernes, ainsi que j'ai expliqué assez clairement les énigmes, Paraboles et Hiéroglyphes de ce triple Portail; ce que je fais très volontiers, pour donner contentement aux Savants amateurs de cet Art divin, et exciter la curiosité des nouveaux Candidats, qui aspirent à la connaissance de la Science naturelle et hermétique; dont Dieu soit loué et exalté à jamais. Ainsi soit-il.

Henri Meyer, *Victor Hugo* (*Le Géant*, 28 avril 1868)

VICTOR HUGO

Notre-Dame de Paris
(1831)

    Notre-Dame, écrit Hugo, est « *aimée à deux degrés différents et avec tant de dévotion, par deux êtres aussi dissemblables que Claude et Quasimodo* » — mais la lecture hermétique de l'édifice n'est peut-être pas celle que pratique le plus savant des deux. Claude Frollo, l'archidiacre alchimiste, est certes celui qui veut lire « *le symbole épars sous les sculptures de sa façade, comme le premier texte sous le second dans un palimpseste* » (IV, V). Il ne lit rien, pas plus qu'il ne comprend Esmeralda, son frère Jehan, et Quasimodo, son autre frère.
    Le célèbre « *ceci tuera cela* » proclamé par l'alchimiste, repris en « *le livre tuera l'édifice* » et « *l'imprimerie tuera l'architecture* », implique que la véritable écriture pour Frollo est codée. C'est celle de l'architecture, car « *quelquefois un portail, une façade, une église tout entière présente un sens symbolique absolument étranger au culte, ou même hostile à l'église* » — faut-il lire à l'Église ? Alors que « *pour détruire la parole écrite il suffit d'une torche et d'un turc* » (V, II), le monument défie le temps parce qu'il est unique, gigantesque, fait pour accueillir toute la ville en ses murs. Le livre jouera le même rôle parce qu'il va se répandre à des milliers d'exemplaires et devenir populaire. La cathédrale appartient au peuple, mais seul le savant sait la lire — du moins le prétend-il, sans voir que le seul vrai lecteur du livre de pierre est le bossu sonneur de cloches.
    Hugo invite en bien des points de son récit au déchiffrement : « *L'antique symbole du serpent qui se mord la queue*

convient surtout à la science » (IV, V). Ainsi, la digression que Hugo consacre à la langue des armoiries, qui est aussi science et dessin, est éloquente. Elle invite aux lectures symboliques : « Pour qui sait le déchiffrer, le blason est une algèbre, le blason est une langue. L'histoire entière de la seconde moitié du Moyen Âge est écrite dans le blason, comme l'histoire de la première moitié dans le symbolisme des églises romanes. Ce sont les hiéroglyphes de la féodalité après ceux de la théocratie » (III, II). L'héraldique, langage dans lequel une description permet de passer sans risque d'erreur interprétative d'une phrase à une image, sert de modèle à tous les codes. Des armes sculptées se déchiffrent aisément. Le portail sera plus obscur.

Or, aucun édifice n'a fait autant l'objet de lectures hermétiques que Notre-Dame, et la page si visible et si incompréhensible qu'est sa façade. Hugo avait-il pu avoir connaissance du texte étrange d'Esprit Gobineau de Montluisant (voir p. 64), hermétiste du XVIIe siècle, qui se qualifie de « gentilhomme chartrain, ami de la philosophie naturelle et alchimique et d'autres philosophes très anciens[1] » ?

ADRIEN GOETZ

LIVRE V

CHAPITRE I

Abbas beati Martini

— Eh bien ! vous plairait-il m'initier ? Faites-moi épeler avec vous.

Claude prit l'attitude majestueuse et pontificale d'un Samuel.

— Vieillard, il faut de plus longues années qu'il ne vous en reste pour entreprendre ce voyage à travers les choses mystérieuses. Votre tête est bien grise ! On ne sort de la caverne qu'avec des cheveux blancs, mais on n'y entre qu'avec des cheveux noirs. La science sait bien toute seule creuser, flétrir et dessécher les faces humaines ; elle n'a pas besoin que la vieillesse lui apporte des visages tout ridés. Si cependant l'envie vous possède de vous mettre en discipline à votre âge et de déchiffrer l'alphabet redoutable des sages, venez à moi, c'est bien, j'essaierai. Je ne vous dirai pas, à vous pauvre vieux, d'aller visiter les chambres sépulcrales des pyramides dont parle l'ancien Hérodotus, ni la tour de briques de Babylone, ni l'immense sanctuaire de marbre blanc du temple indien d'Eklinga. Je n'ai pas vu plus que vous les maçonneries chaldéennes construites suivant la forme sacrée du Sikra[1], ni le temple de Salomon qui est détruit, ni les portes de pierre du sépulcre des rois d'Israël qui sont brisées. Nous nous contenterons des fragments du livre d'Hermès que nous avons ici. Je vous expliquerai la statue de saint Christophe, le symbole du Semeur, et celui des deux anges qui sont au portail de la Sainte-Chapelle, et dont l'un a sa main dans un vase et l'autre dans une nuée...

Ici, Jacques Coictier, que les répliques fougueuses de l'archidiacre avaient désarçonné, se remit en selle, et l'interrompit du ton triomphant d'un savant qui en redresse un autre : — *Erras, amice Claudi*[2]. Le symbole n'est pas le nombre. Vous prenez Orpheus pour Hermès[3].

— C'est vous qui errez, répliqua gravement l'archidiacre. Dedalus, c'est le soubassement ; Orpheus, c'est la muraille ; Hermès, c'est l'édifice. C'est le tout.
— Vous viendrez quand vous voudrez, poursuivit-il en se tournant vers le Tourangeau, je vous montrerai les parcelles d'or restées au fond du creuset de Nicolas Flamel, et vous les comparerez à l'or de Guillaume de Paris. Je vous apprendrai les vertus secrètes du mot grec *peristera*[4]. Mais avant tout, je vous ferai lire l'une après l'autre les lettres de marbre de l'alphabet, les pages de granit du livre. Nous irons

du portail de l'évêque Guillaume et de Saint-Jean-le-Rond à la Sainte-Chapelle, puis à la maison de Nicolas Flamel, rue Marivault, à son tombeau, qui est aux Saints-Innocents, à ses deux hôpitaux rue de Montmorency. Je vous ferai lire les hiéroglyphes dont sont couverts les quatre gros chenets de fer du portail de l'hôpital Saint-Gervais et de la rue de la Ferronnerie. Nous épellerons encore ensemble les façades de Saint-Côme, de Sainte-Geneviève-des-Ardents, de Saint-Martin, de Saint-Jacques-de-la-Boucherie...

Il y avait déjà longtemps que le Tourangeau, si intelligent que fût son regard, paraissait ne plus comprendre dom Claude. Il l'interrompit.

— Pasquedieu! qu'est-ce que c'est donc que vos livres?

— En voici un, dit l'archidiacre.

Et ouvrant la fenêtre de la cellule, il désigna du doigt l'immense église de Notre-Dame, qui, découpant sur un ciel étoilé la silhouette noire de ses deux tours, de ses côtes de pierre et de sa croupe monstrueuse, semblait un énorme sphinx à deux têtes assis au milieu de la ville.

L'archidiacre considéra quelque temps en silence le gigantesque édifice, puis étendant avec un soupir sa main droite vers le livre imprimé qui était ouvert sur sa table et sa main gauche vers Notre-Dame, et promenant un triste regard du livre à l'église:

— Hélas! dit-il, ceci tuera cela.

Coictier qui s'était approché du livre avec empressement ne put s'empêcher de s'écrier: — Hé mais! qu'y a-t-il donc de si redoutable en ceci: GLOSSA IN EPISTOLAS D. PAULI. *Norimbergæ, Antonius Koburger*[1]. 1474. Ce n'est pas nouveau. C'est un livre de Pierre Lombard, le Maître des Sentences. Est-ce parce qu'il est imprimé?

— Vous l'avez dit, répondit Claude, qui semblait absorbé dans une profonde méditation et se tenait debout, appuyant son index reployé sur l'in-folio sorti des presses fameuses de Nuremberg. Puis il ajouta ces paroles mystérieuses : — Hélas ! hélas ! les petites choses viennent à bout des grandes ; une dent triomphe d'une masse. Le rat du Nil tue le crocodile, l'espadon tue la baleine, le livre tuera l'édifice !
[...]

CHAPITRE II
Ceci tuera cela

Nos lectrices nous pardonneront de nous arrêter un moment pour chercher quelle pouvait être la pensée qui se dérobait sous ces paroles énigmatiques de l'archidiacre : *Ceci tuera cela. Le livre tuera l'édifice.*
À notre sens, cette pensée avait deux faces. C'était d'abord une pensée de prêtre. C'était l'effroi du sacerdoce devant un agent nouveau, l'imprimerie. C'était l'épouvante et l'éblouissement de l'homme du sanctuaire devant la presse lumineuse de Gutenberg. C'était la chaire et le manuscrit, la parole parlée et la parole écrite, s'alarmant de la parole imprimée ; quelque chose de pareil à la stupeur d'un passereau qui verrait l'ange Légion ouvrir ses six millions d'ailes[1]. C'était le cri du prophète qui entend déjà bruire et fourmiller l'humanité émancipée, qui voit dans l'avenir l'intelligence saper la foi, l'opinion détrôner la croyance, le monde secouer Rome. Pronostic du philosophe qui voit la pensée humaine, volatilisée par la presse, s'évaporer du récipient théocratique. Terreur du soldat qui examine le bélier d'airain et qui dit : La tour croulera. Cela signifiait qu'une puissance allait succéder à une autre puissance. Cela voulait dire : La presse tuera l'église.

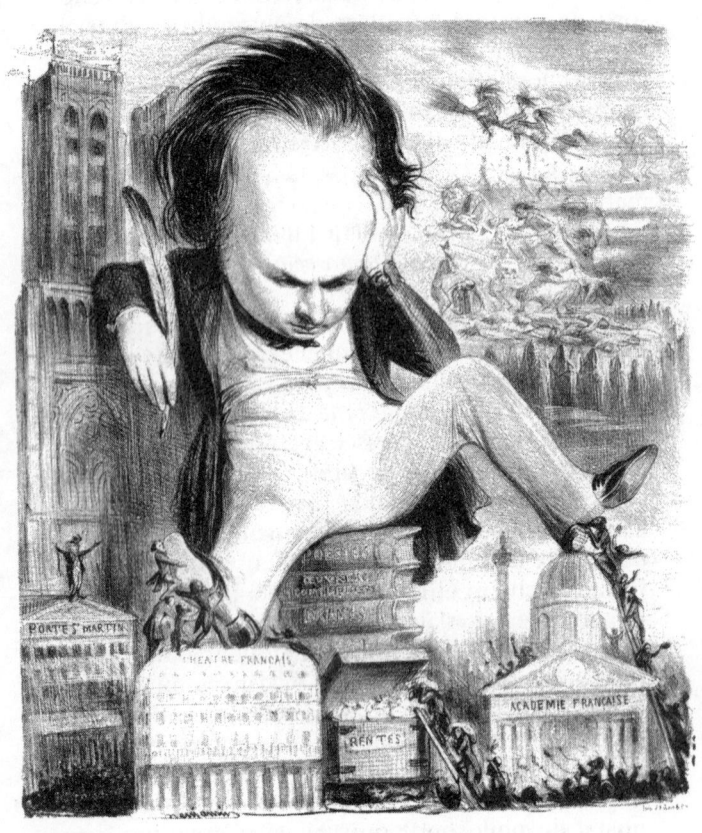

Benjamin Roubaud, *Panthéon charivarique*
(*Le Charivari*, 9 décembre 1841)

Mais sous cette pensée, la première et la plus simple sans doute, il y en avait à notre avis une autre, plus neuve, un corollaire de la première moins facile à apercevoir et plus facile à contester, une vue, tout aussi philosophique, non plus du prêtre seulement, mais du savant et de l'artiste. C'était pressentiment que la pensée humaine, en changeant de forme, allait changer de mode d'expression ; que l'idée capitale de chaque génération ne s'écrirait plus avec la même matière et de la même façon ; que le livre de pierre, si solide et si durable, allait faire place au livre de papier, plus solide et plus durable encore. Sous ce rapport, la vague formule de l'archidiacre avait un second sens ; elle signifiait qu'un art allait détrôner un autre art. Elle voulait dire : L'imprimerie tuera l'architecture.

En effet, depuis l'origine des choses jusqu'au quinzième siècle de l'ère chrétienne inclusivement, l'architecture est le grand livre de l'humanité, l'expression principale de l'homme à ses divers états de développement, soit comme force, soit comme intelligence.

Quand la mémoire des premières races se sentit surchargée, quand le bagage des souvenirs du genre humain devint si lourd et si confus que la parole, nue et volante, risqua d'en perdre en chemin, on les transcrivit sur le sol de la façon la plus visible, la plus durable et la plus naturelle à la fois. On scella chaque tradition sous un monument.

Les premiers monuments furent de simples quartiers de roche *que le fer n'avait pas touchés*, dit Moïse[1]. L'architecture commença comme toute écriture. Elle fut d'abord alphabet. On plantait une pierre debout, et c'était une lettre, et chaque lettre était un hiéroglyphe, et sur chaque hiéroglyphe reposait un groupe d'idées comme le chapiteau sur la colonne. Ainsi firent les premières races, partout, au même moment, sur la surface du monde entier. On retrouve la *pierre levée* des Celtes dans la Sibérie d'Asie, dans les pampas d'Amérique.

Plus tard on fit des mots. On superposa la pierre à la pierre, on accoupla ces syllabes de granit, le verbe essaya quelques combinaisons. Le dolmen et le cromlech celtes, le tumulus étrusque, le galgal hébreu, sont des mots. Quelques-uns, le tumulus surtout, sont des noms propres. Quelques-uns, le tumulus surtout, sont des noms propres. Quelquefois même, quand on avait beaucoup de pierre et une vaste plage, on écrivait une phrase. L'immense entassement de Karnac est déjà une formule tout entière.

Enfin on fit des livres. Les traditions avaient enfanté des symboles, sous lesquels elles disparaissaient comme le tronc de l'arbre sous son feuillage; tous ces symboles, auxquels l'humanité avait foi, allaient croissant, se multipliant, se croisant, se compliquant de plus en plus; les premiers monuments ne suffisaient plus à les contenir; ils en étaient débordés de toutes parts; à peine ces monuments exprimaient-ils encore la tradition primitive, comme eux simple, nue et gisante sur le sol. Le symbole avait besoin de s'épanouir dans l'édifice. L'architecture alors se développa avec la pensée humaine; elle devint géante à mille têtes et à mille bras, et fixa sous une forme éternelle, visible, palpable, tout ce symbolisme flottant. Tandis que Dédale, qui est la force, mesurait, tandis qu'Orphée, qui est l'intelligence, chantait, le pilier qui est une lettre, l'arcade qui est une syllabe, la pyramide qui est un mot, mis en mouvement à la fois par une loi de géométrie et par une loi de poésie, se groupaient, se combinaient, s'amalgamaient, descendaient, montaient, se juxtaposaient sur le sol, s'étageaient dans le ciel, jusqu'à ce qu'ils eussent écrit, sous la dictée de l'idée générale d'une époque, ces livres merveilleux qui étaient aussi de merveilleux édifices : la pagode d'Eklinga, le Rhamseïon d'Égypte, le temple de Salomon.

L'idée mère, le verbe, n'était pas seulement au fond de tous ces édifices, mais encore dans la forme. Le temple de Salomon, par exemple, n'était point simplement la reliure du livre saint, il était le livre saint lui-même. Sur chacune de ses enceintes concentriques les prêtres pouvaient lire le verbe traduit et manifesté aux yeux, et ils suivaient ainsi ses transformations de sanctuaire en sanctuaire jusqu'à ce qu'ils le saisissent dans son dernier tabernacle sous sa forme la plus concrète qui était encore de l'architecture, l'arche. Ainsi le verbe était enfermé dans l'édifice, mais son image était sur son enveloppe comme la figure humaine sur le cercueil d'une momie.

Et non seulement la forme des édifices, mais encore l'emplacement qu'ils se choisissaient, révélait la pensée qu'ils représentaient. Selon que le symbole à exprimer était gracieux ou sombre, la Grèce couronnait ses montagnes d'un temple harmonieux à l'œil, l'Inde éventrait les siennes pour y ciseler ces difformes pagodes souterraines portées par de gigantesques rangées d'éléphants de granit.

Ainsi, durant les six mille premières années du monde, depuis la pagode la plus immémoriale de l'Hindoustan jusqu'à la cathédrale de Cologne[1], l'architecture a été la grande écriture du genre humain. Et cela est tellement vrai que non seulement tout symbole religieux, mais encore toute pensée humaine, a sa page dans ce livre immense et son monument.

Toute civilisation commence par la théocratie et finit par la démocratie. Cette loi de la liberté succédant à l'unité est écrite dans l'architecture. Car, insistons sur ce point, il ne faut pas croire que la maçonnerie ne soit puissante qu'à édifier le temple, qu'à exprimer le mythe et le symbolisme sacerdotal, qu'à transcrire en hiéroglyphes sur ses pages de pierre les tables mystérieuses de la loi. S'il en était ainsi, comme il arrive dans toute société humaine un moment où le symbole sacré s'use et s'oblitère sous la libre pensée, où l'homme se dérobe au prêtre, où l'excroissance des philosophies et des systèmes ronge la face de la religion, l'architecture ne pourrait reproduire ce nouvel état de l'esprit humain, ses feuillets, chargés au recto, seraient vides au verso, son œuvre serait tronquée, son livre serait incomplet. Mais non.

Gratter la peinture qui recouvre le mot ’ΑΝΑΓΚΗ *(Ananké, nécessité, fatalité), c'est restaurer le monument palimpseste, retrouver entre les pages d'un livre imprimé, fabriqué avec les plombs sculptés en relief des typographes, ces lettres gothiques qui apparaissent, en creux, dans la pierre. Le mot grec, imprimé comme une vignette au dessin tout typographique, calligramme au centre de la page d'ouverture, contient-il le roman tout entier? Jean-Marc Hovasse, dans sa lumineuse biographie de Hugo, propose avec ingéniosité de le décrypter ainsi : « Jehan Frollo, qui a vu son frère Claude hors de lui tracer ce graffiti sur la muraille de sa cellule, se charge de la traduction : "Mon frère est fou, dit Jehan en lui-même; il eût été bien plus simple d'écrire : Fatum; tout le monde n'est pas obligé de savoir le grec[1]." Et comme tout le monde n'est pas obligé de savoir le latin non plus, il eût été plus simple d'écrire : Fatalité, ou bien Nécessité. Mais les caractères romains, d'une banalité coutumière, auraient singulièrement manqué de mystère, et ne se seraient pas achevés par l'initiale magique : H, c'est la façade de la cathédrale avec ses deux*

; A, c'est le portail rayé par la barre transversale du [...]n, c'est aussi l'intérieur de la nef vue en coupe ; Γ, [...] gibet de Montfaucon et de la place de Grève ; "K, [...]ngle de réflexion égal à l'angle d'incidence, une des [...] la géométrie ; [...] N, c'est la porte fermée avec sa [...]gonale". Dans ces caractères sont dessinés Notre-[...] la place de Grève, le gibet qui ouvre et ferme le [...]ntérieur et l'extérieur de la cathédrale, l'assaut [...] contre la porte de l'église ; toute l'intrigue résu-[...]açade de Notre-Dame devient ainsi synonyme [...] Auguste Vacquerie écrira, pensant à certains [...]ns de Hugo lui-même, « les tours de Notre-Dame sont l'H de son nom ».

ADRIEN GOETZ

Aglaüs Bouvenne, *Ex-libris de Victor Hugo* (1870)

[AVANT-PROPOS DE L'AUTEUR]

Il y a quelques années qu'en visitant, ou, pour mieux dire, en furetant Notre-Dame, l'auteur de ce livre trouva, dans un recoin obscur de l'une des tours, ce mot gravé à la main sur le mur :

ἈΝΆΓΚΗ[1]

Ces majuscules grecques, noires de vétusté et assez profondément entaillées dans la pierre, je ne sais quels signes propres à la calligraphie gothique empreints dans leurs formes et dans leurs attitudes, comme pour révéler que c'était une main du Moyen Âge qui les avait écrites là, surtout le sens lugubre et fatal qu'elles renferment, frappèrent vivement l'auteur.

Il se demanda, il chercha à deviner quelle pouvait être l'âme en peine qui n'avait pas voulu quitter ce monde sans laisser ce stigmate de crime ou de malheur au front de la vieille église.

Depuis, on a badigeonné ou gratté (je ne sais plus lequel) le mur, et l'inscription a disparu. Car c'est ainsi qu'on agit depuis tantôt deux cents ans avec les merveilleuses églises du Moyen Âge. Les mutilations leur viennent de toutes parts, du dedans comme du dehors. Le prêtre les badigeonne, l'architecte les gratte, puis le peuple survient, qui les démolit[2].

Ainsi, hormis le fragile souvenir que lui consacre ici l'auteur de ce livre, il ne reste plus rien aujourd'hui du mot mystérieux gravé dans la sombre tour de Notre-Dame, rien de la destinée inconnue qu'il résumait si mélancoliquement. L'homme qui a écrit ce mot sur ce mur s'est effacé, il y a plusieurs siècles, du milieu des générations, le mot s'est à son tour effacé du mur de l'église, l'église elle-même s'effacera bientôt peut-être de la terre.

C'est sur ce mot qu'on a fait ce livre.

Février 1831

Au pied du monument, dans la cour des Miracles, sur la place de Grève ou au gibet de Montfaucon, l'action se passe dans la boue. La ville panoramique de Hugo est le lieu d'une savante expérience, « mystère » que les personnages vont jouer. Elle fonctionne comme une sorte de laboratoire. Elle fait partie de ces têtes du monde, les capitales : « Ce sont des entonnoirs où viennent aboutir tous les versants géographiques, politiques, moraux, intellectuels d'un pays, [...] des puits de civilisation [...] » (III, II). La ville est le creuset. Plus loin, Hugo enrichit la métaphore : « Ces mille toits, drus, anguleux, adhérents, composés presque tous du même élément géométrique, offraient, vus de haut, l'aspect d'une cristallisation de la même substance » (III, II). Paris, vu à vol d'oiseau, vu grâce aux vignettes et aux planches du livre illustré, ressemble à une préparation d'alchimiste, et, pour décrire le phénomène, le savant du XIXe siècle va devoir passer lui aussi du télescope au microscope. Il évoque même le kaléidoscope, et décrit cette curieuse expérience d'une projection d'image, comme dans une gigantesque lanterne, d'une extrémité à l'autre de la nef : « Seulement la grande rose de la façade, dont les mille couleurs étaient trempées d'un rayon de soleil horizontal, reluisait dans l'ombre comme un fouillis de diamants, et répercutait à l'autre bout de la nef son spectacle éblouissant » (VII, II).

Étonnante comparaison. Elle prépare celle que Hugo, pour faire entrer le lecteur dans le cabinet de l'alchimiste, glisse dans sa transposition de la célèbre gravure de Rembrandt représentant, selon lui, Faust : « ... il considère avec curiosité et terreur un grand cercle lumineux, formé de lettres magiques, qui brille sur le mur du fond comme le spectre solaire dans la chambre noire. Ce soleil cabalistique semble trembler à l'œil et remplit la blafarde cellule de son rayonnement mystérieux » (VII, IV). La cathédrale, boîte sombre placée au milieu des rues du Paris médiéval, devient un colossal dispositif optique, muni de son objectif. *En 1829, Nicéphore Niepce a déjà publié sa* Notice sur l'héliographie *et vient de s'associer au directeur du Diorama, Daguerre. Malgré diverses tentatives, ils n'ont pas encore inventé la photographie. Faut-il placer au fond de la* camera obscura *une pierre lithographique, une plaque de cuivre, faut-il la teinter d'iode*[1] *? La réponse leur échappe. Elle appartient à Hugo, qui se passionnera avec ses fils, bien plus tard, pour la photographie : il suffit de fixer au fond de l'antre de l'alchimiste, sur le mur, une page blanche qui recueillera l'image projetée, et d'écrire un roman.* Notre-Dame de Paris *est la première photographie de l'Histoire.*

L'image de cette projection expérimentale dans la cellule de Frollo se poursuit quelques lignes plus loin, donnant sens à toutes les images circulaires, de l'interstice par lequel Claude observe Esmeralda et Phœbus à la grande rose du portail, cercles qui ont, jusque-là, scandé l'action : « *Le rayon du jour qui pénétrait par cette ouverture traversait une ronde toile d'araignée, qui inscrivait avec goût sa rosace délicate dans l'ogive de la lucarne, et au centre de laquelle l'insecte architecte se tenait immobile comme le moyeu de cette roue de dentelle* » *(VII, IV).*

ADRIEN GOETZ

LIVRE VII

CHAPITRE IV

ἈΝΆΓΚΗ

Le Petit-Pont traversé, la rue Neuve-Sainte-Geneviève[2] enjambée, Jehan de Molendino se trouva devant Notre-Dame. Alors son indécision le reprit, et il se promena quelques instants autour de la statue de M. Legris, en se répétant avec angoisse : — Le sermon est sûr, l'écu est douteux !

Il arrêta un bedeau qui sortait du cloître. — Où est monsieur l'archidiacre de Josas ?

— Je crois qu'il est dans sa cachette de la tour, dit le bedeau, et je ne vous conseille pas de l'y déranger, à moins que vous ne veniez de la part de quelqu'un comme le pape ou monsieur le roi.

Jehan frappa dans ses mains.

— Bédiable ! voilà une magnifique occasion de voir la fameuse logette aux sorcelleries !

Déterminé par cette réflexion, il s'enfonça résolument sous la petite porte noire, et se mit à monter la vis de Saint-Gilles[1] qui mène aux étages supérieurs de la tour.

— Je vais voir ! se disait-il chemin faisant. Par les corbignolles de la sainte Vierge ! ce doit être chose curieuse que cette cellule que mon révérend frère cache comme son pudendum[2] ! On dit qu'il y allume des cuisines d'enfer, et qu'il y fait cuire à gros feu la pierre philosophale. Bédieu ! je me soucie de la pierre philosophale comme d'un caillou, et j'aimerais mieux trouver sur son fourneau une omelette d'œufs de Pâques au lard[3] que la plus grosse pierre philosophale du monde !

Parvenu sur la galerie des colonnettes, il souffla un moment, et jura contre l'interminable escalier par je ne sais combien de millions de charretées de diables, puis il reprit son ascension par l'étroite porte de la tour septentrionale aujourd'hui interdite au public. Quelques moments après avoir dépassé la cage des cloches, il rencontra un petit palier pratiqué dans un renfoncement latéral et sous la voûte une basse porte ogive dont une meurtrière, percée en face dans la paroi circulaire de l'escalier, lui permit d'observer l'énorme serrure et la puissante armature de fer. Les personnes qui seraient curieuses aujourd'hui de visiter cette porte la reconnaîtront à cette inscription, gravée en lettres blanches dans la muraille noire : J'ADORE CORALIE, 1829. Signé UGÈNE. *Signé* est dans le texte.

— Ouf! dit l'écolier; c'est sans doute ici.

La clef était dans la serrure. La porte était tout contre. Il la poussa mollement, et passa sa tête par l'entr'ouverture.

Le lecteur n'est pas sans avoir feuilleté l'œuvre admirable de Rembrandt, ce Shakespeare de la peinture. Parmi tant de merveilleuses gravures, il y a en particulier une eau-forte qui représente, à ce qu'on suppose, le docteur Faust, et qu'il est impossible de contempler sans éblouissement. C'est une sombre cellule. Au milieu est une table chargée d'objets hideux, têtes de mort, sphères, alambics, compas, parchemins hiéroglyphiques. Le docteur est devant cette table, vêtu de sa grosse houppelande et coiffé jusqu'aux sourcils de son bonnet fourré. On ne le voit qu'à mi-corps. Il est à demi levé de son immense fauteuil, ses poings crispés s'appuient sur la table, et il considère avec curiosité et terreur un grand cercle lumineux, formé de lettres magiques, qui brille sur le mur du fond comme le spectre solaire dans la chambre noire. Ce soleil cabalistique semble trembler à l'œil et remplit la blafarde cellule de son rayonnement mystérieux. C'est horrible et c'est beau.

Quelque chose d'assez semblable à la cellule de Faust s'offrit à la vue de Jehan quand il eut hasardé sa tête par la porte entrebâillée. C'était de même un réduit sombre et à peine éclairé. Il y avait aussi un grand fauteuil et une grande table, des compas, des alambics, des squelettes d'animaux pendus au plafond, une sphère roulant sur le pavé, des hippocéphales[1] pêle-mêle avec des bocaux où tremblaient des feuilles d'or, des têtes de mort posées sur des vélins bigarrés de figures et de caractères, de gros manuscrits empilés tout ouverts sans pitié pour les angles cassants du parchemin, enfin, toutes les ordures de la science, et partout, sur ce fouillis, de la poussière et des toiles d'araignée ; mais il n'y avait point de cercle de lettres lumineuses, point de docteur en extase contemplant la flamboyante vision comme l'aigle regarde son soleil.

Pourtant la cellule n'était point déserte. Un homme était assis dans le fauteuil et courbé sur la table. Jehan, auquel il tournait le dos, ne pouvait voir que ses épaules et le derrière de son crâne ; mais il n'eut pas de peine à reconnaître cette tête chauve à laquelle la nature avait fait une tonsure éternelle, comme si elle avait voulu marquer par un symbole extérieur l'irrésistible vocation cléricale de l'archidiacre.

Jehan reconnut donc son frère. Mais la porte s'était ouverte si doucement que rien n'avait averti dom Claude de sa présence. Le curieux écolier en profita pour examiner quelques instants à loisir la cellule. Un large fourneau, qu'il n'avait pas remarqué au premier abord, était à gauche du fauteuil, au-dessous de la lucarne. Le rayon de jour qui pénétrait par cette ouverture traversait une ronde toile d'araignée, qui inscrivait avec goût sa rosace délicate dans l'ogive de la lucarne, et au centre de laquelle l'insecte architecte se tenait immobile comme le moyeu de cette roue de dentelle[2]. Sur le fourneau étaient accumulés en désordre toutes sortes de vases, des fioles de grès, des cornues de verre, des matras de charbon. Jehan observa en soupirant qu'il n'y avait pas un poêlon. — Elle est fraîche, la batterie de cuisine ! pensa-t-il.

Du reste, il n'y avait pas de feu dans le fourneau, et il paraissait même qu'on n'en avait pas allumé depuis longtemps. Un masque de verre, que Jehan remarqua parmi les ustensiles d'alchimie, et qui servait sans doute à préserver le visage de l'archidiacre lorsqu'il élaborait quelque substance redoutable, était dans un coin, couvert de poussière, et comme oublié. À côté, gisait un soufflet non moins poudreux, et dont la feuille supérieure portait cette légende incrustée en lettres de cuivre : SPIRA, SPERA[1].

D'autres légendes étaient écrites, selon la mode des hermétiques, en grand nombre sur les murs ; les unes tracées à l'encre, les autres gravées avec une pointe de métal. Du reste, lettres gothiques, lettres hébraïques, lettres grecques et lettres romaines pêle-mêle, les inscriptions débordant au hasard, celles-ci sur celles-là, les plus fraîches effaçant les plus anciennes, et toutes s'enchevêtrant les unes dans les autres comme les branches d'une broussaille, comme les piques d'une mêlée. C'était, en effet, une assez confuse mêlée de toutes les philosophies, de toutes les rêveries, de toutes les sagesses humaines. Il y en avait une çà et là qui brillait sur les autres comme un drapeau parmi les fers de lance. C'était, la plupart du temps, une brève devise latine ou grecque, comme les formulait si bien le Moyen Âge : *Unde ? inde ? — Homo homini monstrum. — Astra, castra, nomen, numen.* — Μέγα βιβλίον, μέγα κακόν. — *Sapere aude. — Flat ubi vult*[2], — etc. ; quelquefois un mot dénué de tout sens apparent : 'Αναγκοφαγία, ce qui cachait peut-être une allusion amère au régime du cloître ; quelquefois une simple maxime de discipline cléricale formulée en un hexamètre réglementaire : *Cœlestem dominum, terrestrem dicito domnum*[3]. Il y avait aussi *passim* des grimoires hébraïques, auxquels Jehan, déjà fort peu grec, ne comprenait rien, et le tout était traversé à tout propos par des étoiles, des figures d'hommes ou d'animaux et des triangles qui s'intersectaient[1], ce qui ne contribuait pas peu à faire ressembler la muraille barbouillée de la cellule à une feuille de papier sur laquelle un singe aurait promené une plume chargée d'encre.

L'ensemble de la logette, du reste, présentait un aspect général d'abandon et de délabrement ; et le mauvais état des ustensiles laissait supposer que le maître était déjà depuis assez longtemps distrait de ses travaux par d'autres préoccupations.

Ce maître cependant, penché sur un vaste manuscrit orné de peintures bizarres, paraissait tourmenté par une idée qui venait sans cesse se mêler à ses méditations. C'est du moins ce que Jehan jugea en l'entendant s'écrier, avec les intermittences pensives d'un songe-creux qui rêve tout haut :

— Oui, Manou le dit, et Zoroastre l'enseignait, le soleil naît du feu, la lune du soleil[2]. Le feu est l'âme du grand tout. Ses atomes élémentaires s'épanchent et ruissellent incessamment sur le monde par courants infinis. Aux points où ces courants s'entrecoupent dans le ciel, ils produisent la lumière ; à leurs points d'intersection dans la terre, ils produisent l'or. — La lumière, l'or, même chose. Du feu à l'état concret. — La différence du visible au palpable, du fluide au solide pour la même substance, de la vapeur d'eau à la glace. Rien de plus. — Ce ne sont point là des rêves — c'est la loi générale de la nature. — Mais comment faire pour soutirer dans la science le secret de cette loi générale ? Quoi ! cette lumière qui inonde ma main, c'est de l'or ! ces mêmes atomes dilatés selon une certaine loi, il ne s'agit que de les condenser selon une certaine autre loi ! — Comment faire ? — Quelques-uns ont imaginé d'enfouir un rayon du soleil. Averroës[1], — oui, c'est Averroës, — Averroës en a enterré un sous le premier pilier de gauche du sanctuaire du koran, dans la grande mahomerie de Cordoue; mais on ne pourra ouvrir le caveau pour voir si l'opération a réussi que dans huit mille ans.

— Diable! dit Jehan à part lui, voilà qui est longtemps attendre un écu!

— ... D'autres ont pensé, continua l'archidiacre rêveur, qu'il valait mieux opérer sur un rayon de Sirius. Mais il est bien malaisé d'avoir ce rayon pur, à cause de la présence simultanée des autres étoiles qui viennent s'y mêler. Flamel estime qu'il est plus simple d'opérer sur le feu terrestre. Flamel! quel nom de prédestiné, *Flamma*[2]! — Oui, le feu. Voilà tout. — Le diamant est dans le charbon, l'or est dans le feu. — Mais comment l'en tirer? — Magistri[3] affirme qu'il y a certains noms de femme d'un charme si doux et si mystérieux qu'il suffit de les prononcer pendant l'opération. — Lisons ce qu'en dit Manou : — « Où les femmes sont honorées, les divinités sont réjouies ; où elles sont méprisées, il est inutile de prier Dieu. — La bouche d'une femme est constamment pure ; c'est une eau courante, c'est un rayon de soleil. — Le nom d'une femme doit être agréable, doux, imaginaire; finir par des voyelles longues, et ressembler à des mots de bénédiction[4]. » — Oui, le sage a raison; en effet, la Maria, la Sophia[5], la Esmeral... — Damnation! toujours cette pensée!

Et il ferma le livre avec violence.

Il passa la main sur son front, comme pour chasser l'idée qui l'obsédait. Puis il prit sur la table un clou et un petit marteau dont le manche était curieusement peint de lettres cabalistiques.

— Depuis quelque temps, dit-il avec un sourire amer, j'échoue dans toutes mes expériences! L'idée fixe me possède, et me flétrit le cerveau comme un trèfle de feu. Je n'ai seulement pu retrouver le secret de Cassiodore, dont la lampe brûlait sans mèche et sans huile[1]. Chose simple, pourtant !

— Peste ! dit Jehan dans sa barbe.

— ... Il suffit donc, continua le prêtre, d'une seule misérable pensée pour rendre un homme faible et fou ! Oh ! que Claude Pernelle rirait de moi, elle qui n'a pu détourner un moment Nicolas Flamel de la poursuite du grand œuvre ! Quoi ! je tiens dans ma main le marteau magique de Zéchiélé[2] ! à chaque coup que le redoutable rabbin, du fond de sa cellule, frappait sur ce clou avec ce marteau, celui de ses ennemis qu'il avait condamné, eût-il été à deux mille lieues, s'enfonçait d'une coudée dans la terre qui le dévorait. Le roi de France lui-même, pour avoir un soir heurté inconsidérément à la porte du thaumaturge, entra dans son pavé de Paris jusqu'aux genoux. — Ceci s'est passé il n'y a pas trois siècles. — Eh bien ! j'ai le marteau et le clou, et ce ne sont pas outils plus formidables dans mes mains qu'un hutin[3] aux mains d'un taillandier. — Pourtant il ne s'agit que de retrouver le mot magique que prononçait Zéchiélé, en frappant sur son clou.

— Bagatelle ! pensa Jehan.

— Voyons, essayons, reprit vivement l'archidiacre. Si je réussis, je verrai l'étincelle bleue jaillir de la tête du clou. — Emen-hétan ! Emen-hétan[4] ! — Ce n'est pas cela. — Sigéani ! Sigéani ! — Que ce clou ouvre la tombe à quiconque porte le nom de Phœbus !... — Malédiction ! toujours, encore, éternellement la même idée !

Et il jeta le marteau avec colère. Puis il s'affaissa tellement sur le fauteuil et sur la table, que Jehan le perdit de vue derrière l'énorme dossier.

Pendant quelques minutes, il ne vit plus que son poing convulsif crispé sur un livre. Tout à coup dom Claude se leva, prit un compas, et grava en silence sur la muraille en lettres capitales ce mot grec :

ἈΝΆΓΚΗ.

Préface d'Adrien Goetz, notes de Benedikte Andersson (adaptées pour cette anthologie), Folio classique, 2009.

*Cathédrale du ciel,
cathédrale de la terre*

ANDRÉ GIDE

Les Cahiers d'André Walter
(1891)

et

Lettre à sa mère
(1890)

Les Cahiers d'André Walter, *premier texte publié d'André Gide alors âgé de vingt ans, est rédigé entre le mois de mai et de septembre 1890. Il relate, sous la forme d'un journal, l'amour mystique et chaste qu'un jeune homme voue à sa cousine. Le héros est dans les mêmes dispositions que Gide lorsqu'il écrit à sa mère, dans cette lettre du 18 mars 1890, lui aussi sous le coup d'un amour teinté de sentiments religieux pour sa cousine Madeleine.*

La mise en perspective des deux textes permet d'apprécier la manière dont Notre-Dame passe du statut de lieu inspirant à celui de paysage composant l'espace romanesque. Dans les deux textes, l'apparition d'enfants de chœur dans l'enceinte de la cathédrale a l'effet d'une vision et est l'occasion d'une synesthésie : la cathédrale est vue mais aussi entendue.

Dans la lettre adressée à sa mère, on sent cette épiphanie immergée dans le quotidien de l'emploi du temps et des connaissances rencontrées. Ces semonces prosaïques donnent à la scène un statut d'épisode clos et menacent son aspect mystique ; la distribution d'un tract religieux interrompt la rêverie de Gide et lui inspire des propos sceptiques : « C'est décidément une religion très enveloppante, où le libre arbitre est tant soit peu supprimé. »

Dans le roman, l'esprit de la cathédrale peut au contraire se propager dans l'univers entier, et les contingences de la nature deviennent des inflexions de l'harmonie aperçue dans Notre-Dame.

A. G.

Les Cahiers d'André Walter

3 juin 87

« Je voulais parler de bien des choses ; mais toutes se pressent ensemble. Je voulais fixer un peu ma *symbolique* qui se dessine ; puis cette vision dans Notre-Dame, à travers les grilles du maître-autel, d'enfants de chœur en surplis blancs, à la lueur des lampes : tous chantaient, des chants clairs ; l'impression de chœur d'anges ; — une chute en mineur obstinément répétée, inattendue toujours, montait jusqu'à la voûte — et je voulais parler aussi, mais ma pensée ondule incertaine, bercée sur les sonorités récentes d'un quatuor entendu. — J'écris parce que la poésie déborde de mon âme, — et les mots n'en sauraient rien dire : l'émotion plane sur la pensée ; — l'harmonie seule

alors des mots, des mots sans suite, des phrases frémissantes, quelque chose comme de la musique.

Il est minuit ; j'ai sommeil, mais je ne pourrai pas dormir : je me consume d'amour. Tout dort autour de moi ; — je suis seul et je pleure. L'air est tiède ; dehors il pleut, une pluie de printemps qui féconde toute la nature. Et ce chant de violoncelle, dont je me souviens dans la nuit, alanguit mon délire, berce, apaise et console ; la pensée s'endort reposée : douleur, folie, amour, extase !

... Résigne-toi, mon âme ; pleure et prie très longtemps par cette douce nuit qui t'enivre.

Pleure et résigne-toi, mon âme, prie! »

. . . .
. . . .

© *Les Cahiers et les Poésies d'André Walter*,
Gallimard, coll. « Blanche », 1952;
coll. « Poésie/Gallimard », 1986.

À sa mère

18 mars 1890

Je me suis aperçu que le vendredi était mon *seul* jour libre! Tout le reste se perd dans un vaste étourdissement de toutes les semaines. L'emploi de mon dimanche t'intrigue : je te rassurerai, si tu veux, en t'apprenant que les Démarest, au nombre de 4 m'ont vu à Pentemont[1], que dans Notre-Dame je me suis trouvé un cierge à la main faire involontairement partie d'une procession, au milieu de laquelle j'étais inopinément tombé — mais que j'ai lâchée très vite pour scrupule de conscience. Le cortège était si long qu'il enveloppait toute la nef (à l'intérieur), le coup d'œil était admirable ; les deux orgues se répondaient ; dans l'abside, une théorie d'enfants de chœur en surplis blancs, portant des cierges, psalmodiaient des chœurs très élevés. C'était admirable, j'étais extrêmement ému. On m'a fourré dans la main une enveloppe contenant un écrit du Pape, une véhémente exhortation, et un petit carton qui m'a appris, quand je l'ai lu, que « dès aujourd'hui je reconnais et proclame faire partie de... » etc., je ne me rappelle plus très bien quoi! C'est décidément une religion très enveloppante, où le libre arbitre est tant soit peu supprimé.

Je passe sous silence le reste de la journée; le soir, tante Claire et Albert, très douce soirée, comme d'ordinaire.

© *Correspondance avec sa mère (1880-1895)*,
édition de Claude Martin, préface d'Henri Thomas,
Gallimard, coll. « Blanche », 1988.

CHARLES PÉGUY

« Paris »

(*Les Sept contre Paris*, 1913)

et

« Présentation de la Beauce à Notre-Dame de Charte »

(*La Tapisserie de Notre-Dame*, 1913)

Charles Péguy le marcheur

La géographie « péguyenne » relève de deux infinis : horizontal avec l'expérience de la plaine; vertical avec les flèches de la cathédrale Notre-Dame de Chartres, dressées comme des épis au-dessus de ce que Péguy ne craint pas d'appeler une mer, un océan. Tué dès l'ouverture de la Première Guerre mondiale, Péguy n'a pas pu se défendre d'une image néo-païenne pétainiste qui contredit pourtant radicalement l'essence de sa littérature, de son poème. La vérité littéraire de Péguy est toute faite, au contraire, de transit, de traversée du sol archaïque pour aller plus loin, plus haut. La cathédrale Notre-Dame de Paris n'est pas un Versailles avant l'heure : la centralité de l'État fait ici place à une transcendance irréductible, échappant à toute autorité. Il y a de l'anarchiste chez ce pèlerin de l'absolu. Un désir d'embrasser le monde qui s'offre à lui, et dont les cathédrales sont les ambassadrices.

M. C.

« Paris »

Sept villes se vantaient d'avoir cerné la Ville :
Auteuil voulait en faire un jardin potager ;
Grenelle en voulait faire un énorme verger ;
Bercy, des entrepôts ; Montmartre, un vaudeville.

Passy faillit en faire un immeuble servile,
Un caravansérail[1] pour le noble étranger ;
Vaugirard, la Villette à ce peuple léger
Faisaient des abattoirs pour sa guerre civile.

Mais la dame a mangé les sept petites sœurs,
Elle a mis pour toujours la liberté de l'âme,
Et tous ces fourniments et tous ces fournisseurs,

Le négoce, l'amour, et la cendre, et la flamme,
Et tous ces boniments et tous ces bonisseurs,
Et les gouvernements gendres et successeurs

Sous le commandement des tours de Notre-Dame.

« Présentation de la Beauce à Notre-Dame de Chartres »

[...]
Nous arrivons vers vous du lointain Parisis.
Nous avons pour trois jours quitté notre boutique,
Et l'archéologie avec la sémantique,
Et la maigre Sorbonne et ses pauvres petits.

D'autres viendront vers vous du lointain Beauvaisis.
Nous avons pour trois jours laissé notre négoce,

Et la rumeur géante et la ville colosse,
D'autres viendront vers vous du lointain Cambrésis.

Nous arrivons vers vous de Paris capitale.
C'est là que nous avons notre gouvernement,
Et notre temps perdu dans le lanternement,
Et notre liberté décevante et totale.

Nous arrivons vers vous de l'autre Notre Dame,
De celle qui s'élève au cœur de la cité,
Dans sa royale robe et dans sa majesté,
Dans sa magnificence et sa justesse d'âme.

Comme vous commandez un océan d'épis,
Là-bas vous commandez un océan de têtes,
Et la moisson des deuils et la moisson des fêtes
Se couche chaque soir devant votre parvis.

[...]

Œuvres poétiques et dramatiques,
édition sous la direction de Claire Daudin,
Gallimard, Bibliothèque de la Pléiade, 2014.

GUILLAUME APOLLINAIRE

« 2ᵉ Canonnier conducteur »
(Calligrammes, 1918)

Paru pour la première fois en 1915 dans le journal zurichois Der Mistral, *ce poème sera repris en 1918 dans le recueil* Calligrammes, *sous-titré « Poèmes de la paix et de la guerre. 1913-1916 », paru au Mercure de France quelques mois avant la mort d'Apollinaire.*

Pensé comme une insulte adressée personnellement aux Allemands en pleine guerre, ce poème fait de la cathédrale un symbole de Paris. La tour Eiffel y est vue comme l'emblème de la modernité; Notre-Dame, celui du passé. Coincée entre le pied boueux d'un fantassin et la tour métallique, la cathédrale est en suspension et en suspens. Les tours du monolithe ne peuvent pas lui servir de pieds : inapte au combat, Notre-Dame est réformée. Elle est d'ailleurs associée à l'arrière, c'est un « souvenir de Paris ». Écrit pour les soldats, la piétaille que sont ces « marchantes mottes de terre », « puissance du sol qui [les] a faits », le poème trouve au contraire dans la tour Eiffel une sœur d'armes. Plantée sur ses jambes, elle peut marcher sur Berlin et littéralement écraser les Allemands. À la fois terrestre et légère, elle est à l'image du fantassin.

L'image éthérée d'une cathédrale consacrée à la paix des âmes devient bien encombrante dans des vers où le pied poétique chausse une botte martiale.

A. G.

Me voici libre et fier parmi mes compagnons
Le Réveil a sonné et dans le petit jour je salue
La fameuse Nancéenne que je n'ai pas connue

```
    AS-
   TU  CON
  NU    LA  QUI
 PU      TAIN   A FOUTU LA VXXXXX À TOUTE L'ARTILLERIE
  DE      N          ne                    . .
   A    L'ARTILLERIE   s'est            au
    NCY                 pas            mal
              aperçu qu'elle avait
```

Les 3 servants bras dessus bras dessous se sont
    endormis sur l'avant-train
Et conducteur par mont par val sur le porteur
Au pas au trot ou au galop je conduis le canon
Le bras de l'officier est mon étoile polaire
Il pleut mon manteau est trempé et je m'essuie par-
    fois la figure
Avec la serviette-torchon qui est dans la sacoche du
    sous-verge
Voici des fantassins aux pas pesants aux pieds boueux
La pluie les pique de ses aiguilles le sac les suit

```
                    SA                                S
          CRÉ      NOM         SOU    V E             A
                               NIRS    D E           LUT
          DE      DIEU         P A    RIS            M
                               AVANT LA             O N
         QUELLE                GUERRE ILS           D E
                               SERONT BIEN         DONT
          AL      LU           PLUS DOUX          JE SUIS
                               APRÈS LA           LA LAN
          RE     NOM           VICTOIRE           GUE É
                                                  LOQUEN
          DE     DIEU                             TE QUE SA
                                                   BOUCHE
          QUEL    LE                                Ô PARIS
      L                                           TIRE ET TIRERA
   L  U  R  E           N                          TOU    JOURS
  A                     U                          AUX      A L
   C                    I                          LEM     ANDS
    E              que  T la
     PE   N  D         D C
              ANT       E E
                        S N
                           D
```

Fantassins
Marchantes mottes de terre
Vous êtes la puissance
Du sol qui vous a faits
Et c'est le sol qui va
Lorsque vous avancez
Un officier passe au galop
Comme un ange bleu dans la pluie grise
Un blessé chemine en fumant une pipe
Le lièvre détale et voici un ruisseau que j'aime
Et cette jeune femme nous salue charretiers
La Victoire se tient après nos jugulaires
Et calcule pour nos canons les mesures angulaires
Nos salves nos rafales sont ses cris de joie
Ses fleurs sont nos obus aux gerbes merveilleuses
Sa pensée se recueille aux tranchées glorieuses

```
        J'ENTENDS CHA
        L               N
        E               TER l'oiseau
        B               E
        EL OISEAU RAPAC
```

> Gallimard, coll. « Poésie/Gallimard »,
> préface de Michel Butor, 1966.

PIERRE MICHON

Rimbaud le fils
(1991)

Né en 1945, Pierre Michon s'est fait remarquer dès son premier ouvrage, Vies minuscules, *paru en 1984 et désormais un classique du genre du roman biographique.* Rimbaud le fils, *publié en 1991, est une fiction sur la vie du poète mais aussi une réflexion sur la réception de son œuvre.*

Dans ce passage, Michon se penche sur les lecteurs de Rimbaud. Du premier en date (un des maîtres de Rimbaud, Banville) jusqu'au dernier (Michon lui-même), tous sont l'incarnation d'un même personnage contemplatif : le Gilles peint par Watteau. Tous « [regardent] passer dans le vide l'œuvre et la vie d'un autre ». Même l'affrontement de Breton et de Claudel ne saurait effacer une certaine communauté d'expérience entre les deux adversaires. Ainsi, que ce soit au jardin du Luxembourg, assis « près des statues des reines et les filles qui passent » (Breton y a rencontré sa première femme) ou à Notre-Dame (Claudel y a entamé sa conversion[1]*) où il voit « ronfler l'énorme colonne de feu », Gilles poursuit son labeur méditatif. Notre-Dame, ce « coupe-vent », semble couver ce spectateur solitaire. Mais quand cette « prodigieuse » contemplation, protégée par la cathédrale, est interrompue par l'activisme du critique, quand les poètes se font préfaciers, ce paysage sacré devient folklorique.*

Jumelle d'un jardin (le Luxembourg), la cathédrale devient locus amoenus *— lieu de délices : Éden terrestre* *délivré du travail, propice à la lecture, ouvert aux divagations des poètes.*

A. G.

Je perds mon temps peut-être avec Banville[1]. Je perds mon temps avec ce pauvre vieil homme qui est venu hier de Moulins avec dans le cœur toute la poésie de la terre et qui a dans Paris les reins brisés par les combines, le succès, les pouvoirs et l'approche de la mort ; Banville qui n'a pour fonction que d'être par intérim le premier des poètes — car Hugo dans son île n'est là pour personne, il est penché, il écoute dans les quatre pieds de sa table taper du pied Shakespeare —, c'est-à-dire de délivrer la petite bouture à des blancs-becs de Douai ou de Charleville ; Banville qui n'est rien, à peine cette ombre qui en revenant de la rue de Rome lève la tête vers les pigeons de la coupole. Pourtant, je veux dire encore combien il m'est précieux que ce pauvre homme ressemble à s'y méprendre au Gilles de Watteau[2].

C'est donc le Gilles qui ouvre la ronde des lecteurs de Rimbaud. Il m'est précieux que ce soit lui qui, le premier (le premier bien sûr dans Paris, Charleville ne compte pas pour ces choses-là), penché sur ce bureau de poète où il met à jour sa correspondance, lise les vers du merle blanc de Charleville ; et qu'il réponde ; qu'il ajoute des mots à ces mots-là ; que le premier donc aussi il commente à l'intention de leur auteur, dans des termes que nous ne connaissons pas, ces vers qu'il a lus de près — et depuis cent ans son ombre est attelée à cette lettre, comme ces balourds des contes qu'un sort farceur rive à une tâche inique et monotone, il n'a pas bougé de ce bureau, il répond à Rimbaud. Il reprend la lettre interminablement. Sa conviction est retombée, mais la fée veut qu'il poursuive : une sombre fée qui se tient dans ce petit mélange d'œuvre et de vie qu'on appelle Rimbaud, et qui transforme ceux qui l'approchent en Banville, en Pierrot. Car il se peut que tous les livres écrits à ce jour sur Rimbaud, celui que j'écris, ceux qu'on écrira demain, l'aient été, le soient et le seront par Théodore de Banville — par Banville pas tout à fait, pas tous, mais tous sans exception par le Gilles de Watteau. Quelques-uns sont bien l'œuvre d'un homme qu'on peut appeler Banville, comme en personne : par l'innombrable Banville, c'est-à-dire par un brave homme de poète presque parfait, droit, craintif mais brave, poseur mais sincère, bouillant, un peu rossignol, un peu vieillot même s'il est très jeune, et selon les tendances ébouriffé ou peigné net ; les ébouriffés tiennent pour la colère et le néant, les bien peignés pour le salut et la charité, mais il leur manque toujours l'autre cymbale ; ou bien ils ont les deux cymbales, mais pas en même temps : et s'ils furent ébouriffés étant jeunes, sur leurs vieux jours les voilà dans le Luxembourg rafraîchissant leur crinière blanche aux feuillages, ils lorgnent vers la coupole du Panthéon eux aussi, ou des paradis moins visibles, l'or du Temps, les champs magnétiques de l'au-delà, la secrète nécropole des *Lumières* qui est comme un Saint-Denis de pierre toute philosophale où on sera doucement couché entre Messieurs de Sade et de Lautréamont, les grands capitaines, les hommes de colère qui n'ont plus de colère — et dans le Luxembourg tirant une chaise pour s'asseoir près des statues des reines et les filles qui passent, ils s'arrêtent soudain, ils cherchent où est passée toute leur colère, puis sourient, repartent, ils se disent qu'ils aiment toujours Rimbaud, que tout n'est pas perdu. André Breton sous les arbres se dit *Dévotion* et s'assoit près des reines. Ou encore, si c'est décembre et qu'il fait trop froid au Luxembourg, ils descendent sous la bise le boulevard Saint-Michel, passent le pont, entrent dans Notre-Dame qui est un fameux coupe-vent, et là, dans le noir de décembre, sous le noir des voûtes, derrière un pilier ils voient soudain ronfler l'énorme colonne de feu; et bien sûr à ce feu ils allument pour soixante ans une œuvre hors de sens, ridicule, prodigieuse, arpentée de grands capitaines tout de feu qui parlent directement à Dieu et que Dieu appelle par leurs noms ridicules, prodigieux, *Thomas Pollock Nageoire*, *Monsieur de Coûfontaine et Dormant*[1] — mais s'avisent-ils de préfacer Rimbaud et leurs grandes ailes sont tombées, les voilà rossignols, ils prennent la pédale de la charité pour celle de la colère et citent des saintes d'almanach. Ils redeviennent Banville. Breton et Claudel[2] même redeviennent Banville et répondent à Rimbaud, avec une calotte de soie sur leur crinière, à leur bureau de poète.

Tous ces livres écrits sur Rimbaud, ce livre unique en somme tant ils sont le même, interchangeables quoique burlesquement affrontés comme au Moyen Âge les successives interprétations du *filioque*[3], tous ces livres sont sortis de la main du Gilles. Le Gilles est mieux documenté que Banville; un siècle de travaux l'informe; il en sait bien plus long sur la vie de Rimbaud que Rimbaud n'en sut jamais, on l'a dit avec raison; il est plus moderne que Banville, avec plus de résolution moderne; enfariné, moderne; il se tient dans une espèce de jardin lui aussi, puisque c'est là que Watteau l'a placé: allons, il se tient dans le Luxembourg, comme Banville, comme Mallarmé, comme Breton à la belle crinière blanche sous les feuilles, comme Claudel jeune à l'instant qu'il pousse le portillon pour dévaler Saint-Michel et se claquemurer dans le coupe-vent de Notre-Dame. Planté au bord de ce jardin, où il a dans son dos sous des statues de reines des rires et des jeux qu'il n'entend pas, un bel après-midi où il n'est pas, des pins d'Italie, des filles, Gilles regarde passer dans le vide l'œuvre et la vie d'un autre. Il appelle cela Arthur Rimbaud. Il l'invente : c'est la féerie que lui-même n'est pas. Il regarde étinceler cette féerie ; il y voit des signes ; il y voit la promesse de la Résurrection des corps ou de l'or du Temps, c'est selon ; il regarde la comète ; il regarde le néant et le salut, la révolte et l'amour, le corps vil et la lettre, qui s'empoignent, s'enlacent, dansent, se défont, se reprennent, passent et s'effondrent considérablement. Dans sa chambre noire en plein midi il fait tourner inlassablement cette bobine ; cette danse ; cette chute ; et il en reste baba comme au premier jour, lui qui est cloué là avec ses mains pendantes, ses pieds de Caliban[1]. Riez si vous voulez : mais bien audacieux, le plus stupide des Gilles peut-être, celui qui osera lui jeter la première pierre.

© Gallimard, coll. « L'un et l'autre », 1991 ;
coll. « Folio », 1993.

JULIAN PRZYBOS,
ADAPTÉ PAR PAUL ÉLUARD

« Notre-Dame de Paris »
(1931 et 1965)

Poète polonais, Julian Przybos (1901-1970) est un avant-gardiste dont Éluard a adapté le poème « Notre-Dame de Paris » (composé en 1931). La version d'Éluard est parue, après sa mort, dans une anthologie de la poésie polonaise publiée par le Seuil en 1965.
Expression de l'ambivalence de la cathédrale, le poème la désigne comme un maelström de pierre : désorientés sous ses voûtes nous ne savons plus distinguer le haut du bas, le ciel de la terre. Sa masse nous écrase-t-elle ou nous soulève-t-elle vers les cieux ? Dans cette confusion, le ciel transformé en abîme se révèle pourtant à portée de saut.

A. G.

Et l'espace jaillit
D'un million de doigts joints pour la prière !

Mais la peur, sous les voûtes, anéantit la flèche.
Bafoué, conspué par les chimères béantes à la pluie
Je sais : que suis-je au pied de ces piliers ?
Ces murs nés du rocher
Sont des museaux ressuscitant d'un sarcophage

Qui a secoué cette ténèbre
Qui l'a pliée qui l'a étreinte

Je sais : les croix chargées de leur Jésus
En échelles de charpente il nous faut les changer
Par l'arc tendre et par la clé de voûte,
Par notre volonté en tout point de l'azur
Nous atteindrons la mort.

Là-bas
Et c'est la clé de voûte
Palpite un vol de flèches jointes —
Il nous faut demeurer sous le tonnerre des rocs
　　fusant de plus en plus haut
Jusqu'à ce qu'un arrêt subit
Les renverse inachevés d'en haut cul par-dessus tête
Et les change en deux tours.

Qui donc a pensé cet abîme
Qui donc l'a projeté en haut ?

© Éluard, *Œuvres complètes*, t. II,
édition de Marcelle Dumas et Lucien Scheler,
Gallimard, Bibliothèque de la Pléiade, 1977.

Charles Meryon, *Le Petit-Pont* (1850)

CHARLES BAUDELAIRE

Lettre à Madame Aupick
(1860)

et

Salon de 1859
(1868)

Les représentations de Notre-Dame s'appuient sur un patrimoine artistique qui a nourri l'imaginaire des poètes et de tous ceux qui l'ont admirée. Parmi l'appareil d'images qui fonde la représentation partagée de Notre-Dame, les gravures de Charles Meryon (1821-1868) ont trouvé un large écho, de Walter Benjamin à Charles Baudelaire en passant par Brassaï.

Baudelaire, qui est alors dans l'attente de la naissance d'une véritable peinture de l'urbanité, rencontre Meryon : touché par son œuvre, il tente d'élaborer avec lui le projet d'un album de gravures accompagnées de textes en vers et en prose. Comme on le voit dans ces textes, le poète se heurte rapidement à la folie de l'artiste. Meryon, dessinant « tranquillement sur un abîme », met le spectateur en présence d'une démesure : par le truchement de la perspective, le graveur donne ainsi à la stryge de Notre-Dame les dimensions de la tour Saint-Jacques.

Mais l'attention portée par l'aquafortiste à ces disproportions est pour lui l'occasion d'inventer une nouvelle harmonie. Loin de se limiter à la déploration d'une modernité avide qui menacerait le monde des cathédrales, Meryon révèle dans le « douloureux et glorieux décor de la civilisation » un nouveau rapport au ciel qui bouleverse la sémantique même des cathédrales. Les clochers ne rejoignent plus le ciel mais le dénoncent. « Montrant du doigt le ciel », ils paraissent solidaires de l'assaut « des obélisques de l'industrie vomissant contre le firmament leurs coalitions de fumée ».

Il ne s'agit pas, pour lui, de regretter ou de soutenir les rénovations mais d'apprécier la beauté du combat qui oppose le neuf et l'ancien, le ciel et la terre. Meryon révèle le corps à corps presque amoureux que se livrent les « *prodigieux échafaudages des monuments en réparation, appliquant sur le corps solide de l'architecture leur architecture à jour d'une beauté si paradoxale* ». À son insu, la Ville-lumière couve le chaos de la première étreinte d'Ouranos et de Gaïa — transition entre la cathédrale du ciel et la cathédrale de la terre.

A. G.

Lettre à Madame Aupick

4 mars 1860

Relativement aux gravures[1] (dont j'ai reçu trois exemplaires, et dont je t'en ai envoyé *un, que je crois bien choisi*, sauf une épreuve où il y a je crois, une tache dans le papier) je te dirai que je les désirais et que je les cherchais *depuis plusieurs années*. La première fois que je vis cela, je jugeai que cet homme avait du génie. Il sort de Charenton et il n'est pas guéri. Je lui ai promis de rédiger un texte pour ses gravures. Or, si tu peux comprendre tout ce qu'il y a d'insupportable dans la conversation et la discussion avec un fou, tu penseras comme moi que je paye mes albums fort cher.

Tu te trompes en appelant cela le *vieux Paris*. Ce sont des points de vue poétiques de Paris, tel qu'il était avant les immenses démolitions et toutes les réparations ordonnées par l'Empereur. Dans quelques endroits, tu verras même (par exemple la tour de l'horloge du *Palais de Justice*) les bâtiments enveloppés d'un réseau de charpentes.

La galerie de *Notre-Dame*, avec les oiseaux qui entrent et sortent, est située, je crois, au-dessus du portail.

La tourelle de la rue de la *Tixeranderie*[1] est détruite.

La figure hideuse et colossale qui sert de frontispice est une des figures qui décorent l'extérieur de *Notre-Dame*. Dans le fond, c'est Paris, vu d'en haut. Comment diable cet homme fait-il pour dessiner tranquillement sur un abîme, je n'en sais rien.

L'église entrevue entre un mur du Panthéon et la Bibliothèque Sainte-Geneviève est *Saint-Étienne-du-Mont*.

Au fait tu as peut-être oublié tout ça.

Voici la liste des choses, mais sans ordre.

I. *Le Monstre* (dans le fond la tour *Saint-Jacques-de-la-Boucherie*).

II. La *Tourelle* de la rue de la Tixeranderie.

III. Le derrière de *Notre-Dame*, le quai de la Tournelle.

IV. *La Tour de l'horloge et les tours du Palais de Justice. Le Pont-au-Change*.

V. Encore le *Pont-au-Change et le Palais de Justice*. Autre point de vue.

VI. *La Morgue*. On vient de repêcher un cadavre. Des femmes se désolent. Un sergent de ville. Foule.

VI. Le *Pont-Neuf* vu d'en bas.

VIII. Une arche du *pont Notre-Dame*.

IX. Le *Petit-Pont*, derrière l'*Hôtel-Dieu*. Tours de Notre-Dame.

X. *Galerie Notre-Dame*.

XI. *La Pompe*, actuellement disparue. Notre-Dame.

XII. *Saint-Étienne-du-Mont*.

J'ai fait une appréciation du talent de M. Méryon dans le quatrième numéro de la *Revue française*, Salon de 1859, pages 522 et 523.

Correspondance, t. II,
édition de Claude Pichois,
Gallimard, Bibliothèque de la Pléiade, 1973.

Salon de 1859

Ce n'est pas seulement les peintures de marine qui font défaut, un genre pourtant si poétique ! (je ne prends pas pour marines des drames militaires qui se jouent sur l'eau), mais aussi un genre que j'appellerais volontiers le paysage des grandes villes, c'est-à-dire la collection des grandeurs et des beautés qui résultent d'une puissante agglomération d'hommes et de monuments, le charme profond et compliqué d'une capitale âgée et vieillie dans les gloires et les tribulations de la vie.

Il y a quelques années, un homme puissant et singulier[1], un officier de marine, dit-on, avait commencé une série d'études à l'eau-forte d'après les points de vue les plus pittoresques de Paris. Par l'âpreté, la finesse et la certitude de son dessin, M. Méryon rappelait les vieux et excellents aquafortistes. J'ai rarement vu représentée avec plus de poésie la solennité naturelle d'une ville immense. Les majestés de la pierre accumulée, les clochers *montrant du doigt le ciel*, les obélisques de l'industrie vomissant contre le firmament leurs coalitions de fumée, les prodigieux échafaudages des monuments en réparation, appliquant sur le corps solide de l'architecture leur architecture à jour d'une beauté si paradoxale, le ciel tumultueux, chargé de colère et de rancune, la profondeur des perspectives augmentée par la pensée de tous les drames qui y sont contenus, aucun des éléments complexes dont se compose le douloureux et glorieux décor de la civilisation n'était oublié. Si Victor Hugo a vu ces excellentes estampes, il a dû être content; il a retrouvé, dignement représentée, sa

> *Morne Isis, couverte d'un voile!*
> *Araignée à l'immense toile,*
> *Où se prennent les nations!*
> *Fontaine d'urnes obsédée!*
> *Mamelle sans cesse inondée,*
> *Où, pour se nourrir de l'idée,*
> *Viennent les générations!*
> . . . .
> *Ville qu'un orage enveloppe*[1]*!*

Mais un démon cruel a touché le cerveau de M. Méryon; un délire mystérieux a brouillé ces facultés qui semblaient aussi solides que brillantes. Sa gloire naissante et ses travaux ont été soudainement interrompus. Et depuis lors nous attendons toujours avec anxiété des nouvelles consolantes de ce singulier officier, qui était devenu en un jour un puissant artiste, et qui avait dit adieu aux solennelles aventures de l'Océan pour peindre la noire majesté de la plus inquiétante des capitales.

Critique d'art suivi de Critique musicale,
Gallimard, coll. « Folio essais »,
édition de Claude Pichois,
présentation de Claire Brunet, 1992.

AMÉDÉE DE PONTHIEU

Légendes du vieux Paris
(1867)

Historien du XIXe siècle, Amédée de Ponthieu a notamment recueilli les traces d'une mémoire populaire, intimement liée à l'oralité, qui commençait alors à être mise en péril.

Ce texte trouve une valeur inestimable dans ce qu'il transmet : le rapport vivant qu'a toujours entretenu le peuple parisien avec Notre-Dame. À l'édifice s'est attachée une somme de légendes orales qui mettent en scène monstres mythiques et personnages issus du peuple, mais aussi dictons et histoires de saints. Les liens qui unissent les Parisiens à leur cathédrale se trouvent alors éclairés sous un jour moins solennel, et Notre-Dame pourrait presque en perdre sa majuscule intimidante.

Ces relations familières à la cathédrale mettent en évidence une vie de la cathédrale qui peut nous paraître insolite, telle que la fête de l'âne pratiquée au Moyen Âge, véritable subversion de la messe, où l'officiant hennissait en guise de litanie. Cette fête relève des pratiques carnavalesques décrites par Rabelais et dont Bakhtine se fera l'écho (voir les textes suivants) : pour un temps délestée de sa majesté, Notre-Dame est occupée par le rire, et rendue au peuple.

A. G.

Ainsi la plus ancienne partie de Notre-Dame appartient au douzième siècle, la façade occidentale au treizième, et les deux façades des transepts au quinzième.

Ses dimensions furent mises en vers gravés sur une table de cuivre placée contre un des piliers :

> *Si tu veux savoir comme est ample*
> *De Notre-Dame le grand temple,*
> *Il y a, dans œuvre, pour le sueur*[1],
> *Dix et sept toises de hauteur,*
> *Sur la largeur de vingt-quatre,*
> *Et soixante-cinq sans rabattre,*
> *A de long. Aux tours haut montées,*
> *Trente et quatre sont bien comptées.*
> *Le tout fondé sur pilotis.*
> *Aussi vrai que je te le dis.*

Les portes sont garnies d'ornements en fonte de fer d'un travail admirable ; c'est le chef-d'œuvre d'un artiste serrurier nommé Biscornet. Elles présentent mille enroulements si délicats qu'on crut que le diable s'en était mêlé, ainsi que le raconte cette légende populaire :

Un garçon serrurier qui se présentait à la maîtrise fut chargé de ferrer les portes. Effrayé de ce travail difficile qu'on lui avait donné pour éprouver son talent et qu'il croyait bien au-dessus de ses forces, il fut en proie à un violent désespoir et promit son âme au diable s'il venait à son secours.

Un homme se présente et lui offre de se charger de cette tâche, à condition de se donner à lui corps et âme. Biscornet avait de l'ambition, le marché fut conclu. Le lendemain matin les deux portes latérales du portail étaient ferrées.

Cet habile inconnu était le diable en personne, et

voilà pourquoi il ne ferra que les deux portes de côté ; quant à celle du milieu, c'était par là que passait la procession du Saint-Sacrement : le diable eut peur et ne la fit pas. Ce qui prouve bien, disait-on, que cette ferrure est l'œuvre du démon, c'est qu'il a mis son portrait sur plusieurs des barres de fer qui ornent ces portes. On y remarque en effet plusieurs têtes portant des cornes.

L'ouvrier mourut d'une manière fantastique. Toutes les nuits, il voyait en songe le diable qui venait pour l'enlever. Ce n'était qu'à force de supplier le maudit qu'il obtenait de vivre un jour de plus. Un beau matin ou le trouva mort dans son lit, le corps torturé et contrefait. Ce fut probablement dans un accès de frayeur qu'il trépassa.

Dans une disette, en 1360, les bons Parisiens, pour obtenir du ciel leur délivrance du fléau, offrirent dans l'église Notre-Dame, devant l'image de la vierge Marie, un cierge d'une étonnante dimension, persuadés que la justice divine se laisserait séduire et ne pourrait résister à un présent d'un prix et d'une dimension si extraordinaires. Le prévôt des marchands et les échevins[1] le votèrent et voulurent qu'il eût en longueur l'étendue de l'enceinte de Paris, c'est-à-dire 4 455 toises, ou deux lieues. Jour et nuit allumé, ce cierge, replié sur lui-même, éclairait une image de la vierge Marie. L'offrande d'un pareil cierge fut renouvelée chaque année. On observa cette pratique jusqu'en 1605, à l'époque de la Ligue, où Myron[2], prévôt des marchands, substitua à l'immense bougie une lampe d'argent munie d'un gros cierge qui brûlait nuit et jour.

Ces offrandes étaient fréquentes au Moyen Âge. Sauval[3] nous apprend qu'un aveugle offrit à sainte Geneviève deux cierges dont chacun était aussi gros et aussi pesant que lui.

À l'angle de la clôture du chœur, sous le jubé, il y avait la figure ridicule d'un diable faisant partie de la représentation de l'enfer, et ouvrant la bouche. C'était dans cette ouverture, dont on se servait comme d'un éteignoir, qu'on venait par mépris éteindre les cierges.
[…]
Parmi les nombreuses chapelles latérales, il y en avait une que le bon populaire de Paris avait nommée l'*autel des paresseux*, parce qu'on y disait la dernière messe à une heure de l'après-midi, et qu'il n'y avait que ceux qui se levaient tard qui y assistaient.

C'est sur les fonts baptismaux que l'on mettait les enfants trouvés et abandonnés. C'est là que venaient les chercher les âmes charitables qui voulaient les adopter. C'est là que Victor Hugo a trouvé ce gnome difforme, le fameux Quasimodo, rendu si célèbre.
[…]

[Suit la description du missel exposé dans la cathédrale dans lequel se trouve un calendrier.]

Après les saints viennent les dictons ; chaque gravure est soulignée d'un quatrain pieux et moral d'une touchante simplicité, qui correspond à une période de six années de l'existence humaine :

JANVIER

Les six premiers que vit l'homme au monde
Nous les comparons à janvier droictement,
Car en ce moys ne force abonde
Non plus que quand six ans a un enfant.

FÉVRIER

Les six d'après ressemblent à febvrier
En la fin duquel commence le printemps,

Car l'esprit se ouvre prest à enseigner
Et doux devient l'enfant quand a douze ans.

MARS

Mars signifie les six ans ensuyvans
Que le temps change en produisant verdure,
En celuy aage s'adonnent les enfans
À maintz esbatz, sans soucy ne sans cure.

AVRIL

Six ans prochains vingt et quatre en somme
Sont figurez par avril gracieux :
Et soubz cet aage est gay et ioly l'homme
Plaisant aux dames courtois et amoureux.

MAI

Au moys de may ou tout est en vigueur
Autres six ans comparons par droicture,
Qui trente sont : lors est l'homme en valeur,
En sa fleur, force et beauté de nature.

JUIN

En iuing les biens commencent à meurir
Aussi faict l'homme quand a trente-six ans :
Pour ce en tel temps doibt il femme quérir,
Se (si) luy vivant veult pourveoir ses enfants.

JUILLET

Feuillet arraché.

AOÛT

Les biens de terre commence lors à cuillir
En aoust; aussi quand l'an quarante et huict

*L'homme approche il doit biens aquérir
Pour soubstenir vieillesse qui le suyt.*

SEPTEMBRE

*Avoir grands biens ne fault point que l'homme cuide
    (cherche)
S'il ne les ha à cinquante et quatre ans;
Non plus que cil (celui) qui a sa granche (grange) vuyde
En septembre plus l'an n'aura riens.*

OCTOBRE

*Au mois d'octobre figurant soixante ans
Se l'homme est riche, cela est à bonne heure
Des biens qu'il a nourrist femme et enfans
Plus n'a besoing qu'il travaille ou labeure.*

NOVEMBRE

*Quand à soixante-six ans l'homme vient
Représentez par le moys de novembre
Vieux et caduc et maladif devient :
Lors de bien faire est temps qu'il se remembre
    (ressouvienne).*

DÉCEMBRE

*L'an par décembre prent fin et se termine
Aussi faict l'homme aux ans soixante et douze
Le plus souvent : car vieillesse le meine,
L'heure est venue que pour partir se houze.*

Arrivé là, l'homme doit être prêt pour paraître devant le grand Juge, car voici venir le terrible *compaing*, la mort, qui d'un air goguenard l'invite au grand branle

Que chascun à danser apprant.

À chaque pas une leçon de morale et le rappel à l'observance rigoureuse des préceptes de la religion. Chaque feuillet est un écho lugubre du distique monacal :

> *Mortel vivant pense et croy que la fin*
> *Sera enfer ou paradis sans fin.*

Tout était leçon à l'extérieur comme à l'intérieur.

Les grandes sculptures étaient un immense livre ouvert où le peuple venait s'instruire. Les bas-reliefs, les vitraux, racontaient les légendes des saints. Ces allégories, faciles à comprendre, expliquaient le triomphe du bien sur le mal et parlaient aux masses ignorantes un langage naïf et pittoresque.

Autour de l'ogive du portail, les douze signes du zodiaque, avec les tableaux rustiques correspondant à chaque mois, indiquaient au peuple les saisons. C'était un calendrier emblématique sculpté précédant un merveilleux catéchisme en pierre qui parlait à l'esprit et au cœur, et dans lequel tout le monde savait lire.

Lorsque l'évêque arménien Martyr la visita au quinzième siècle, statues, bas-reliefs, zodiaque, enfin toute cette imagerie de pierre était décorée de peintures rehaussées d'or.

Notre-Dame était un lieu d'asile inviolable.

D'après une ordonnance de 1248, les malades qui venaient à Notre-Dame implorer Dieu, restaient pendant les nuits, en attendant leur guérison : dans une chapelle située vers la seconde porte, et qui était éclairée par six lampes. Ceci s'explique par la coutume qu'avaient les mires, alors presque tous gens d'église, de donner leurs consultations à l'entrée de Notre-Dame, au-dessous de la tour, autour du bénitier.

[...]

Sur l'un des piliers du portail septentrional, se dressait une statuette célèbre au treizième siècle sous le nom de la *Vierge à l'anel*, à cause de la légende mystique que je vais raconter en lui donnant un coup de pinceau :

Parmi les élèves de l'école épiscopale, qui venaient prendre leurs ébats sur le préau du cloître, se trouvait un mignon garçonnet au clair visage et aux blondins cheveux. Il avait au doigt un gage d'amour de sa mie, un anneau d'or fin tout neuf, échangé la veille bien amoureusement à la nuitée, sous les saules discrets de la rive qui longe le Marché-Palu.

Craignant de l'endommager en jouant à la pelotte[1], il fureta le long des contreforts, cherchant une cachette pour mettre son anneau en lieu sûr. En levant les yeux il avisa l'image de la Vierge, au ris gracieux, brillamment enluminée et parée d'offrandes, il la trouva si belle, et ses yeux si azurins, qu'il tomba en extase d'amour, ploya le genou et lui dit :

« Belle dame ! si tant doucette et mignonnette, blanche et pure comme fleur de lys, je ne veux aimer que vous, jamais plus ni femme ni pucelle ne touchera mon cœur et, pour gage de ma foi jurée, acceptez cet anel si joli. »

À peine a-t-il fini son amoureuse oraison, que la statue s'anime et, au contact de l'anneau, plie le doigt de telle façon qu'on n'aurait pu le lui reprendre qu'en le brisant, montrant par-là que son amour agréé ne devait finir qu'avec la mort. À cette vue, l'effroi gagne le mystique fiancé ; il pousse des cris et court conter le prodige aux chanoines, qui lui prouvèrent qu'à moins de félonie, il devait se consacrer à madame Marie, devenue son unique amie.

Mais l'amour charnel était de la partie ; il revit sa fiancée des saules, oublia son serment et se maria.

Or, il advint que la nuit de ses noces, comme il s'étendait mollement et amoureusement auprès de sa nouvelle épouse, un sommeil invincible s'empara de tout son corps, et, dans un rêve agréable, il vit la Vierge à l'anel couchée entre lui et sa femme, lui mettant le doigt sur son gage et lui reprochant mélancoliquement d'avoir failli à sa promesse d'amour.

Cette vision tendre le réveilla, il chercha la vierge, elle n'était plus là.

Derechef le sommeil alourdit ses paupières, derechef aussi, la Vierge à l'anel revint se placer à ses côtés, mais cette fois fière et dédaigneuse, prête à châtier sa foi mentie.

À cette menace il saute de sa couche, ne touche pas à sa femme crainte de mort, et s'enfuit jusqu'à ce que rencontrant un désert, il y trouva un bon ermite qui lui bailla l'habit de moine et, « *à Marie le maria* » dit un jovial conteur.

Depuis, tous les écoliers amoureux venaient en pèlerinage à la Vierge à l'anel qu'ils chargeaient de fleurs, d'anneaux et de bouquets d'amour ; enguirlandés de devises, la priant de rendre leurs mies parisiennes constantes et fidèles, ce qui était déjà difficile, paraît-il. C'est ainsi que la crédulité populaire faisait de la vierge Marie, au pied même de Notre-Dame, une Vénus chrétienne, et métamorphosait les anges en petits gamins de Cythère[1].

À Notre-Dame, comme dans toutes les églises de Paris, on célébrait tous les ans, au mois de janvier, la *fête de l'âne*. Mais avant de faire assister nos lecteurs à cette burlesque cérémonie qui mit toute la chrétienté en révolution au Moyen Âge et fut le pendant de la *fête des fous*, disons un mot de la légende de cet âne fameux.

Il fut d'abord de tradition chrétienne que cet animal était le plus bête parmi toutes les bêtes de la création, ainsi que le prouvait la légende orientale rapportée par les moines voyageurs qui l'avaient entendu raconter sous la tente par les mères berçant leurs enfants, tandis que paissent les chamelles.

À peine l'étoile de Noël fut-elle levée dans le ciel, qu'elle se mit à marcher, et les tribus se dirent entre elles : « C'est un signe divin; suivons cette étoile. » Et mages et pasteurs s'en allèrent ensemble, priant, chantant, se tenant par la main. L'étoile marchait toujours et ne s'arrêta que sur une humble bourgade.

Les voyageurs étaient devant une misérable hôtellerie dans laquelle une femme, venue de loin, enfantait.

Ils comprirent que là était le but de leur voyage, et, étant entrés dans l'hôtellerie, ils virent Marie qui regardait son nouveau-né couché dans une crèche entre un bœuf et un âne.

Il faisait froid, l'enfant n'avait qu'un peu de paille pour réchauffer son corps frêle, et l'âne mangea la paille de l'enfant, tirant brin à brin, comme fil à fil, cette layette rustique; mais le bœuf s'approcha et souffla sur le petit Jésus pour le réchauffer de sa puissante haleine, et Marie, prenant la parole, dit à l'âne :

Vilaine bête! tu as mangé la paille de l'Envoyé, tu seras à l'avenir un objet de risée et de moquerie, et ton nom sera donné à l'ignorant, car tu as ignoré qui est mon fils! Puis, s'adressant au bœuf, elle ajouta : Toi, tu seras considéré comme la force unie à la bonté, car tout ce qui est fort doit être bon et secourable.

Ce fut alors que les bergers entrèrent, et, ayant appris ce qui venait de se passer, ils chassèrent l'âne à coups de bâton. C'est pourquoi on trouve très peu d'ânes en Orient.

Telle est l'origine légendaire de la bêtise de maître Aliboron[1] qui devint le type, au physique comme au moral, d'une très nombreuse famille.

Ce n'est que plus tard qu'il fut réhabilité pour avoir prêté son dos à Jésus-Christ faisant son entrée dans Jérusalem. Ne voulant pas vivre dans une ville où les Juifs avaient répandu le sang du Juste, il marcha miraculeusement sur la mer, devenue aussi dure que la corne de ses pieds, traversa successivement les îles de Chypre, de Rodes, Candie ; passa à Malte, en Sicile, à Aquilée, et choisit Vérone où il termina sa vie miraculeuse.

C'est de lui que descend une belle race d'ânes qui se perpétue encore à Vérone, et sur le dos de laquelle est dessinée une espèce de croix noire.

Quand le saint animal mourut, on lui fit de pompeuses funérailles. Mais ses restes mortels, au lieu d'être rendus à la terre, furent renfermés dans le ventre d'un âne artificiel fait exprès, qu'on mit sous la garde de quarante moines du couvent de Notre-Dame-des-Orgues. Deux fois par an, on portait en procession par la ville cette relique asine[1], devant laquelle se prosternaient humblement les dévots Véronais.

Les pèlerins rapportèrent bientôt d'Italie mille nouvelles des miracles que faisait journellement l'âne de prédilection, et, de Vérone, la fête passa dans les autres pays ; elle fut surtout célébrée en France.

À la tête d'une longue procession composée de tout le chapitre de Notre-Dame et des confréries, bannières déployées, marchait en grande parure un âne portant sur son dos une jeune fille bien accoutrée, et encourtinée[2] d'une chape d'or, un poupon dans les bras, figurant la vierge Marie et l'enfant Jésus fuyant en Égypte. On sortait de l'église dès l'aube du jour, on faisait le tour de la Cité, et, au retour, on plaçait l'âne et la jeune fille dans le chœur à côté de l'Évangile. Chacun ayant pris place, on entonnait après l'épître la fameuse prose de l'âne :

> *Orientis partibus*
> *Adventabit asinus*
> *Pulcher et fortissimus.*

« Des contrées de l'Orient, il est arrivé un âne, beau, fort, et propre à porter des fardeaux.

> Chœur (en français).
> *Hez! sire âne, ça chantez,*
> *Belle bouche rechignez;*
> *Vous aurez du foin assez*
> *Et de l'avoine à plantez.*

« Il marchait d'un pas lent, à moins qu'on ne le frappât à coups de bâton, ou qu'on ne lui piquât les fesses avec un aiguillon. — Hez! sire âne, etc.

« Cet âne a été nourri par Ruben, sur les collines de Sichem ; il a traversé le Jourdain et sauté dans Bethléem. — Hez! sire âne, etc.

« Le voilà, ce bel âne aux grandes oreilles, le maître des ânes, le voilà comme un enfant soumis. — Hez! sire âne, etc.

« Il peut vaincre à la course les faons, les daims et chevreuils ; il est plus rapide que les dromadaires de Madian[1]. — Hez! sire âne, etc.

« C'est cette puissance asine qui a valu à l'Église l'or de l'Arabie, l'encens et la myrrhe du pays de Saba. — Hez! sire âne, etc.

« Pendant qu'il traîne les chariots remplis de bagages, sa mâchoire broie un dur fourrage. — Hez! sire âne, etc.

« Il mange l'orge avec sa tige, il se repaît de chardons, et dans l'aire, il sépare le froment de la paille. — Hez! sire âne, etc.

« Mais c'est assez chanter ; âne, dites *amen*, dites

encore *amen, amen,* et moquez-vous des vieilleries... Hez va! hez va! hez biaulx[1] sire âne! car allez, belle bouche, car chantez. »

L'âne ne disait point *amen,* mais l'évêque, la mitre en tête, la crosse au poing, écoutait toutes ces billevesées avec une gravité évangélique bien comique. Tous les chants de la messe étaient terminés par le refrain imitatif : hi han! hi han! hi han! et, à la fin de la fête, le prêtre officiant, au lieu de chanter l'*Ite missa est*[2], se mettait à braire, ce à quoi les fidèles répondaient : *Deo gratias.*

FRANÇOIS RABELAIS

Gargantua
(1535)

Déçu par le premier précepteur qu'il a engagé, le père de Gargantua décide d'envoyer son fils auprès d'un pédagogue humaniste officiant à Paris. Juché sur une monture à sa mesure, le jeune géant entame un voyage vers la capitale, dont le caractère burlesque culmine en haut des tours de Notre-Dame.

Cet épisode où Gargantua transforme la cathédrale gothique en perchoir et arrose les Parisiens de son urine, s'il semble sacrilège, est plus profondément carnavalesque : il s'inscrit en effet dans la démarche de réconciliation du haut et du bas, du ciel et de la terre, qui parcourt l'œuvre de Rabelais selon Bakhtine (voir le texte suivant). En tant qu'humeur corporelle, l'urine, qui appartient au registre du « bas corporel », symbolise la terre conçue comme lieu de régénération. Gargantua ne profane donc pas la cathédrale mais lui redonne vie, acte de rénovation qui l'ancre dans la terre.

A. G.

Georges Ripart, *Gargantua compissant les Parisiens* (1890)

CHAPITRE XVII

Comment Gargantua paya sa bien venue es Parisiens, et comment il print les grosses cloches de l'eglise nostre Dame[1]

Quelques jours aprés qu'ilz se feurent refraichiz[a] il visita la ville : et fut veu de tout le monde en grande admiration. Car le peuple de Paris est tant sot, tant badault[b], et tant inepte de nature : q'un basteleur, un porteur de rogatons[c], un mulet avecques ses cymbales[d], un vielleuz[e] au mylieu d'un carrefour assemblera plus de gens, que ne feroit un bon prescheur evangelicque[2].

Et tant molestement[f] le poursuyvirent : qu'il feut contrainct soy reposer suz les tours de l'eglise nostre dame. Auquel lieu estant, et voyant tant de gens, à l'entour de soy : dist clerement :

« Je croy que ces marroufles voulent[g] que je leurs paye icy ma bien venue et mon *proficiat*[3]. C'est raison. Je leur voys[h] donner le vin[i]. Mais ce ne sera que par rys[4]. »

Lors en soubriant destacha sa belle braguette, et tirant sa mentule en l'air les compissa si aigrement[j], qu'il en noya deux cens soixante mille, quatre cens dix et huyt. Sans les femmes et petiz enfans[5].

a. Reposés.
b. Sot.
c. Porteur de requêtes, de reliques et d'indulgences.
d. Grelots.
e. Joueur de vielle.
f. Importunément.
g. Veulent.
h. Vais.
i. Pourboire.
j. Violemment.

Quelque nombre d'iceulx evada[a] ce pissefort à legiereté[b] des pieds. Et quand furent au plus hault de l'université, suans, toussans, crachans, et hors d'halene, commencerent à renier et jurer les ungs en cholere, les aultres par rys. « Carymary, Carymara[1]. Par saincte mamye, nous son baignez par rys », dont fut depuis la ville nommée Paris laquelle auparavant on appelloit Leucece[c]. Comme dict Strabo[2] *lib. IIII*. C'est à dire en Grec, Blanchette, pour les blanches cuisses des dames dudict lieu.

Et par autant que à ceste nouvelle imposition du nom tous les assistans jurerent chascun les saincts de sa paroisse : les Parisiens, qui sont faictz de toutes gens et toutes pieces[d], sont par nature et bons jureurs et bons juristes, et quelque peu oultrecuydez[e]. Dont estime Joaninus de Barranco, *libro, de copiositate reverentiarum*[3], que sont dictz Parrhesiens[4] en Grecisme[f], c'est à dire fiers en parler.

Ce faict considera les grosses cloches que estoient esdictes tours : et les feist sonner bien harmonieusement. Ce que faisant luy vint en pensée qu'elles serviroient bien de campanes[g] au coul de sa jument, laquelle il vouloit renvoier à son pere toute chargée de froumaiges de Brye et de harans frays. De faict les emporta en son logis.

Ce pendent vint un commandeur jambonnier de

a. Échappa à.
b. Grâce à leur agilité.
c. Lutèce.
d. Sortes.
e. Présomptueux.
f. Langue grecque.
g. Grelots.

sainct Antoine[1] pour faire sa queste suille[a] : lequel pour se faire entendre de loing, et faire trembler le lard au charnier[b], les voulut emporter furtivement. Mais par honnesteté les laissa, non par ce qu'elles estoient trop chauldes, mais par ce qu'elles estoient quelque peu trop pesantes à la portée. [...]

Toute la ville feut esmeue[c] en sedition comme vous sçavez que à ce ilz sont tant faciles, que les nations estranges[d] s'esbahissent de la patience des Roys de France, lesquelz aultrement par bonne justice ne les refrenent : veuz les inconveniens qui en sortent de jour en jour. Pleust à dieu, que je sceusse l'officine en laquelle sont forgez ces chismes et monopoles[e], pour les mettre en evidence es confraries[f] de ma paroisse. Croyez que le lieu auquel convint le peuple tout folfré et habaliné[g], feut Nesle[2] où lors estoit, maintenant n'est plus, l'oracle de Lucece. Là feut proposé le cas, et remonstré[h] l'inconvenient des cloches transportées.

Aprés avoir bien ergoté *pro et contra* feut conclud en *Baralipton*[3], que l'on envoyroit le plus vieux et suffisant[i] de la faculté vers Gargantua pour luy remonstrer l'horrible inconvenient de la perte d'icelles cloches. Et nonobstant la remonstrance d'aulcuns[j] de l'université, qui alleguoient que ceste

a. De cochon.
b. Lieu où l'on conserve la viande.
c. Mobilisée.
d. Étrangères.
e. Complots.
f. Confréries.
g. Troublé et désordonné.
h. Démontré.
i. Habile.
j. De quelques-uns.

charge mieulx competoit[a] à un orateur, que à un Sophiste, feut à cest affaire esleu nostre Maistre Janotus de Bragmardo.

> Établissement du texte et notes de Mireille Huchon,
> Folio classique, 2007.

Albert Robida
Gargantua saute de sa jument sur le toit de Notre-Dame de Paris
(1885)

a. Convenait.

MIKHAÏL BAKHTINE

L'Œuvre de François Rabelais et la culture populaire du Moyen Âge et sous la Renaissance

(1965)

Les débats de Mikhaïl Bakhtine (1895-1975), théoricien de la littérature, avec les formalistes russes, ainsi que sa redécouverte par les chercheurs français dans les années 1970, en font un penseur majeur du XXe siècle. Son travail sur l'œuvre de Rabelais vise à déceler une tradition européenne orale et populaire, repérable dès l'Antiquité, et encore vivante au Moyen Âge et à la Renaissance : la vision carnavalesque du monde. Cette tradition, dont Rabelais est l'incarnation littéraire, excède la seule question du langage. C'est une véritable conception du monde. Le carnaval est une fête célébrant la vie. La mort apparaît alors comme la complice de la vie, et triomphant de la vieillesse, comprise quant à elle comme l'ensemble des forces s'opposant à une naissance. Cette pensée renverse donc la philosophie dominante qui, de Platon au christianisme, célèbre l'un contre le multiple, l'éternité contre le devenir, le ciel contre la terre. Le carnaval fête la terre sous laquelle gisent les morts et croît le grain. Par analogie, tout ce qui est bas et corporel s'affirme comme le signe d'une renaissance — le « bas corporel » est donc connoté positivement.

Dans ce passage, Bakhtine analyse l'épisode qui suit le vol des cloches de Notre-Dame par Gargantua : après avoir transformé les cloches en grelots pour ses chevaux, Gargantua est sommé de les rendre par un professeur de théologie qui est l'incarnation de la vieillesse. À l'opposé de la théologie officielle qui fige la cathédrale et ses cloches dans un ciel immuable, Gargantua les rabaisse non pour les déshonorer mais pour les faire renaître, chargées d'un nouveau sens, au contact de ses juments.

Attributs les plus élevés d'une cathédrale, les cloches trouvent pourtant leur origine dans la terre, dont leur moule est fait[1]. Cet ancrage terrestre se prolonge dans la liturgie ambiguë qui les entoure : baptisées par le prêtre, ces figures à l'aspect grotesque rythmeront naissances et funérailles.

A. G.

Nous allons examiner à présent l'épisode de Janotus de Bragmardo. Celui-ci entre en scène après que le jeune Gargantua a dérobé les grosses cloches de l'église Notre-Dame de Paris[2].

Rabelais a emprunté aux *Grandes Chronicques*[3] le motif du vol des cloches, qu'il a amplifié et transformé. Gargantua dérobe les cloches historiques de Notre-Dame pour en faire des *campanes*[a] au cou de sa jument géante qu'il voudrait renvoyer à son père chargée de fromages et de harengs. *Les cloches de la cathédrale sont détrônées*, ravalées au rang de *simples campanes pour la jument* : geste du carnaval typiquement rabaissant, unissant le détrônement-destruction à la rénovation et renaissance sur un plan matériel et corporel nouveau[4].

Les clochettes ou grelots (accrochés dans la majorité des cas au cou des vaches) figurent comme accessoires indispensables de l'acte carnavalesque dans les témoignages les plus anciens en notre possession. Les grelots sont habituellement de rigueur dans les images mythiques d'« armée sauvage », de « chasse sauvage », qui, dès la plus haute Antiquité,

---

a. Grelots.

accompagnaient les représentations et processions du carnaval.

Les grelots de vaches figurent dans la description des charivaris du début du XIVe siècle du *Roman de Fauvel*[1]. Chacun connaît le rôle des grelots que les bouffons cousent à leurs vêtements, bonnet, bâton, sceptre. Nous les entendons aujourd'hui encore en Russie tinter sur les arcs de limonière des chevaux, à la Mi-Carême et à l'occasion des noces.

Les clochettes et grelots figurent également dans la description que fait Rabelais de la « diablerie » mise en scène par François Villon.

> Ses diables estoient tous capparassonnez de peaulx de loups, de veaulx et de beliers, passementées de testes de mouton, de cornes de bœufz et de grands havetz[a] de cuisine : ceintz de grosses courraies, esquelles pendoient grosses cymbales de vaches et sonnettes de muletz à bruit horrificque.

Les récits de décrochage de cloches se retrouvent d'ailleurs à plusieurs reprises dans le livre de Rabelais.

Dans l'épisode du rôtissage des six cent soixante chevaliers, Pantagruel s'exclame, au beau milieu du festin, alors que les mâchoires sont entrées dans la danse :

> Pleust à Dieu que chascun de vous eust deux paires de sonnettes de sacre au menton et que je eusse au mien les *grosses horologes* de Renes, de Poictiers, de Tours et de Cambray, pour veoir l'aubade que nous donnerions au remuement de nos badiguoinces[b].

a. Crochets.
b. Lèvres.

Les cloches et sonnettes d'église ne sont pas passées au cou des vaches ou mules, mais sous le menton des joyeux convives : leur tintement doit rythmer le mouvement de mastication. On trouverait difficilement image plus précise et concrète quoique vulgaire pour révéler la logique même du jeu des rabaissements rabelaisiens : celle du détrônement-destruction et de la rénovation-résurrection. Les cloches de Poitiers, Rennes, Tours et Cambrai détrônées sur le plan supérieur prennent soudain vie sur celui du banquet et se remettent à tinter en scandant le mouvement des mâchoires. Soulignons que ce nouvel emploi des cloches est si imprévu que leur image semble prendre une vie nouvelle. Elle surgit à notre regard comme quelque chose d'absolument inédit, sur un fond nouveau, insolite, où on n'a pas l'habitude de la voir paraître. La sphère dans laquelle s'effectue cette *nouvelle naissance de l'image* est le *principe matériel et corporel*[1] qui, dans le cas présent, prend l'aspect du banquet. Soulignons encore le caractère littéral, la topographie précise du rabaissement : les cloches accrochées *en haut* dans leur clocher sont descendues *en bas* sous les mâchoires qui mastiquent.

Cette pittoresque résurrection des cloches est évidemment très éloignée tant de l'acte animal de l'absorption de nourriture, que du banquet ordinaire et privé. C'est la « grande chère » du bon géant populaire et de ses compagnons d'armes devant le foyer historique où a été réduit en cendres le vieux monde de la culture féodale et chevaleresque.

Revenons-en à notre point de départ, le vol des cloches : on comprend parfaitement à présent pourquoi Gargantua veut faire des cloches de Notre-Dame des campanes pour sa jument. Dans la suite de l'histoire, les cloches et clochettes sont toujours associées à des figures de banquet et de carnaval. Le commandeur jambonnier de Saint-Antoine aurait bien voulu lui aussi prendre ces cloches pour se faire entendre de loin et faire trembler *le lard* au charnier (il jouissait du privilège de quêter lard et jambon auprès de la population).

Dans sa harangue à Gargantua pour recouvrer les cloches, le principal argument de maître Janotus de Bragmardo est que le son des cloches a une influence bénéfique sur le rendement des vignes de la région parisienne; son second argument, qu'on lui donnera les saucisses et chausses promises au cas où il obtiendrait gain de cause. Ainsi, les cloches tintent toujours dans une atmosphère de carnaval et de festin.

Qui est donc ce fameux Janotus de Bragmardo? Selon l'idée de Rabelais, c'est une sommité de la Sorbonne, gardienne de la juste foi et de la vérité divine inébranlable, qui régissait toute la pensée et tous les ouvrages religieux. On sait qu'elle avait condamné et interdit chacun des livres de Rabelais à mesure de leur parution; heureusement pour lui, elle ne régnait déjà plus en maîtresse à l'époque. Janotus de Bragmardo est donc un représentant de cette honorable faculté. Pour des raisons de prudence (il ne fallait quand même pas badiner avec la Sorbonne), Rabelais a supprimé tous les indices permettant de déduire qu'il appartenait à l'Université de Paris[*].

Janotus de Bragmardo a donc pour mission, au moyen d'une harangue sage et éloquente, de persuader Gargantua de restituer les cloches dérobées. Nous avons vu qu'on lui a promis une récompense

---

[*] Dans l'édition canonique des deux premiers livres (1542), Rabelais a supprimé toutes les allusions directes en remplaçant le terme « Sorbonniste » par « Sophiste ».

« carnavalesque » alléchante : chausses, saucisses et bon vin.

Lorsque avec une gravité drolatique, vêtu d'un lyripipion[1] de maître de la Sorbonne, Janotus arrive chez Gargantua, escorté de ses assistants, Ponocrates[2] les prend d'abord pour une mascarade :

> Maistre Janotus, tondu à la cesarine, vestu de son lyripipion à l'antique, et bien antidoté[a] l'estomac de coudignac de four et eau beniste de cave, se transporta au logis de Gargantua, touchant davant soy troys vedeaulx[b] à rouge muzeau, et trainant après cinq ou six maistres inertes, bien crottez à profit de mesnaige.
>
> À l'entrée les rencontra Ponocrates, et eut frayeur en soy, les voyant ainsi desguisez, et pensoit que feussent quelques masques hors du sens. Puis s'enquesta à quelqu'un desdictz maistres inertes de la bande, que queroit ceste mommerie. Il luy feut respondu qu'ilz demandoient les cloches leurs estre rendues.

Dans la personne du maître de la Sorbonne et de ses compagnons, tous les *attributs carnavalesques* (jusqu'au « muzeau rouge » que nous connaissons bien) sont soulignés à dessein. Ces gens-là sont transformés en *bouffons de carnaval*, en procession comique. « L'eau beniste de cave » était une formule courante servant à désigner le vin.

Apprenant de quoi il retourne, Gargantua et ses amis décident de faire une farce (une mystification) à Janotus. On commence par le faire boire « theologalement » tandis qu'on restitue dans son dos les cloches aux personnalités de la ville dûment mandées pour la circonstance. Si bien que l'infortuné Janotus en est réduit à prononcer sa harangue pour le grand

---

a. Muni.
b. Jeu de mots entre bedeau et vedeau (veau).

amusement de l'assemblée. Il le fait avec toute sa gravité et tout son sérieux, il insiste pour que soient rendues les cloches sans se rendre compte que l'affaire est déjà réglée et qu'en réalité, il joue le rôle d'un bouffon de foire. Cette mystification accentue encore le caractère carnavalesque du « Sorbonniste » qui, exclu du cours normal de la vie, n'est plus qu'un pantin bon à être tourné en dérision, mais qui n'en continue pas moins à tenir son rôle avec le plus grand sérieux, sans remarquer que son entourage se tient les côtes de rire.

© Traduction d'Andrée Robel,
Gallimard, 1970 ; coll. « Tel », 1982.

Gustave Doré
Gargantua, après s'être emparé des cloches de Notre-Dame pour s'en faire des grelots pour sa jument, les rapporte
(1873)

JACQUES AUDIBERTI

« Les deux mains »
(*Ange aux entrailles*, 1964)

Audiberti (1899-1965) fut dramaturge, romancier et poète. Ange aux entrailles, *publié un an avant sa mort, est fortement marqué par l'ambiance parisienne qui se décline dans les différents quartiers de la capitale.*

Dans ce poème, le poète fait le deuil d'une prostituée. La cathédrale, située à deux pas de la rue Xavier-Privas où elle officiait, est le fil conducteur vers l'identification, dans la mort, de la péripatéticienne et de son monde avec notre Dame, la Vierge.

Les mains ballantes du cortège de ses clients incarnent la coïncidence de la paresse et de la luxure : « Vous autres, les toquards, les cloches, / les rôdeurs du quai Saint-Michel, / sortez vos pattes de vos poches. » C'est pourtant parce qu'ils sont clochards que ces dévots suspects peuvent participer d'une nouvelle cathédrale. Le poème suit le parcours de leurs mains invitées à se joindre : « De la main la main se rapproche. » Avant ce deuil commun, les passants agissaient en propriétaires isolés : « nous tous / qui l'eûmes hôtel de la Gare ». Ce geste où la prière communie avec l'étreinte n'est possible que dans la mort : « Les mains se touchent. Tout s'écroule. / Le vitrail se reconstitue. »

Notre-Dame n'était qu'un élément de décor du « quai saint Michel ». À l'occasion d'un deuil, l'église, faisant résonner son nom, devient une communauté de fidèles réunis sous le nom de la Vierge.

A. G.

Prenez garde, monsieur Gamin !
De la main la main se rapproche.
L'anguille surgit de la roche.
Sonne l'instant de l'examen.

Vous autres, les toquards, les cloches,
les rôdeurs du quai Saint-Michel,
sortez vos pattes de vos poches.
Notre dame retourne au ciel.

Notre dame, notre baisée,
Dieu sait ce que, boné Déous !
chaste, mince, à peine frisée,
elle va faire de nous tous
qui l'eûmes hôtel de la Gare
et rue... attends... Xavier Privas,
quand elle fumait le cigare,
toujours pudique, par en bas.

Les mains se touchent. Tout s'écroule.
Le vitrail se reconstitue.
Le car de la police roule.
Une jeune fille se tue.

> © Gallimard, coll. « Blanche », 1964 ;
> coll. « Poésie/Gallimard », 1995.

Sanctuaire / Sacrilège

PAUL CLAUDEL

Ma conversion
(1909)

Claudel terrassé

Nous sommes le 25 décembre 1886, nuit de Noël à Notre-Dame. C'est une scène de genre, un archétype littéraire augustinien du récit de conversion. Paul Claudel, l'heureux élu, seulement âgé de dix-huit ans, en est le héros à la première personne. Héros de l'humilité, du pécheur terrassé mettant un genou en terre au terme d'une lutte sans merci. Alors qu'il promène son ennui sur les quais comme d'autres leur chien, Dieu vient le percuter. Toute la saveur claudélienne du catholique bourru et si « charbonnier » est là, dans cet in memoriam *du converti où l'adversaire est toute l'époque intellectuelle renanienne, positiviste, aux antipodes de ce qui va être la matrice du verbe claudélien. C'est pourquoi il convient de lire le récit de cette conversion aussi bien comme un manifeste esthétique. Bientôt, le jeune Claudel va donner* Tête d'Or *au théâtre : l'épopée baroque du futur auteur du* Soulier de satin *commence derrière un pilier de cathédrale...*

M. C.

Je suis né le 6 août 1868. Ma conversion s'est produite le 25 décembre 1886. J'avais donc dix-huit ans. Mais le développement de mon caractère était déjà à ce moment très avancé. Bien que rattachée des deux côtés à des lignées de croyants qui ont donné plusieurs prêtres à l'Église, ma famille était indifférente et, après notre arrivée à Paris, devint nettement étrangère aux choses de la Foi. Auparavant, j'avais fait une bonne première communion, qui, comme pour la plupart des jeunes garçons, fut à la fois le couronnement et le terme de mes pratiques religieuses. J'ai été élevé, ou plutôt instruit, d'abord par un professeur libre, puis dans des collèges (laïcs) de province, puis enfin au lycée Louis-le-Grand. Dès mon entrée dans cet établissement, j'avais perdu la foi, qui me semblait inconciliable avec la pluralité des mondes. La lecture de la *Vie de Jésus* de Renan[1] fournit de nouveaux prétextes à ce changement de convictions que tout, d'ailleurs, autour de moi, facilitait ou encourageait. Que l'on se rappelle ces tristes années quatre-vingt, l'époque du plein épanouissement de la littérature naturaliste. Jamais le joug de la matière ne parut mieux affermi. Tout ce qui avait un nom dans l'art, dans la science et dans la littérature, était irréligieux. Tous les (soi-disant) grands hommes de ce siècle finissant s'étaient distingués par leur hostilité à l'Église. Renan régnait. Il présidait la dernière distribution de prix du lycée Louis-le-Grand à laquelle j'assistai et il me semble que je fus couronné de ses mains. Victor Hugo venait de disparaître dans une apothéose. À dix-huit ans, je croyais donc ce que croyaient la plupart des gens dits cultivés de ce temps. La forte idée de l'individuel et du concret était obscurcie en moi. J'acceptais l'hypothèse moniste et mécaniste dans toute sa rigueur, je croyais que tout était soumis aux « lois », et que ce monde était un enchaînement dur d'effets et de causes que la science allait arriver après-demain à débrouiller parfaitement. Tout cela me semblait d'ailleurs fort triste et fort ennuyeux. Quant à l'idée du devoir kantien[1] que nous présentait mon professeur de philosophie, M. Burdeau, jamais il ne me fut possible de la digérer. Je vivais d'ailleurs dans l'immoralité et peu à peu je tombai dans un état de désespoir. La mort de mon grand-père, que j'avais vu de longs mois rongé par un cancer à l'estomac, m'avait inspiré une profonde terreur et la pensée de la mort ne me quittait pas. J'avais complètement oublié la religion et j'étais à son égard d'une ignorance de sauvage. La première lueur de vérité me fut donnée par la rencontre des livres d'un grand poète, à qui je dois une éternelle reconnaissance, et qui a eu dans la formation de ma pensée une part prépondérante, Arthur Rimbaud. La lecture des *Illuminations*, puis, quelques mois après, d'*Une saison en enfer*, fut pour moi un évènement capital. Pour la première fois, ces livres ouvraient une fissure dans mon bagne matérialiste et me donnaient l'impression vivante et presque physique du surnaturel. Mais mon état habituel d'asphyxie et de désespoir restait le même.

Tel était le malheureux enfant qui, le 25 décembre 1886, se rendit à Notre-Dame de Paris pour y suivre les offices de Noël. Je commençais alors à écrire et il me semblait que dans les cérémonies catholiques, considérées avec un dilettantisme supérieur, je trouverais un excitant approprié et la matière de quelques exercices décadents. C'est dans ces dispositions que, coudoyé et bousculé par la foule, j'assistai, avec un plaisir médiocre, à la grand'messe. Puis, n'ayant rien de mieux à faire, je revins aux vêpres. Les enfants de la maîtrise en robes blanches et les élèves du petit séminaire de Saint-Nicolas-du-Chardonnet qui les assistaient, étaient en train de chanter ce que je sus plus tard être le *Magnificat*. J'étais moi-même debout dans la foule, près du second pilier à l'entrée du chœur à droite du côté de la sacristie*. Et c'est alors que se produisit l'évènement qui domine toute ma vie. En un instant mon cœur fut touché et *je crus*. Je crus, d'une telle force d'adhésion, d'un tel soulèvement de tout mon être, d'une conviction si puissante, d'une telle certitude ne laissant place à aucune espèce de doute, que, depuis, tous les livres, tous les raisonnements, tous les hasards d'une vie agitée, n'ont pu ébranler ma foi, ni, à vrai dire, la toucher. J'avais eu tout à coup le sentiment déchirant de l'innocence, l'éternelle enfance de Dieu, une révélation ineffable. En essayant, comme je l'ai fait souvent, de reconstituer les minutes qui suivirent cet instant extraordinaire, je retrouve les éléments suivants qui cependant ne formaient qu'un seul éclair, une seule arme, dont la Providence divine se servait pour atteindre et s'ouvrir enfin le cœur d'un pauvre enfant désespéré : « Que les gens qui croient sont heureux ! Si c'était vrai, pourtant ? *C'est vrai !* Dieu existe, il est là. C'est quelqu'un, c'est un être aussi personnel que moi ! Il m'aime, il m'appelle. » Les larmes et les sanglots étaient venus et le chant si tendre de l'*Adeste*[1] ajoutait encore à mon émotion. Émotion bien douce où se mêlait cependant un sentiment d'épouvante et presque d'horreur ! Car mes convictions philosophiques étaient entières. Dieu les avait laissées dédaigneusement où elles étaient, je ne voyais rien à y changer, la religion catholique me semblait toujours le même trésor d'anecdotes absurdes, ses prêtres et les fidèles m'inspiraient la même aversion qui allait jusqu'à la haine et jusqu'au dégoût. L'édifice de mes opinions et de mes connais-

---

* Hélas ! je ne sais pourquoi, on ne permet plus au public de pénétrer dans cette partie de l'église pendant les offices, qui d'ailleurs, de la nef, sont parfaitement invisibles. 1938.

sances restait debout et je n'y voyais aucun défaut. Il était seulement arrivé que j'en étais sorti. Un être nouveau et formidable avec de terribles exigences pour le jeune homme et l'artiste que j'étais s'était révélé que je ne savais concilier avec rien de ce qui m'entourait. L'état d'un homme qu'on arracherait d'un seul coup de sa peau pour le planter dans un corps étranger au milieu d'un monde inconnu est la seule comparaison que je puisse trouver pour exprimer cet état de désarroi complet. Ce qui était le plus répugnant à mes opinions et à mes goûts, c'est cela pourtant qui était vrai, c'est cela dont il fallait bon gré, mal gré, que je m'accommodasse. Ah! Ce ne serait pas du moins sans avoir essayé tout ce qu'il m'était possible pour résister.

Cette résistance a duré quatre ans. J'ose dire que je fis une belle défense et que la lutte fut loyale et complète. Rien ne fut omis. J'usai de tous les moyens de résistance et je dus abandonner l'une après l'autre des armes qui ne me servaient à rien. Ce fut la grande crise de mon existence, cette agonie de la pensée dont Arthur Rimbaud a écrit : « Le combat spirituel est aussi brutal que la bataille d'hommes. Dure nuit! le sang séché fume sur ma face[1]! » Les jeunes gens qui abandonnent si facilement la foi ne savent pas ce qu'il en coûte pour la recouvrer et de quelles tortures elle devient le prix. La pensée de l'Enfer, la pensée aussi de toutes les beautés et de toutes les joies, dont, à ce qu'il me paraissait, mon retour à la vérité devait m'imposer le sacrifice, étaient surtout ce qui me retirait en arrière.

Mais enfin, dès le soir même de ce mémorable jour à Notre-Dame, après que je fus rentré chez moi par les rues pluvieuses qui me semblaient maintenant si étranges, j'avais pris une bible protestante qu'une amie allemande avait donnée autrefois à ma sœur

Camille, et pour la première fois, j'avais entendu l'accent de cette voix si douce et si inflexible qui n'a cessé de retentir dans mon cœur. Je ne connaissais que par Renan l'histoire de Jésus et, sur la foi de cet imposteur, j'ignorais même qu'il se fût jamais dit le Fils de Dieu. Chaque mot, chaque ligne démentait, avec une simplicité majestueuse, les impudentes affirmations de l'apostat et me dessillait les yeux. C'est vrai, je l'avouais avec le Centurion, oui, Jésus était le Fils de Dieu. C'est à moi, Paul, entre tous, qu'il s'adressait et il me promettait son amour. Mais en même temps, si je ne le suivais, il ne me laissait d'autre alternative que la damnation. Ah, je n'avais pas besoin qu'on m'expliquât ce qu'était l'Enfer et j'y avais fait ma « Saison ». Ces quelques heures m'avaient suffi pour me montrer que l'Enfer est partout où n'est pas Jésus-Christ. Et que m'importait le reste du monde auprès de cet être nouveau et prodigieux qui venait de m'être révélé?

C'était l'homme nouveau en moi qui parlait ainsi, mais l'ancien résistait de toutes ses forces et ne voulait rien abandonner de cette vie qui s'ouvrait à lui. L'avouerai-je? Au fond, le sentiment le plus fort qui m'empêchait de déclarer mes convictions était le respect humain. La pensée d'annoncer à tous ma conversion, de dire à mes parents que je voulais faire maigre le vendredi, de me proclamer moi-même un de ces catholiques tant raillés, me donnait des sueurs froides, et par moments la violence qui m'était faite me causait une véritable indignation. Mais je sentais sur moi une main ferme. Je ne connaissais pas un prêtre. Je n'avais pas un ami catholique.

L'étude de la religion était devenue mon intérêt dominant. Chose curieuse! L'éveil de l'âme et celui des facultés poétiques se faisait chez moi en même temps, démentant mes préjugés et mes terreurs enfantines. C'est à ce moment que j'écrivis les premières versions de mes drames *Tête d'Or*, et *La Ville*[1]. Quoique étranger encore aux sacrements, déjà je participais à la vie de l'Église, je respirais enfin et la vie pénétrait en moi par tous les pores. Les livres qui m'ont le plus aidé à cette époque sont d'abord les *Pensées* de Pascal, ouvrage inestimable pour ceux qui cherchent la foi, bien que son influence ait souvent été funeste; les *Élévations sur les mystères* et les *Méditations sur l'Évangile* de Bossuet, et ses autres traités philosophiques; le poème de Dante, et les admirables récits de la Sœur Emmerich[2]. La *Métaphysique* d'Aristote m'avait nettoyé l'esprit et m'introduisait dans les domaines de la véritable raison. L'*Imitation*[3] appartenait à une sphère trop élevée pour moi et ses deux premiers livres m'avaient paru d'une dureté terrible.

Mais le grand livre qui m'était ouvert et où je fis mes classes, c'était l'Église. Louée soit à jamais cette grande mère majestueuse aux genoux de qui j'ai tout appris! Je passais tous mes dimanches à Notre-Dame et j'y allais le plus souvent possible en semaine. J'étais alors aussi ignorant de ma religion qu'on peut l'être du bouddhisme, et voilà que le drame sacré se déployait devant moi avec une magnificence qui surpassait toutes mes imaginations. Ah, ce n'était plus le pauvre langage des livres de dévotion! C'était la plus profonde et la plus grandiose poésie, les gestes les plus augustes qui aient jamais été confiés à des êtres humains. Je ne pouvais me rassasier du spectacle de la messe et chaque mouvement du prêtre s'inscrivait profondément dans mon esprit et dans mon cœur. La lecture de l'Office des Morts, de celui de Noël, le spectacle des jours de la Semaine Sainte, le sublime chant de l'*Exultet*[4] auprès duquel les accents les plus enivrés de Sophocle et de Pindare me paraissaient fades, tout cela m'écrasait de respect et de joie, de reconnaissance, de repentir et d'adoration! Peu à peu, lentement et péniblement, se faisait jour dans mon cœur cette idée que l'art et la poésie aussi sont des choses divines, et que les plaisirs de la chair, loin de leur être indispensables, leur sont au contraire un détriment. Combien j'enviais les heureux chrétiens que je voyais communier! Quant à moi, j'osais à peine me glisser parmi ceux qui à chaque vendredi de Carême venaient baiser la couronne d'épines.

Cependant les années passaient et ma situation devenait intolérable. Je priais Dieu avec larmes en secret et cependant je n'osais ouvrir la bouche. Pourtant chaque jour mes objections devenaient plus faibles et l'exigence de Dieu plus dure. Ah! Que je le connaissais bien à ce moment, et que ses touches sur mon âme étaient fortes! Comment ai-je trouvé le courage d'y résister?

La troisième année, je lus les *Écritures posthumes* de Baudelaire, et je vis qu'un poète que je préférais à tous les Français avait trouvé la foi dans les dernières années de sa vie et s'était débattu dans les mêmes angoisses et dans les mêmes remords que moi[1]. Je réunis mon courage et j'entrai un après-midi dans un confessionnal de Saint-Médard[2], ma paroisse. Les minutes où j'attendis le prêtre sont les plus amères de ma vie. Je trouvai un vieil homme qui me parut fort peu ému d'une histoire qui à moi semblait si intéressante; il me parla des «souvenirs de ma première communion» (à ma profonde vexation), et m'ordonna avant toute absolution de déclarer ma conversion à ma famille : en quoi aujourd'hui je ne puis lui donner tort. Je sortis de la boîte humilié et courroucé, et n'y revins que l'année suivante, lorsque je fus décidément forcé, réduit et poussé à bout. Là, dans cette même église Saint-Médard, je trouvai un jeune prêtre miséricordieux et fraternel, M. l'abbé Ménard, qui me réconcilia, et plus tard le saint et vénérable ecclésiastique, l'abbé Villaume, qui fut mon directeur et mon père bien-aimé, et dont, du ciel où il est maintenant, je ne cesse de sentir sur moi la protection. Je fis ma seconde communion en ce même jour de Noël, le 25 décembre 1890, à Notre-Dame.

1909.

© Gallimard, édition de Robert Mallet, t. XVI, 1960.

JULIEN GREEN

Journal
(1974-1980)

De nationalité américaine, Julien Green (1900-1998) a écrit la plupart de son œuvre en français. Son Journal, dont l'édition intégrale est en cours de publication, fait partie de ses chefs-d'œuvre.

De nationalité américaine et de langue française, catholique, il témoigne dans son Journal de son rapport familier à la cathédrale. Tout en croisant l'histoire (l'enterrement du président Pompidou), Notre-Dame n'y participe pas, car elle demeure tributaire d'une autre temporalité : « Le monde n'y pourra jamais rien. On aura beau faire, il y aura toujours l'inexpugnable présence sous ces voûtes, dans ce grand bateau renversé naviguant sur une mer qui est le ciel. » Appartenant à un autre temps, détachée de l'histoire, la cathédrale épouse le rythme des saisons : « blanche » en décembre, elle se colore à Pâques, « pleine d'une foule innombrable ».

Se manifestant d'année en année le jeudi saint, Notre-Dame ponctue le cours biographique d'un Journal qui a pour horizon la mort de son auteur et apporte à Green le réconfort de sa durée.

A. G.

1974

3 avril. — Pompidou est mort cette nuit à 9 heures. Cette nouvelle m'a frappé, je me souviens de sa gentillesse à mon égard, quand, après un déjeuner à l'Élysée, il m'a demandé de venir prendre le café à côté de lui et m'a parlé fort courtoisement. Sa mort risque de plonger la France dans le désordre. Le sentiment le plus généralement exprimé est celui de pitié pour ses souffrances, d'admiration pour son courage. On s'aperçoit un peu tard qu'on l'aimait bien. Certains ont l'impression désagréable que pour les politiciens la France est à prendre. Le président Pompidou a demandé qu'une messe soit dite pour lui en grégorien à Saint-Louis en l'île.

— Le printemps dans toute sa gloire aujourd'hui, les arbres vêtus de ce vert impalpable. Quelle fête dans toute cette inquiétude...

6 avril. — Le président Pompidou avait déclaré au Père Riquet (*Le Figaro* du 5 avril) : « On a réintroduit Saint-Sulpice dans la musique et les cantiques. J'en suis navré. L'autre dimanche, à Fouesnant, pendant la messe paroissiale, je me désolais de l'indigence et de la niaiserie des chants. Soudain, j'entendis la chorale entonner un alléluia grégorien. Ce fut comme un grand souffle d'air pur. »

Ce matin, à Notre-Dame, des choses de composition récente ne lui ont pas été épargnées : un psaume incolore, etc., mais il y a eu aussi de ce grégorien qu'il aimait. Nixon est arrivé le dernier à la cérémonie, en vedette américaine, après le représentant des Soviets, mais avant le président Poher[1], comme il se devait.

1976

23 décembre. — Paris dans une brume légère à l'entrée de nuit, le reflet des lumières dans l'eau, Notre-Dame toute blanche au-delà des ponts, on ne peut rêver un paysage plus ensorceleur.

1980

Jeudi saint. — À Notre-Dame pleine d'une foule innombrable. Cela a déplu à Éric, qui n'aime les monuments que vides et est resté dehors. J'ai eu le sentiment que dans cette immense cathédrale il y avait l'âme de la vieille Église qui ne veut et ne peut mourir parce qu'elle est l'épouse du Christ. Le monde n'y pourra jamais rien. On aura beau faire, il y aura toujours l'inexpugnable présence sous ces voûtes, dans ce grand bateau renversé naviguant sur une mer qui est le ciel. J'ai regardé avec amour les scènes sculptées et peintes de la vie du Christ et de la Vierge tout autour du chœur. La France du Moyen Âge était là tout entière. Ensuite à Saint-Julien-le-Pauvre. Tandis qu'à Notre-Dame l'Église se lamentait dans une indescriptible tristesse, *Stabat mater dolorosa*[1], à Saint-Julien se préparait une fête. Mgr Nasrallah[2] dans sa chape dorée faisait le tour de l'église suivi de ses diacres. Il nous avait vus depuis longtemps : « Restez là, nous dit-il, je reviens dans cinq minutes. » La procession poursuit son chemin et cinq minutes après, ce grand personnage barbu qui semble sortir du Pactole revient et me fait asseoir au premier rang devant l'autel. À gauche, entre des colonnes, six ou huit jeunes gens chantent des mélopées en arabe. Ensuite le clergé, avec ses encensoirs et ses chants en grec, devant une montagne de splendides roses rouges qui cachent le devant de l'autel. Au bout d'une heure et demie, j'ai dû partir. La foule était dense, la cérémonie superbe. J'en retiens l'allégresse. Les chants arabes sont graves, mais on sent monter la joie vers le Crucifié qui de ses bras étendus rouvre les cieux à l'humanité entière. L'Occident se replie sur son chagrin, l'Orient exulte parce que le Rédempteur est enfin là qui nous attire à lui.

© *Œuvres complètes*, t. VI,
édition de Xavier Galmiche, Giovanni Lucera,
Gilles Siouffi et Damien Vorreux,
Gallimard, Bibliothèque de la Pléiade, 1990.

LÉON BLOY

L'Âme de Napoléon
(1912)

Léon Bloy (1846-1917), poète mystique et polémiste chrétien, trouve en Napoléon une figure céleste qui s'ignore.

Pour Bloy, Napoléon est de ces êtres qui animent la foi inébranlable des fervents chrétiens du peuple : « J'ai connu, dans mon enfance, des vieux mutilés incapables de le distinguer du Fils de Dieu. » Cette foi naïve de celui qui, pour croire, ne demande ni preuve ni indice est la même qui porte le petit peuple à adorer la Vierge, notre Dame. Napoléon peut susciter pareille piété car il la partage : fuyant son exil, il se rue, sans motif apparent, vers la cathédrale de Paris. Il peut toucher la Vierge de pierre, divinité sensible qu'exige une dévotion irréfléchie, abolissant ainsi la frontière qui sépare l'idole de son autel, l'adorateur de l'adorée.

A. G.

Parlerons-nous du retour de l'île d'Elbe[1]? Que n'a-t-on pas dit ou écrit sur cet évènement incompréhensible? Jusque-là Napoléon n'avait combattu que les hommes et, précisément parce qu'il était plus grand qu'eux tous, il avait été ou paraissait avoir été vaincu à la fin. Mais en quittant l'île d'Elbe, il entreprend de combattre la nature des choses, son propre destin, s'efforçant de terrasser l'Ange formidable, comme Israël fort contre Dieu même[2]. On n'avait jamais rien vu et on ne verra peut-être jamais rien de comparable au vol de son aigle allant « de clocher en clocher jusqu'aux tours de Notre-Dame ». Pourquoi Notre-Dame ? Napoléon n'était pourtant pas dévot à la Sainte Vierge, ostensiblement du moins. Mais tout étant présumable d'un être si grand, n'est-il pas permis de supposer en lui un pressentiment surhumain, une secrète divination de la Suzeraineté de Marie, Patronne et protectrice à jamais de cette France qu'il avait ramassée dans une boue de sang et d'ordures et qu'il avait faite si magnifique ?

Et maintenant, voici que je m'étonne de ma prudence ! Pourquoi tant de précautions littéraires ? Cela ne crève-t-il pas les yeux que l'Évènement fut entièrement et absolument surnaturel ? Il n'y avait peut-être pas une famille en France qu'il n'eût saignée jusqu'à l'épuisement des veines, jusqu'à l'arrêt définitif des battements du cœur. En Italie, en Égypte, en Allemagne, en Pologne, en Espagne surtout et en Russie, un nombre infini de Français étaient morts par sa volonté ou ce qu'on pouvait croire sa volonté. La campagne de Saxe à elle seule avait coûté plus de cent mille vies. On aurait pu penser que ce dévorant inassouvi avait exténué tout enthousiasme et tari toutes les fontaines de l'amour.

Ce fut le contraire qui arriva. Une dernière armée de victimes vint s'offrir, et quelles victimes ! Un rugissement de gloire monta jusqu'au ciel. Dans une revue, les cavaliers héroïques de cent batailles, croisant leurs sabres au-dessus de sa tête, lui firent une voûte d'acier en pleurant de joie et de fureur. Quelques jours plus tard, ils étaient immolés à leur tour. C'étaient les derniers, mais il en restait tout de même et Napoléon, s'il avait voulu, pouvait encore, même après Waterloo, continuer indéfiniment les sacrifices humains.

En vérité, jamais un homme ne fut adoré comme celui-là, dans l'espérance ou le désespoir, dans les tourments infinis de la fatigue, de la faim et de la soif, au milieu des boues et des neiges, dans la mitraille ou les incendies, dans les exils, dans les prisons, les hôpitaux et parmi les agonies ; adoré quand même, adoré toujours, malgré tout, comme un rédempteur que la corruption du tombeau ne pouvait atteindre, comme une vierge de gloire qui ne pouvait pas mourir. J'ai connu, dans mon enfance, des vieux mutilés incapables de le distinguer du Fils de Dieu.

Gallimard, coll. « L'Imaginaire », 1983 ;
nouvelle édition, préface de Laurent Joffrin, 2003.

GEORGES RODENBACH

« Baudelaire »

(L'Élite : écrivains, orateurs sacrés, peintres, sculpteurs, 1899)

Auteur belge, Georges Rodenbach (1855-1898) est célèbre pour son roman symboliste Bruges-la-Morte. *L'Élite regroupe des articles qu'il a consacrés à l'œuvre d'artistes qu'il admirait, donnant ainsi un aperçu de l'horizon intellectuel des écrivains fin-de-siècle : liste hétéroclite où le classicisme côtoie les marges de l'histoire de l'art.*
Rodenbach trouve en Notre-Dame de Paris une image parfaite pour illustrer la position de Baudelaire et du décadentisme : l'hommage du sacrilège au sacré. À l'opposé des espaces indifférenciés proposés par la modernité, la cathédrale est parcourue de limites. Les figures infernales (gargouilles et chimères) appartiennent au seuil de la cathédrale, qui trace la frontière entre le profane et le sacré. Leur rôle de gardien s'apparente donc à une transgression, car elles se situent à la croisée des espaces qu'elles sont censées maintenir séparés. D'après Rodenbach, Baudelaire et Barbey d'Aurevilly, puis Huysmans, occupent la même position ambiguë à l'égard du sacré : ils reconnaissent son existence par la réalisation même d'un blasphème.

A. G.

Certes, un homme de décadence toujours, au seuil de la vieillesse d'un monde, au seuil de ce qu'il appelle lui-même « l'automne des idées ». Mais cet homme de décadence demeure aussi tout imprégné de l'Église. Parmi les vices modernes et la corruption effrénée dont il subit la contagion, il continue à être le dépositaire du dogme, le dénonciateur du péché.

Déjà, au physique, il avait, paraît-il, une réserve sacerdotale, un air de pâle évêque qui, à vrai dire, serait déposé de son diocèse, mais moins pour des péchés de chair que pour le péché d'orgueil.

Il s'est exprimé d'ailleurs en un vocabulaire tout enrichi de liturgie, de bréviaires, de catéchismes, emmiellé de saint-chrême pour ainsi dire, inoculé même de latinité, ce latin d'église qu'il connut bien et aima jusqu'à en composer des strophes : *Franciscæ meæ laudes*[1], qu'il intercala dans son livre.

Ici il ne s'agit plus d'une vague religiosité comme celle de Chateaubriand et des romantiques, moins épris du dogme que du culte, de la pompe des offices, du cérémonial, du décor, d'une sorte de merveilleux chrétien.

Celui-ci était né avec le renouveau de l'architecture, ce retour au gothique et au style du Moyen Âge remis tout à coup en lumière par la splendide restauration de Notre-Dame.

Cette Notre-Dame de Paris, aussitôt accaparée par Hugo, on peut dire qu'elle fut l'arche d'alliance du romantisme. Mais Hugo, comme le roi David, se contenta de danser devant l'arche, avec Esmeralda et les bohémiennes du parvis.

Or la génération qui suivit entra, elle, dans Notre-Dame, se signa d'eau bénite, marcha vers le chœur, affirma son adhésion à la foi et aux mystères : c'était Barbey d'Aurevilly ; c'était Hello[2] ; c'était Baudelaire. À vrai dire, leurs façons de se comporter dans Notre-Dame ne furent pas pour rassurer les officiants et les suisses, même quand ils s'approchaient de la Sainte

Table : « — Vous devez communier le poing sur la hanche ? » demandait Baudelaire à d'Aurevilly.

Ceux qui vinrent après eux devaient pousser plus loin, rétrograder tout à fait jusqu'à ce Moyen Âge dont Hugo avait montré le chemin. Eux étaient retournés à Dieu ; leurs disciples retournèrent à Satan, qui est son pôle contraire. La magie se mêla à la religion, le grimoire à la prière. C'est ce qui explique ce recommencement actuel de l'occultisme, de l'ésotérisme, de la messe noire, de l'envoûtement, que nous voyons reparaître dans les beaux livres de M. J.-K. Huysmans, les traités spéciaux de M. de Guaita, les imbroglios de M. Péladan[1] — dernier avatar, suprême aboutissement du romantisme.

Ce sera une curieuse histoire à écrire que celle de ces sortes de catholiques : Barbey d'Aurevilly, Hello, Baudelaire, Villiers de l'Isle-Adam et — plus récents — MM. Huysmans, Verlaine, Léon Bloy, qui auront revendiqué avec des blasphèmes leur titre de croyants et eurent toujours l'air, dans leurs pratiques les plus ferventes, de s'essayer au sacrilège.

Quant à Baudelaire, il n'alla pas jusqu'au satanisme et à l'occultisme par lesquels ses continuateurs seulement devaient clore aujourd'hui ce cycle de l'idée catholique dans la littérature moderne.

Satan pourtant a une place dans son œuvre, mais pas différente de celle qu'il occupe dans l'ensemble du catholicisme lui-même. Baudelaire rédigea les *Litanies de Satan*, tandis que Barbey d'Aurevilly écrivait les *Diaboliques*. Il se contenta des postulations au Diable que connut déjà le Moyen Âge — de quoi avoir aussi quelques visages de démons en gargouilles grimaçantes à son œuvre, ce qui n'empêche pas celle-ci, comme Notre-Dame elle-même, d'être une cathédrale, une église catholique, à l'image et à la ressemblance de son âme !

ÉRIC HAZAN

Une histoire de la Révolution française
(2012)

> *D'abord chirurgien puis éditeur (fondateur des éditions La Fabrique), Éric Hazan a consacré une grande partie de son travail d'essayiste à étudier la ville de Paris (notamment dans* L'Invention de Paris, *Seuil, 2002), en envisageant les problèmes contemporains de la ville au regard de l'histoire. Dans* Une histoire de la Révolution française, *il entend réhabiliter le moment révolutionnaire en s'attachant à faire parler les anonymes qui l'ont fait.*
> *Dans ce chapitre concernant la déchristianisation, Notre-Dame est prise dans la tourmente de toutes les églises après 1789, mais aussi dans l'effusion d'une révolution qui se cherche. La religion remise en cause, la vocation des églises est mise en péril. Le sort de Notre-Dame illustre la métamorphose que nombre d'églises subissent à cette période. Transformée en temple de la Raison, Notre-Dame révèle plus que jamais son caractère de symbole protéiforme. C'est vers elle que se tournaient les chrétiens, c'est encore vers elle que se tournent les révolutionnaires. Souvent présentée comme un symbole de l'Europe chrétienne, la cathédrale est apparue durant cette période comme un symbole de la déchristianisation. Mais pris dans un élan de symbolisme, les révolutionnaires développent une véritable liturgie pour honorer leurs martyrs, loin de d'athéisme positiviste qu'on pourrait attendre d'eux. Les églises en général et Notre-Dame en particulier apparaissent comme les lieux privilégiés de ce nouveau culte.*
>
> A. G.

Les exemples abondent montrant que la déchristianisation fut un mouvement d'initiative authentiquement populaire. Dès le 12 septembre, la section du Panthéon-Français réclame l'ouverture dans toutes les sections ou cantons de la République d'une *École de la liberté* où, dimanches et jours de fête, serait prêchée « l'horreur du fanatisme ». Le 2 octobre, la section[1] de la Croix-Rouge demande que son nom soit changé en « Bonnet rouge », craignant « que cette dénomination [Croix] perpétue le ferment du fanatisme* ».

Dans la Brie, le 10 brumaire (31 octobre), la commune de Ris adopte comme patron Brutus à la place de saint Blaise et chasse son curé. Surtout, le 16 brumaire, des délégués de la commune briarde de Mennecy se présentent à la barre de la Convention, « couverts de chapes et chasubles, portant les uns des guidons et des bannières, les autres des croix, des encensoirs et des calices » : Ils demandent : « 1. qu'à compter de ce jour la commune de Mennecy n'ait plus de curé ; 2. que le presbytère soit mis en vente comme bien national ; 3. que le bâtiment servant ci-devant d'église devienne le lieu des séances de la société populaire ; en conséquence, que les bustes de Marat et Le Peletier[2] remplacent les statues de saint Pierre et de saint Denis, leurs vieux patrons, et que sur le milieu de l'autel il soit placé la statue de la liberté, enfin que tout signe du fanatisme disparaisse devant celui de la liberté ; 4. que la commune de Mennecy-Villeroy soit dorénavant nommée commune de Mennecy-Marat. » Les pétitionnaires offrent

---

* Soboul, *Les Sans-Culottes parisiens en l'an II*, Seuil, coll. « Points », 1979, p. 287.

à la nation les 1 500 livres que percevait le curé, plus l'argenterie et les linges précieux de l'église.

Lors de cette séance mémorable, la Convention vote sur proposition de Thuriot[1] le décret qui *légalise la déchristianisation* : « Les administrations de département sont autorisées à prononcer, sans recours à la Convention nationale, sur les suppressions, réunions et circonscriptions de paroisses. » La proposition de Mennecy est inscrite dans le *Bulletin*[2] comme une sorte d'annexe, de modèle pour l'application de ce décret.

Ainsi, toute commune peut abandonner le culte catholique et affecter son église à d'autres activités. Dès lors, les églises sont transformées en temples de la Raison ou en lieux de réunion, écoles ou hôpitaux. Les cimetières sont laïcisés ; le mariage des prêtres est encouragé ; les ecclésiastiques sont exclus de l'enseignement public.

À Paris, le Comité central des sociétés populaires, qui siège à l'Évêché, demande la suppression du salaire des prêtres, dont la survie ne dépendrait plus que de la générosité des fidèles. Le 17 brumaire (7 novembre), la séance de la Convention débute par une longue série de lettres et de délégations de communes qui remettent l'argenterie de leur église à la nation, qui annoncent leur décision de changer de nom, qui signalent le mariage de leur curé. Puis fait son entrée une délégation du département et de la Commune de Paris, conduite par Momoro, Chaumette, Lullier et Pache[3]. Momoro : « L'évêque de Paris et plusieurs autres prêtres, conduits par la raison, viennent dans votre sein se dépouiller du caractère que leur avait imprimé la superstition. » L'évêque Gobel[4] : « Né plébéien, j'eus de bonne heure dans l'âme les principes de la liberté et de l'égalité. [...] Aujourd'hui que la Révolution marche à grands pas vers une fin heureuse, aujourd'hui qu'il ne doit plus y avoir d'autre culte public et national que celui de la liberté et de la sainte égalité, parce que le souverain le veut ainsi ; conséquent à mes principes, je me soumets à sa volonté et je viens vous déclarer hautement que dès aujourd'hui je renonce à exercer mes fonctions de ministre du culte catholique ; les citoyens mes vicaires ici présents se réunissent à moi »

Le ci-devant évêque, le bonnet de la liberté sur la tête, reçoit au milieu des acclamations du peuple l'accolade du président (Laloy[1]). Plusieurs conventionnels ex-ecclésiastiques dont Coupé de l'Oise, ci-devant curé de Sermaize, Robert Lindet, ci-devant évêque du département de l'Eure, Gay-Vernon, ci-devant évêque de Limoges, Julien de Toulouse, ministre protestant, renoncent eux aussi à « toutes les fonctions du culte ».

Les jours suivants, les sections défilent devant la Convention : « La section des Gravilliers est introduite ; à sa tête marche une troupe d'hommes revêtus d'habits sacerdotaux et pontificaux [...]. Tous les citoyens se dépouillent à la fois et, de dessous les travestissements du fanatisme, on voit sortir des défenseurs de la patrie, couverts de l'uniforme national. Chacun jette le vêtement qu'il vient d'ôter, et l'on voit sauter en l'air les étoles, les mitres, les chasubles, au bruit des instruments et aux cris répétés de *Vive la liberté ! Vive la République !* »

Le 20 brumaire (10 novembre), la Commune de Paris célèbre, dans la ci-devant cathédrale Notre-Dame devenue temple de la Raison, une grande fête civique. Au centre de la nef, une *montagne* a été élevée — hommage à la Montagne conventionnelle — avec à son sommet un petit temple portant l'inscription *À la Philosophie*. De ce temple va sortir la Liberté, représentée par une jeune actrice vêtue de tricolore, « en lieu et place de la ci-devant Sainte Vierge ». Après la cérémonie, une foule nombreuse accompagne le Conseil général jusqu'à la Convention. « Un nombre prodigieux de musiciens font retentir les voûtes des airs chéris de la Révolution ; un cortège de jeunes républicaines, vêtues de blanc, ceintes d'un ruban tricolore et la tête ornée de fleurs, précèdent et entourent la Raison. C'est une image fidèle de la beauté ; elle a sur la tête le bonnet de la liberté. Aujourd'hui, tout le peuple de Paris s'est transporté sous les voûtes gothiques frappées si longtemps de la voix de l'erreur et qui, pour la première fois, ont retenti du cri de liberté. [...] Le peuple a dit : "Plus de prêtres, plus d'autres dieux que ceux que la nature nous offre". Il conduit la Raison jusqu'au président qui lui donne le baiser fraternel au milieu des applaudissements. » La Convention se rend ensuite en corps vers le temple de la Raison, acclamée par la foule. À l'arrivée, les députés et le peuple entonnent ensemble un hymne composé par Gossec sur des paroles de M. J. Chénier[1].

Cette journée du 20 brumaire accélère la déchristianisation à Paris. Les sociétés populaires et les comités révolutionnaires donnent au mouvement un élan irrésistible*. Le comité de la section Marat décide de faire enlever de l'église Saint-André-des-Arts « les hochets et autres objets de charlatanisme et de faire donner à cet édifice national le nom de Temple de la Révolution ». Les comités de l'Arsenal,

---

* Les *sociétés populaires* s'étaient formées pour contourner la mesure prise le 5 septembre 1793, qui restreignait à deux séances par semaine les assemblées générales des sections. Les *comités révolutionnaires* étaient chargés depuis septembre de dresser la liste des suspects et de veiller à l'application des lois révolutionnaires.

des Droits-de-l'homme, de l'Indivisibilité annoncent à la Commune leur décision d'apporter à la Convention tous les ornements et l'argenterie de l'église Saint-Paul. Les sections du Faubourg-du-Nord, de Brutus, de l'Unité prennent des décisions analogues[*]. À la fin de brumaire an II, le culte catholique a pratiquement cessé dans les églises de Paris.

Cependant, la déchristianisation déchaînée crée un vide, qui va être spontanément comblé par le culte des martyrs révolutionnaires auquel s'adjoint celui des « jeunes martyrs » (Bara, tambour tué à Cholet à l'âge de treize ans, Viala, jeune Avignonnais tué dans un combat contre les insurgés marseillais), avec une sorte de continuité des rites et des pratiques.

Les cultes révolutionnaires sont célébrés dans les temples de la Raison et les similitudes sont nettes avec le culte traditionnel dans le cadre, la liturgie et les pratiques. Les effigies de Marat, Lepeletier et Chalier remplacent celles des saints de la religion catholique et les couleurs révolutionnaires se substituent au noir des prêtres détestés. « Impulsé dans chaque section par quelques hommes nourris de la philosophie du XVIIIe siècle, ce culte républicain s'implanta solidement au cours de l'hiver de l'an II, donnant à une large fraction de la sans-culotterie détachée du catholicisme cet aliment religieux dont elle semblait ne pouvoir se passer. »

© La Fabrique, 2012.

---

[*] Soboul, *Les Sans-Culottes parisiens...*, *op. cit.*, p. 295.

EDMOND ET JULES DE GONCOURT

Histoire de la société française pendant le Directoire
(1855)

Edmond (1822-1896) et Jules (1830-1870) de Goncourt, figures de proue du naturalisme français, ont aussi fait œuvre d'historiens. Dans ce livre ils se penchent sur la société française pendant le Directoire, et décrivent une société où l'esprit baroque de Thermidor côtoie une appétence pour le sacré dans une France rechristianisée.

L'Histoire de la société française pendant le Directoire est un des ouvrages méconnus dans l'immense fleuve des Goncourt : énorme « dictionnaire » qu'on lit comme le catalogue d'une mise aux enchères de la France postrévolutionnaire. À Notre-Dame, les prêtres remontés en chaire rappellent la Sorbonne de Mai-68, mais l'on ne saurait plus dire qui enterre qui... Il faut le doigté inouï des Goncourt pour capter ce chaos, y retrouver tout l'alphabet d'un monde disparu.

Transformée en arène politique, la cathédrale ne risque-t-elle pourtant pas d'y laisser son caractère sacré ?

M. C. et A. G.

À côté de ces livres qui conquièrent, par leurs appas sensuels, le gros des intelligences, un livre parle à ce petit public sérieux et réfléchi qui demande à être convaincu plus que distrait, et qui ne recule pas devant l'ennui de la métaphysique : c'est le *Catéchisme de morale philosophique* de Saint-Lambert[1], où le théisme de Jean-Jacques Rousseau s'allie au naturalisme abstrait du baron d'Holbach[2] et de son école, et où l'homme est défini « une masse organisée et sensible qui reçoit l'esprit de tout ce qui l'environne, et de ses besoins[*] ».

Ces missionnaires de pyrrhonisme[3] courent la France, la philosophie ; rentre en campagne, alors que le coupletier de Mme de Pompadour[4] devient le vengeur de la religion, alors que la queue des grand-messes de Saint-François du Marais s'allonge jusqu'au milieu de la rue, alors que les quêtes dans les églises produisent deux mille livres, alors que l'église des Filles-Dieu voit le prêtre Desforges rétracter en chaire, publiquement et solennellement, son serment civique[5] ; l'année où l'abbé Audrein prononce dans Notre-Dame une apologie de la religion chrétienne contre les prétendus philosophes ; l'année où la fête de saint Vincent de Paul, dont un notaire a gardé le corps pendant la Révolution, est célébrée par plus de cent cinquante ecclésiastiques ; l'année où la fête de Pâques fait fermer presque toutes les boutiques de Paris ; l'année où dans Saint-Roch purifié, l'évêque de Saint-Papoul officie pontificalement devant la foule des fidèles pressés autour de ce retable ruiné, de ces tableaux sans bordure, de ces tombeaux violés, et à demi ouverts encore ; l'année où un concile national de l'Église gallicane est convoqué à Notre-Dame.

Les prêtres reparaissent dans les rues dans l'uniforme de leur foi. Rue Saint-Honoré, de fenêtre à fenêtre, de gentilles sœurs, en guimpe et en voile, écoutent un petit abbé réfractaire qui leur dit à

---

[*] *Principes des mœurs chez toutes les nations, ou Catéchisme universel*, par Saint-Lambert. An VI.

chaque instant : « Patience, mesdames, patience ! le décret va sortir, ma paôle d'honneur* ! » Les maîtres de pension lancent des prospectus entièrement muets sur l'enseignement de la Constitution, mais ne parlant que « d'inspirer aux enfants des sentiments d'honneur et de probité appuyés sur la religion, seul fondement inébranlable de la morale** ».

Le catholicisme jaillit de partout ; il coule à pleins bords. Les campagnes l'appellent, et redemandent leur curé, leur cloche et leur dimanche.

Partout la main du catholicisme s'étend. Les *jureurs*[1] forcés à l'amende honorable ; les prêtres rappelés par leurs paroisses ; les déportés qui rentrent en France, acquittés ; — une grande voix éclate, redemandant, au nom des dix-huit vingtièmes des Français, les temples, les autels, les ministres catholiques. Mais qu'importe aux tenants de la ci-devant foi la discussion de la loi religieuse ? Que leur importe cette tumultueuse guerre de harangues et la disposition du sénat ? Les catholiques n'attendent rien *de ces vils métis qu'on appelle des ventrus* : « Il ne nous faut, disent-ils, que des missionnaires et des apôtres » ; et cinq cents prêtres sont ordonnés dans une année par les évêques. Que Toussenel[2] s'oppose à des dotations perpétuelles et à toute action judiciaire pour des dotations viagères, qu'il ne veuille permettre aux prêtres de recevoir que des contributions volontaires et des dons manuels, — le parti des prêtres se sent assez fort pour moquer le tribun : « Il veut bien nous permettre de recevoir l'aumône ; encore est-ce sans nous autoriser formellement à la demander ! » Tous les cultes sont-ils tolérés par la loi française, le catholicisme n'est pas satisfait ; il dit tout haut et d'un

---

* *Le Nouveau Paris*, vol. VI.
** *Petites Affiches*. Floréal an V.

ton impérieux, il proclame, il imprime que la liberté du culte ne lui est pas suffisante, et qu'il lui faut la solennité du culte, solennité qui constitue la religion catholique, la religion dominante.

Gallimard, coll. « Le Promeneur », 1992.

FRANZ LISZT

Lettre à la comtesse d'Agoult
(1840)

Reconnu comme l'un des plus grands compositeurs et interprètes du romantisme allemand, Franz Liszt (1811-1886) ne s'est pas cantonné au seul domaine musical : sa vision embrasse l'ensemble de la culture européenne, et notamment l'architecture.

*Réciproquement, Notre-Dame n'est pas étrangère à l'histoire de la musique occidentale. Au Moyen Âge, les cathédrales étaient en effet l'un des lieux privilégiés de la pratique musicale, la musique venant rythmer les rituels. Au XII*ᵉ *siècle, parallèlement à la construction de Notre-Dame se développe la musique polyphonique, qui trouve dans la jeune cathédrale un giron où s'épanouir. Ce courant musical, qui superpose plusieurs lignes mélodiques chantées ou jouées simultanément, prend bientôt le nom d'École de Notre-Dame*[1].

*Notre-Dame, qui fut le sanctuaire de ce courant musical, rappelle le lien étroit unissant la musique et le sacré. Dès le XIX*ᵉ *siècle, ce caractère sacré est menacé par une modernité marchande et utilitariste. Les échoppes commencent à étouffer les cathédrales, mettant en péril leur aura. Liszt y oppose un idéal aristocratique : le génie et le sacré ont le même besoin de sanctuaires, toujours plus menacés par l'empire de la nouvelle rationalité économique.*

A. G.

29 août 1840

J'ai visité aussi de très belles cathédrales à Chichester, Salisbury et Exeter. Elles sont toutes entourées d'arbres magnifiques et largement espacés. En France, quand nous avons un beau monument, on n'a rien de plus pressé que de l'étouffer sous un tas d'échoppes, de bicoques et de bâtisses immondes. Voyez Notre-Dame, la cathédrale de Lyon, de Metz, etc. Ici la majesté de l'édifice est respectée. Sa grandeur le préserve d'un contact vulgaire. J'ai comparé quelquefois ces beaux monuments de France et d'Italie entourés de misérables boutiques qui s'y sont adossées, aux grands hommes de tous les temps, de tous les pays, toujours encombrés, harcelés, exploités par la plus infime canaille guidée par le plus vil intérêt ! Conditions de publicité, nécessités des circonstances ! Impossibilité d'une vie pure et haute, et même hautaine comme elle devrait l'être !

JOHN RUSKIN

Fors Clavigera
(1871)

  John Ruskin (1819-1900), érudit anglais dont l'œuvre s'étend de la philosophie à l'économie mais qui a aussi fait œuvre de peintre, est surtout connu en France pour sa contribution à l'histoire de l'art grâce à Proust qui a traduit, préfacé et annoté son essai, La Bible d'Amiens. Fors Clavigera (La Fortune porteuse de clés), publié en 1871, est rédigé sous la forme de lettres adressées aux travailleurs anglais; il y fustige les conséquences de la révolution industrielle.
  Critique de Viollet-le-Duc, Ruskin considère que l'état de ruine fait partie du destin des monuments. Antique, une cathédrale ne peut devenir obsolète, car elle ne cesse de se dérober à l'utile. Cette souveraineté est pourtant mise en péril par le tourisme qui fait son apparition à l'époque de Ruskin. Si l'essence de Notre-Dame ne peut être entamée par le temps, elle peut être pervertie par un usage mercantile. Transformée en faire-valoir marchand, la cathédrale se met à la mesure de son environnement : chose parmi les choses, sa disgrâce signe l'avènement d'un monde sans extérieur.

A. G.

LETTRE 41

Paris, 1er avril 1874

[...] Dans l'esprit du protestant ordinaire, les rites dévolus à la Vierge sont toujours apparus comme de graves fautes ; ils constituent une des parts de la foi catholique les plus ouvertes au débat raisonnable, et des moins compréhensibles pour le tempérament réaliste et matérialiste de la Réforme. Mais après l'examen le plus minutieux — sans bienveillance ni hostilité — des conséquences du catholicisme sur le bien et le mal, je suis persuadé que le culte de la Vierge a été l'un de ses apports les plus nobles et les plus vitaux, et n'a engendré rien d'autre qu'une vie respectueuse du sacré et une pureté morale. Je ne cherche pas à démontrer la véracité ou la fausseté de cette idée ; je ne souhaite pas plus défendre la position historique ou théologique de la Vierge ni celle de saint Michel ou saint Christophe. Mais je suis certain que nous devons attribuer les plus hautes réalisations désormais accomplies dans la nature humaine à la contemplation et à la dévotion envers les saints ; et que les reproches adressés actuellement au christianisme faiblissant ne sont pas dus au culte de la Vierge ou des saints, mais plutôt au culte évangéliste de l'enfer et au culte de soi, qui consistent à se réjouir, avec une imagination aussi infondée que vile, des tourments des damnés plutôt que de la gloire des élus. Durant toute la période de vitalité du christianisme, il n'y eut probablement pas une seule modeste chaumière dans la vaste Europe où la présence virtuelle de la Vierge n'ait donné de la sainteté aux tâches les plus humbles, et du réconfort aux épreuves les plus tristes de la vie des femmes.

Et les réalisations artistiques les plus lumineuses et les plus élevées, tout comme la force de l'humanité, furent l'accomplissement de ce que prophétisa la pauvre jeune fille israélite : « Le Tout-Puissant m'a nimbée de sa gloire, que Son nom soit sanctifié[1]. » Ce que, dans notre sagesse moderne, nous sommes sur le point de substituer à cette magnificence, laissons le lecteur en juger à partir de deux petites choses que j'ai eu la chance de remarquer durant mes balades parisiennes. Je commence généralement par l'église Notre-Dame[2] car, bien que les tours et la plupart des murs soient dans leur ensemble des copies du bâtiment médiéval, la plus grande partie du portail sculpté est toujours d'origine, et en particulier la plus grande part des arcades du bas du portail nord-ouest où se trouve l'entrée principale. J'ai toujours tenu ces pièces du XIIIe siècle pour si précieuses, qu'il y a quelques années j'en ai fait mouler de nombreuses, et envoyé ces moulages, de huit pieds de haut et douze de large, au musée d'architecture. Donc, tandis que j'étais en train d'examiner ces pièces et de scruter laborieusement ce qui était resté du vieil ouvrage parmi les têtes d'animaux et les pointes de feuilles fraîchement sculptées par M. Viollet-le-Duc, je vis une plaque en cuivre au fond d'une des niches, là où les saints, illégitimement adorés[3], étaient auparavant situés. Je crus d'abord distinguer une banale boîte à aumône qui a tout à fait droit de cité à l'entrée d'une église (où d'autre ?) ; mais, arrêté par la présence de mots en anglais, je me mis à lire :

F. du LARIN,
bureau des
voyages de plaisance VICTORIA
et des excursions à Versailles.

Excursions sur les champs de bataille
autour de Paris.

Une voiture à quatre chevaux avec un guide
anglais part quotidiennement de la cathédrale
Notre-Dame à 10 h 30 pour Versailles,
en passant par le bois de Boulogne,
Saint-Cloud, Montretout et Ville-d'Avray. Retour à
Paris à 5 h ½. Les voyages
doivent être réservés un jour à l'avance
à l'entrée de Notre-Dame.

Le responsable, H. du Larin

« Magnificat anima mea Dominum, quia respexit humilitatem ancillae Suae[1]. » Il semble vraiment temps que Dieu se penche à nouveau sur le triste sort de sa servante, maintenant qu'elle est devenue l'hôtesse du bureau des excursions pour Versailles. Le dispositif est encore plus implacable si l'on considère l'objectif de ce joyeux pèlerinage chrétien (*à partir* de Canterbury tel qu'il était plutôt que *vers* lui) : « les champs de bataille autour de Paris » !

De Notre-Dame je suis retourné dans les quartiers plus joyeux de la ville, bien que je ne fusse pas d'une humeur très joyeuse ; mais je recouvrai quelque tranquillité au marché aux fleurs, qui offre un plaisant spectacle en avril ; puis je fis un tour sur les boulevards et tombai soudain, selon les règles de la Troisième Force[2], sur l'un des temples de la superstition moderne, en passe de remplacer la mariolâtrie. Car il semble que les créatures humaines *doivent* se figurer quelque chose ou quelqu'un en apothéose ; et que l'assomption de la Vierge, et les interprétations qu'en ont faites Titien et Tintoret ne soient plus considérées comme raisonnables ; en conséquence, il s'ensuit une apothéose d'un autre genre. Voici l'un des hymnes modernes saluant l'arrivée du printemps, qui a supplanté en France le joli service religieux du mois de Marie. Il était imprimé en lettres capitales sur une page blanche accrochée près du porche ou de la porte d'entrée du magasin de fourrure « *La Compagnie anglo-russe** » :

> *Le printemps s'annonce avec son gracieux cortège de rayons et de fleurs. Adieu l'hiver! C'en est bien fini! Et cependant il faut que toutes ces fourrures soient enlevées, vendues, données, dans ces 6 jours. C'est une aubaine inespérée, un placement fabuleux; car, qu'on ne l'oublie pas, la fourrure vraie, la belle, la riche, a toujours sa valeur intrinsique* [sic]. *Et, comme couronnement de cette sorte d'*APOTHÉOSE *la Cie anglo-russe remet gratis à tout acheteur un talisman merveilleux pour conserver la fourrure pendant 10 saisons**.

« L'Éternel fit à Adam et à sa femme des habits de peau, et il les en revêtit[1]. »

La Compagnie anglo-russe ayant remplacé l'œuvre divine en de telles matières, à la place du Grand Dragon[2] et de sa formule : « Vous serez comme des dieux qui connaissent le bien et le mal », on ne trouve qu'un diablotin fouineur, avec sa queue d'hermine, nous avertissant : « Vous serez comme des dieux en achetant pour pas cher vos vêtements en peau. »

Traduction d'Antoine Ginésy et Blanche Cerquiglini.

ALBERT ROBIDA

Le Vingtième Siècle
(1883)

Albert Robida (1848-1926) est resté célèbre pour son travail d'illustrateur et de caricaturiste. Mais le dessinateur fut aussi un écrivain, et l'un des pionniers de la science-fiction. En 1883, Robida publie Le Vingtième Siècle, *roman où il imagine la vie quotidienne du siècle à venir.*

Avec humour, Robida décrit la réalisation des craintes que nourrissent les romantiques et leurs successeurs concernant Notre-Dame et le sacré[1]. Réduite à des fonctions triviales (un restaurant la surplombe) et utilitaires (elle sert de station aux aéronefs qui survolent la ville), la cathédrale devient finalement un temple de la marchandise : simple support des panneaux publicitaires qui l'encombrent. Le passé de l'édifice est lui-même une pièce du dispositif marchand, réduit à un musée gothique enfoui sous ses combles. À l'image du restaurant qui la domine, Notre-Dame a perdu sa souveraineté et sert d'aliment à l'appétit de ceux qui la consomment.

A. G.

Hélène et les deux demoiselles Ponto se promenaient depuis huit jours. Comme de véritables provinciales, elles avaient visité tous les monuments de Paris, admiré sur toutes les faces, en aéronef ou en ascenseur, toutes les tours, tous les dômes, toutes les colonnes de la grande ville. Elles avaient déjeuné au grand restaurant de Notre-Dame, élevé sur une plate-forme aérienne au-dessus des deux tours.

Ah! la vieille cathédrale gothique avait bien changé d'aspect, depuis qu'à la fin du Moyen Âge[1], Victor Hugo, le grand poète, avait fixé son image dans un admirable roman. Les ingénieurs l'ont savamment remaniée et modernisée. Des ascenseurs ont remplacé les petits escaliers de cinq cents marches par lesquels on grimpait tortueusement et laborieusement au sommet des tours. Les façades latérales ont été louées aux entreprises d'affichage et d'annonces, enfin les plates-formes de l'édifice ont servi de bases pour l'établissement de la station centrale des aéronefs-omnibus.

À quinze mètres au-dessus de chaque tour, une seconde plate-forme pour les bureaux a été établie sur une solide charpente de fer; les piliers de fer s'élevant avec hardiesse par-dessus les bureaux, forment une arche immense entre les deux tours et portent à quarante mètres plus haut une troisième terrasse sur laquelle a été établi un café-restaurant de premier ordre. On ne saurait trop louer les ingénieurs pour la majesté de la construction et l'élégance pleine d'audace avec laquelle leur ferronnerie, si légère d'apparence, s'élance dans la nue. Ce couronnement du poème de pierre des architectes du Moyen Âge fait le plus grand honneur aux artistes modernes qui ont été chargés de le compléter.

La cuisine du restaurant de Notre-Dame est, disent les gourmets, à la hauteur des splendeurs de l'édifice. Et pourtant, comme on oublie facilement les œuvres de l'artiste culinaire qui préside aux cuisines, lorsque l'on jette les yeux par-dessus la balustrade et que l'on se perd dans la contemplation du merveilleux paysage de tours, de viaducs, de phares et de toits qui

Albert Robida
Station centrale des aéronefs à Notre-Dame de Paris (1884)

s'étend à perte de vue, coupé par le grand ruban de la Seine aux deux cent cinquante ponts et animé par un fourmillement d'aérostats de toutes les formes et de toutes les dimensions !

Et quels admirables premiers plans ! les clochetons du musée gothique fondé au pied de Notre-Dame, les arches des tubes du midi s'alignant au-dessus des toits jusqu'au fond de l'horizon, la vieille tour Saint-Jacques transformée en station d'aérocabs et portant haut dans les airs toute une flottille de véhicules amarrés à sa plate-forme !

Regretter / Restaurer

VENANCE FORTUNAT

Sur l'église de Paris

(VIe siècle)

Écrivain qui a parcouru une grande partie de l'Europe occidentale, Fortunat (vers 530-600) s'est illustré par ses éloges et ses Vies de saints. Ses pérégrinations l'ont mené à Paris, séjour qui lui a inspiré ce texte, Sur l'église de Paris.
La basilique évoquée, dont Fortunat attribue la construction à Childebert, est sans doute Saint-Étienne de Paris, qui fut détruite pour bâtir la cathédrale que nous connaissons — on langea Notre-Dame dans le linceul de Saint-Étienne. Forte de cette dimension spectrale, la description, pourtant élogieuse, de Fortunat prend une dimension inquiétante pour le lecteur contemporain : « gage immortel », l'église succomba. La mort d'un immortel est peut-être plus angoissante encore que le souffle d'un revenant; cette église antique, lumineuse, recouverte de stuc et de marbre paraît si étrangère à qui connaît Notre-Dame... Les restaurations du XVIIIe siècle et leur pompe antiquisante tant décriée[1] *prennent, à la lumière de ce texte, la saveur troublante d'un* memento mori.

A. G.

Si l'on vante la magnificence du temple de Salomon, celui-ci, où l'art est égal, doit à la foi une beauté supérieure. Les vérités sublimes, cachées jadis sous le voile de l'ancienne loi, s'offrent ici sans voile aux regards des hommes. Les murs du temple de Jérusalem étaient revêtus de métaux précieux ; ceux-ci, teints du sang du Christ, brillent d'un plus vif éclat. L'or, les marbres, le bois de cèdre contribuèrent à la décoration du temple ; l'église et la croix, ornement et plus riche et plus vénérable. Le temple, élevé à prix d'or, était destiné à périr ; l'Église, qui a racheté le monde, repose sur des fondements inébranlables. Celle de Paris, dont la superbe voûte porte sur des colonnes de marbre, est d'autant plus belle, que sa pureté n'a jamais été souillée. Elle reçoit par les verrières de ses fenêtres les premiers rayons du jour, et la main de l'artiste y a emprisonné la lumière. Dès le lever de l'aurore la lumière diffuse inonde ses lambris. Elle brille de ses propres feux, avant d'être visitée par le soleil. C'est le pieux roi Childebert[1] qui a donné à son peuple ce gage immortel de son amour. Dévoué de toute son âme au service de Dieu, il a ajouté de nouvelles richesses au trésor inépuisable de l'Église. Véritable Melchisédech[2] de ce temps, à la fois prêtre et roi, il s'est montré, bien que laïque, un parfait serviteur de la religion. Tout en gouvernant ses peuples, sans quitter son royal palais, il fut la gloire et le modèle du sacerdoce. Il a quitté cette terre pour recevoir ailleurs la récompense due à ses mérites ; mais en ce monde même le souvenir de ses vertus durera éternellement.

Traduction de Charles Nisard.

JORIS-KARL HUYSMANS

Trois églises et trois primitifs
(1908)
et
La Cathédrale
(1898)

Essai composé peu de temps avant la mort de Huysmans, Trois églises et trois primitifs *a paru de manière posthume en 1908.*

À la croisée des lectures chrétienne et alchimique de la cathédrale, Huysmans déchiffre la cathédrale parisienne comme un livre aux caractères inconnus. Le véritable plaisir esthétique qu'il tire de cette analyse repose sur l'exercice d'un savoir ésotérique qui distingue celui qui le possède à la mesure de l'obscurité de sa recherche. Mais ce savoir est étranger à la question de la vérité : « Que ces explications puissent sembler erronées, c'est bien possible, mais qu'importe ! » Les alphabets mystique et alchimiste que Huysmans explore ne sont d'ailleurs pas solidaires l'un de l'autre et peuvent sembler contradictoires. Mais c'est justement ces contradictions qui font vivre le mystère de la basilique : « plus que ses congénères, Notre-Dame de Paris est mystérieuse, plus experte peut-être mais moins pure, car elle est à la fois catholique et occulte et elle greffe sur la symbolique chrétienne les récentes de la Kabbale ».

Son roman La Cathédrale *est, pour Huysmans, l'occasion de sonder les périls que la modernité fait peser sur ce mystère.*

Second volume de sa trilogie de la conversion, La Cathédrale *suit le personnage de Durtal, récurrent dans l'œuvre de Huysmans. Attiré par la vie de cloître, Durtal est pourtant effrayé de quitter Paris et sa vie mondaine; il suit* finalement son directeur de conscience à Chartres où il fait la découverte de la cathédrale, guidé par un abbé savant et passionné par l'édifice.

Selon l'abbé, le sens des cathédrales s'est perdu ; nous sommes face à un texte dont nous ignorons l'alphabet. Il est illusoire d'abstraire la cathédrale du contexte de sa construction. Durtal ne contredit pas l'abbé mais cette mort du sens de l'église permet de faire vivre son mystère, cette « âme qu'elles ont maintenant et que nous contribuons à entretenir par notre présence plus ou moins assidue, par nos communions plus ou moins fréquentes, par nos prières plus ou moins vives ». C'est la mort de ce mystère qui étouffe les cathédrales, et Notre-Dame de Paris au premier chef. L'actualisation par les rénovations, le tourisme ou le temps administratif les transforme en cadavres. La cathédrale n'a plus d'âme, mais elle a de l'intérêt. Réduite à une œuvre d'art, elle peut être appréciée des esthètes dont fait partie Huysmans. Mais son œuvre est la démonstration que le raffinement du dandy fleure bon le parfum de la charogne.

A. G.

Trois églises et trois primitifs

LA SYMBOLIQUE DE NOTRE-DAME DE PARIS

C'EST à Victor Hugo, à Montalembert, à Viollet-le-Duc, à Didron, que nous devons le réveil de louanges dont se pare maintenant l'art gothique, si méprisé par le XVIIe et le XVIIIe siècles, en France. À leur suite, les chartistes s'en sont mêlés et ont parfois exhumé des layettes d'archives, des actes de naissance portant le nom des « maîtres de la pierre vivel » qui bâtirent les cathédrales ; les recherches

...ntinuent dans les cimetières à paperasses des pro...es ; quel est, à l'heure actuelle, le résultat de ce ...vement que détermina le Romantisme ?

...ui-ci : tous les architectes, tous les archéolo... ...epuis Viollet-le-Duc jusqu'à Quicherat[1], n'ont ... la basilique ogivale qu'un corps de pierre ...us ont expliqué contradictoirement les origines ...t décrit plus ou moins ingénieusement les organes. Ils ont surtout noté le travail apparent des âges, les changements apportés d'un siècle à un autre ; ils ont été à la fois physiologistes et historiens, mais ils ont abouti à ce que l'on pourrait nommer le matérialisme des monuments. Ils n'ont vu que la coque et l'écorce ; ils se sont obnubilés devant le corps et ils ont oublié l'âme.

Et pourtant l'âme des cathédrales existe ; l'étude de la symbolique le prouve.

La symbolique, qui est la science d'employer une figure ou une image comme signe d'une autre chose, a été la grande idée du Moyen Âge, et, sans elle, rien de ces époques lointaines ne s'explique. Sachant très bien qu'ici-bas tout est figuré, que les êtres et que les objets visibles sont, suivant l'expression de saint Denys l'Aréopagite, les images lumineuses des invisibles, l'art du Moyen Âge s'assigna le but d'exprimer des sentiments et des pensées avec les formes matérielles, variées, de la vitre et de la pierre et il créa un alphabet à son usage. Une statue, une peinture, purent être un mot et des groupes, des alinéas et des phrases ; la difficulté est de les lire, mais le grimoire se déchiffre. Des livres tels que le « Miroir du Monde » de Vincent de Beauvais, le « Speculum Ecclesiæ » d'Honorius d'Autun, si bien mis en valeur par M. Male, le *Spicilège de Solesmes*, les apocryphes, la *Légende dorée*[2], nous donnent la clef des énigmes :

L'on comprendra cette importance attribuée à la

symbolique, par le clergé, par les moines, par les imagiers, par le peuple même au XIIIe siècle, si l'on tient compte de ce fait que la symbolique provient d'une source divine, qu'elle est la langue parlée par Dieu même.

Elle a, en effet, jailli comme un arbre touffu du sol même de la Bible. Le tronc est la Symbolique des Écritures, les branches sont les allégories de l'architecture, des couleurs, des pierreries, de la flore et de la faune, les hiéroglyphes des Nombres.

Si ces diverses branches peuvent donner lieu à des interprétations plus ou moins sûres, il n'en est pas de même de la partie essentielle de la symbolique des Écritures qui, elle, est claire et tenue pour exacte par tous les temps. Qui ne sait, en effet, nous déclare Saint Grégoire le Grand[1], que « l'Ancien Testament est la prophétie du Nouveau et le Nouveau la manifestation de l'Ancien », que, par conséquent, la religion Mosaïque contient en emblèmes ce que la religion catholique nous divulgue en réalité ? L'histoire sainte est une somme d'images ; tout arrivait aux Hébreux en figures affirme Saint Paul ; le Christ l'a rappelé maintes fois à ses disciples et lui-même s'est presque toujours servi, lorsqu'il haranguait les foules, de paraboles ou, si l'on aime mieux, de récits allégoriques qui lui permettaient, en montrant une chose, d'en dévoiler une autre.

Il n'est donc point surprenant que le Moyen Âge ait suivi la tradition que lui avaient, après les enseignements du Messie, transmise les Pères de l'Église et appliqué à la maison du Seigneur leurs procédés.

Cela dit, nous devons ajouter qu'en sus de cette précaution d'enclore, dans une cathédrale, les vérités du dogme, sous les apparences des contours et les espèces des signes, le Moyen Âge a voulu traduire, en des lignes sculptées ou peintes, les Légendaires et les évangiles apocryphes, être en même temps aussi qu'un cours d'hagiographie et de pieux fabliaux, un sermonaire narrant au peuple le combat des vertus et des vices, lui prêchant la sobriété, le travail, la nécessité évoquée par la parabole des vierges sages et des vierges folles[1], d'être toujours prêt à paraître devant Dieu, le menant, peu à peu, tout en l'exhortant le long de la route, jusqu'au jour de la mort qu'il lui découvrait brutalement, dès l'entrée même de la basilique, dans les tableaux du Jugement dernier et du pèsement des âmes.

La cathédrale était donc un ensemble, une synthèse ; elle embrassait tout ; elle était une bible, un catéchisme, une classe de morale, un cours d'histoire et elle remplaçait le texte par l'image pour les ignorants.

[...]

[Notre-Dame] n'est, pour la récapituler, qu'une des pages du grand livre de pierre écrit au XIIIe siècle sur notre sol et elle ne fait qu'enseigner dans l'Île de France le même cours de théologie mystique qu'enseignent en même temps, dans la Beauce, dans la Picardie, dans la Champagne, ses sœurs de Chartres, d'Amiens, de Reims, en nous bornant à en citer trois ; elle se sert du même idiome qu'elles et cette unanimité de doctrine et d'expression se comprend si l'on considère que les artistes n'ont jamais été, à cette époque, que les interprètes de la pensée de l'Église. Ainsi que le fait justement remarquer M. Male, dans son substantiel volume sur « L'Art religieux au XIIIe siècle », dès 787, les Pères du second concile de Nicée déclaraient que la composition des images n'était pas laissée à l'initiative des artistes ; elle relevait des principes posés par l'Église et la tradition religieuse et les Pères ajoutent encore : « l'art seul appartient aux artistes, l'ordonnance et la disposition nous appartiennent. »

Il y eut donc immuabilité de théorie et de langue et les maîtres maçons et les imagiers n'eurent qu'à se conformer aux règles de la symbolique que leur indiquaient les moines ou les prêtres.

Mais ce dialecte hermétique, clair pour ceux qui l'entendaient, était-il compris du peuple ?

Nous pouvons le croire, d'après les quelques renseignements que nous possédons. Yves de Chartres[1], dans son « De Sacramentis ecclesiasticis sermones », nous affirme, en effet, que le clergé apprenait la science des symboles au peuple et il résulte également des recherches de Dom Pitra[2], qu'au Moyen Âge, l'œuvre du pseudo Méliton[3], évêque de Sardes, qui contient une clef des allégories employées par l'Église, était populaire et connue de tous.

Cette symbolique officielle, si l'on peut dire, était donc accessible à tous les croyants, mais il en est une autre qui figure, à Notre-Dame de Paris, une symbolique occulte, compréhensible seulement pour quelques initiés ; celle-là dérive de ce que l'on nomme les sciences maudites, très pratiquées au Moyen Âge. A-t-elle été insérée, à l'insu du clergé qui n'y vit goutte, sur certaines parties de la façade, ou les formules en furent-elles dictées aux imagiers par un prêtre adepte de l'astrologie et de l'alchimie ? On ne le saura jamais ; ce qui semble le plus probable, c'est que les dresseurs de thèmes généthliaques[4] et les souffleurs de cornues ont cru découvrir, après coup, dans des sujets purement religieux, des intentions qui n'y étaient pas.

Toujours est-il que Notre-Dame de Paris est peut-être une des seules cathédrales en France où de semblables secrets auraient été cachés sous le voile apparent des Écritures.

Deux des portails de la façade, le portail royal, celui du milieu et celui de Sainte-Anne et de Saint-Marcel

...ge le quai, sont ceux devant lesquels se sont ... au Moyen Âge et depuis, les adeptes de l'as-... et les philosophes de la chrysopée[1].

...ortail royal, quatre figures sont censées repré-... les symboles de la pierre philosophale ; elles ...ontenues dans quatre médaillons qui se font vis à vis, deux par deux et qui sont encastrés, non dans le portail même, mais dans les contreforts. Ils sont là, à taille d'homme, très en évidence, séparés de tout l'ensemble décoratif de la porte. Ils représentent : à gauche, le premier, en partant du haut, Job, sur son fumier rongé par des vers que l'on voit et entouré d'amis ; le second, un personnage étêté et manchot qui traverse, appuyé sur un bâton ou sur une lance, un torrent. Dans sa monographie de la cathédrale de Paris, M. de Guilhermy déclare qu'il est impossible d'identifier cette figure. Il est, en effet, difficile de savoir de quel nom ce bonhomme s'appelle. Il a l'attitude de Saint Christophe, franchissant, appuyé sur son bâton, une rivière, et l'arc et les flèches que l'on aperçoit à ses pieds seraient bien ses attributs, car il fut, avant que d'être décapité, tué à coups de flèches et devint même, à cause de ce genre de supplice, le patron des arbalétriers ; mais la place en haut du médaillon, pour y loger l'Enfant Jésus sur ses épaules, manque et d'ailleurs nul indice n'existe d'une statuette brisée, près du dos et de la tête cassée du Saint. Ce n'est donc point le Christophore, et ce passant garde jusqu'à nouvel ordre l'anonymat.

De l'autre côté, maintenant, à droite, en partant toujours du haut, nous trouvons Abraham prêt à sacrifier son fils et dont un ange arrête le bras, lequel bras a disparu, ainsi qu'Isaac tout entier et une bonne partie de l'ange ; enfin, près d'une tour, un guerrier casqué et vêtu d'une cotte d'armes, protégé par un bouclier, qui lance contre le soleil un javelot. Celui-là serait Nemrod[1] qui, d'après une ancienne tradition, serait monté sur une tour pour livrer bataille au ciel et à ses habitants.

Si nous nous plaçons au point de vue de la symbolique chrétienne, ces bas-reliefs ne suscitent aucune difficulté d'interprétation ; les sujets, sauf celui du faux saint Christophe, sont clairs, et les enseignements lucides ; mais, il faut bien l'avouer, ils sont étrangement mis à part ; ils ne décèlent aucun sens dans l'ensemble sculpté du portail ; ils constituent, en somme, des phrases isolées, sans rapports entre elles.

Si nous acceptons le point de vue de la symbolique spagyrique[2], nous pouvons reconnaître, avec le vieil hermétiste Gobineau de Montluisant[3], que Job est une personnification de la pierre des philosophes qui passe par les épreuves avant que d'atteindre son degré de perfection ; qu'Abraham est l'alchimiste, le souffleur ; Isaac, la matière à jeter dans le creuset ; l'ange, le feu nécessaire pour opérer la transmutation de la matière en or. Restent le pseudo-Christophe et le Nemrod, mais les grimoires de l'alchimie ne nous renseignent guère sur le sens précis de ces figures.

D'autre part, les astrologues qui désignent, de temps immémorial, ce portail sous le nom de porche de l'astrologie, ont toujours vu, dans les tableaux qu'il représente, une effigie de la Vierge astronomique et dans le Christ, accompagné de ses apôtres, l'image du soleil qui monte à l'horizon, entouré des signes du zodiaque. Que cette opinion soit fondée ou non, il faut avouer qu'elle a eu raison de se produire, car c'est à elle que nous devons d'avoir conservé une partie du porche. Et, en effet, en août 1793, la commune avait décrété la destruction de tous ces simulacres de la vieille superstition religieuse ; et ce fut le citoyen Chaumette[4] qui réclama en faveur de la science, déclarant que ce décor constituait un cours d'astronomie et avait servi à Dupuis[1] pour établir son système planétaire — et le portail fut sauvé. Ce portail royal était et est donc encore revendiqué par les partisans de l'astrologie et les hermétistes. — La porte voisine, celle de Sainte-Anne et de Saint-Marcel, l'était et l'est encore par les alchimistes.

À les entendre, le récepte[2], le secret de la sublime pierre des sages est inscrit sous la statue qui se dresse sur le trumeau, tranchant en deux la baie. Cette statue, — qui n'est qu'une reproduction, car l'original est placé dans la salle des Thermes, au Musée de Cluny — portraiture un évêque, debout, mitré et crossé, bénissant d'une main ses visiteurs et foulant aux pieds un dragon sorti d'une sorte de chapelle funéraire où une femme morte est assise dans un linceul enveloppé de flammes.

La lecture de cette scène est très simple. Il suffit d'ouvrir les Bollandistes[3]. La légende de saint Marcel, neuvième évêque de Paris, raconte, en effet, que ce saint délivra la ville d'un horrible dragon qui avait établi son gîte dans le cercueil d'une femme adultère, décédée, sans avoir eu le temps de se repentir et sans avoir reçu les sacrements ; le saint frappa de sa crosse le monstre, lui entoura le cou de son étole, l'emmena à quelques lieues de Paris, dans un désert, et là, lui intima l'ordre, auquel d'ailleurs il obéit, de ne jamais plus retourner dans la ville.

Ajoutons ce détail, qu'aux processions des Rogations[4], le clergé de Notre-Dame faisait autrefois porter, en souvenir de ce miracle, un grand dragon d'osier dans la gueule ouverte duquel le peuple jetait des gâteaux et des fruits. Cette coutume, qui remontait au Moyen Âge, a pris fin en 1730.

Telle est la version de l'Église ; autre est celle des

alchimistes. Dans son cours de philosophie hermétique, Cambriel[1] explique ainsi cette figure :

Sous les pieds de l'évêque, sur le socle même de sa statue, de chaque côté, deux ronds de pierre sont sculptés. Les ronds de droite seraient les simulacres de la nature métallique brute, telle qu'on l'extrait de la mine, les ronds de gauche, négligés comme les premiers par la symbolique chrétienne, seraient la même nature métallique mais purifiée ; et celle-là se rapporterait à la figure humaine, assise, dans la chapelle sépulcrale, et qui a pris naissance dans le feu dont son linceul s'entoure. De cette fournaise tombale qui serait l'œuf philosophique, inséré dans l'athanor[2], le dragon, né à son tour de la figure humaine, serait, en s'élevant hors du fourneau, en plein air, sous les pieds du saint, le dragon babylonien dont parle Nicolas Flamel[3], autrement dit, le mercure philosophal, le lion vert, le lait de la Vierge, la substance même qui change par une projection le plomb en or.

Dans cette interprétation, saint Marcel ne nous bénirait plus, mais il ferait un geste de circonspection, qui signifierait : taisez-vous, gardez le secret si vous l'avez compris.

Si bizarre qu'elle paraisse, cette glose se conçoit pourtant, car les préparateurs du grand œuvre peuvent se placer sous le patronage de ce saint qui a, en effet, opéré plusieurs transmutations.

Une fois, alors qu'il n'était encore que sous-diacre et qu'il servait la messe de l'évêque Prudence, il transmua en un vin qui manquait, l'eau qu'il venait de puiser à la Seine ; une autre fois aussi, il changea cette même eau en une liqueur parfumée comme le saint chrême[4].

Le choix que les alchimistes firent de cet Élu pour lui attribuer la possession du fameux secret pourrait donc jusqu'à un certain point se justifier; cependant, il convient d'observer que le patron officiel des spagyriques, au Moyen Âge, ne fut pas saint Marcel, mais bien saint Jean l'Évangéliste, soit parce qu'une très ancienne légende nous le montre savant dans l'art de traiter les minerais de fer; soit parce que deux vers, pris en un sens éperdument littéral*, de la séquence tissée en son honneur par Adam de Saint-Victor, nous le représentent fabriquant avec du bois de l'or et avec des cailloux des gemmes.

Que ces explications puissent sembler erronées, c'est bien possible, mais qu'importe! Que plus fabuleuse encore nous apparaisse cette autre légende relatant qu'un scrupule de la prière des sages a été caché par l'évêque Guillaume de Paris dans l'un des piliers du chœur que l'on reconnaîtra si l'on suit la direction de l'œil d'un corbeau qui le regarde, sculpté sur l'un des porches, il ne nous en chaut pas davantage; ce qu'il sied simplement de retenir, c'est que, plus que ses congénères, Notre-Dame de Paris est mystérieuse, plus experte peut-être mais moins pure, car elle est à la fois catholique et occulte et elle greffe sur la symbolique chrétienne les récettes de la Kabbale.

En tout cas, ces discussions ne prouvent-elles pas que, sauf de nos jours, cette basilique fut toujours envisagée telle qu'un traité de symbolisme, s'exprimant à mots couverts, parlant, à l'exemple du Christ, en paraboles? Les archéologues, les architectes l'ont disséquée, ainsi que l'on disséquerait un cadavre; c'est très bien, l'anatomie de son corps est désormais connue; les romanciers, comme Victor

---

* *Qui de virgis fecit aurum, Gemmas de lapidibus.* (Celui qui fait de l'or avec des branches, et des pierres précieuses avec des cailloux.)

Hugo, ont créé d'après elle un décor plus ou moins véridique pour y loger des personnages imaginés de toutes pièces, et cependant le poète a été le seul, alors, qui ait eu une vague intuition de la symbolique du Moyen Âge, lorsqu'il a écrit sa comparaison fantaisiste de la façade royale, trouée d'une grande fenêtre flanquée de deux petites, ainsi que le prêtre est flanqué, pendant la messe, du diacre et du sous-diacre, à l'autel. Il reste désormais à décrire, autrement qu'en un rapide abrégé, ses aîtres[1] spirituels, sa vie intérieure, son âme, en un mot. La vraie monographie de notre cathédrale serait celle-là ; mais le positivisme architectural ne fait que s'accroître, et, malheureusement, le clergé s'éloigne de plus en plus de questions qu'il aurait pourtant intérêt à ne pas dédaigner.

La Cathédrale

En somme, poursuivit l'abbé, après un silence, comment juger les œuvres d'antan, en dehors même de cette aide d'arcs plantés dans des contreforts ou de voûtes en anses de panier ou en cul de four[2], car toutes sont adultérées par les siècles ou inachevées. Notre-Dame, à Chartres, devait avoir neuf clochers et elle n'en a que deux ; les basiliques de Reims, de Paris, de Laon, d'autres, étaient destinées à porter des flèches sur leurs tours, où sont-elles ? nous ne pouvons donc nous rendre un compte exact de l'effet que voulurent produire leurs architectes. D'autre part, les cathédrales étaient faites pour être vues dans un cadre que l'on a détruit, dans un milieu qui n'est plus ; elles étaient entourées de maisons dont l'allure s'accordait avec la leur; aujourd'hui, elles sont ceinturées de casernes à cinq étages, de pénitenciers mornes, ignobles; — et partout, on les dégage, alors qu'elles n'ont jamais été bâties pour se dresser, isolées sur des places; c'est, de tous les côtés, l'insens[1] le plus parfait de l'ambiance dans laquelle elles furent élevées, de l'atmosphère dans laquelle elles vécurent; certains détails, qui nous semblent inexplicables dans quelques-uns de ces édifices, étaient sans doute nécessités par la forme, par les besoins des alentours; au fond, nous trébuchons, nous avançons au hasard, nous ne savons rien,... rien.

— En tout cas, dit Durtal, l'archéologie et l'architecture n'ont exécuté que des besognes secondaires; elles nous ont révélé simplement l'organisme, le corps des cathédrales, qui nous en dira l'âme?

— Qu'entendez-vous par ce mot? demanda l'abbé Gévresin.

— Je ne parle pas de l'âme du monument, au moment où, avec l'assistance divine, l'homme la créa; cette âme, nous l'ignorons et encore pas pour Chartres, puisque de précieux documents nous la racontent; mais de l'âme qu'ont gardée les autres églises, de l'âme qu'elles ont maintenant et que nous contribuons à entretenir par notre présence plus ou moins assidue, par nos communions plus ou moins fréquentes, par nos prières plus ou moins vives?

Prenons Notre-Dame de Paris; elle a été rafistolée et retapée de fond en comble; ses sculptures sont rapiécées quand elles ne sont pas toutes modernes; en dépit des dithyrambes d'Hugo, elle demeure de second ordre; mais elle a sa nef, son merveilleux transept; elle est même nantie d'une ancienne statue de la Vierge devant laquelle s'est beaucoup agenouillé M. Olier[2]; eh bien, l'on a tenté de ranimer, dans son vaisseau, le culte de Notre-Dame, de déterminer un mouvement de pèlerinage et tout y est mort! cette cathédrale n'a plus d'âme; elle est un cadavre inerte de pierre; essayez d'y entendre une messe, de vous approcher de la Table, et vous sentirez une chape de glace tomber sur vous. Cela tient-il à son abandon, à ses offices assoupis, à la rémolade de fredons[1] qu'on y bat, à sa fermeture, hâtée le soir, à son réveil tardif, bien après l'aube ? cela tient-il aussi à ces visites tolérées d'indécents touristes, de goujats de Londres que j'ai vus, parlant tout haut, restant, au mépris des plus simples convenances, assis devant l'autel, alors que l'on donnait la bénédiction du Saint-Sacrement en face d'eux! Je ne sais, mais ce que je certifie, c'est que la Vierge n'y réside pas jours et nuits, toujours comme à Chartres.

Prenez encore Amiens, avec ses vitres blanches et ses clartés crues, ses chapelles fermées par de hautes grilles, son silence de rares oraisons, sa solitude. Celle-là est vide aussi; et je ne sais pourquoi elle fleure, pour moi, une ancienne odeur de jansénisme[2]; on n'y est pas à l'aise, on y prie mal; et pourtant sa nef est magnifique et les sculptures de son pourtour, qui sont même supérieures à celles de Chartres, s'affirment, on peut le dire, uniques!

Celle-là, non plus, n'a pas d'âme.

Et il en est de même de celle de Laon, nue et glacée, à jamais morte; d'autres sont dans un état intermédiaire, agonisent encore tièdes : Reims, Rouen, Dijon, Tours, Le Mans, par exemple; déjà l'on s'y détend mieux; Bourges avec ses cinq embouchures jetées en allées à perte de vue, devant nous, et l'énormité de son vaisseau désert; Beauvais, si mélancolique, n'ayant pour tout corps qu'une tête et des bras lancés désespérément, ainsi qu'un appel toujours inentendu, vers le ciel, ont néanmoins conservé encore quelques-uns des effluves d'antan. On peut s'y recueillir, mais nulle part, l'on n'est aussi bien qu'ici, nulle part on ne prie mieux qu'à Chartres!

Édition de Dominique Millet-Gérard,
Folio classique, 2017.

HENRY JAMES

L'Américain
(1877)

et

La Muse tragique
(1890)

Un Américain sur le parvis

Nick Dormer dans La Muse tragique *et Christopher Newman dans* L'Américain *font partie de ces Américains jamesiens pour qui le voyage en Europe est la grande épreuve spirituelle, celle aussi de la mémoire des pierres, inaccessible aux États-Unis. Au cœur de cette épreuve initiatique, il y a bien sûr le face-à-face avec Notre-Dame, plus parlant à ces habitués de New York qu'à la bonne Françoise de Proust. Henry James est le chirurgien patient de cette confrontation dont Mona Ozouf a dressé une analyse magistrale dans* La Muse démocratique[1]. *Entre la politique et les sentiments, l'expérience du Beau figure un point central autour duquel s'organisent les passions. Nous ne sommes pas ici dans le chaos mondain et populacier de Balzac mais dans une étrange danse immobile où le lecteur peut pénétrer comme si une voix venue du bord de Seine lui disait d'entrer. Pour la première fois, l'Américain se trouve dans la posture d'un élève à qui parle le monument, par on ne sait quelle tendresse de magistère.*

M. C.

L'Américain

Il traversa Paris en suivant les bords de la Seine, franchit un pont et se dirigea vers la rue d'Enfer. Le temps était gris et humide, mais l'air avait la tiédeur du premier printemps. Notre ami se trouva bientôt dans un quartier de Paris qu'il ne connaissait guère, un quartier de couvents, de prisons ; les rues étaient bordées par de longs murs sans porte ; on rencontrait peu de passants. Au croisement de deux de ces rues, il trouva la maison des carmélites. C'était un bâtiment très simple, très triste, entièrement entouré par une haute muraille nue. De la rue, Newman pouvait apercevoir les fenêtres du dernier étage, la toiture escarpée, les cheminées. Rien ne révélait la présence de la vie humaine. C'était un lieu muet, sourd, inanimé. Le grand mur pâle, mort, sans couleur, s'enfonçait, dans la perspective déserte d'une rue latérale.

Newman resta longtemps, personne ne passait, il pouvait à loisir contempler ce spectacle. Il se disait qu'il avait atteint le but de son voyage ; pour voir cela, il avait traversé la moitié du monde. C'était une satisfaction étrange, mais c'en était une, pourtant. La désolation silencieuse de ce tableau semblait le libérer d'une attente à jamais inutile ; elle lui disait que la femme qu'elle avait engloutie était perdue sans retour, que les jours et les années à venir s'entasseraient sur elle comme la pierre énorme, immuable, d'un tombeau, et seraient en tout temps, en toute saison, gris et silencieux comme ils étaient alors. Soudain à la pensée que ces jours, ces années le trouveraient indéfiniment à la même place, Newman sentit se rompre le cercle magique dans lequel il était enfermé : il eut la certitude qu'il ne reviendrait jamais dans ce lieu. Il avait cessé de se complaire dans la désolation. Il s'éloigna le cœur lourd, mais plus léger pourtant que tout à l'heure...

Tout était accompli. À son tour, Christopher Newman avait mérité le repos. Il s'engagea dans d'étroites ruelles qui descendaient en serpentant vers les quais de la Seine et vit se dresser au-dessus de sa tête les contours flous des tours de Notre-Dame. Il traversa un pont et s'arrêta un moment sur la grande place vide qui s'étend devant la cathédrale. Il entra, monta jusqu'au milieu de la nef et s'assit sur un prie-Dieu dans la pénombre splendide. Il resta longtemps. Des cloches lointaines sonnaient, à de longs intervalles, pour le reste du monde. Il se sentait très las ; aucun lieu n'aurait pu mieux convenir à son humeur. Il ne pria point ; il n'avait pas de prière à dire, il n'avait pas à remercier la providence, il n'avait rien à demander ; c'était à lui maintenant de s'occuper de lui-même, mais l'hospitalité qu'offre une grande cathédrale a cent visages différents ; si Newman s'attardait dans ce lieu, c'est parce qu'il s'y sentait hors du monde. L'aventure la plus malheureuse qui lui fût jamais arrivée était apparemment conclue : il pouvait refermer le livre et le ranger. Sa tête resta longtemps posée sur le dossier du prie-Dieu qui était devant lui ; quand il se redressa il sentit qu'il était redevenu lui-même. Un nœud dur et serré s'était relâché dans son esprit. Il pensa aux Bellegarde[1], il les avait presque oubliés. Il se ressouvint d'eux comme de personnes sur lesquelles il avait eu des intentions ; en se rappelant ces intentions, il fit entendre une sorte de plainte, cette pensée lui était devenue extrêmement désagréable. Les fondations de sa vengeance s'étaient subitement effondrées[2]. Était-ce l'effet de la charité chrétienne ou seulement celui de son bon naturel ? Il ne le savait lui-même : laissons son mystère à cette âme qui s'ignore. La dernière pensée de Newman fut qu'il laisserait les Bellegarde en repos.

S'il avait parlé à voix haute, il aurait dit qu'il ne voulait pas leur faire de mal. Son ancien projet lui faisait honte. Répondre au mal par le mal, non, cela n'était pas dans sa manière. Il se leva enfin et sortit de l'église qui déjà s'obscurcissait, non du pas souple et léger d'un homme qui a gagné une victoire, mais posément, sagement, comme un brave homme qui est encore un peu honteux de lui-même.

© Traduction de Gilles Chahine,
Gallimard, coll. « Folio », 1982.

La Muse tragique

— Ah, le beau, le voilà là-bas, déclara Nick Dormer[1]. Je ne suis pas si sûr du vôtre, je ne sais à quoi m'en tenir. Mais Notre-Dame, c'est du solide ; Notre-Dame, c'est sérieux ; sur Notre-Dame, l'esprit troublé peut se reposer. Allons la regarder !

Ils avaient atteint cette île basse d'où la grande cathédrale s'élève, haute et belle, aujourd'hui détachée des vieilles constructions qui autrefois s'agglutinaient à ses pieds, avec son harmonieuse et majestueuse façade obscurcie à cette heure-là, ou du moins simplifiée, sous les étoiles, mais plus sereine et plus sublime encore de cette union heureuse avec l'horizon et la nuit. Nos jeunes gens, menant une conversation aussi instructive — je laisse le lecteur libre d'en juger — empruntèrent le pont, court et large, qui mène jusqu'aux monuments du vieux Paris — le Palais de Justice, la Conciergerie, la Sainte-Chapelle de Saint-Louis. Ils se retrouvèrent alors devant l'église, qui surplombe la place, où le passé, si présent autrefois dans ce cœur de Paris, est devenu une sorte de vide submergé toutefois par l'éternelle jeunesse de la façade de la cathédrale. Elle salua Nick Dormer et Gabriel Nash[1] avec une douceur que les siècles n'avaient en rien atténuée. Les lampadaires de la grande ville éclaboussaient ses fondements de leurs lumières, mais les tours et les piliers, les arcs, les galeries, les statues, la somptueuse rosace, la grande et ample œuvre semblaient baigner dans une plus grande clarté en s'approchant du sommet ; ils semblaient détenir une réponse sûre et bienveillante aux regards que les hommes lancent vers le ciel.

— Comme cela remet les choses en place et dissipe nos petites humeurs — tout ce qui est accompli ! dit Nick, tandis que son compagnon s'exclamait sur un ton doux et affectueux :

— La chère vieille chose !

— L'important, c'est de faire quelque chose au lieu de rester là, confus, à s'interroger ; et, bon sang, cela m'en donne envie !

— Envie de construire une cathédrale ? s'enquit Nash.

— Oui, rien de moins.

— C'est vous qui m'étonnez alors, mon ami. Vous ne pouvez en construire une avec des mots.

— Que font donc les grands poètes ? demanda Nick.

— Oui, mais leurs mots à eux sont des idées, leurs mots sont images, alliances enchanteresses, signes inoubliables. Quant au verbiage des discours parlementaires !

— Eh bien, dit Nick avec un soupir franc et pensif, on peut bâtir une grande architecture à partir de nombre de choses — pas seulement avec des pierres, des charpentes et des vitraux.

Ils firent le tour de Notre-Dame, s'arrêtant, commentant, admirant et discutant, mêlant le grave et le gai, et le paradoxe à la contemplation. De derrière et sur les flancs, le gigantesque vaisseau sombre de l'église semblait plonger dans la Seine, ou en sortir, flottant de toute son étendue, un vaisseau de pierre, avec ses arcs-boutants aériens, projetés comme en une rangée de puissants avirons. Nick Dormer s'attardait avec joie, avec une sorte de contentement et d'apaisement; comme si elle avait été le temple d'une foi qui lui tenait tellement à cœur qu'on trouvait dans son enceinte sécurité et paix. Il y avait de l'apaisement aussi, et du réconfort dans la compagnie, sur le moment, de Nash, qui partageait son émotion, et, en le montrant à sa façon, son goût des effets grandioses. Il y eut tant de spontanéité dans ses impressions, il les exprima avec une telle vivacité que Nick se souvint de l'admiration naïve qu'il avait autrefois éprouvée pour l'intelligence lumineuse et naturelle qu'il avait pour toutes les « choses de ce genre ». Genre qui représentait pour Nick un vaste et brillant domaine.

Ils passèrent ensuite sur l'autre rive, où l'influence du monument gothique se distinguait même des petites élégances parisiennes, de l'ordonnance et du sens de la mesure de la ville, des symétries déplaisantes, de la « joliesse » de toute chose, de la prodigalité des becs de gaz et de l'incessant cliquetis sur les ponts aux formes précieuses. En passant devant un petit café paisible sur la rive droite, Gabriel Nash dit : « Asseyons-nous » — il était toujours prêt à s'asseoir. C'était un établissement accueillant et un quartier qui n'était pas à la mode, loin du Grand Hôtel ; il y avait les habituelles petites tables et chaises sur le quai, les rideaux de mousseline derrière la vitre de verre dépoli, une atmosphère de sciure de bois et de mousse de bière blonde. L'endroit semblait comme engourdi, mais non éteint, par l'heure tardive ; aucun véhicule ne passait, on entendait seulement de temps en temps le pas léger d'un Parisien. Par-delà le parapet leur venait le bruit du flot de la Seine. Nick Dormer dit que cela le faisait penser au vieux Paris, à la grande Révolution, Madame Roland[1], *quoi*★ ! Gabriel Nash dit qu'ils pourraient commander de cette bière légère, mais qu'ils n'étaient pas obligés de la boire. Ils restèrent assis longtemps ; ils parlèrent beaucoup, et plus ils parlaient, plus ce qu'ils n'avaient pas dit jusque-là fit surface.

© Traduction de Marie-Odile Probst-Gledhill, Belfond, 1992.

JULES SUPERVIELLE

Boire à la source

(1933)

et

« Paris »

(*Naissances*, 1951)

Ayant passé une partie de son enfance en Uruguay, le poète Jules Supervielle (1884-1960) a d'abord été confronté à une France rêvée et désirée. Ouvrage de confidences, Boire à la source *est paru en 1933 (repris chez Gallimard en 1951);* Naissances, *paru en 1951, réunit vingt-quatre poèmes de l'auteur.*

Basilique gothique dans une ville à l'architecture sobre et classique, Notre-Dame est pourtant devenue le symbole de Paris. Elle n'est pas l'image de la capitale mais son héraut, répondant aux « aspirations de la nostalgie éparse dans le monde entier ». Si Paris trouve sa valeur dans « la ferveur de l'amour que lui portent tous ceux qui en sont loin », l'image de la cathédrale est le temple où le fidèle, rempli de l'« espoir que vînt à lui un paysage de France », peut invoquer l'esprit de la cité avec la foi de l'exilé.

A. G.

Boire à la source

Croyants ou non, nous admirons comment se dressent les deux fortes tours de Notre-Dame qui gagnent d'un même élan le ciel du bon Dieu et celui de la météorologie.

Les monuments de Paris, aussi bien ses immeubles anonymes sont faits d'une pierre qui n'est jamais indifférente, objective, mais qui trouble, intervient, nous juge, nous porte aux nues ou nous cloue sur place.

La lumière ici est si sensible et sonne toujours si juste à nos yeux qu'elle harmonise, assimile, embellit les architectures les plus différentes et qui ne sont pas toujours d'une inspiration très heureuse.

Et Paris a autant d'unité qu'une ville de notre monde intérieur. Son monologue se confond avec le nôtre dans un même chuchotement sur notre passage.

De tous les habitants du globe, ce sont peut-être les Américains du Sud qui fréquentent le plus Paris par la pensée et par le cœur. Et quand je songe à ce qui pourrait bien faire l'incomparable, l'insolite beauté de Paris, il m'arrive de me dire que ce ne sont pas seulement ses monuments, ses perspectives, la grandeur de ses avenues qui s'avancent dans l'histoire, ou le charme presque secret de ses petites rues, ni l'air de Paris, précieux et intelligent entre tous. Ce qui donne à Paris une lumière si sensible, ne serait-ce pas aussi la ferveur de l'amour que lui portent tous ceux qui en sont loin ? Tous ces désirs qui rôdent autour de l'Arc de Triomphe, du Louvre, de la place de l'Opéra, ces effluves, ces aspirations de la nostalgie éparse dans le monde entier, ces élans, ces enthousiasmes venus jusque des antipodes expirent sur les rives de la Seine et donnent à Paris sa métaphysique, sa tendre patine, cette pudeur, cette palpitation de l'atmosphère.

© Gallimard, coll. « Blanche », 1951.

Paris

Que de fois je regardai par la fenêtre en Amérique
Dans l'espoir que vînt à moi un paysage de France
Et c'est Paris qui fait irruption par la croisée
Avec les grandes foulées de Notre-Dame de pierre
Il va traversant les siècles sans avoir à bouger même le petit doigt
Jusqu'à cette bordure frémissante d'écume
Qui forme le moment présent et fait battre notre cœur,
Paris et son brouhaha de chars mérovingiens, ses carrosses dorés, ses fiacres, ses automobiles de tous les âges,
Tout ce vacarme étouffé dans l'œuf par le silence intimidant de l'histoire.
Paris avec son pouls parfaitement régulier, sans la moindre intermittence
Malgré les catastrophes traversées,
Paris retrouvé par un homme qui te regarde du fond de sa chambre et de son cœur
Fidèle à ton ciel où déambulent de grands nuages infidèles
Folle bande versatile qui passerait facilement à l'ennemi.
Chut ! le ciel n'a pas de patrie
Et c'est peut-être même ce qui fait sa grandeur,
L'intimité de son accueil à la profondeur inlassable
Où vont et viennent les âmes nues et naissent les ailes des anges.

© Gallimard, coll. « Blanche », 1951.

ERNEST HEMINGWAY

Le soleil se lève aussi
(1926)
et
« Le dernier beau coin du pays »
(*L'Éducation de Nick Adams*, 1972)

Le soleil se lève aussi est l'un des premiers romans écrits par Hemingway, paru en 1926 ; « Le dernier beau coin du pays » est une nouvelle inachevée écrite entre 1952 et 1954 alors qu'Hemingway a plus de cinquante ans.

Le roman raconte l'histoire de Jack Barnes, ancien combattant de la Grande Guerre résidant à Paris, qui souffre d'impuissance à la suite de ses blessures. Dans ce passage il est rejoint par son ami Bill qui est ému de retrouver la beauté de Paris. Dans la nouvelle, nous suivons un personnage récurrent de l'œuvre d'Hemingway, Nick Adams. L'adolescent tente une fugue, mais il est vite rattrapé par sa petite sœur qui le convainc de la prendre avec lui.

La confrontation de ces deux textes exprime la profondeur du sentiment qui attache les Américains à Notre-Dame. Dans Le soleil se lève aussi *Hemingway installe ses personnages dans une certaine familiarité avec la ville, que Bill ne découvre pas mais retrouve. Ce bien-être s'exprime dans l'exclamation de soulagement de Bill devant la cathédrale :* « Ça a de l'allure [...]. Bon Dieu, c'est bon d'être revenu. » *L'apaisement de l'homme mûr permet d'identifier la nature du sentiment qui pousse le jeune Nick à quitter la demeure familiale avec pour idée de découvrir l'Europe : c'est la nostalgie qui attire l'adolescent vers l'aventure. Cette même nostalgie incite les Américains, peuple jeune, à retrouver les églises du Vieux Continent. Cette régression vers un état primordial est explicitée par l'analogie faite par Nick et sa sœur entre la forêt vierge qu'ils sont en train de parcourir et les cathédrales. Notre-Dame est aussi ce « dernier beau coin du pays » (« last good country »), qui offre un sol épargné à qui s'apprête à se métamorphoser.*

A. G.

Le soleil se lève aussi

Nous dînâmes dans le restaurant de Mme Lecomte, sur la rive la plus éloignée de l'Île. Il était bondé d'Américains et il nous fallut attendre debout avant de trouver des places. Quelqu'un l'avait mentionné dans la liste de l'*American Women Club* comme un restaurant curieux de Paris, ignoré jusqu'à ce jour des Américains. Il nous fallut, par suite, attendre quarante-cinq minutes avant d'avoir une table. Bill avait mangé dans ce restaurant en 1918 et aussitôt après l'armistice, et Mme Lecomte fut tout émue de le revoir.

« Ça ne nous donne pas une table quand même, dit Bill. Mais c'est une brave femme. »

Nous fîmes un bon dîner : poulet rôti, haricots verts nouveaux, purée de pommes de terre, tarte aux pommes et fromage.

« On peut dire que vous avez le monde entier ici », dit Bill à Mme Lecomte.

Elle leva la main.

« Oh ! mon Dieu !

— Vous allez devenir riche.

— Je l'espère bien. »

Après le café et la fine on nous donna l'addition, écrite comme toujours sur une ardoise. (C'était là sans doute une des « curiosités » mentionnées sur le guide.) Nous payâmes, serrâmes la main de la patronne et partîmes.

« On ne vous voit plus jamais, monsieur Barnes, dit Mme Lecomte.

— Trop de mes compatriotes.

— Venez déjeuner. Il n'y a pas foule à cette heure-là.

— Bon. Je viendrai bientôt. »

Nous marchâmes sous les arbres qui s'inclinent au-dessus du fleuve sur le quai d'Orléans. De l'autre côté du fleuve, il y avait des pans de murs de vieilles maisons en démolition.

« On va percer une rue.

— Naturellement », dit Bill.

Nous continuâmes et fîmes le tour de l'Île. La rivière était sombre. Un bateau-mouche passait, tout illuminé. Il marchait vite, silencieusement, et il disparut sous le pont. En aval, on voyait Notre-Dame, accroupie contre le ciel nocturne. Nous passâmes sur la rive gauche de la Seine par la passerelle en planches du quai de Béthune et nous nous arrêtâmes sur le pont pour regarder Notre-Dame. Du pont où nous étions, l'Île semblait noire, les maisons se dressaient haut dans le ciel et les arbres étaient des ombres.

« Ça a de l'allure, dit Bill. Bon Dieu, c'est bon d'être revenu. »

Nous nous appuyâmes sur le parapet de bois et regardâmes, en amont, les lumières des grands ponts. Sous nos pieds, l'eau était unie et noire. Elle ne faisait pas de bruit contre les piles du pont. Un homme et une femme passèrent près de nous. Ils marchaient enlacés.

Nous traversâmes le pont et remontâmes la rue du Cardinal-Lemoine. La pente était raide et nous allâmes jusqu'à la place de la Contrescarpe. Les lampes à arc brillaient à travers les feuilles des arbres et, sous les arbres, un « S » s'apprêtait à partir. De la musique sortait par la porte du *Nègre Joyeux*[1]. Par la devanture du café des Amateurs, je vis le long bar en zinc. Dehors, sur la terrasse, des ouvriers buvaient. Dans la cuisine ouverte des Amateurs, une jeune fille faisait frire des pommes de terre dans de l'huile. Dans une marmite en fer, il y avait du ragoût. La jeune fille en servit une assiettée à un vieillard qui attendait debout, une bouteille de vin rouge à la main.

© Traduction de Maurice-Edgar Coindreau,
préface de Jean Prévost,
Gallimard, coll. « Blanche », 1933 ;
nouvelle édition, coll. « Folio », 2017.

« Le dernier beau coin du pays »

Ils quittèrent le terrain des coupes brûlant sous le soleil pour entrer à l'ombre des grands arbres. Les coupes montaient jusqu'à l'arête d'une colline, puis faisaient place à la forêt. Nick et sa sœur marchaient maintenant sur le sol brun de la forêt et leurs pieds foulaient une terre moelleuse et fraîche. Il n'y avait pas de sous-bois et les troncs montaient jusqu'à vingt mètres de haut avant les premières branches. Il faisait frais à l'ombre des arbres et Nick entendit la brise se lever tout là-haut dans le feuillage. Aucun rayon de soleil ne perçait à travers les hautes branches et Nick savait qu'il n'y en aurait pas avant midi. Sa sœur avait mis sa main dans la sienne et marchait à son côté.

« Je n'ai pas peur, Nickie. Mais j'éprouve une sensation bizarre.

— Moi aussi, dit Nick. Ça me fait toujours ça.

— Je n'avais jamais été dans une forêt comme celle-ci.

— C'est tout ce qui reste comme bois vierge dans les environs.

— Ça va loin ?

— Assez.

— J'aurais peur si j'étais seule.

— Moi ça me fait bizarre mais je n'ai pas peur.

— C'est ce que je disais tout à l'heure.

— Je sais. Peut-être qu'on dit ça parce qu'en fait on a peur.

— Non, je n'ai pas peur parce que je suis avec toi. Mais je sais que si j'étais toute seule, j'aurais peur. Tu es déjà venu ici avec quelqu'un d'autre ?

— Non. Toujours seul.

— Et tu n'avais pas peur ?

— Non. Mais je me suis toujours senti bizarre. Comme ce qu'on devrait ressentir quand on est dans une église.

— Dis-moi, Nickie, là où on va habiter, c'est pas aussi solennel quand même ?

— Non. Ne t'inquiète pas. C'est un endroit gai. En attendant, profite de celui-ci. C'est bon pour toi. C'est comme ça que les forêts étaient autrefois. C'est à peu près le dernier beau coin de pays qui reste. Personne ne vient jamais ici.

— J'aime bien le temps d'autrefois. Mais j'aimerais pas que ce soit toujours aussi solennel.

— Tout n'était pas solennel. Seulement les forêts de sapins.

— C'est merveilleux de marcher ici. Je croyais que derrière notre maison c'était merveilleux. Mais ici c'est beaucoup plus beau. Nickie, tu crois en

Dieu ? Tu n'es pas obligé de répondre si t'en as pas envie.

— Je ne sais pas.

— D'accord. Tu n'es pas obligé de répondre. Mais ça ne te fait rien si je récite mes prières le soir ?

— Non. Je te le rappellerai si tu oublies.

— Merci. Parce que ce genre de forêt me donne un sentiment religieux incroyable.

— C'est pour ça qu'on bâtit des cathédrales.

— Tu n'as jamais vu de cathédrales, n'est-ce pas ?

— Non. Mais j'ai lu des choses et je les imagine très bien. Cette forêt est la meilleure cathédrale que nous ayons dans la région.

— Tu crois qu'on ira en Europe un jour pour voir des cathédrales ?

— Sûr qu'on ira. Mais il faut d'abord que je sorte de ce pétrin et que j'apprenne à gagner de l'argent.

— Tu crois que tu arriveras à gagner de l'argent en écrivant ?

— Si j'écris assez bien.

— Tu ne crois pas que tu y arriverais mieux si tu écrivais des choses plus gaies ? Ce n'est pas mon opinion. C'est celle de maman qui a dit que tout ce que tu écris est morbide.

— C'est trop morbide pour le *St. Nicolas* en tout cas, dit Nick. Ils ne me l'ont pas dit, mais ça ne leur a pas plu.

— Mais le *St. Nicolas* est notre magazine préféré.

— Je sais, dit Nick. N'empêche que je suis trop morbide pour eux. Alors que je ne suis même pas encore une grande personne.

— Quand est-ce qu'on devient une grande personne ? Quand on est marié ?

— Non. Avant d'être une grande personne, on t'envoie en maison de correction ; quand on est une grande personne, on t'envoie au pénitencier.

— Alors je suis contente que tu ne sois pas une grande personne.

© Traduction de Céline Zins,
Œuvres romanesques, t. I,
Gallimard, Bibliothèque de la Pléiade, 1966 ;
nouvelle édition augmentée, 1994.

ANAÏS NIN

Journal

(1936 et 1972)

Anaïs Nin (1903-1977), auteure de nationalités française, cubaine et américaine, a marqué la littérature anglo-saxonne par la publication de son journal dans lequel on croise des figures telles que son psychanalyste Otto Rank ou son amant Henry Miller. Immergée dès la naissance dans le milieu artistique par son père, pianiste réputé, elle est à l'origine d'une œuvre prolifique tant romanesque que poétique.

Dans le premier passage (daté de 1936), Anaïs Nin relate sa relation amoureuse avec le péruvien Gonzalo More; épisode sur lequel elle revient près de quarante ans plus tard (en 1972) dans le second passage. La lettre envoyée à sa mère, que la diariste joint dans l'extrait de juin 1936, apparaît comme un contre-point à ces deux textes.

Semblable à son amant issu de mondes multiples — catholique, païen et marxiste —, l'église Notre-Dame, que Nin visite avec lui, enclot plusieurs mondes. Dans son journal, la cathédrale apparaît ainsi comme lieu où les corps se révèlent, abritant sous ses voûtes les baisers des deux amants; mais également comme recueil de l'âme, comme en témoigne la lettre qu'elle adresse à sa mère.

En 1972 elle réfute l'aspect strictement chrétien de la cathédrale, emblème d'une religion qui réprime la chair, et ne tarde pas à évoquer les fumigations sensuelles de ses encens. Elle cite dans un même élan l'aspect aphrodisiaque du bâtiment gothique et la sérénité qu'offrent les églises et leurs cérémonials lors des funérailles.

La vertu salvatrice de l'édifice réside dans cette ambivalence qui concilie vie et mort, esprit et corps. Le caractère onirique de la cathédrale s'apparente ainsi à l'écriture surréaliste, à laquelle elle fait allusion dans la lettre à sa mère, où « toutes les phrases s'[enchevêtrent] l'une dans l'autre ». Située « dans le passé, et puis dans l'avenir », Notre-Dame est fondamentalement inactuelle et se dérobe au monde ingrat de la modernité dont Nin déplore le cours en juillet 1936 : « avec le parfum, les ongles propres, les cathédrales, les fourrures et les châteaux s'en ira aussi la poésie [...] Désormais nous n'avons plus de chefs, plus de cérémonies, plus de rituels, plus d'encens, plus de poésie. On ne lutte plus que pour son pain. Vraiment, nous sommes devenus pauvres. »

A. G.

Journal. 1934-1939

Juin 1936

Nous sommes à Notre-Dame maintenant. Il semble vivre dans plusieurs mondes, l'un catholique, l'autre le monde inca de son enfance, païen, violent, et un troisième, le monde marxiste d'aujourd'hui.

L'orgue joue. Une lumière violette tombe des vitraux.

Dans le passé, et puis dans l'avenir.

Le monde de la politique, jusqu'à maintenant, m'avait semblé corrompu et laid. Rien à y faire pour moi. À quoi pouvais-je servir ? Rango[1] parle aux ouvriers. Après avoir visité Notre-Dame, nous sommes allés rue de la Gaîté et je me suis acheté un tailleur gris de cent francs, j'ai enlevé mon vernis à ongles et je l'ai accompagné à un meeting politique où Pablo Neruda devait prendre la parole. Neruda était gras et très pâle, et il récita des poèmes d'une voix assez neutre, mais les discours qui suivirent, en espagnol, furent véhéments, et je ne savais pas de quoi ils parlaient. Avec les ouvriers, Rango est familier, joyeux, fraternel. Ils l'aiment, bien qu'ils ne comprennent pas son mauvais français. Il trinque avec eux. Ils ont confiance en lui. Il a de grosses mains solides, un corps solide, et il s'habille comme eux. Il est beaucoup plus grand qu'eux, et noir comme un nègre.

Lettre à ma mère :

Je suis allée à Notre-Dame hier après-midi et j'ai assisté aux vêpres, et j'ai pleuré, et j'ai retrouvé mon âme d'autrefois : je ne sais où elle était. Je l'avais retrouvée une fois à l'hôpital, tu te rappelles ? Je l'ai retrouvée hier. Je me tenais dans l'église, et pleurais : aujourd'hui, je suis heureuse, tout est si bon, la maison est exquise, le chat est comique, et j'ai une bicyclette et j'irai bientôt à la campagne, mais il n'y a pas du tout de soleil, pas de chaleur, et je n'ai pas réussi à louer Louveciennes à cause de cela. Je payerai ton loyer demain, et donne ceci à lire à Joaquin aussi, c'est pour lui, c'est ce que l'on appelle le style moderne d'écriture, toutes les phrases s'enchevêtrant l'une dans l'autre, je le fais pour que tu ries, car tu aimes tellement le surréalisme. J'espère que mon livre a plu à Alida, il te plaira aussi un jour, je ne sais quand, lorsque tu te rendras compte que La vida es sueño[1]*, et que les rêves sont indispensables à la vie ; et tu sais que tous mes rêves ne sont pas saints, n'est-ce pas, tu en as eu qui n'étaient pas si saints, nos rêves ne sont pas saints, mais cela ne blesse ni ne change l'âme fondamentale, peut-être qu'un jour tu croiras si fermement* *à mon âme fondamentale que mes fantaisies ne te feront rien, tu ne blâmeras pas, tu te contenteras d'écouter et de sourire comme je t'imagine en train de sourire, et d'écouter lorsque tu es loin, je ne t'imagine jamais contrariée ou mécontente à cause de moi, ou désillusionnée, lorsque tu es loin, tout est charmant et comme c'était auparavant et toujours lorsque je t'étais entièrement dévouée comme tu l'avais été à tes enfants, et ce dévouement n'a pas disparu bien que ma vie se soit divisée, seulement tu n'y croyais pas autant et tu m'avais éloignée un peu, me grondant d'être différente de ce que j'étais enfant, mais fondamentalement, petite mère, rien n'a changé, si on est bon, rien ne change vraiment jamais, je t'aime autant.*

© Traduction de Marie-Claire Van Der Elst,
relue par l'auteure,
édition de Gunther Stuhlmann, Stock, 1970.

Journal. 1966-1974

Printemps 1972

Depuis ma rupture avec le catholicisme, je me rends rarement dans les églises ; autrefois, avec Gonzalo[1], en signe de retour romantique à notre foi première, nous avons hanté Notre-Dame pour nous embrasser dans les coins sombres, et plus encore par goût du sacrilège envers une religion qui a tant réprimé la sensualité. Peut-être aussi à cause de l'atmosphère sensuelle qui s'en dégage — encens, lueurs des cierges, musique. Je suis entrée dans une autre église quand ma mère est morte, par respect pour la foi de Joaquin et parce que j'avais besoin de son soutien; et aussi par gratitude, car sa foi religieuse a permis à ma mère de vieillir dans la sérénité et d'accepter la mort.

© Traduction de Béatrice Commengé,
édition de Gunther Stuhlmann, Stock, 1982.

MARK TWAIN

Les Innocents à l'étranger,
ou Le Voyage des pèlerins modernes
(1869)

S'il est surtout célèbre en France pour son roman Tom Sawyer, *Mark Twain (1835-1910) est un classique de la littérature américaine, dont l'œuvre, souvent ironique, ne saurait se cantonner à la littérature pour la jeunesse. Publié en 1869,* Les Innocents à l'étranger *est le récit d'une expédition de l'auteur en Europe financée par le journal* Alta California. *Rédigé sous la forme de cinquante-deux lettres destinées à être publiées dans ce périodique, ce texte est l'occasion d'une confrontation de l'Américain avec le Vieux Continent.*

Son titre semble ancrer l'ouvrage dans la tradition littéraire américaine qui voit dans l'Europe un ancêtre intimidant[1]. *Mais la jeunesse du peuple américain, redoublée par la jeunesse de l'auteur, offre au contraire à celui-ci une distance du haut de laquelle il peut toiser la vieille Europe. Derrière sa fausse naïveté, Twain s'amuse des reliques qu'accueille la cathédrale. Son regard condescendant sur les coutumes et croyances qui l'entourent est de ceux qu'un adulte adresse à un enfant. En contemplant l'Europe, l'Américain, homme sage reconsidérant son passé, y voit le témoignage touchant mais naïf de ses errances adolescentes.*

A. G.

Nous[1] sommes allés voir la cathédrale de Notre-Dame. Nous en avions déjà entendu parler. Je m'étonne parfois de constater combien nous sommes savants et intelligents. Dans l'instant, nous avons reconnu le vieil édifice brun gothique ; il était comme sur les images. Nous sommes restés à distance, passant d'un point d'observation à un autre, regardant longuement ses hautes tours carrées et sa riche façade, lourdement chargée de saints de pierre mutilés qui, de leurs perchoirs élevés, posent depuis des siècles un regard tranquille sur le monde en contrebas. Le patriarche de Jérusalem[2] s'est tenu sous ces sculptures aux temps anciens de la chevalerie et des chansons de geste, et il a prêché la IIIe Croisade, il y a plus de six cents ans ; et depuis ce jour, les saints sont là, observant d'un œil calme les scènes les plus sensationnelles, les fêtes les plus grandioses, les spectacles les plus extraordinaires qui aient attristé ou enchanté Paris. Ces vieux bonshommes décrépits au nez cassé ont vu bien des processions de chevaliers en cotte de maille venus de la Terre Sainte et rentrant chez eux ; ils ont entendu au-dessus d'eux sonner à toute volée les cloches qui annonçaient le massacre de la Saint-Barthélemy, et ils ont vu la boucherie qui a suivi ; plus tard, ils ont vu le règne de la Terreur, le carnage de la Révolution, le renversement d'un roi, le couronnement de deux Napoléon, le baptême du jeune prince qui traite avec arrogance aujourd'hui aux Tuileries un régiment de domestiques — et il n'est pas impossible qu'ils restent là jusqu'au jour où ils verront la dynastie napoléonienne balayée et les drapeaux d'une grande République flotter sur ses ruines. J'aimerais que cette cohorte de vénérables saints puisse parler. Elle raconterait une histoire qui en vaut la peine.

On dit qu'au temps des Romains, il y a dix-huit

ou vingt siècles, se dressait un temple païen à l'endroit où se trouve aujourd'hui Notre-Dame — on en conserve encore quelques vestiges à Paris —, et que ce temple a été remplacé par une église chrétienne vers 300 après J.-C.; qu'elle-même fut remplacée à son tour par une autre église vers 500 après J.-C.[1]; et que les fondations de la cathédrale actuelle datent environ de l'an 1100. Depuis cette époque, on peut estimer que le site est dûment consacré. Une partie de ce noble et ancien édifice rappelle les bizarres coutumes d'antan. Cette partie a été construite par Jean sans Peur, duc de Bourgogne[2], pour assurer le repos de sa conscience — car il avait assassiné le duc d'Orléans. Las! Il est bien loin, ce bon vieux temps où il suffisait à un assassin désireux de laver la tache qui souillait son nom et de calmer ses angoisses, d'apporter ses briques et son mortier et d'ajouter une aile à une église.

Les portails de la grande façade ouest sont divisés en deux par des piliers carrés. On a fait disparaître en 1852 celui du milieu, à titre d'action de grâces lors de la restauration du pouvoir présidentiel[3], mais on a eu peu après l'occasion de revenir sur ce geste, et de remettre le pilier en place! Ce qui fut fait.

Nous nous sommes attardés pendant une heure dans les grandes nefs, les yeux levés sur les riches vitraux décorés de saints et de martyrs bleus, jaunes et pourpres, essayant d'admirer les innombrables et immenses tableaux des chapelles; puis on nous a introduits dans la sacristie, où l'on nous a montré les magnifiques vêtements que le pape portait quand il a couronné Napoléon Ier[4]; des charretées d'ustensiles en or et en argent massif utilisés dans les plus solennelles processions publiques et cérémonies de l'église; quelques clous de la vraie Croix, un fragment de la Croix elle-même, un morceau de la couronne d'épines. Nous avions déjà vu un gros morceau de la vraie Croix dans une église des Açores, mais pas de clous. On nous montra également le vêtement sanglant que portait l'archevêque de Paris, qui a exposé sa sacrée personne et bravé le courroux des insurgés de 1848, montant sur les barricades avec un rameau d'olivier à la main qu'il brandissait dans l'espoir de mettre un terme à la tuerie[1]. Sa noble tentative lui a coûté la vie : une balle le tua. On nous montra son masque mortuaire, la balle responsable de sa mort, et les deux vertèbres dans lesquelles elle se logea. Ces gens ont un goût assez singulier en matière de reliques. Ferguson[2] nous a raconté que la croix d'argent que le bon archevêque portait à sa ceinture fut arrachée et jetée dans la Seine, où elle est restée ensevelie dans la vase pendant quinze ans ; un ange est alors apparu à un prêtre, et lui a dit où il fallait plonger pour la récupérer. Le prêtre a plongé et trouvé la croix, qui est à présent exposée à Notre-Dame, offerte à la contemplation de tous ceux qui s'intéressent au sauvetage miraculeux de certains objets inanimés.

Traduction de Philippe Jaworski.

LOUIS-SÉBASTIEN MERCIER

Tableau de Paris
(1783)

L'œuvre de Louis-Sébastien Mercier (1740-1814), à la croisée de la littérature et de la philosophie des Lumières, constitue une vaste chronique de son temps. La valeur de ce travail réside autant dans les témoignages de l'auteur que dans son style réaliste.

Alors que les Tableaux *composent une chronique urbaine, ouverte sur les problèmes actuels et futurs de la ville, la rencontre de Notre-Dame est un moment de suspens dans le texte. La cathédrale n'apparaît pas comme un élément du décor mais comme un véritable point de vue sur la ville. Elle est la relique d'un monde passé, du haut duquel Paris est convoqué dans sa dimension immémoriale :* « Je n'aperçois plus cette capitale que comme un amas confus de décombres. Oh ! que de ce point de vue élevé, ce vaste Paris a une physionomie particulière ! Il exhale la fumée, et il semble me dire, tout est fumée. » *De ces décombres remonte, pourtant, la mémoire ancestrale de la cathédrale, nécropole hantée par les fantômes des saints et des damnés.*

Loin du classicisme gréco-romain de l'église Sainte-Geneviève (l'actuel Panthéon), l'édifice « goth » *témoigne des tumultes d'un passé barbare. Les restaurations apparaissent alors comme un euphémisme qui blanchit littéralement la cathédrale, fatale injure du présent faite à l'antique.* « Les temples doivent être vieux », *conclut Mercier.*

A. G.

Fortuné Méaulle
*Le Colosse de saint Christophe portant l'Enfant Jésus sur ses épaules
à l'entrée de la cathédrale Notre-Dame de Paris* (1877)

NOTRE-DAME

Quel est l'architecte Goth qui a tracé le plan de cet édifice très ancien ? N'avait-il pas un génie hardi, et ne sentez-vous pas en entrant dans cette église, que l'étendue et la majesté du monument vous frappent beaucoup plus que les proportions régulières et délicates de nos temples modernes ?

La figure colossale de saint Christophe[1] frappe d'étonnement au premier coup-d'œil.

La *Chapelle du damné* fait réciter l'histoire de ce prédicateur célèbre, de plus chanoine de *Notre-Dame*, qu'on croyait mort en odeur de sainteté, et qui, tandis qu'on récitait pour lui l'office des morts, sortit la tête de la bière et cria : *je suis damné*[2] !

Eh bien, cette histoire ne vous pénètre-t-elle pas d'effroi ? N'est-elle pas composée d'une manière pathétique ? Quand elle est récitée dans ce monument vaste et majestueux, dans un demi-jour imposant, en présence de saint Christophe, ces trois objets me semblent parfaitement d'accord. Je suis ému profondément ; j'ai du plaisir à voir la haute statue, à entendre, sous ces voûtes élevées, l'histoire du chanoine qui se releva trois fois de son cercueil, pour dire : *je suis jugé par le juste jugement de Dieu...* L'auditoire pâlit.

Si le *bourdon*[3], un instant après, vient à sonner, c'est encore une sensation forte que je reçois. Là tout est grand. Je monte aux tours, je domine la grande ville, je n'aperçois plus cette capitale que comme un amas confus de décombres. Oh ! que de ce point de vue élevé, ce vaste Paris a une physionomie particulière ! Il exhale la fumée, et il semble me dire, *tout est fumée.*

L'empreinte gothique de l'édifice, le portail noirci, les cloches énormes, les escaliers tortueux, les antiques vitraux, la sculpture rongée, tout me fait rétrograder dans les siècles écoulés. Je redescends, je me promène, je ne puis plus quitter les dehors ni les dedans de ce temple auguste. Je repasse vingt fois devant ces objets vastes et mélancoliques; et quand la musique du chœur se mêle au son majestueux des cloches, que le cul-de-jatte, gardien du bénitier[1], m'allonge une longue perche pour me donner de l'eau bénite, tout me paraît dans une proportion égale; et mon âme plus élevée, prie Dieu de meilleur cœur dans l'église *Notre-Dame* que dans tout autre temple.

J'ai vu avec regret qu'on avait reblanchi cette église, qui me plaisait beaucoup mieux lorsque ses murailles portaient la teinte vénérable de leur antiquité. Ce demi-jour ténébreux invitait l'âme à se recueillir; les murs m'annonçaient les premiers jours de la monarchie. Je ne vois plus dans l'intérieur qu'un temple neuf; les temples doivent être vieux. Je ne me console qu'en voyant les tours, saint Christophe, et la *Chapelle du damné*.

Oh! les beaux vitraux! quel effet! Ils brillent depuis des siècles. Ô quelle main a placé la pierre que mon œil atteint à peine!

Quand j'entre dans la grande sacristie[2], que je vois cet amas d'or et d'argent, ce qui rappelle les trésors du Mexique; le calice enrichi des grands offices, la crosse, la mitre dont on coiffera la tête de monseigneur l'archevêque qui va bénir le peuple agenouillé en étendant deux doigts, tout cet appareil fait naître une foule d'idées graves et riantes par leur enchaînement.

Cependant monseigneur l'archevêque sort de la riche sacristie, crossé, mitré, et me bénit en passant tout comme un autre. Oh! je ne donnerais pas cette heure-là, où je fléchis le genou avec le peuple, pour la plus belle représentation dramatique.

Les chanoines, les chantres, les bedeaux[1], la musique, la multitude, l'église, le palais archiépiscopal, tout m'arrête ; et dans mon admiration, je demeure le dernier témoin de la cérémonie.

Si je m'occupe à lire les épitaphes, lorsque le temple est désert, je suis encore intéressé. Quarante-cinq chapelles m'offrent en foule des monuments historiques, et je m'arrête devant la tombe de la maréchale de Guébriant[2], la seule femme qui ait eu de son chef la qualité d'ambassadrice.

De jeunes enfants proprement vêtus et d'une aimable figure, choisis parmi les Enfants-trouvés, me font admirer les soins de la charité. C'est une nuance touchante, qui adoucit l'empreinte de tant de graves objets.

Non, il m'est impossible de traverser le parvis, sans faire une fois le tour de l'église *Notre-Dame*. J'aime moins Saint-Sulpice. L'édifice de Sainte-Geneviève[3] est magnifique ; mais ce n'est pas un bâtiment gothique, érigé sous Childebert Ier[4], et où tous les rois de France et Charlemagne sont entrés[5].

Qu'on remette les tableaux, qu'on ne détruise rien du portail et des ventaux, qu'on n'abatte point saint Christophe ; c'est l'ouvrage, non d'un statuaire, mais d'un maçon. Il me représente mon Shakespeare : voilà pourquoi je le chéris. Je vois ailleurs assez de belles statues ; mais saint Christophe, il est unique.

On ne finirait pas, si l'on voulait parler en détail de cette basilique. Mais que vous importerait de savoir que les entrailles de Louis XIII et de Louis XIV sont là ; qu'on y a découvert les tombes de plusieurs évêques et archevêques, qui ne renfermaient plus que des cendres et du charbon, plus incorruptible que les ossements des prélats.

Je vous parlerai plutôt de la châsse de saint Marcel, contemporain et ami intime de sainte Genevieve.

Quand on porte processionnellement ces deux châsses[1], et qu'elles viennent à se rencontrer, la sympathie qui les liait autrefois agit encore si fortement qu'elles tendent à se réunir ; il faut l'effort de douze robustes porteurs pour entraîner saint Marcel, et rompre l'attraction sentimentale. Si l'on ne venait pas à bout de dompter cette tendance réciproque, les deux châsses viendraient tout-à-coup à se joindre, et resteraient collées l'une à l'autre pendant trois jours de suite. Quel étonnant privilège a l'amour des saints ! Mais les porteurs, avertis par l'ancienne tradition, ont soin de promener le saint et la sainte à une distance convenable.

Ce récit que fait le peuple dans l'église *Notre-Dame*, n'est pas aussi pathétique que celui de la *Chapelle du damné* ; mais dans son genre, il n'est pas moins précieux. Revenons à des traits historiques.

En 1728, lorsqu'on faisait quelques réparations dans la nef et que les échafauds étoient dressés, des voleurs s'avisèrent d'un expédient pour piller tout à leur aise. Ils choisirent le jour de Pâques, comme devant rassembler un plus grand nombre de fidèles. Au premier verset du second psaume des vêpres, deux de ces coquins qui avaient trouvé le moyen de monter sur les échafauds les plus élevés, firent tomber quelques moellons, quelques outils d'ouvriers, renversèrent quelques échelles, et crièrent que la charpente allait tomber. Chantres et fidèles interrompirent le verset du second psaume et pensèrent à se sauver. Mais les portes étaient trop étroites pour la multitude. Pendant ce tumulte, les voleurs travaillèrent dans les poches, pillèrent montres et tabatières. Les femmes qui avaient les plus belles boucles, furent les plus à plaindre ; on leur arrachait l'oreille et les diamants. Les auteurs de ce coupable stratagème se conduisirent avec une si profonde adresse, qu'on ne put jamais les découvrir.

L'église de *Notre-Dame* vit jadis un grand débat entre le parlement et la chambre des comptes, pour le pas et la préséance du rang. C'était à la procession solennelle, le jour de l'Assomption de la Vierge, instituée par le valétudinaire[1] Louis XIII, lorsque sa femme devint grosse après vingt-trois ans de stérilité.

La chambre des comptes fut repoussée en corps et vigoureusement par le parlement en corps. Après plusieurs paroles et voies de fait, ces hommes de robe, à la suite de ce débat, furent trente années sans assister à la procession. Le roi, pour les accorder, fut obligé de séparer leur brigade.

Le premier président de la chambre des comptes, qui fut le battu, est obligé aujourd'hui de marcher à la gauche du premier président du parlement, et il porte encore sur son front l'air humilié de son ancienne défaite. Le peuple le remarque et dit tout haut : *il a la gauche, il n'oserait faire un pas vers la droite*. Quel insigne revers dans les grandeurs humaines, être battu et céder encore le pas ! Il faut marcher ainsi le 15 Août, sous l'œil de tout le public attentif, et sortir queue traînante du chœur par la seconde porte, tandis que le parlement en triomphe sort par la première.

Un grenadier regardant un jour la cathédrale de Paris, s'écriait : *Oh ! le beau chêne, le beau chêne !* — *Que dis-tu là ?* lui disait son camarade. *Rêves-tu ? un beau chêne ? Ne vois-tu pas deux grosses tours, un clocher pointu ?* — *Eh, non*, reprit l'autre ; *c'est un chêne ; regarde, regarde ceux qui mangent journellement le gland de ce bel arbre*. En ce même instant les chanoines fleuris, gros, gras, fourrés, sortaient de vêpres, leurs aumuces[2] sous le bras.

Les actions de grâce que la cour rend à Dieu pour la naissance d'un prince, pour le gain d'une bataille, pour la convalescence d'un monarque, enfin pour la paix, se célèbrent dans l'église *Notre-Dame*, au son d'une musique bruyante.

Les étendards et drapeaux enlevés aux ennemis sont suspendus aux voûtes de ce temple. Le peuple appela jadis un général, constamment vainqueur, *le tapissier de Notre-Dame*[1]. Quelle précision énergique dans ce mot !

RAINER MARIA RILKE

Les Carnets de Malte Laurids Brigge
(1910)
et
« Lettre à Clara Rilke »
(1906)

Rainer Maria Rilke eut avec Rodin une relation d'amitié qui montre à quel point les deux hommes avaient en commun la passion d'interroger l'héritage gothique. Dans les années 1905-1907, Rilke et Rodin vont à Chartres. Dans une lettre à sa femme Clara, le poète allemand évoque la dégradation qui affecte les bâtiments, voyant Chartres encore plus abîmée que Notre-Dame, que borde l'effrayant Hôtel-Dieu. C'est Rodin le guide, expliquant à son jeune « secrétaire » les raisons « des grands vents qui entourent toujours les cathédrales ». Rilke se montre à la fois un sévère visiteur et capable aussi bien de ressentir un émoi profond à la vue des tours de Notre-Dame, immobiles dans le tohu-bohu de la circulation parisienne... C'est une véritable photographie du temps que nous avons là, dans l'œil d'un écrivain si emblématique de la Mitteleuropa *pour qui Paris figure une Jérusalem de l'esprit.*

M. C.

Les Carnets de Malte Laurids Brigge

J'ai peur. Il faut faire quelque chose contre la peur, quand on l'a. Il serait fort laid de tomber malade ici, et s'il prenait envie à quelqu'un de me transporter à l'Hôtel-Dieu[1], j'y mourrais à coup sûr. Cet hôtel est un agréable hôtel, extrêmement fréquenté. On peut à peine regarder la façade de la cathédrale de Paris sans risquer d'être écrasé par une des nombreuses voitures qui franchissent la place à toute allure pour entrer là-dedans. Ce sont de petits omnibus qui n'arrêtent pas de sonner et le duc de Sagan[2] lui-même devrait faire arrêter son attelage, pour peu qu'un de ces petits mourants se soit mis en tête d'entrer tout droit dans cet hôtel de Dieu. Les mourants sont têtus et tout Paris s'arrête, quand Mme Legrand, brocanteuse de la rue des Martyrs, se rend en voiture vers une certaine place de la Cité. Il faut noter que ces diaboliques petites voitures ont des fenêtres en verre dépoli, terriblement suggestives, derrière lesquelles on peut se représenter les plus belles agonies ; la fantaisie d'une concierge y suffit. Si l'on a plus d'imagination et qu'on la laisse courir dans d'autres directions, le champ des conjectures devient proprement infini. Mais j'ai vu aussi arriver ici des véhicules ouverts, des fiacres dont on avait relevé la capote ; ils roulaient au tarif ordinaire : deux francs l'heure d'agonie.

Ce remarquable hôtel est très vieux, on y mourait déjà dans quelques lits du temps du roi Clovis. Aujourd'hui on y meurt dans cinq cent cinquante-neuf lits. Naturellement en série, comme à l'usine. Dans cette énorme production, la mort individuelle n'est pas aussi bien réussie, mais ce n'est pas cela qui importe. Ce qui compte, c'est la masse. Qui se soucie encore d'une mort bien faite ? Personne. Même les riches, qui pourraient cependant se permettre de mourir comme il faut, commencent à devenir négligents et indifférents ; le désir d'avoir sa propre mort est de plus en plus rare. Encore un moment et ce deviendra aussi rare que d'avoir une vie qui vous soit propre. Car on a, mon Dieu, tout ce qu'il faut sous la main. On arrive, on trouve une vie sur mesure, il ne reste plus qu'à l'enfiler. On veut s'en aller ou bien on est contraint de s'en aller : surtout pas d'effort — voilà votre mort, monsieur. On meurt au petit bonheur ; on meurt de la mort qui correspond à la maladie que l'on a (car, depuis qu'on connaît toutes les maladies, on sait aussi que les différentes conclusions fatales dépendent des maladies et non des gens ; le malade n'a, pour ainsi dire, rien à faire).

Dans les sanatoriums, où l'on meurt si volontiers et avec tant de reconnaissance à l'égard des médecins et des infirmières, on meurt d'une des morts organisées par l'établissement ; c'est fort bien considéré. Mais, si l'on meurt chez soi, il est naturel de choisir la mort décente de la bonne société, avec laquelle on s'engage déjà pour ainsi dire dans l'enterrement de première classe et dans tous les rites admirables qui l'accompagnent. Les pauvres sont debout sur le seuil de la maison et admirent tout leur saoul. Leur mort à eux est naturellement banale, sans aucune cérémonie. Ils sont bien contents d'en trouver une qui leur aille à peu près. Peu importe, si elle est trop large ; on grandit toujours un peu. Le seul ennui, c'est quand elle est un peu étroite sur la poitrine ou qu'elle vous serre le cou.

© Traduction de Claude David,
Gallimard, coll. « Folio », 1991.

« À Clara Rilke »

> *Meudon-Val-Fleury,*
> *villa des Brillants (Seine-et-Oise),*
> *vendredi matin [date du timbre :*
> *21 janvier 1906].*

[...] Nous sommes rentrés fatigués, le temps était par trop défavorable, un froid de plus en plus âpre, puis de la neige, et là-dessus bruine, vent d'est et verglas ; tout cela le même jour, précisément celui-là, et un temps impossible de la gare jusqu'ici. Nous sommes donc arrivés fourbus. Peut-être était-ce aussi la tristesse d'avoir vu cette dégradation et ces restaurations malheureuses, plus insupportables encore, dans leur rigidité, leur dureté, leur laideur, que la perte d'une chose belle. Chartres me semble encore plus maltraitée que Notre-Dame de Paris. Plus désespérément livrée aux destructeurs. Il n'en reste guère que la première impression, quand on la voit se lever comme sous un grand manteau, et le premier détail : un ange mince, usé par le temps, qui tient devant lui un cadran solaire, toutes les heures du jour comme un livre ouvert, au-dessus de quoi l'on voit, infiniment beau jusque dans son effacement, le profond sourire de son visage de serviteur joyeux, comme un ciel qui se reflète... Mais c'est à peu près tout. Et le maître[1] est le seul (semble-t-il) à qui tout cela vienne parler encore. (Si cela parlait encore aux autres le moins du monde, se dit-on, comment pourraient-ils, oseraient-ils ne pas l'entendre ?) Il était là, comme à Notre-Dame, calme, intégré, à sa place dans cet espace qui le reconnaissait et l'accueillait. Parlant de son art à voix basse, confirmé en lui par les grandes lois qui se manifestent à son regard, où qu'il le porte. Et ce qu'il y eut de très beau : de la gare, nous sommes partis pour la cathédrale vers neuf heures et demie ; le soleil s'était caché, le temps était gris et froid, l'air immobile. Mais soudain, quand nous sommes arrivés devant la cathédrale, une bourrasque, pareille à quelqu'un de très grand, a débouché de l'angle à l'ange et nous a traversés de part en part, lame implacable. « Oh ! ai-je dit, voilà une tempête qui se lève. » « *Mais vous ne savez pas*, dit, le maître, *il y a toujours un vent, ce vent-là autour des grandes cathédrales. Elles sont toujours entourées d'un vent mauvais, agité, tourmenté de leur grandeur. C'est l'air qui tombe le long des contreforts, et qui tombe de cette hauteur [et] erre autour de l'église*...* » C'est à peu près ce qu'il a dit, de façon un peu plus concise, un peu moins développée, plus gothique aussi. Du moins était-ce là sa pensée. Et nous étions debout dans ce *vent errant** comme des damnés, devant l'ange présentant avec un radieux sourire son cadran à un soleil qu'il n'avait pas cessé de voir...

© *Correspondance*,
traduction de Blaise Briod,
Philippe Jaccottet et Pierre Klossowski,
Seuil, 1976.

VIOLLET-LE-DUC

« Projet de restauration de Notre-Dame de Paris : rapport adressé à M. le Ministre de la Justice et des Cultes »

(avec Jean-Baptiste-Antoine Lassus) (1843)

et

« Restauration »

(*Dictionnaire raisonné de l'architecture française du XIe au XVIe siècle*) (1854-1868)

Viollet-le-Duc (1814-1879) s'est imposé comme l'un des restaurateurs les plus importants du XIXe siècle. L'architecte, qui œuvra sur de nombreux édifices gothiques français, s'est illustré par la restauration de Notre-Dame de Paris, entreprise aux côtés de Jean-Baptiste Lassus (1807-1857) après un décret de Louis-Philippe en 1844. Les différentes restaurations de la cathédrale, celle entreprise par Soufflot au premier chef, avaient été reçues par beaucoup comme de véritables blessures infligées à l'édifice. C'est donc en homme redouté que Viollet-le-Duc prend ses fonctions. Le restaurateur doit également devenir l'architecte d'un édifice théorique pour justifier ses interventions.

Dans leur Projet de restauration, *Viollet-le-Duc et Lassus se font paradoxalement procureurs des restaurateurs, accusés d'avoir défiguré les monuments qu'ils prétendaient sauver. Viollet-le-Duc ne peut pourtant pas être considéré comme un conservateur qui souhaiterait maintenir l'édifice en l'état, comme il s'en explique dans son dictionnaire (dix tomes parus entre 1854 et 1868) : « Restaurer un édifice, ce n'est pas l'entretenir, le réparer ou le refaire, c'est le rétablir dans un état complet qui peut n'avoir jamais existé à un moment donné. » Distinguant la lettre et l'esprit d'un* bâtiment, Viollet-le-Duc postule que sa construction peut elle-même trahir son intention première. Plutôt qu'à une origine de Notre-Dame, Viollet-le-Duc se réfère donc à une idée de la cathédrale, les turpitudes du temps et leurs effets étant alors conçus comme autant de trahisons de cette idée. Ni traditionaliste ni révolutionnaire, Viollet-le-Duc revendique un idéalisme architectural qu'il s'apprête peut-être pourtant lui-même à trahir en maniant le marteau.

A. G.

« Projet de restauration de Notre-Dame de Paris »

PREMIÈRE PARTIE

Considérations générales sur le système de la Restauration

Monsieur le Ministre,
En nous chargeant de la rédaction du projet de restauration de la cathédrale de Paris, nous ne nous sommes dissimulé, ni l'importance de la tâche que vous vouliez bien nous confier, ni la gravité des questions et des difficultés que nous aurions à résoudre.

Dans un semblable travail on ne saurait agir avec trop de prudence et de discrétion ; et nous le disons les premiers, une restauration peut être plus désastreuse pour un monument que les ravages des siècles et les fureurs populaires ! car le temps et les révolutions détruisent, mais n'ajoutent rien. Au contraire, une restauration peut, en ajoutant de nouvelles formes, faire disparaître une foule de vestiges, dont la rareté et l'état de vétusté augmentent même l'intérêt.

Dans ce cas, on ne sait vraiment ce qu'il y a de plus à craindre, ou de l'incurie qui laisse tomber à terre ce qui menace ruine, ou de ce zèle ignorant qui ajoute, retranche, complète, et finit par transformer un monument ancien en un monument neuf, dépouillé de tout intérêt historique.

Aussi comprend-on parfaitement qu'à la vue de semblables dangers, l'archéologie se soit émue, et que des hommes entièrement dévoués à la conservation de nos monuments, aient dit : « En principe, il ne faut pas restaurer ; soutenez, consolidez, remplacez, comme à l'arc d'Orange[1], la pierre entièrement rongée par de la pierre neuve, mais gardez-vous d'y tailler des moulures ou des sculptures. »

Nous comprenons la rigueur de ces principes, nous les acceptons complètement mais seulement, lorsqu'il s'agira d'une ruine curieuse, sans destination, et sans utilité actuelle.

Car ils nous paraîtraient fort exagérés dans la restauration d'un édifice dont l'utilité est encore aussi réelle, aussi incontestable aujourd'hui, qu'au jour de son achèvement ; d'une église, enfin, élevée par une religion dont l'immuabilité est un des principes fondamentaux. Dans ce cas, il faut non seulement que l'artiste s'attache à soutenir, consolider et conserver ; mais encore il doit faire tous ses efforts pour rendre à l'édifice, par des restaurations prudentes, la richesse et l'éclat dont il a été dépouillé. C'est ainsi qu'il pourra conserver à la postérité l'unité d'aspect et l'intérêt des détails du monument qui lui aura été confié.

Cependant, nous sommes loin de vouloir dire qu'il est nécessaire de faire disparaître toutes les additions postérieures à la construction primitive et de ramener le monument à sa première forme ; nous pensons, au contraire, que chaque partie ajoutée, à

Charles Marville, *Notre-Dame
avant la restauration de Viollet-le-Duc* (vers 1852-1855)

Eugène Viollet-le-Duc
Projet de restauration de la façade de Notre-Dame de Paris comprenant deux flèches (1841)

quelque époque que ce soit, doit, en principe, être conservée, consolidée et restaurée dans le style qui lui est propre, et cela avec une religieuse discrétion, avec une abnégation complète de toute opinion personnelle.

L'artiste doit s'effacer entièrement, oublier ses goûts, ses instincts, pour étudier son sujet, pour retrouver et suivre la pensée qui a présidé à l'exécution de l'œuvre qu'il veut restaurer; car il ne s'agit pas, dans ce cas, de faire de l'art, mais seulement de se soumettre à l'art d'une époque qui n'est plus. Sous peine d'être entraîné, malgré lui, dans les voies les plus dangereuses, l'artiste doit reproduire scrupuleusement non seulement ce qui peut lui paraître défectueux au point de vue de l'art, mais même, nous ne craignons pas de le dire, au point de vue de la construction. En effet, la construction se trouve essentiellement liée à la forme, et le moindre changement dans cette partie si importante de l'architecture gothique en entraîne bientôt un autre, puis un autre encore, et, de proche en proche, on est amené à modifier complètement le système primitif de construction pour lui en substituer un moderne; et cela trop souvent aux dépens de la forme. D'ailleurs, en agissant ainsi, on détruit une des curieuses pages de l'histoire de l'art de bâtir, et plus la prétendue amélioration est réelle, plus le mensonge historique est flagrant.

Ce que nous disons pour la conservation du système de construction, nous le dirons aussi pour la conservation rigoureuse des matériaux employés dans les formes primitives, d'abord dans l'intérêt historique, et surtout dans l'intérêt de l'art; car, en changeant la matière, il est impossible de conserver la forme; ainsi, la fonte ne peut pas plus reproduire l'aspect de la pierre que le fer ne peut se prêter à

1a. Rosace du transept sud de Notre-Dame de Paris.
1b. Missel de Paris, XIIIe siècle.

2. *Vue intérieure de l'église cathédrale Notre-Dame de Paris*, 1770.

3. François-Antoine Aveline, *Maison du château Frileux, vue du parvis de Notre-Dame*, avant 1748.

ne de Paris   Paris chez mondhare rs.t jacques

4. Paul Signac, *La Cité, Paris*, 1934.

5. Brassaï, *Notre-Dame*, vers 1930-1932.

6. Maurice Utrillo, *Notre-Dame*, 1909.

7. Henri Matisse, *Notre-Dame, une fin d'après-midi*, 1902.

8. Janine Niepce, *Vue depuis le sommet de la cathédrale Notre-Dame de Paris*, années 1950.

9. François Schuiten, *Notre-Dame, des lendemains qui changent*, 2014.

10. Jean Fouquet, *La Main droite de Dieu protégeant les fidèles des démons*, enluminure extraite du *Livre d'heures* d'Étienne Chevalier, vers 1452–1460.

11. Jacques Tardi, *Le Savant Fou. Les Aventures extraordinaires d'Adèle Blanc-Sec*, t. III, 1977.

12. Honoré Daumier, *Notre-Dame de Paris*, XIXe siècle.

13. Pablo Picasso, *Notre-Dame de Paris, vue du quai des Grands-Augustins*, 14 juillet 1945.

14. Eugène Atget, *Notre-Dame*, 1925.

15. Lorenzo Mattotti, *Notre-Dame – Verdure*, 2019.

16. Plantu, dessin paru dans *Le Monde* du 16 avril 2019.

rendre celui du bois. Au reste, il suffit, pour s'en convaincre, de jeter un coup d'œil sur les essais qui ont été tentés dans ce sens, soit à Rouen, pour la flèche de la cathédrale, soit à Séez[1], pour les pyramides des contreforts, soit à Rheims, pour la chapelle de l'archevêché. Partout enfin où la fonte a remplacé la pierre, l'œil le moins exercé ne peut s'y tromper. À Rouen, comme à Séez et à Rheims, la fonte n'a pu reproduire que des formes dépouillées, tandis que les moulures et les sculptures en pierre de ces monuments sont refouillées au ciseau et impossibles à mouler d'une seule pièce. Mais ce ne sont là que de faibles inconvénients relativement à ceux bien plus graves que la fonte offre sous le rapport de la solidité. En effet, sans parler du poids, qui est beaucoup plus considérable qu'on avait pu le prévoir avant l'exécution de grandes pièces, un brusque changement de température, une commotion atmosphérique, suffisent pour briser la fonte fragile comme du verre. De plus, cette matière non seulement ne se marie jamais avec la pierre, mais elle est pour cette dernière une cause incessante de ruine, par l'oxydation que l'on ne peut jamais empêcher. Comme couleur, nous n'avons pas besoin de dire que la fonte ne peut jamais reproduire celle de la pierre, puisque, lors même qu'on la couvre d'une couche épaisse de peinture, l'oxyde rouge du fer la détruit si promptement qu'il faut continuellement la renouveler. Quant à la raison d'économie, elle tombe facilement devant les résultats de l'expérience et les calculs [...].

Un autre mode de restauration, tenté depuis quelques années, présente un résultat encore plus déplorable, nous voulons parler des mastics, ciments, et enfin toutes matières étrangères à la pierre, avec laquelle on a vainement essayé de les souder à l'aide de moyens toujours destructifs. L'application de ces ciments nécessite d'abord la dégradation de toutes les parties que l'on veut restaurer, plus l'emploi du fer, nouvelle cause de ruine, et tout cela, pour arriver à un résultat qui n'offre aucune chance de durée, et qui ne laisse après lui aucun vestige de ce qui existait d'abord. Admettant même que le moyen soit durable, l'aspect du mastic ne sera jamais celui de la pierre ; difficile à employer, d'une sécheresse qui ne peut rendre, ni la franchise, ni le grain de la pierre, cette matière conservera toujours son apparence de pâte modelée. Ce que nous venons de dire, l'expérience l'a prouvé. Partout où ils ont été employés, ces ciments se détachent de la pierre, se gercent, se décomposent à l'air : que restera-t-il alors qu'ils seront tombés ?

Mais on ne s'est pas borné à restaurer de la sculpture par ce moyen, on a été jusqu'à remplacer de la vieille pierre par de la neuve, sur laquelle on a collé des ornements en mastic ! Dans ce cas, nous pensons que la raison d'économie était surtout invoquée. Eh bien ! la sculpture dans la pierre tendre n'est pas plus chère que de la sculpture en ciment, et l'ouvrier habile préfère toujours le travail de la pierre. Il n'y a donc que la différence du prix de la matière, mais cette différence n'est pas à l'avantage du ciment, si l'on compte, et les crampons qu'il faut employer, et la difficulté de sceller, et la perte d'une grande partie de ce ciment, qui ne peut être employé que frais.

Ces motifs, Monsieur le Ministre, sont plus que suffisants pour que nous croyions devoir rejeter entièrement l'emploi de la fonte, du mastic et de toutes les matières étrangères à la construction primitive, dans le projet de restauration que nous avons l'honneur de vous soumettre.

Quant à la restauration des bas-reliefs qui ornent extérieurement et intérieurement la cathédrale de

Paris, nous croyons qu'il est impossible de l'exécuter dans le style de l'époque, et nous sommes convaincus que l'état de mutilation, peu grave d'ailleurs, dans lequel ils se trouvent, est de beaucoup préférable à une apparence de restauration, qui ne serait que très éloignée de leur caractère primitif ; car, quel est le sculpteur qui pourrait retrouver, au bout de son ciseau, cette naïveté des siècles passés ! Nous pensons donc que le remplacement de toutes les statues qui ornaient les portails, la galerie des rois, et les contreforts, ne peut être exécuté qu'à l'aide de copies de statues existantes dans d'autres monuments analogues, et de la même époque. Les modèles ne manquent pas à Chartres, à Rheims, à Amiens, et dans tant d'autres églises qui couvrent le sol de la France. Ces mêmes cathédrales nous offriront aussi les modèles des vitraux qu'il faudra remplacer à Notre-Dame, modèles qu'il serait impossible d'imiter, et qu'il est beaucoup plus sage de copier.

Les principes que nous venons d'émettre, applicables, suivant nous, à toute restauration, ne sauraient être oubliés, lorsqu'il s'agit d'un monument aussi important que la cathédrale de Paris, de ce remarquable édifice placé au centre de la capitale, sous les yeux de l'autorité, visité chaque jour par tout ce qu'il y a de personnes intelligentes et éclairées. Là, il ne faut ni hésiter, ni faire d'expériences, mais marcher d'un pas sûr, ne rien risquer, réussir enfin. Pour arriver à ce résultat, il était nécessaire de déchiffrer les textes, de consulter tous les documents qui existent sur la construction de cet édifice, tant descriptifs que graphiques, d'étudier surtout les caractères archéologiques du monument, enfin de recueillir les traditions souvent si précieuses.

C'est ainsi que nous avons suivi l'édification lente de Notre-Dame, dont nous avons restauré chaque partie d'après l'époque qui lui est propre, et c'est par ces études sérieuses que nous avons pu constater les différentes phases de sa construction depuis le XIIe jusqu'au XIVe siècle. Nous avons reconnu les changements considérables apportés dans la disposition des fenêtres de la nef et du chœur, l'adjonction des chapelles exécutées autour de l'abside dans le XIVe siècle, ainsi que la construction de celles élevées à la fin du XIIIe siècle entre les contreforts de la nef. Le plan de Turgot et les traces encore existantes nous ont permis de rétablir la décoration extérieure de ces chapelles, c'est avec le texte de Corrozet[1], et les fragments en place que nous avons refait les têtes d'éperons de la nef.

L'ancien dessin dont nous donnons la gravure en tête de ce rapport, et quelques descriptions nous ont servi de guide pour la restauration de la grande porte de la façade occidentale. Puis, c'est à l'aide d'anciennes gravures, et surtout du précieux dessin de feu Garneray[2], que nous avons réédifié la flèche centrale. Enfin le texte de Sauval[3], confirmé par une fouille que nous avons relevée à l'époque des cérémonies funèbres du Prince royal, nous a permis de constater le niveau du sol ancien du parvis de Notre-Dame, et la disposition des treize marches indiquées par tous les historiens.

[...]

TROISIÈME PARTIE

Restauration extérieure

Nous venons, monsieur le ministre, de tracer le tableau bien rapide et bien triste des dégradations et des mutilations de toutes sortes qui depuis si longtemps déshonorent notre belle cathédrale. Il nous reste à parler des moyens que nous avons cru devoir employer pour réparer tant de désastres.

Dans l'exécution de l'important travail que nous avons l'honneur de vous soumettre, travail composé de vingt-deux feuilles de dessins, et d'un devis de toute la dépense, nous sommes restés constamment fidèles aux principes que nous avons émis précédemment sur la restauration en général. Nous avons repoussé complètement toute modification, tout changement, toute altération, tant de la forme et de la matière que du système de construction. C'est avec un respect religieux que nous nous sommes mis à la recherche des moindres vestiges des formes altérées soit par le temps, soit par la main des hommes. Et lorsque ces renseignements nous ont manqué, c'est à l'aide de textes positifs, de dessins, de gravures et surtout en puisant des autorités dans le monument même que nous avons procédé à la restauration.

Loin de nous l'idée de compléter une œuvre aussi remarquablement belle, c'est là une prétention à laquelle nous avouons ne rien comprendre. Croit-on, par exemple, que ce monument gagnerait à la construction des deux flèches[1] (d'une forme d'ailleurs fort hypothétique) au-dessus des deux tours ? Nous ne le pensons pas. Et même, en admettant une réussite complète, on obtiendrait peut-être par cette adjonction un monument remarquable, mais ce monument ne serait plus Notre-Dame de Paris.

Rendre à notre belle cathédrale toute sa splendeur, lui restituer toutes les richesses dont elle a été dépouillée, telle est la tâche que nous nous sommes imposée, elle est certes assez belle pour qu'il soit inutile de vouloir y rien ajouter.

Quant à la consolidation, nous n'en parlerons pas

ici, tous les détails de ce travail sont scrupuleusement consignés et appréciés dans le devis estimatif.

Nous ne nous occuperons donc que de la restauration proprement dite. Nous avons déjà signalé les nombreuses dégradations qui marquent le passage de l'architecte Parvy[1], dans les travaux faits à Notre-Dame. C'est à l'aide d'un précieux dessin appartenant à M. Dépaulis, et surtout en consultant avec soin les restes qui avaient échappé au marteau des maçons que nous avons pu restaurer le riche encadrement de la rose, et les belles gerbes de crochets qui s'épanouissaient à chaque angle des contreforts.

Avant cet architecte, Soufflot avait le premier osé porter la main sur la sculpture si justement admirée de notre cathédrale. Enfin les démolisseurs de 1793 vinrent achever l'œuvre de destruction en renversant toutes les statues ; les rois et les saints, rien ne fut épargné. Dans notre restauration nous proposons le rétablissement de toutes ces sculptures ; car tout se lie dans cet ensemble de statues et de bas-reliefs, et l'on ne peut laisser incomplète une page aussi admirable, sans risquer de la rendre inintelligible. C'est en prenant des exemples dans nos anciennes cathédrales que nous avons rétabli les 28 rois dans leurs niches, le Christ bénissant, et les douze apôtres dans les ébrasements de la porte centrale, les huit figures de la porte de la Vierge, et les huit statues romanes de celle sainte Anne.

Dans les quatre niches des éperons nous replaçons saint Denis, la religion juive, la religion chrétienne et saint Étienne, et sur les piédestaux vides de la galerie de la Vierge, la belle statue qui lui avait valu ce nom, puis les anges qui l'accompagnaient, ainsi que les deux statues d'Adam et d'Ève entre les contreforts des tours.

Nous avons remplacé les abat-sons hideux qui

viennent aujourd'hui ronger les faisceaux de colonnes des grandes fenêtres des tours par un système analogue, qui, tout en préservant le beffroi, laisserait voir les grandes proportions des fenêtres, et ne nuirait plus à l'ancienne construction extérieure.

*Dictionnaire raisonné
de l'architecture française
du XIe au XVIe siècle*

RESTAURATION, s. f. Le mot et la chose sont modernes. Restaurer un édifice, ce n'est pas l'entretenir, le réparer ou le refaire, c'est le rétablir dans un état complet qui peut n'avoir jamais existé à un moment donné. Ce n'est qu'à dater du second quart de notre siècle qu'on a prétendu restaurer des édifices d'un autre âge, et nous ne sachions pas qu'on ait défini nettement la restauration architectonique. Peut-être est-il opportun de se rendre un compte exact de ce qu'on entend ou de ce qu'on doit entendre par *une restauration*, car il semble que des équivoques nombreuses se sont glissées sur le sens que l'on attache ou que l'on doit attacher à cette opération.

Nous avons dit que le mot et la chose sont modernes, et en effet aucune civilisation, aucun peuple, dans les temps écoulés, n'a entendu faire des restaurations comme nous les comprenons aujourd'hui.

En Asie, autrefois comme aujourd'hui, lorsqu'un temple ou un palais subissait les dégradations du temps, on en élevait ou l'on en élève un autre à côté. On ne détruit pas pour cela l'ancien édifice ; on l'abandonne à l'action des siècles, qui s'en emparent comme d'une chose qui leur appartient, pour la ronger peu à peu. Les Romains restituaient, mais ne restauraient pas, et la preuve, c'est que le latin n'a pas de mot qui corresponde à notre mot restauration, suivant la signification qu'on lui donne aujourd'hui. *Instaurare, reficere, renovare*, ne veulent pas dire restaurer, mais rétablir, refaire à neuf. Lorsque l'empereur Adrien[1] prétendit remettre en bon état quantité de monuments de l'ancienne Grèce ou de l'Asie Mineure, il procéda de telle façon qu'il soulèverait contre lui aujourd'hui toutes les sociétés archéologiques de l'Europe, bien qu'il eût des prétentions aux connaissances de l'antiquaire. On ne peut considérer le rétablissement du temple du Soleil, à Baalbek[2], comme une restauration, mais comme une reconstruction, suivant le mode admis au moment où cette reconstruction avait lieu. Les Ptolémées[3] eux-mêmes, qui se piquaient d'archaïsme, ne respectaient pas absolument les formes des monuments des vieilles dynasties de l'Égypte, mais les restituaient suivant la mode de leur temps. Quant aux Grecs, loin de restaurer, c'est-à-dire de reproduire exactement les formes des édifices qui avaient subi des dégradations, ils croyaient évidemment bien faire en donnant le cachet du moment à ces travaux devenus nécessaires. Élever un arc de triomphe comme celui de Constantin, à Rome, avec les fragments arrachés à l'arc de Trajan[4], ce n'est ni une restauration, ni une reconstruction ; c'est un acte de vandalisme, une pillerie de barbares. Couvrir de stucs l'architecture du temple de la Fortune virile, à Rome[5], ce n'est pas non plus ce qu'on peut considérer comme une restauration ; c'est une mutilation.

Le Moyen Âge n'eut pas plus que l'Antiquité le sentiment de la restauration ; loin de là. Fallait-il dans un édifice du xiie siècle remplacer un chapiteau brisé,

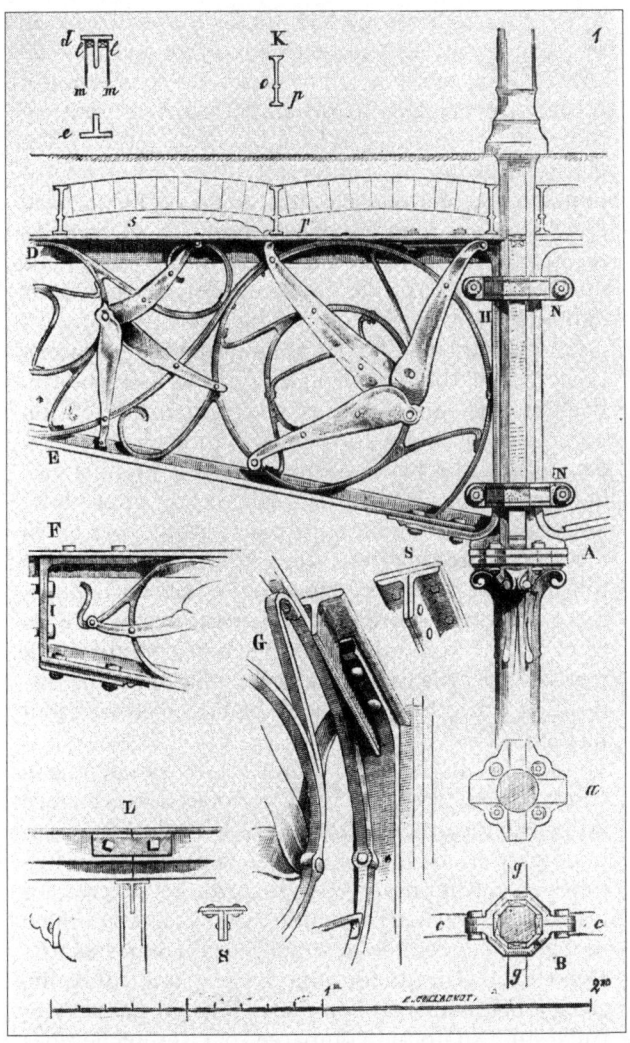

Eugène Viollet-le-Duc, *Dessins d'ornements* (1872)

c'était un chapiteau du XIIIe, du XIVe ou du XVe siècle que l'on posait à sa place. Sur une longue frise de *crochets* du XIIIe siècle, un morceau, un seul, venait-il à manquer, c'était un ornement dans le goût du moment qu'on incrustait. Aussi est-il arrivé bien des fois, avant que l'étude attentive des styles fût poussée à ses dernières limites, qu'on était entraîné à considérer ces modifications comme des étrangetés, et qu'on donnait une date fausse à des fragments que l'on eût dû considérer comme des interpolations dans un texte.

On pourrait dire qu'il y a autant de danger à restaurer en reproduisant en *fac-simile* tout ce que l'on trouve dans un édifice, qu'en ayant la prétention de substituer à des formes postérieures celles qui devaient exister primitivement. Dans le premier cas, la bonne foi, la sincérité de l'artiste peuvent produire les plus graves erreurs, en consacrant, pour ainsi dire, une interpolation; dans le second, la substitution d'une forme première à une forme existante, reconnue postérieure, fait également disparaître les traces d'une réparation dont la cause connue aurait peut-être permis de constater la présence d'une disposition exceptionnelle. Nous expliquerons ceci tout à l'heure.

Notre temps, et notre temps seulement depuis le commencement des siècles historiques, a pris en face du passé une attitude inusitée. Il a voulu l'analyser, le comparer, le classer et former sa véritable histoire, en suivant pas à pas la marche, les progrès, les transformations de l'humanité. Un fait aussi étrange ne peut être, comme le supposent quelques esprits superficiels, une mode, un caprice, une infirmité, car le phénomène est complexe. Cuvier[1], par ses travaux sur l'anatomie comparée, par ses recherches géologiques, dévoile tout à coup aux yeux des contemporains l'histoire du monde avant le règne de l'homme. Les imaginations le suivent avec ardeur dans cette nouvelle voie. Des philologues, après lui, découvrent les origines des langues européennes, toutes sorties d'une même source. Les ethnologues poussent leurs travaux vers l'étude des races et de leurs aptitudes. Puis enfin viennent les archéologues, qui, depuis l'Inde jusqu'à l'Égypte et l'Europe, comparent, discutent, séparent les productions d'art, démasquent leurs origines, leurs filiations, et arrivent peu à peu, par la méthode analytique, à les coordonner suivant certaines lois. Voir là une fantaisie, une mode, un état de malaise moral, c'est juger un fait d'une portée considérable un peu légèrement. Autant vaudrait prétendre que les faits dévoilés par la science, depuis Newton, sont le résultat d'un caprice de l'esprit humain. Si le fait est considérable dans son ensemble, comment pourrait-il être sans importance dans ses détails ? Tous ces travaux s'enchaînent et se prêtent un concours mutuel. Si l'Européen en est arrivé à cette phase de l'esprit humain, que tout en marchant à pas redoublés vers les destinées à venir, et peut-être parce qu'il marche vite, il sente le besoin de recueillir tout son passé, comme on recueille une nombreuse bibliothèque pour préparer des labeurs futurs, est-il raisonnable de l'accuser de se laisser entraîner par un caprice, une fantaisie éphémère ? Et alors les retardataires, les aveugles, ne sont-ils pas ceux-là mêmes qui dédaignent ces études, en prétendant les considérer comme un fatras inutile ? Dissiper des préjugés, exhumer des vérités oubliées, n'est-ce pas, au contraire, un des moyens les plus actifs de développer le progrès ?

Notre temps n'aurait-il à transmettre aux siècles futurs que cette méthode nouvelle d'étudier les choses du passé, soit dans l'ordre matériel, soit dans l'ordre moral, qu'il aurait bien mérité de la postérité. Mais nous le savons de reste ; notre temps ne se contente pas de jeter un regard scrutateur derrière lui : ce travail rétrospectif ne fait que développer les problèmes posés dans l'avenir et faciliter leur solution. C'est la synthèse qui suit l'analyse.

Toutefois ces scrutateurs du passé, ces archéologues, exhumant patiemment les moindres débris des arts qu'on supposait perdus, ont à vaincre des préjugés entretenus avec soin par la classe nombreuse des gens pour lesquels toute découverte ou tout horizon nouveau est la perte de la tradition, c'est-à-dire d'un état de quiétude de l'esprit assez commode. L'histoire de Galilée est de tous les temps. Elle s'élève d'un ou plusieurs échelons, mais on la retrouve toujours sur les degrés que gravit l'humanité. Remarquons, en passant, que les époques signalées par un grand mouvement en avant se sont distinguées entre toutes par une étude au moins partielle du passé. Le XIIe siècle, en Occident, fut une véritable renaissance politique, sociale, philosophique, d'art et de littérature ; en même temps quelques hommes aidaient à ce mouvement par des recherches dans le passé. Le XVIe siècle présenta le même phénomène. Les archéologues n'ont donc pas à s'inquiéter beaucoup de ce temps d'arrêt qu'on prétend leur imposer, car non seulement en France, mais dans toute l'Europe, leurs labeurs sont appréciés par un public avide de pénétrer avec eux au sein des âges antérieurs. Que parfois ces archéologues laissent la poussière du passé pour se jeter dans la polémique, ce n'est pas du temps perdu, car la polémique engendre les idées et pousse à l'examen plus attentif des problèmes douteux ; la contradiction aide à les résoudre. N'accusons donc pas ces esprits immobilisés dans la contemplation du présent ou attachés à des préjugés parés du nom de tradition, fermant les yeux devant les richesses exhumées du passé, et prétendant dater l'humanité du jour de leur naissance, car nous sommes ainsi forcés de suppléer à leur myopie et de leur montrer de plus près le résultat de nos recherches.

VICTOR HUGO

Notre-Dame de Paris
(1831)

Quand il commence son roman, Hugo veut réagir contre un certain goût gothique, né autour de 1800 et déjà populaire, qui participe, autant que les colonnades en déroute du néoclassicisme vieillissant, de ce qu'il appelle « la décadence actuelle de l'architecture[1] ». Il note pour lui-même, le 24 juillet 1830, un de ces trois jours sans histoire qui précédèrent les Trois Glorieuses : « Aujourd'hui, à huit heures du soir, au moment où un magnifique soleil se couchait derrière l'arc de l'Étoile, j'ai vu deux charmantes Anglaises, avec des figures comme un grand poète n'en saurait rêver de plus belles, qui toutes deux dessinaient sur leur album un ridicule moulin d'un faux gothique qu'on a bâti sur le terrain Beaujon. [...] Si belles, s'extasier pour si peu[2] ! » Le lendemain, 25 juillet, il attaque le premier chapitre de son roman, « La grand'salle ». Il est permis d'imaginer que l'anecdote du 24 juillet déclencha l'envie de commencer son manuscrit : contre un goût gothique à l'usage des Anglaises, se faire le prophète d'un style nouveau et séduisant, le vrai Moyen Âge, vivant, auquel même les charmantes dessinatrices finiraient par se rallier. Le 27 juillet, le peuple de Paris, comme en réponse, construit des barricades.

Hugo, à cette date, est l'auteur du pamphlet qui suffirait à sa gloire aux yeux des historiens de l'art, Guerre aux démolisseurs[3] ! *Dans la Note ajoutée à son roman en avant-propos, en 1832, il attaque Fontaine, l'architecte des*

Jean-Jacques Grandville
Grande course au clocher académique (1839)

Tuileries et du Louvre qui « balafre Philibert Delorme », et il décrit le Paris de son temps, au chapitre II du livre III, comme un arrangement de devanture de boutique : « La Sainte-Geneviève de M. Soufflot est certainement le plus beau gâteau de Savoie qu'on ait jamais fait en pierre. Le palais de la Légion d'honneur est aussi un morceau de pâtisserie fort distingué. Le dôme de la halle-au-blé est une casquette de jockey anglais sur une grande échelle. Les tours Saint-Sulpice sont deux grosses clarinettes... » En février 1831, il note encore : « On veut démolir Saint-Germain-l'Auxerrois pour un alignement de place ou de rue; quelque jour on détruira Notre-Dame pour agrandir le parvis; quelque jour on rasera Paris pour agrandir la plaine des Sablons. »

ADRIEN GOETZ

LIVRE III

CHAPITRE I

Notre-Dame

Sans doute, c'est encore aujourd'hui un majestueux et sublime édifice que l'église de Notre-Dame de Paris. Mais, si belle qu'elle se soit conservée en vieillissant, il est difficile de ne pas soupirer, de ne pas s'indigner devant les dégradations, les mutilations sans nombre que simultanément le temps et les hommes[1] ont fait subir au vénérable monument, sans respect pour Charlemagne qui en avait posé la première pierre, pour Philippe-Auguste qui en avait posé la dernière.

Sur la face de cette vieille reine de nos cathédrales, à côté d'une ride on trouve toujours une cicatrice. *Tempus edax, homo edacior*[2]. Ce que je traduirais volontiers ainsi : le temps est aveugle, l'homme est stupide.

Si nous avions le loisir d'examiner une à une avec le lecteur les diverses traces de destruction imprimées à l'antique église, la part du temps serait la moindre, la pire celle des hommes, surtout des hommes de l'art. Il faut bien que je dise *des hommes de l'art*, puisqu'il y a eu des individus qui ont pris la qualité d'architectes dans les deux derniers siècles.

Et d'abord, pour ne citer que quelques exemples capitaux, il est, à coup sûr, peu de plus belles pages architecturales que cette façade où, successivement et à la fois, les trois portails creusés en ogive, le cordon brodé et dentelé des vingt-huit niches royales, l'immense rosace centrale flanquée de ses deux fenêtres latérales comme le prêtre du diacre et du sous-diacre, la haute et frêle galerie d'arcades à trèfle qui porte une lourde plate-forme sur ses fines colonnettes, enfin les deux noires et massives tours avec leurs auvents d'ardoise, parties harmonieuses d'un tout magnifique, superposées en cinq étages gigantesques, se développent à l'œil, en foule et sans trouble, avec leurs innombrables détails de statuaire, de sculpture et de ciselure, ralliés puissamment à la tranquille grandeur de l'ensemble; vaste symphonie en pierre, pour ainsi dire; œuvre colossale d'un homme et d'un peuple, tout ensemble une et complexe comme les Iliades et les Romanceros[1] dont elle est sœur; produit prodigieux de la cotisation de toutes les forces d'une époque, où sur chaque pierre on voit saillir en cent façons la fantaisie de l'ouvrier disciplinée par le génie de l'artiste; sorte de création humaine, en un mot, puissante et féconde comme la création divine dont elle semble avoir dérobé le double caractère: variété, éternité.

Et ce que nous disons ici de la façade, il faut le dire de l'église entière; et ce que nous disons de l'église cathédrale de Paris, il faut le dire de toutes les églises de la chrétienté au Moyen Âge. Tout se tient dans cet art venu de lui-même, logique et bien proportionné. Mesurer l'orteil du pied, c'est mesurer le géant.

Revenons à la façade de Notre-Dame, telle qu'elle nous apparaît encore à présent, quand nous allons pieusement admirer la grave et puissante cathédrale, qui terrifie, au dire de ses chroniqueurs ; *qua mole sua terrorem incutit spectantibus*[1].

Trois choses importantes manquent aujourd'hui à cette façade. D'abord le degré de onze marches qui l'exhaussait jadis au-dessus du sol ; ensuite la série inférieure de statues qui occupait les niches des trois portails, et la série supérieure des vingt-huit plus anciens rois de France, qui garnissait la galerie du premier étage, à partir de Childebert jusqu'à Philippe-Auguste, tenant en main « la pomme impériale[2] ».

Le degré, c'est le temps qui l'a fait disparaître en élevant d'un progrès irrésistible et lent le niveau du sol de la Cité. Mais, tout en faisant dévorer une à une, par cette marée montante du pavé de Paris, les onze marches qui ajoutaient à la hauteur majestueuse de l'édifice, le temps a rendu à l'église plus peut-être qu'il ne lui a ôté, car c'est le temps qui a répandu sur la façade cette sombre couleur des siècles qui fait de la vieillesse des monuments l'âge de leur beauté.

Mais qui a jeté bas les deux rangs de statues ? qui a laissé les niches vides ? qui a taillé au beau milieu du portail central cette ogive neuve et bâtarde ? qui a osé y encadrer cette fade et lourde porte de bois sculpté à la Louis XV à côté des arabesques de Biscornette[3] ? Les hommes ; les architectes, les artistes de nos jours.

Et si nous entrons dans l'intérieur de l'édifice, qui

a renversé ce colosse de saint Christophe[1], proverbial parmi les statues au même titre que la grand'salle du Palais parmi les salles, que la flèche de Strasbourg parmi les clochers ? Et ces myriades de statues qui peuplaient tous les entrecolonnements de la nef et du chœur, à genoux, en pied, équestres, hommes, femmes, enfants, rois, évêques, gendarmes, en pierre, en marbre, en or, en argent, en cuivre, en cire même, qui les a brutalement balayées ? Ce n'est pas le temps.

Et qui a substitué au vieil autel gothique, splendidement encombré de châsses et de reliquaires ce lourd sarcophage de marbre à têtes d'anges et à nuages, lequel semble un échantillon dépareillé du Val-de-Grâce ou des Invalides ? Qui a bêtement scellé ce lourd anachronisme de pierre dans le pavé carlovingien de Hercandus ? N'est-ce pas Louis XIV accomplissant le vœu de Louis XIII[2] ?

Et qui a mis de froides vitres blanches à la place de ces vitraux « hauts en couleur » qui faisaient hésiter l'œil émerveillé de nos pères entre la rose du grand portail et les ogives de l'abside ? Et que dirait un sous-chantre du seizième siècle, en voyant le beau badigeonnage jaune dont nos vandales archevêques ont barbouillé leur cathédrale ? Il se souviendrait que c'était la couleur dont le bourreau brossait les édifices *scélérés* ; il se rappellerait l'hôtel du Petit-Bourbon, tout englué de jaune aussi pour la trahison du connétable ; « jaune après tout de si bonne trempe, dit Sauval, et si bien recommandé, que plus d'un siècle n'a pu encore lui faire perdre sa couleur[3] ». Il croirait que le lieu saint est devenu infâme, et s'enfuirait.

Et si nous montons sur la cathédrale, sans nous arrêter à mille barbaries de tout genre, qu'a-t-on fait de ce charmant petit clocher qui s'appuyait sur le point d'intersection de la croisée, et qui, non moins frêle et non moins hardi que sa voisine la flèche (détruite aussi) de la Sainte-Chapelle, s'enfonçait dans le ciel plus avant que les tours, élancé, aigu, sonore, découpé à jour? Un architecte de bon goût (1787) l'a amputé, et a cru qu'il suffisait de masquer la plaie avec ce large emplâtre de plomb qui ressemble au couvercle d'une marmite[1].

C'est ainsi que l'art merveilleux du Moyen Âge a été traité presque en tout pays, surtout en France. On peut distinguer sur sa ruine trois sortes de lésions qui toutes trois l'entament à différentes profondeurs : le temps d'abord, qui a insensiblement ébréché çà et là et rouillé partout sa surface; ensuite, les révolutions politiques et religieuses, lesquelles, aveugles et colères de leur nature, se sont ruées en tumulte sur lui, ont déchiré son riche habillement de sculptures et de ciselures, crevé ses rosaces, brisé ses colliers d'arabesques et de figurines, arraché ses statues, tantôt pour leur mitre, tantôt pour leur couronne; enfin, les modes, de plus en plus grotesques et sottes, qui depuis les anarchiques et splendides déviations de la renaissance, se sont succédé dans la décadence nécessaire de l'architecture. Les modes ont fait plus de mal que les révolutions. Elles ont tranché dans le vif, elles ont attaqué la charpente osseuse de l'art, elles ont coupé, taillé, désorganisé, tué l'édifice, dans la forme comme dans le symbole, dans sa logique comme dans sa beauté. Et puis, elles ont refait; prétention que n'avaient eue du moins ni le temps, ni les révolutions. Elles ont effrontément ajusté, de par *le bon goût*, sur les blessures de l'architecture gothique, leurs misérables colifichets d'un jour, leurs rubans de marbre, leurs pompons de métal, véritable lèpre d'oves, de volutes, d'entournements, de draperies, de guirlandes, de franges, de flammes de pierre, de nuages de bronze, d'amours replets, de chérubins bouffis, qui commence à dévorer la face de l'art dans l'oratoire de Catherine de Médicis, et le fait expirer, deux siècles après, tourmenté et grimaçant, dans le boudoir de la Dubarry.

Ainsi, pour résumer les points que nous venons d'indiquer, trois sortes de ravages défigurant aujourd'hui l'architecture gothique. Rides et verrues à l'épiderme ; c'est l'œuvre du temps. Voies de fait, brutalités, contusions, fractures ; c'est l'œuvre des révolutions, depuis Luther jusqu'à Mirabeau[1]. Mutilations, amputations, dislocation de la membrure, *restaurations* ; c'est le travail grec, romain et barbare des professeurs selon Vitruve et Vignole[2]. Cet art magnifique que les Vandales avaient produit, les académies l'ont tué. Aux siècles, aux révolutions, qui dévastent du moins avec impartialité et grandeur, est venue s'adjoindre la nuée des architectes d'école, patentés, jurés et assermentés, dégradant avec le discernement et le choix du mauvais goût, substituant les chicorées de Louis XV aux dentelles gothiques pour la plus grande gloire du Parthénon. C'est le coup de pied de l'âne au lion mourant[3]. C'est le vieux chêne qui se couronne, et qui, pour comble, est piqué, mordu, déchiqueté par les chenilles.

Qu'il y a loin de là à l'époque où Robert Cenalis, comparant Notre-Dame de Paris à ce fameux temple de Diane à Éphèse, *tant réclamé par les anciens païens*, qui a immortalisé Érostrate[4], trouvait la cathédrale gauloise « plus excellente en longueur, largeur, hauteur et structure[*] ».

Notre-Dame de Paris n'est point, du reste, ce qu'on peut appeler un monument complet, défini, classé.

---

[*] *Histoire gallicane*. Liv. II, période III, f° 130, p. 1.

Ce n'est plus une église romane, ce n'est pas encore une église gothique. Cet édifice n'est pas un type. Notre-Dame de Paris n'a point, comme l'abbaye de Tournus, la grave et massive carrure, la ronde et large voûte, la nudité glaciale, la majestueuse simplicité des édifices qui ont le plein cintre pour générateur. Elle n'est pas, comme la cathédrale de Bourges, le produit magnifique, léger, multiforme, touffu, hérissé, efflorescent de l'ogive. Impossible de la ranger dans cette antique famille d'églises sombres, mystérieuses, basses et comme écrasées par le plein cintre ; presque égyptiennes au plafond près ; toutes hiéroglyphiques, toutes sacerdotales, toutes symboliques ; plus chargées, dans leurs ornements, de losanges et de zigzags que de fleurs, de fleurs que d'animaux, d'animaux que d'hommes ; œuvre de l'architecte moins que de l'évêque ; première transformation de l'art, tout empreinte de discipline théocratique et militaire, qui prend racine dans le bas-empire et s'arrête à Guillaume le Conquérant. Impossible de placer notre cathédrale dans cette autre famille d'églises hautes, aériennes, riches de vitraux et de sculptures ; aiguës de formes, hardies d'attitudes ; communales et bourgeoises comme symboles politiques ; libres, capricieuses, effrénées, comme œuvre d'art ; seconde transformation de l'architecture, non plus hiéroglyphique, immuable et sacerdotale, mais artiste, progressive et populaire, qui commence au retour des croisades et finit à Louis XI. Notre-Dame de Paris n'est pas de pure race romaine comme les premières, ni de pure race arabe comme les secondes.

C'est un édifice de la transition. L'architecte saxon achevait de dresser les premiers piliers de la nef, lorsque l'ogive, qui arrivait de la croisade, est venue se poser en conquérante sur ces larges chapiteaux romans qui ne devaient porter que des pleins cintres. L'ogive, maîtresse dès lors, a construit le reste de l'église. Cependant, inexpérimentée et timide à son début, elle s'évase, s'élargit, se contient, et n'ose s'élancer encore en flèches et en lancettes, comme elle l'a fait plus tard dans tant de merveilleuses cathédrales. On dirait qu'elle se ressent du voisinage des lourds piliers romans.

D'ailleurs, ces édifices de la transition du roman au gothique ne sont pas moins précieux à étudier que les types purs. Ils expriment une nuance de l'art qui serait perdue sans eux. C'est la greffe de l'ogive sur le plein cintre.

Notre-Dame de Paris est, en particulier, un curieux échantillon de cette variété. Chaque face, chaque pierre du vénérable monument est une page non seulement de l'histoire du pays, mais encore de l'histoire de la science et de l'art. Ainsi, pour n'indiquer ici que les détails principaux, tandis que la petite Porte-Rouge[1] atteint presque aux limites des délicatesses gothiques du quinzième siècle, les piliers de la nef, par leur volume et leur gravité, reculent jusqu'à l'abbaye carlovingienne de Saint-Germain-des-Prés. On croirait qu'il y a six siècles entre cette porte et ces piliers. Il n'est pas jusqu'aux hermétiques qui ne trouvent dans les symboles du grand portail un abrégé satisfaisant de leur science, dont l'église de Saint-Jacques-de-la-Boucherie était un hiéroglyphe si complet[2]. Ainsi, l'abbaye romane, l'église philosophale, l'art gothique, l'art saxon, le lourd pilier rond qui rappelle Grégoire VII, le symbolisme hermétique par lequel Nicolas Flamel préludait à Luther, l'unité papale, le schisme[3], Saint-Germain-des-Prés, Saint-Jacques-de-la-Boucherie, tout est fondu, combiné, amalgamé dans Notre-Dame. Cette église centrale et génératrice est parmi les vieilles églises de Paris une sorte de chimère ; elle a la tête de l'une, les membres de celle-là, la croupe de l'autre ; quelque chose de toutes.

Nous le répétons, ces constructions hybrides ne sont pas les moins intéressantes pour l'artiste, pour l'antiquaire, pour l'historien. Elles font sentir à quel point l'architecture est chose primitive, en ce qu'elles démontrent, ce que démontrent aussi les vestiges cyclopéens, les pyramides d'Égypte, les gigantesques pagodes hindoues, que les plus grands produits de l'architecture sont moins des œuvres individuelles que des œuvres sociales ; plutôt l'enfantement des peuples en travail que le jet des hommes de génie ; le dépôt que laisse une nation ; les entassements que font les siècles ; le résidu des évaporations successives de la société humaine ; en un mot, des espèces de formations. Chaque flot du temps superpose son alluvion, chaque race dépose sa couche sur le monument, chaque individu apporte sa pierre. Ainsi font les castors, ainsi font les abeilles, ainsi font les hommes. Le grand symbole de l'architecture, Babel, est une ruche.

Les grands édifices, comme les grandes montagnes, sont l'ouvrage des siècles. Souvent l'art se transforme qu'ils pendent encore ; *pendent opera interrupta*[1] ; ils se continuent paisiblement selon l'art transformé. L'art nouveau prend le monument où il le trouve, s'y incruste, se l'assimile, le développe à sa fantaisie et l'achève s'il peut. La chose s'accomplit sans trouble, sans effort, sans réaction, suivant une loi naturelle et tranquille. C'est une greffe qui survient, une sève qui circule, une végétation qui reprend. Certes, il y a matière à bien gros livres, et souvent histoire universelle de l'humanité, dans ces soudures successives de plusieurs arts à plusieurs hauteurs sur le même monument. L'homme, l'artiste, l'individu s'effacent sur ces grandes masses sans nom d'auteur; l'intelligence humaine s'y résume et s'y totalise. Le temps est l'architecte, le peuple est le maçon.

Préface d'Adrien Goetz, notes de Benedikte Andersson (adaptées pour cette anthologie), Folio classique, 2009.

*Notre-Dame :
carte postale du vieux Paris ?*

ÉDITH PIAF ET EDDY MARNAY

« Notre-Dame de Paris »
(1952)

Quand Édith Piaf enregistre cette chanson en 1952, sur des paroles d'Eddy Marnay et une musique de Marc Heyral, la chanteuse est d'ores et déjà connue dans toute la France.

En célébrant Notre-Dame, elle décrit une image d'Épinal de la capitale et de son décor, dont la chanteuse fait elle-même partie. La cathédrale, l'œuvre de Victor Hugo (qu'évoque le personnage de Quasimodo) et les chansons de Piaf sont de ces monuments qui permettent au petit peuple de Paris d'abandonner un instant la monotonie du pavé, pour pouvoir rêver du ciel.

A. G.

Dans le Paris de Notre-Dame,
De Notre-Dame de Paris,
Y a un clochard qu'en a plein le dos
De porter Notre-Dame sur son dos.
Il se prend pour Quasimodo.
Regarde en l'air, la vie qui grouille
Au lieu de faire des ronds dans l'eau.
Tu peux pas vivre comme une grenouille,
Moitié sur terre, moitié sur l'eau.
Moi, je préfère rester là-haut.

Dans le jardin de Notre-Dame
Où l'on se fait de bons amis,
Y a qu'à se promener chaque matin,
Un peu de maïs au creux des mains.
Les pigeons, moi, je les aime bien.

Les péniches
Se fichent
Des pigeons de la Cité,
Goélettes,
Mouettes,
Elles n'ont que ça dans l'idée.

Oui, mais autour de Notre-Dame,
Y a des voyages à bon marché
Et ces petits coins où le bonheur
Empêche les maisons de pousser.
On l'appelle « Marché aux fleurs »
Henri Quatre
Verdâtre
Aime sous son verre de gris
La vieille flèche
Qui lèche
Le plafond gris de Paris.

Et toi, sous le pont de Notre-Dame,
Regarde en l'air, tu comprendras
Que si tout le monde faisait comme toi,
Dans ton pinard' y aurait de la pluie.
Même les ponts, ça se construit
Car, pour aller à Notre-Dame,
De Notre-Dame jusqu'à Paris
Il a bien fallu se mettre au boulot
Et porter de pierres sur son dos
Pour passer par-dessus l'eau.

Voilà pourquoi Paris s'enroule,
S'enroule comme un escargot,
Pourquoi la terre s'est mise en boule
Autour des cloches du parvis
De Notre-Dame de Paris...

© 1952 by Éditions Beuscher Arpège.

JACQUES PRÉVERT

« Chanson de la Seine »
(Spectacle, 1951)

Publié en 1951 dans le recueil Spectacle *où il côtoie des petites pièces de théâtre, ce poème est destiné à être chanté. Mis en musique par Joseph Kosma, grand complice de Prévert en chanson, on peut l'entendre dans un court-métrage de 1945,* Aubervilliers.
Moins qu'à Notre-Dame elle-même, Prévert s'attaque à l'image d'Épinal de la cathédrale. Incarnant l'éternité, l'église est circonscrite à un lieu, contrairement à la Seine, toujours en devenir, qui embrasse en une contrée Paris et Le Havre. Le ressentiment de la cathédrale à l'égard du fleuve est emblématique de celui du peuple à l'égard de la bourgeoisie[1]. *Consigné dans un espace et une immobilité, le peuple ne peut pas partager la frivolité de la Seine. Comme lui, Notre-Dame n'est pas éternelle par vocation mais assignée à résidence par le présent.*

A. G.

La Seine a de la chance
Elle n'a pas de soucis
Elle se la coule douce
Le jour comme la nuit
Et elle sort de sa source
Tout doucement sans bruit
Et sans se faire de mousse
Sans sortir de son lit

Elle s'en va vers la mer
En passant par Paris
La Seine a de la chance
Elle n'a pas de soucis
Et quand elle se promène
Tout le long de ses quais
Avec sa belle robe verte
Et ses lumières dorées
Notre-Dame jalouse
Immobile et sévère
Du haut de toutes ses pierres
La regarde de travers
Mais la Seine s'en balance
Elle n'a pas de soucis
Elle se la coule douce
Le jour comme la nuit
Et s'en va vers Le Havre
Et s'en va vers la mer
En passant comme un rêve
Au milieu des mystères
Des misères de Paris.

© Gallimard, coll. « Le Point du Jour », 1951 ;
coll. « Folio », 1972.

BRASSAÏ

« La concierge de Notre-Dame »
(*Le Paris secret des années 30*, 1976)

Photographe hongrois, Brassaï s'est illustré comme un pionnier de la photographie nocturne. Il parachève la longue construction de l'image d'Épinal du vieux Paris. Parmi les auteurs qui l'ont influencé, qu'il cite en préface du livre dont ce texte est extrait, on retrouve Pierre Mac Orlan (voir p. 296).

Décrivant les parcours qui l'ont mené à prendre certaines de ses photographies, Brassaï commence par évoquer Notre-Dame. Cette entrée en matière peut étonner, dans un ouvrage qui explore largement le Paris des bas-fonds, où l'on croise travestis et prostituées. La rencontre avec le visage grandiose de la capitale se fait pourtant à l'occasion d'une transgression : pour pouvoir accéder aux tours de Notre-Dame la nuit, le photographe doit en soudoyer la concierge. Figure populaire de bonne femme, son hôtesse incarne le caractère burlesque de la cathédrale, à l'image de ses gargouilles, créatures inquiétantes qui peuvent se révéler grotesques. Si le cadavre encore chaud d'un pigeon côtoie les fantômes des grands écrivains que Brassaï croit distinguer sous les voûtes de Notre-Dame, c'est que l'édifice séculaire traverse les époques. « Tout de même autre chose que la tour Eiffel », la basilique embrasse les registres et les siècles avec la bonhomie d'une villageoise. La cathédrale tient après tout son nom de celle que l'on nomme, en d'autres contrées, bonne Mère...

A. G.

Un jour d'hiver en 1932, l'envie me prit d'escalader de nuit Notre-Dame.

« La concierge est au premier », me dit-on dans la loge. Je grimpai alors jusqu'au premier — deux cents marches — et, entre deux groupes de visiteurs, j'affrontai celle qui veillait sur Notre-Dame.

« Monter ici, la nuit, monsieur vous n'y pensez pas! C'est tout à fait impossible. Nous sommes un musée d'État, tout comme le palais du Louvre. Et nous fermons à cinq heures. »

Discrètement, je lui tends un billet.

« J'ai tort de l'accepter, monsieur! J'ai tort! Bien que je sois très mal payée... Et puis, je suis cardiaque et je m'essouffle... Représentez-vous! Deux cents marches à gravir à chaque coup! Et quelles marches! Autrefois, j'étais plus jeune, moins lourde, je grimpais ici deux fois par jour. Maintenant, je monte en haut le matin, j'apporte mon casse-croûte, je redescends le soir... Revenir ici une seconde fois, c'est pour moi très dur, très dur... Mais vous êtes généreux, monsieur, et vous aimez Notre-Dame... Je le ferai pour vous... Une faveur que je n'ai encore jamais accordée à personne... Promettez-moi seulement de n'allumer aucune lumière, même pas une allumette... Nous sommes en face de la préfecture de Police. La moindre lueur serait suspecte. Ça pourrait me coûter ma situation... »

Je la rassurai. Profitant de la brève accalmie pendant laquelle les visiteurs s'éloignaient, la grosse femme reprit, à voix basse :

« Regardez... » Et son index potelé désigna un point fixe sur la place. « Vous voyez le troisième réverbère à droite? Soyez là à dix heures ce soir.

Je ne veux pas que vous veniez me chercher à la loge... »

À dix heures exactement, j'étais sous le réverbère et, dans le brouillard de novembre, je vis une volumineuse silhouette déboucher de la rue du Cloître-Notre-Dame et s'avancer vers moi.

« Suivez-moi », m'intima la concierge d'une voix étranglée.

Nous avions l'air de conspirateurs sortis d'un roman de Victor Hugo. Elle portait un trousseau de clés et elle ouvrit la lourde porte.

Nous voici maintenant gravissant l'escalier en colimaçon. L'obscurité est totale. Ça dure une éternité. Enfin, c'est la plate-forme. Toute haletante, ma complice s'affale sur sa chaise. Impatient et ravi, je cours le long des balustrades. C'est plus beau que je ne l'ai imaginé! Toutes noires les chimères, tout laiteux le brouillard enveloppant Paris! À peine indiqués par quelques taches lumineuses et sombres, voici l'Hôtel-Dieu, la tour Saint-Jacques, le quartier Latin, la Sorbonne... Paris n'a plus d'âge, Paris n'a plus de consistance... Le présent et le passé, l'histoire et la légende s'entremêlent. Du haut de cette cathédrale, je m'attends à rencontrer Quasimodo, le sonneur de cloches, et tout à l'heure, en descendant dans la cité, je croiserai sûrement Verlaine et François Villon, le marquis de Sade, Gérard de Nerval, Restif de La Bretonne.

« C'est merveilleux, merveilleux, ne cessai-je de m'exclamer!

— N'est-ce pas que c'est merveilleux, monsieur, renchérit la grosse femme, gonflée d'amour-propre d'être la concierge de Notre-Dame. On ne voit pas ça ailleurs... Nous sommes au cœur de Paris... C'est tout de même autre chose que la tour Eiffel... »

Mais il me fallait arriver au sommet.

« Montez, monsieur, si vous le voulez... Moi, je reste, je n'en peux plus... J'ai confiance en vous. Allez. Vous ne volerez pas les tours de Notre-Dame ! »

Alors je grimpai, je grimpai toujours dans la plus complète obscurité. Je grimpai les 378 marches. Parvenu tout en haut, j'aperçus, derrière la flèche de la cathédrale, la Seine étincelant comme une lame de sabre recourbée. Brusquement, mes pieds heurtèrent quelque chose de mou. Je me penchai et sous mes doigts engourdis par la fraîcheur de cette nuit de novembre, je sentis le plumage d'un pigeon mort. Un pigeon mort, tout chaud encore...

© Gallimard, coll. « Blanche », 1976.

Charles Meryon, *Le Stryge* (1841-1868)

Brassaï, *Le Diable de Notre-Dame et la tour Saint-Jacques* (1933)

PIERRE MAC ORLAN

Images de Paris
(1951)
et
Surprenants visages de Paris
(1952)

Grand amoureux de Paris, proche de Max Jacob et de Guillaume Apollinaire, Pierre Mac Orlan (de son vrai nom Pierre Dumarchey, 1882-1970) est l'auteur de l'inoubliable roman Le Quai des brumes *(1927), adapté au cinéma par Marcel Carné. Amateur de voyages, il fut aussi auteur de romans d'aventures dans la veine de Stevenson et de Kipling, de poèmes et de chansons, journaliste, et durant les vingt dernières années de sa vie membre de l'Académie Goncourt. À l'affût de tous les signes mystérieux et fascinants de la vie moderne, à la lisière du fantastique (la publicité, les vitrines des grands magasins, le jazz...), il fut un amateur de photographie, consacrant notamment un essai à Eugène Atget. Son œuvre fut saluée par Malraux, Céline, Aragon ou Vian, et influença notamment Queneau. Pierre Bergé, qui l'a bien connu, lui rend ainsi hommage dans son livre de souvenirs* Les jours s'en vont je demeure *(Gallimard, 2003) : « S'il ne fut pas de la cordée de ceux qui gravirent l'Himalaya, comme Céline, Proust, Claudel et quelques autres, il n'empêche qu'il fut un véritable écrivain. On ne le sait pas, on a tort. »*

Dans les extraits retenus, textes descriptifs écrits dans les années 1950 parfois en accompagnement d'œuvres d'art, Mac Orlan évoque toute la mythologie du « vieux Paris », où la ville est plus qu'un lieu : un monde chargé d'histoire. Une vision qui évoque, dans l'imaginaire collectif, des images de films ou de vieilles photographies, et qui sera celle de bien des auteurs de romans policiers, ou encore de Modiano.

Bl. C.

Images de Paris

NOTRE-DAME

À une époque, assez mal connue, où les hérons contemplaient, debout sur une patte, les roseaux qui bordaient les îles de la Seine, des mariniers et des pêcheurs animaient le fleuve ; des castors, sans doute, construisaient des digues et des batardeaux[1] bien étudiés. Des fonctionnaires romains en mission élevèrent alors, à l'extrême pointe de l'île de la Cité, un temple à Jupin[2], dont le renom fut aussi provisoire que les ouvrages d'eau édifiés par les castors de la Seine. Mais sur cet emplacement, encore baigné dans les brouillards de la création littéraire, les Chrétiens bâtirent une basilique[3]. Elle était d'apparence modeste. La foi lui donna par la suite d'autres proportions. Ce ne fut qu'en l'an 1320 que la grande gardienne de Paris occupa, dans un paysage devenu fameux, la place qu'elle tient de nos jours. Notre-Dame appartient au style gothique, celui de Philippe Auguste et celui de Saint Louis, le « lancéolé » et le « rayonnant ». La présence de ses tours domina tout de suite la vie parisienne. Elle est étroitement liée à ce que nous savons de sensible et pittoresque sur la personnalité des grands poètes de la Cité. François Villon, en s'adressant à la protectrice des humbles, y trouva son guerdon[4] et cette autorité sentimentale qui devait rayonner sur le monde. La présence de la cathédrale le protégeait contre la poterne basse du Petit Châtelet. Toutes les rues de la ville savante et populaire aboutissaient à cette église dont la vue donnait à l'existence des gens de ce temps un sens et une raison poétique.

Plus tard, Victor Hugo peupla la Cité catholique de personnages qui s'associaient étroitement à tout ce que nous pensons connaître du passé.

Notre-Dame de Paris n'est point seulement un symbole de la foi, c'est une image à transformations multiples de ce que fut la vie de la Cité au moment que ses détails quotidiens se gravaient profondément dans la vie littéraire de Paris. Il est facile d'imaginer Paris privé de certains de ses monuments sans nuire à son éclat. Mais il n'est guère possible de supprimer dans le film, si traditionnel, que déroule la Seine entre ses quais saturés d'expériences, Notre-Dame et la chronique émouvante dont ses pierres ne gardent pas toujours le secret. Aux heures prédestinées des fantômes semblent se délier dans la brume.

Ces fantômes sont d'ailleurs tellement mêlés aux vivants que le nom de fantômes ne leur convient plus.

L'ÎLE DE LA CITÉ

Les deux îles de Paris : l'île de la Cité et l'île Saint-Louis sont deux îles dont la conquête se confond avec tous les chapitres du mémorial de cette ville. Ce sont deux reliquaires marins ou, mieux, deux de ces curieux et émouvants « rolling-pins », ces étuis de messages en bouteilles, si parfaitement décorées, que des matelots sentimentaux confiaient à la bonne volonté des flots. Dans ces îles les souvenirs reposent, un peu à la manière de ces frégates en miniature mises en flacons, en leur apportant des confidences hauturières[1]. C'est le cas particulier de l'île de la Cité qui, moins pittoresque dans son agglomération, contient les plus beaux témoignages de Paris à travers ses tragédies et ses joies devenues illustres. Notre-Dame de Paris protège sa ville ; elle veille sur ses âmes depuis les temps brumeux où cette cité naissante abritait dans ses havres les mariniers de Lutèce. L'île de la Cité nous apparaît ainsi comme un livre aux multiples chapitres, aux multiples visages : ceux d'un palimpseste, d'un Livre d'Heures, d'un Livre de Raison, d'un dictionnaire qui atteindra prochainement son deux millième tome. Ce n'est plus une image [...], mais une méditation. Dans le ciel gris des grandes neiges classiques, au-dessus de l'abside de Notre-Dame, on peut entendre les cloches qui sonnent le tocsin devant les invasions, les angélus pour l'espoir et les glas déprimants. Entre Notre-Dame et la Sainte-Chapelle, ce chef-d'oeuvre gothique enclos dans les murs du Palais de Justice, nous apercevons tant de choses qu'il est difficile de choisir. Les apparences les plus mystérieuses des années trépassées bousculent notre choix. La Conciergerie et ses massacres laissent venir en surimpression, comme en cinématographie, la mince silhouette adolescente de sainte Geneviève, le doux visage conventionnel de Saint Louis. Il faut de ces gens de bien pour détruire ou pour atténuer ce qui demeure toujours vif dans le destin des hommes : le goût de la violence, de la cruauté, du fanatisme. Un paysage comme celui que représente cette vue de la Cité, nous rend enclins à la confiance, à l'intelligence et à cette indulgence qui est la fille de cette vertu. Ce paysage se présente, dans ce livre, de même qu'un dernier message de la ville que nous venons de visiter avec l'humeur sentimentale qui convient à des cérémonies de résurrection. Il faut l'accueillir, non seulement avec respect, mais dans l'élan de l'amitié. Paris tend facilement sa main le premier. C'est une personnalité dont l'amitié est ingénue. Ce n'est que peu à peu qu'elle nous révèle le nombre illimité de ses acquisitions et la valeur de son érudition.

Surprenants visages de Paris

Il n'est que de traverser la Seine par le pont d'Arcole et de se diriger vers l'Hôtel de Ville pour pénétrer dans un des plus anciens et des plus curieux quartiers de Paris. Comme partout dans cette promenade, qui est naturellement celle d'un homme sensible, il est nécessaire d'étudier et de comprendre, ce qui est mieux, la psychologie des vieilles rues et, si l'on veut, de l'air assez riche qui les enveloppe. Une promenade dans Paris est inexorablement une promenade dans un livre d'histoire. En traversant les passages cloutés, en foulant l'asphalte des trottoirs, le promeneur entre et contribue aux détails futurs qui donneront de l'intérêt à sa présence, quelquefois lasse. [...] Il ne faut point oublier que la Seine coule autour des deux îles qui sont les deux joyaux du quatrième arrondissement. C'est sur ces deux îles, depuis le Pont-Neuf jusqu'au pont Sully, que Paris est né au milieu des roseaux, des vols de hérons et peut-être des castors qui, en architectes de naissance, établissaient déjà les premiers tracés de l'urbanisme chrétien. La plus grande de ces îles est celle de la Cité. Elle ne garde que de faibles traces de la présence du poète François Villon, de ses compagnons et de leurs compagnes. La rue de la Juiverie, fréquentée par les clercs insolents et les goliards[1] miteux, n'existe plus, ni le petit Châtelet, ni le grand. Notre-Dame de Paris domine cette épuration mélancolique. Elle est droite et haute, protectrice et permanente. Les bombardements n'ont pas dénaturé son image. Son rayonnement n'est plus à décrire. S'il est un asile encore désirable, c'est bien le pays qui s'étend à ses pieds, ses rues tranquilles, ses quais assoupis dans la trompeuse torpeur de la méditation. Ces quais la cernent comme un rempart qui, jusqu'à présent, est demeuré inviolable. Il s'oppose à tous les perfectionnements de l'urbanisme ce qui lui confère une dignité qui s'impose à la machine quotidienne dont les traces sont discrètes dans ce quartier, conscient de sa noblesse et fier de ses hérédités. Ce n'est pas en quelques pages que l'on peut donner la substance essentielle et littéraire des îles de la Seine qui tantôt s'en vont en chaîne vers Le Havre et tantôt semblent amarrées au milieu du fleuve sans espoir de rompre leurs amarres : ces câbles sont des fils, mais des fils de la Vierge et de sainte Geneviève associées pour détourner de la cité les surprises tragiques du progrès à l'usage des sociétés humaines.

Je pense qu'il est bon qu'on puisse encore espérer de trouver dans Paris, un Paris qui s'adapte très vite aux évènements, un site de recueillement, d'intelligence et d'indulgence. Les foules qui viennent prier dans la grande cathédrale de la cité sont, pour quelques minutes, des foules assez proches de celles qui priaient il y a quelques siècles, presque un millénaire pour être précis. Le plain-chant[2] aide à de telles résurrections ou mieux, de telles permanences dans le pittoresque de la foi. Les moines, les nonnains souvent délicates, ont aidé à la construction d'un Paris sentimental, discret, frondeur, en somme délicieux, mais qui aime se retrouver dans les clandestinités, celles des cierges catholiques et des signes qui annoncent les révoltes.

© *La Lanterne sourde* et autres textes,
Gallimard, coll. « Blanche », 1953 ;
nouvelle édition augmentée, 1982.

GÉRARD DE NERVAL

« Notre-Dame de Paris »
(Odelettes, 1834)

Ancestrale, la cathédrale de pierre n'est pas éternelle, et marche lentement mais sûrement vers son destin de ruine. La cathédrale de papier, qu'a inventée Hugo, est la seule destinée à l'éternité. Est-ce là un salut spirituel pour l'édifice? Les lecteurs de Hugo « croiront voir la vieille basilique », mais cette apparition demeure « l'ombre d'un mort ». Nerval pointe ici le danger de l'enfermement de la cathédrale dans une image univoque.

A. G.

Edmond Marie Höner, *Victor Hugo.*
La tête dans le ciel étoilé dominant Notre-Dame de Paris (1897)

Notre-Dame est bien vieille ; on la verra peut-être
Enterrer cependant Paris qu'elle a vu naître.
Mais, dans quelque mille ans, le temps fera broncher
Comme un loup fait un bœuf, cette carcasse lourde,
Tordra ses nerfs de fer, et puis d'une dent sourde
Rongera lentement ses vieux os de rocher.

Bien des hommes de tous les pays de la terre
Viendront pour contempler cette ruine austère,
Rêveurs, et relisant le livre de Victor[1]...
— Alors, ils croiront voir la vieille basilique
Toute ainsi qu'elle était puissante et magnifique,
Se lever devant eux comme l'ombre d'un mort !

Œuvres complètes, t. I,
édition sous la direction de Jean Guillaume et Claude Pichois,
Gallimard, Bibliothèque de la Pléiade, 1989.

VICTOR HUGO ET LOUISE BERTIN

La Esmeralda
(1836)

Créé en 1836, l'opéra La Esmeralda *a été composé par Louise Bertin (1805-1877). En tant que librettiste, Victor Hugo adapte lui-même son roman* Notre-Dame de Paris *pour la scène. Malgré les éloges de Berlioz et de Liszt — ce dernier réalise d'ailleurs une réduction piano et chant de l'opéra —, la pièce est violemment attaquée par la critique. La compositrice est visée en tant que femme — on lui reproche d'être le prête-nom de Berlioz qui s'en défend — et parce qu'elle est la fille de Louis-François Bertin, alors directeur du* Journal des débats. *L'échec est tel que Bertin ne composera plus d'opéra, et que Hugo refusera d'écrire de nouveaux livrets.*

Comme Hugo s'en explique lui-même, la transformation du roman en opéra suppose un bouleversement de la structure même du récit. Premier témoin de cette révolution, le titre : en faisant d'Esméralda le personnage éponyme, Hugo prend acte de la réduction de la cathédrale à un décor. Dans le roman elle était personnage et univers ; dans l'opéra, ce monument muet demeure un paysage en arrière-plan.

Si la cathédrale occupe bien la scène, les décorateurs René Philastre et Charles Cambon la représentent sous un angle différent à chaque tableau, elle demeure pourtant spectrale. Témoignage inconscient de cet effacement, l'un des croquis réalisés pour la création du décor dessine une cathédrale évanescente, au troisième plan seulement. On mesure la frustration de Hugo qui désirait une présence plus palpable de la basilique[1].

L'effacement de l'édifice illustre pourtant le gouffre qui sépare les spectateurs des personnages qu'ils observent. Car Notre-Dame marque d'une empreinte tragique le parcours des seconds : elle offre un asile à ceux qui fuient le gibet couvé par son ombre. Lieu de mort et de salut au Moyen Âge, elle n'est plus pour les contemporains de la pièce qu'un élément du paysage. Et le colosse de pierre se réduira bientôt aux dimensions d'une carte postale.

A. G.

AVERTISSEMENT

Si par hasard quelqu'un se souvenait d'un roman en écoutant un opéra, l'auteur croit devoir prévenir le public que pour faire entrer dans la perspective particulière d'une scène lyrique quelque chose du drame qui sert de base au livre intitulé : Notre-Dame de Paris, il a fallu en modifier diversement tantôt l'action, tantôt les caractères. Le caractère de Phœbus de Châteaupers[2], par exemple, est un de ceux qui ont dû être altérés; un autre dénouement a été nécessaire, etc. Au reste, quoique, même en écrivant cet opuscule, l'auteur se soit écarté le moins possible, et seulement quand la musique l'a exigé, de certaines conditions consciencieuses indispensables, selon lui, à toute œuvre, petite ou grande, il n'entend offrir ici aux lecteurs, ou pour mieux dire aux auditeurs, qu'un canevas d'opéra plus ou moins bien disposé pour que l'œuvre musicale s'y superpose heureusement, qu'un libretto pur et simple dont la publication s'explique par un usage impérieux. Il ne peut voir dans ceci qu'une trame telle quelle qui ne demande pas mieux que de se dérober sous cette riche et éblouissante broderie qu'on appelle la musique.

Charles-Antoine Cambon, *La Esmeralda*, esquisse de l'acte III, tableau 1 (1836)

L'auteur suppose donc, si par aventure on s'occupe de ce libretto, qu'un opuscule aussi spécial ne saurait en aucun cas être jugé en lui-même et abstraction faite des nécessités musicales que le poète a dû subir, et qui, à l'Opéra, ont toujours droit de prévaloir. Du reste, il prie instamment le lecteur de ne voir dans les lignes qu'il écrit ici que ce qu'elles contiennent, c'est-à-dire sa pensée personnelle sur ce libretto en particulier, et non un dédain injuste et de mauvais goût pour cette espèce de poèmes en général et pour l'établissement magnifique où ils sont représentés. Lui qui n'est rien, il rappellerait au besoin à ceux qui sont le plus haut placés que nul n'a droit de dédaigner, fût-ce au point de vue littéraire, une scène comme celle-ci. À ne compter même que les poètes, ce royal théâtre[1] a reçu dans l'occasion d'illustres visites, ne l'oublions pas. En 1671, on représenta avec toute la pompe de la scène lyrique une tragédie-ballet intitulée : *Psyché*. Le libretto de cet opéra avait deux auteurs : l'un s'appelait Poquelin de Molière, l'autre Pierre Corneille.

14 novembre 1836.

[...]

SCÈNE QUATRIÈME.

Le peuple, Quasimodo, puis La Esmeralda et son cortège, puis Claude Frollo, Phœbus, Clopin Trouillefou, Prêtres, Archers, Gens de justice.
[N. 15 — Final]

CHŒUR

À Notre-Dame
venez tous voir

        la jeune femme
        qui meurt ce soir!
    Cette bohémienne
        a poignardé, je croi,
        un archer capitaine,
        le plus beau qu'ait le roi!
    Eh quoi! si belle
        et si cruelle!
        Entendez-vous?
        Comment y croire?
        L'âme si noire
        et l'œil si doux!
    C'est une chose affreuse!
        Ce que c'est que de nous!
        La pauvre malheureuse!
        Venez, accourez tous!
    À Notre-Dame
        venez tous voir
        la jeune femme
        qui meurt ce soir!

La foule grossit. Rumeur. Un cortège sinistre commence à déboucher sur la place du parvis. Files de pénitents noirs. Bannières de la Miséricorde. Flambeaux. Archers. Gens de justice et du guet. Les soldats écartent la foule. Paraît La Esmeralda, en chemise, la corde au cou, pieds nus, couverte d'un grand crêpe noir. Près d'elle, un moine avec un crucifix. Derrière elle, les bourreaux et les gens du roi. Quasimodo, appuyé aux contre-forts du portail, observe avec attention. Au moment où la condamnée arrive devant la façade, on entend un chant grave et lointain venir de l'intérieur de l'église, dont les portes sont fermées.

Chœur *dans l'église*

> Omnes fluctus fluminis
> transierunt super me
> in imo voraginis
> ubi plorant animæ[a].

Le chant s'approche lentement. Il éclate enfin près des portes, qui s'ouvrent tout à coup et laissent voir l'intérieur de l'église occupé par une longue procession de prêtres en habits de cérémonie et précédés de bannières. Claude Frollo, en costume sacerdotal, est en tête de la procession. Il s'avance vers la condamnée.

Le peuple

Vive aujourd'hui, morte demain !
Doux Jésus, tendez-lui la main !

Ensemble

La Esmeralda

C'est mon Phœbus qui m'appelle
dans la demeure éternelle
où Dieu nous tient sous son aile.
Béni soit mon sort cruel !
Au fond de tant de misère,
mon cœur qui se brise espère.
Je vais mourir pour la terre,
je vais naître pour le ciel !

---

a. Tous les flots du fleuve
M'ont immergé
Au fond de l'abîme
Où se lamentent les âmes.

CLAUDE FROLLO

Mourir si jeune, si belle !
 Hélas ! le prêtre infidèle
 est bien plus condamné qu'elle !
 Mon supplice est éternel.
Pauvre fille de misère,
 que j'ai prise dans ma serre,
 tu vas mourir pour la terre ;
 moi, je suis mort pour le ciel !

LE PEUPLE

Hélas ! c'est une infidèle !
 Le ciel, qui tous nous appelle,
 n'a point de portes pour elle.
 Son supplice est éternel.
La mort, oh ! quelle misère !
 La tient dans sa double serre ;
 elle est morte pour la terre,
 elle est morte pour le ciel !

La procession s'approche, Claude aborde La Esmeralda.

LA ESMERALDA *(glacée de terreur)*

C'est le prêtre !

CLAUDE FROLLO *(bas)*

Oui, c'est moi ; je t'aime et je t'implore.
Dis un seul mot, je puis encore,
je puis encore te sauver.
Dis-moi : je t'aime.

LA ESMERALDA

Je t'abhorre !
 Va-t'en !

CLAUDE FROLLO

Alors meurs donc! j'irai te retrouver.

Il se tourne vers la foule.

Peuple, au bras séculier nous livrons cette femme.
À ce suprême instant, puisse sur sa pauvre âme
passer le souffle du seigneur!

Au moment où les hommes de justice mettent la main sur La Esmeralda Quasimodo saute dans la place, repousse les archers, saisit La Esmeralda dans ses bras, et se jette dans l'église avec elle.

QUASIMODO

Asile! asile! asile[1]!

LE PEUPLE

Asile! asile! asile!
Noël[2], gens de la ville!
Noël au bon sonneur!
Ô destinée!
La condamnée
est au seigneur.
Le gibet tombe,
et l'éternel,
au lieu de tombe,
ouvre l'autel.
Bourreaux, arrière,
et gens du roi!
Cette barrière
borne la loi.
C'est toi qui changes
tout en ce lieu.
Elle est aux anges,
elle est à Dieu!

CLAUDE FROLLO

> *faisant faire silence d'un geste*

Elle n'est pas sauvée, elle est égyptienne.
Notre-Dame ne peut sauver qu'une chrétienne.
Même embrassant l'autel les païens sont proscrits[1].

> *aux gens du roi*

Au nom de monseigneur l'évêque de Paris,
je vous rends cette femme impure.

QUASIMODO

> *aux archers*

Je la défendrai, je le jure!
n'approchez pas!

CLAUDE FROLLO

> *aux archers*

Vous hésitez!
Obéissez à l'instant même.
Arrachez du saint lieu cette fille bohème.

> *Les archers s'avancent. Quasimodo se place entre eux et La Esmeralda.*

QUASIMODO

Jamais!

> *On entend un cavalier accourir et crier du dehors.*

Arrêtez!

> *La foule s'écarte.*

PHŒBUS
apparaissant à cheval, pâle, haletant,
épuisé comme un homme qui vient
de faire une longue course

Arrêtez !

LA ESMERALDA

Phœbus !

CLAUDE FROLLO

à part, terrifié

La trame se déchire !

PHŒBUS

se jetant à bas du cheval

Dieu soit loué ! je respire.
J'arrive à temps. Celle-ci
est innocente, et voici
mon assassin !

Il désigne Claude Frollo.

TOUS

Ciel ! le prêtre !

PHŒBUS

Le prêtre est seul coupable, et je le prouverai.
Qu'on l'arrête.

LE PEUPLE

Ô surprise !

Les archers entourent Claude Frollo.

CLAUDE FROLLO

Ah ! Dieu seul est le maître !

LA ESMERALDA

Phœbus !

PHŒBUS

Esmeralda !

> *Ils se jettent dans les bras l'un de l'autre.*

LA ESMERALDA

Mon Phœbus adoré !
Nous vivrons.

PHŒBUS

Tu vivras.

LA ESMERALDA

Pour nous le bonheur brille.

LE PEUPLE

Vivez tous deux !

LA ESMERALDA

Entends ces joyeuses clameurs !
À tes pieds reçois l'humble fille.
~ Ciel ! tu pâlis ! Qu'as-tu ?

PHŒBUS

chancelant

Je meurs.

> *Elle le reçoit dans ses bras. Attente et anxiété dans la foule.*

Chaque pas que j'ai fait vers toi, ma bien-aimée,

a rouvert ma blessure à peine encor fermée.
J'ai pris pour moi la tombe et te laisse le jour.
J'expire. Le sort te venge;
je vais voir, ô mon pauvre ange,
si le ciel vaut ton amour!
~ Adieu!

Il expire.

LA ESMERALDA

Phœbus! il meurt! en un instant tout change!

Elle tombe sur son corps.

Je te suis dans l'éternité!

CLAUDE FROLLO

Fatalité!

LE PEUPLE

Fatalité!

MARCEL PROUST

Le Temps retrouvé
(1927)

et

« La mort des cathédrales »
(*Pastiches et mélanges*, 1919)

Marcel Proust sous la voûte

Toute sa vie, Marcel Proust a été un fervent lecteur des livres d'Emile Mâle, l'historien d'art par excellence, l'auteur de L'Art religieux du XIIIe siècle, *lu et relu (voir p. 53). Comment lit-on une cathédrale? Comment apprend-on sa langue? Dans un article du* Figaro *du 16 août 1904, repris dans* Pastiches et mélanges, *le futur auteur de la* Recherche *semble se faire en quelque sorte fidèle entre les fidèles, préférant la mystérieuse fraternité du petit peuple des chapiteaux aux grandes nefs solennelles. Tout n'est pas que symbole dans l'église, il y a aussi ces personnages sans nom et sans fonction véritable qui habitent là et auxquels les sculpteurs ont voulu laisser une place. Proust devient l'archiviste de ce monde, un archiviste d'un monde vivant qui sera porté par le roman même. Notre-Dame devient ainsi, au contraire de la cathédrale de Hugo, prophétique et magistrale, une sorte d'équivalent de Combray à Paris. Dans ces conditions, on se demande bien pourquoi en effet Françoise irait la voir... Elle le pourrait en allant à la messe, mais elle n'y va pas. Seule la tante Léonie s'y rend, mais elle ne va pas à Paris. On « pratique » peu dans la* Recherche, *à l'exception des ecclésiastiques dont c'est le rôle, mais on n'y croise pas l'équivalent d'un abbé Mugnier, qui eût eu sa place, et qui rendit visite à Proust sur son lit de mort.*

M. C.

Le Temps retrouvé

Même dans ces aberrations la nature humaine (comme elle fait dans nos amours, dans nos voyages) trahit encore le besoin de croyance par des exigences de vérité. Françoise, quand je lui parlais d'une église de Milan — ville où elle n'irait probablement jamais — ou de la cathédrale de Reims — fût-ce même de celle d'Arras[1]! — qu'elle ne pourrait voir puisqu'elles étaient plus ou moins détruites, enviait les riches qui peuvent s'offrir le spectacle de pareils trésors, et s'écriait avec un regret nostalgique : « Ah! comme cela devait être beau! », elle qui, habitant maintenant Paris depuis tant d'années, n'avait jamais eu la curiosité d'aller voir Notre-Dame. C'est que Notre-Dame faisait précisément partie de Paris, de la ville où se déroulait la vie quotidienne de Françoise et où en conséquence il était difficile à notre vieille servante — comme il l'eût été à moi si l'étude de l'architecture n'avait pas corrigé en moi sur certains points les instincts de Combray — de situer les objets de ses songes. Dans les personnes que nous aimons, il y a, immanent à elles, un certain rêve que nous ne savons pas toujours discerner mais que nous poursuivons. C'était ma croyance en Bergotte, en Swann qui m'avait fait aimer Gilberte, ma croyance en Gilbert le Mauvais qui m'avait fait aimer Mme de Guermantes. Et quelle large étendue de mer avait été réservée dans mon amour même le plus douloureux, le plus jaloux, le plus individuel semblait-il, pour Albertine! Du reste, à cause justement de cet individuel auquel on s'acharne, les amours pour les personnes sont déjà un peu des aberrations. (Et les maladies du corps elles-mêmes, du moins celles qui

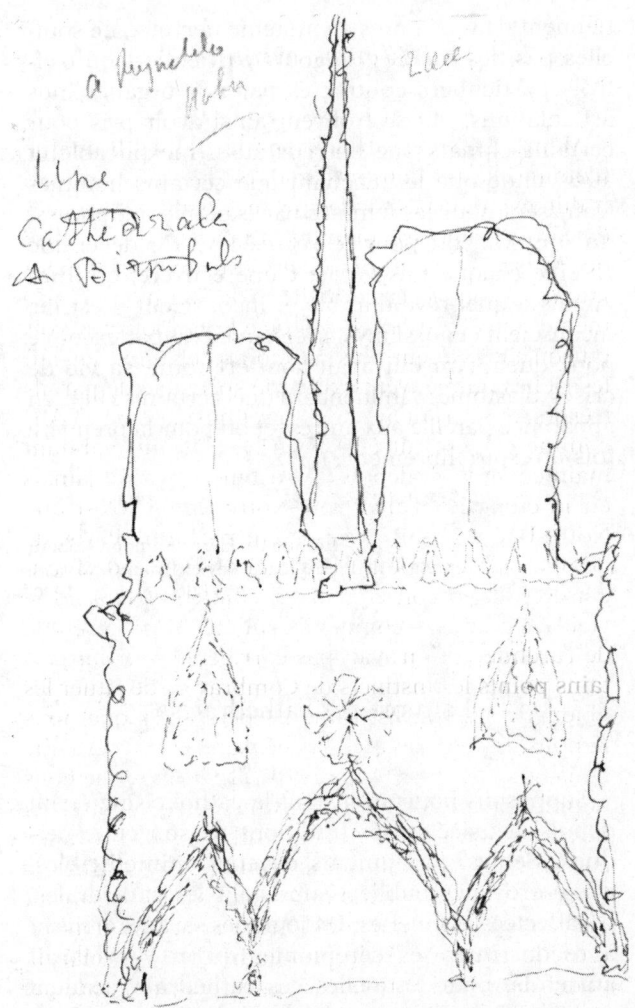

Marcel Proust, *Une cathédrale* (1904)
[dessin dédicacé « À Birnibuls », surnom de Reynaldo Hahn]

tiennent d'un peu près au système nerveux, ne sont-elles pas des espèces de goûts particuliers ou d'effrois particuliers contractés par nos organes, nos articulations, qui se trouvent ainsi avoir pris pour certains climats une horreur aussi inexplicable et aussi têtue que le penchant que certains hommes trahissent pour les femmes par exemple qui portent un lorgnon, ou pour les écuyères? Ce désir que réveille chaque fois la vue d'une écuyère, qui dira jamais à quel rêve durable et inconscient il est lié, inconscient et aussi mystérieux que l'est par exemple pour quelqu'un qui avait souffert toute sa vie de crises d'asthme, l'influence d'une certaine ville, en apparence pareille aux autres, et où pour la première fois il respire librement?)

Édition de Pierre-Edmond Robert,
préface de Pierre-Louis Rey et Brian G. Rogers,
Folio classique, 1990.

« La mort des cathédrales »

Supposons pour un instant le catholicisme éteint depuis des siècles, les traditions de son culte perdues. Seules, monuments devenus inintelligibles, d'une croyance oubliée, subsistent les cathédrales, désaffectées et muettes. Un jour, des savants arrivent à reconstituer les cérémonies qu'on y célébrait autrefois, pour lesquelles ces cathédrales avaient été construites et sans lesquelles on n'y trouvait plus qu'une lettre morte; lors des artistes, séduits par le rêve de rendre momentanément la vie à ces grands vaisseaux qui s'étaient tus, veulent en refaire pour une heure le théâtre du drame mystérieux qui s'y déroulait, au milieu des chants et des parfums, entreprennent, en un mot, pour la messe et les cathédrales, ce que les félibres ont réalisé pour le théâtre d'Orange[1] et les tragédies antiques. Certes le gouvernement ne manquerait pas de subventionner une telle tentative. Ce qu'il a fait pour des ruines romaines, il n'y faillirait pas pour des monuments français, pour ces cathédrales qui sont la plus haute et la plus originale expression du génie de la France.

Ainsi donc voici des savants qui ont su retrouver la signification perdue des cathédrales : les sculptures et les vitraux reprennent leurs sens, une odeur mystérieuse flotte de nouveau dans le temple, un drame sacré s'y joue, la cathédrale se remet à chanter. Le gouvernement subventionne avec raison, avec plus de raison que les représentations du théâtre d'Orange, de l'Opéra-Comique et de l'Opéra, cette résurrection des cérémonies catholiques, d'un tel intérêt historique, social, plastique, musical et de la beauté desquelles seul Wagner s'est approché, en l'imitant, dans *Parsifal*. [...]

Nous disions tout à l'heure que presque toutes les images dans une cathédrale étaient symboliques. Quelques-unes ne le sont point. Ce sont celles des êtres qui ayant contribué de leurs deniers à la décoration de la cathédrale voulurent y conserver à jamais une place pour pouvoir, des balustres de la niche ou de l'enfoncement du vitrail, suivre silencieusement les offices et participer sans bruit aux prières, *in saecula saeculorum*. Les bœufs de Laon eux-mêmes ayant chrétiennement monté jusque sur la colline où s'élève la cathédrale les matériaux qui servirent à la construire l'architecte les en récompensa en dressant leurs statues au pied des tours, d'où vous pouvez les voir encore aujourd'hui, dans le bruit des cloches et la stagnation du soleil, lever leurs têtes cornues au-dessus de l'arche sainte et colossale jusqu'à l'horizon des plaines de France, leur « songe intérieur ». Hélas, s'ils ne sont pas détruits, que n'ont-ils pas vu dans ces campagnes où chaque printemps ne vient plus fleurir que des tombes ? Pour des bêtes, les placer ainsi au-dehors, sortant comme d'une arche de Noé gigantesque qui se serait arrêtée sur ce mont Ararat, au milieu du déluge de sang. Aux hommes on accordait davantage.

Ils entraient dans l'église, ils y prenaient leur place qu'ils gardaient après leur mort et d'où ils pouvaient continuer, comme au temps de leur vie, à suivre le divin sacrifice, soit que penchés hors de leur sépulture de marbre, ils tournent légèrement la tête du côté de l'évangile ou du côté de l'épître, pouvant apercevoir, comme à Brou, et sentir autour de leur nom l'enlacement étroit et infatigable de fleurs emblématiques et d'initiales adorées, gardant parfois jusque dans le tombeau, comme à Dijon, les couleurs éclatantes de la vie soit qu'au fond du vitrail dans leurs manteaux de pourpre, d'outremer ou d'azur qui emprisonne le soleil, s'en enflamme, remplissent de couleur ses rayons transparents et brusquement les délivrent, multicolores, errant sans but parmi la nef qu'ils teignent ; dans leur splendeur désorientée et paresseuse, leur palpable irréalité, ils restent les donateurs qui, à cause de cela même, avaient mérité la concession d'une prière à perpétuité. Et tous, ils veulent que l'Esprit-Saint, au moment où il descendra de l'église, reconnaisse bien les siens. Ce n'est pas seulement la reine et le prince qui portent leurs insignes, leur couronne ou leur collier de la Toison d'Or. Les changeurs se sont fait représenter, vérifiant le titre des monnaies, les pelletiers vendant leurs fourrures (voir dans l'ouvrage de M. Mâle[1] la reproduction de ces deux vitraux), les bouchers abattant des bœufs, les chevaliers portant leur blason, les sculpteurs taillant des chapiteaux. De leurs vitraux de Chartres, de Tours, de Sens, de Bourges, d'Auxerre, de Clermont, de Toulouse, de Troyes, les tonneliers, pelletiers, épiciers, pèlerins, laboureurs, armuriers, tisserands, tailleurs de pierre, bouchers, vanniers, cordonniers, changeurs, à entendre l'office, n'entendront plus la messe qu'ils s'étaient assurée en donnant pour l'édification de l'église le plus clair de leurs deniers. Les morts ne gouvernent plus les vivants. Et les vivants, oublieux, cessent de remplir les vœux des morts.

Gallimard, coll. « L'Imaginaire », 1992.

HENRI BERGSON

La Pensée et le Mouvant
(1934)

Henri Bergson (1859-1941) est l'un des plus grands philosophes français de l'entre-deux-guerres ; la perspective vitaliste qu'il adopte donne à sa pensée une originalité qui l'amènera à se confronter à nombre de ses prédécesseurs et de ses contemporains et à influencer une part importante des philosophes qui lui ont succédé.

Publiée en 1934, La Pensée et le Mouvant *est l'œuvre ultime de Bergson : regroupant articles et conférences, elle vise à accorder les démarches philosophiques et scientifiques.*

L'épistémologie bergsonienne repose sur le couple conceptuel de l'intuition et de l'intelligence, facultés qui permettent à la conscience d'appréhender le réel. Le philosophe réfute la prétention de l'intelligence à rendre compte de la totalité de l'être. En effet, alors que l'intelligence analyse et produit des images fixes et séparées, l'être est considéré comme une réalité fondamentalement mouvante, et sa réduction par l'intelligence à une substance qui ne se mouvrait qu'accidentellement demeure fondamentalement trompeuse. L'intelligence doit donc être tempérée par l'intuition qui est une « sympathie par laquelle on se transporte à l'intérieur d'un objet pour coïncider avec ce qu'il a d'unique et par conséquent d'inexprimable », ce qui implique d'aborder un objet dans sa totalité mouvante.

Notre-Dame et l'artiste qui la dépeint sont ici utilisés comme des illustrations de l'analyse et de ses limites. Le fait que Bergson cite Notre-Dame plutôt qu'un autre monument indique plus profondément son importance dans un horizon culturel partagé avec ses lecteurs. Mais c'est paradoxalement l'aspect iconique de la cathédrale qui est réfuté par Bergson, car l'image de Notre-Dame ne saurait évoquer Paris tout entier. L'édifice est lié organiquement à la capitale, et c'est l'intuition originelle du tout de la ville qui permet de le percevoir et de le situer véritablement.

A. G.

INTRODUCTION À LA MÉTAPHYSIQUE

Il est incontestable que tout état psychologique, par cela seul qu'il appartient à une personne, reflète l'ensemble d'une personnalité. Il n'y a pas de sentiment, si simple soit-il, qui ne renferme virtuellement le passé et le présent de l'être qui l'éprouve, qui puisse s'en séparer et constituer un « état » autrement que par un effort d'abstraction ou d'analyse. Mais il est non moins incontestable que, sans cet effort d'abstraction ou d'analyse, il n'y aurait pas de développement possible de la science psychologique. Or, en quoi consiste l'opération par laquelle le psychologue détache un état psychologique pour l'ériger en entité plus ou moins indépendante ? Il commence par négliger la coloration spéciale de la personne, qui ne saurait s'exprimer en termes connus et communs. Puis il s'efforce d'isoler, dans la personne déjà ainsi simplifiée, tel ou tel aspect qui prête à une étude intéressante. S'agit-il, par exemple, de l'inclination ? Il laissera de côté l'inexprimable nuance qui la colore et qui fait que mon inclination n'est pas la vôtre ; puis il s'attachera au mouvement par lequel notre personnalité *se porte vers* un certain objet ; il isolera cette attitude, et c'est cet aspect spécial de la personne, ce point de vue sur la mobilité de la vie intérieure, ce « schéma » de l'inclination concrète qu'il érigera en fait indépendant. Il y a là un travail analogue à celui d'un artiste qui, de passage à Paris, prendrait par exemple un croquis d'une tour de Notre-Dame. La tour est inséparablement liée à l'édifice, qui est non moins inséparablement lié au sol, à l'entourage, à Paris tout entier, etc. Il faut commencer par la détacher ; on ne notera de l'ensemble qu'un certain aspect, qui est cette tour de Notre-Dame. Maintenant, la tour est constituée en réalité par des pierres dont le groupement particulier est ce qui lui donne sa forme ; mais le dessinateur ne s'intéresse pas aux pierres, il ne note que la silhouette de la tour. Il substitue donc à l'organisation réelle et intérieure de la chose une reconstitution extérieure et schématique. De sorte que son dessin répond, en somme, à un certain point de vue sur l'objet et au choix d'un certain mode de représentation. Or, il en est tout à fait de même pour l'opération par laquelle le psychologue extrait un état psychologique de l'ensemble de la personne. Cet état psychologique isolé n'est guère qu'un croquis, un commencement de recomposition artificielle ; c'est le tout envisagé sous un certain aspect élémentaire auquel on s'est intéressé spécialement et qu'on a pris soin de noter. Ce n'est pas une partie, mais un élément. Il n'a pas été obtenu par fragmentation, mais par analyse.

Maintenant, au bas de tous les croquis pris à Paris l'étranger inscrira sans doute « Paris » en guise de mémento. Et comme il a réellement vu Paris, il saura, en redescendant de l'intuition originelle du tout, y situer ses croquis et les relier ainsi les uns aux autres. Mais il n'y a aucun moyen d'exécuter l'opération inverse ; il est impossible, même avec une infinité de croquis aussi exacts qu'on voudra, même avec le mot « Paris » qui indique qu'il faut les relier ensemble, de remonter à une intuition qu'on n'a pas eue, et de se donner l'impression de Paris si l'on n'a pas vu Paris. C'est qu'on n'a pas affaire ici à des *parties* du tout, mais à des *notes* prises sur l'ensemble. Pour choisir un exemple plus frappant, un cas où la notation est plus complètement symbolique, supposons qu'on me présente, mêlées au hasard, les lettres qui entrent dans la composition d'un poème que j'ignore. Si les lettres étaient des *parties* du poème, je pourrais tâcher de le reconstituer avec elles en essayant des divers arrangements possibles, comme fait l'enfant avec les pièces d'un jeu de patience. Mais je n'y songerai pas un seul instant, parce que les lettres ne sont pas des *parties composantes*, mais des *expressions partielles*, ce qui est tout autre chose. C'est pourquoi, si je connais le poème, je mets aussitôt chacune des lettres à la place qui lui revient et je les relie sans difficulté par un trait continu, tandis que l'opération inverse est impossible. Même quand je crois tenter cette opération inverse, même quand je mets des lettres bout à bout, je commence par me représenter une signification plausible : je me donne donc une intuition, et c'est de l'intuition que j'essaie de redescendre aux symboles élémentaires qui en reconstitueraient l'expression. L'idée même de reconstituer la chose par des opérations pratiquées sur des éléments symboliques tout seuls implique une telle absurdité qu'elle ne viendrait à l'esprit de personne si l'on se rendait compte qu'on n'a pas affaire à des fragments de la chose, mais, en quelque sorte, à des fragments de symbole.

ÉTIENNE GILSON

Matières et formes
(1964)

Étienne Gilson (1884-1978) est un historien de la philosophie qui a fortement marqué l'étude de la philosophie médiévale, longtemps occultée en France par le cartésianisme. Si le titre de Matière et formes, *sous-titré « Poiétique particulière des arts majeurs », invoque des catégories majeures de la philosophie médiévale, c'est en philosophe et non en historien qu'il entreprend dans ce livre de rendre raison de la création artistique à partir de ces concepts.*

Notre-Dame était, au Moyen Âge, jumelle de l'université. Les philosophes étant pour la plupart ecclésiastiques, l'enseignement parisien était, à ce titre, associé à la vie de la cathédrale. Les amours d'Abélard, l'un des plus importants philosophes médiévaux, et d'Héloïse se sont ainsi déroulées à l'ombre de la cathédrale, où le tuteur de la jeune fille était chanoine.

Il n'est pas étonnant qu'en médiéviste Gilson prenne l'exemple de Notre-Dame pour illustrer son propos. Néanmoins, dans le déroulé de son argumentation l'exemple de la cathédrale se révèle un obstacle à l'usage des catégories médiévales. La philosophie de ce temps, fortement influencée par Aristote, était en effet téléologique et pensait les objets qu'elle envisageait à partir d'une cause finale (la destination de ces objets). S'inscrivant dans cette perspective, Gilson pose que « si la fin proche de l'artiste est de produire l'œuvre, donc l'œuvre faite, la fin de l'œuvre une fois faite est d'être vue. » Or un édifice comme Notre-Dame déjoue cette assignation abstraite : « *L'architecte ne saurait prévoir exactement comment vieillira son édifice ; dans la mesure de cette ignorance, la réalité esthétique de son œuvre lui échappe.* » *Ancestrale, la cathédrale est pourtant irréductible à l'évolution de la ville qui l'accueille. Orpheline du monde qui l'a conçue, Notre-Dame reste un monument indéfini, un présent non adressé.*

A. G.

On ne voit qu'un point où l'expérience esthétique affecte l'art dans sa fonction poïétique[1] même. C'est que si la fin proche de l'artiste est de produire l'œuvre, donc l'œuvre faite, la fin de l'œuvre une fois faite est d'être vue. L'architecte doit donc construire l'édifice tel qu'il doit être pour être vu tel qu'il doit l'être. Même comme simple instrument optique, l'œil a ses exigences. L'architecte doit donc calculer l'emplacement, les dimensions et les proportions en fonction de la manière dont elles seront vues. Les architectes grecs le savaient. La légère inclinaison voulue des colonnes du Parthénon vers l'intérieur de l'édifice, l'épaississement des colonnes d'angle, l'espacement juste de celles qui occupent le milieu de la colonnade, sont autant d'artifices pour rendre l'édifice tel qu'il nous apparaît aujourd'hui. Des rapports strictement mathémathiques, plutôt qu'optiques, ruineraient l'impression que l'artiste veut produire. De même, dans une cathédrale gothique, en cherchant le juste espacement des deux tours de la façade — un problème dont l'histoire de l'art montre assez la complexité — on se heurte à la difficulté de passer de l'horizontale de la façade à la verticale des clochers. La galerie des rois ou de simples colonnettes de la façade résout le problème, pourvu que leurs hauteurs réelles soient ce qu'il faut pour assurer les dimensions apparentes qu'elles doivent avoir. Certaines de ces conditions de l'expérience esthétique échappent malheureusement au pouvoir de l'architecte. Ce n'est pas tant l'édifice qui changera, le site changera autour de lui. Saint-Germain-des-Prés, Notre-Dame-de-Paris et la Sainte-Chapelle sont devenus méconnaissables parce que l'absence de style de ce qui les entoure aujourd'hui en fait des restes archéologiques niés par ce qui les environne et le contestant à leur tour. Les sites architecturaux pour lesquels ces édifices furent jadis construits ont depuis longtemps cessé d'exister. Avant même qu'elle ne soit achevée, l'architecte perd le contrôle unique de son œuvre. Les restaurateurs savent bien qu'on embellit presque toujours un monument en le restituant tel qu'il fut à son origine. L'architecte ne saurait prévoir exactement comment vieillira son édifice ; dans la mesure de cette ignorance, la réalité esthétique de son œuvre lui échappe ; il peut seulement la faire aussi durable que possible, rien ne lui permet de prévoir exactement quand ni comment elle finira par mourir.

© Librairie Philosophique J. Vrin,
Paris, 1964, p. 76-77.
http://www.vrin.fr

PAUL VALÉRY

« Magie »

(*Mauvaises pensées et autres*, 1942)

et

« Images de la France »

(*Regards sur le monde actuel et autres essais*, 1945)

Publié en 1942, Mauvaises pensées et autres *est un regroupement de réflexions fragmentaires. Alors que dans cet ouvrage la philosophie se mêle à la fiction,* Regards sur le monde actuel *(publié en 1931 chez Stock, repris en 1945 chez Gallimard) est un recueil d'essais. Ces textes témoignent pourtant de la même revendication d'une sagesse qui s'oppose à la pensée systémique afin de « douter de ce qui est douteux et de ne point rejeter ce qui ne l'est pas », comme l'auteur l'écrit en préambule de* Regards sur le monde actuel.

Dans « Images de la France » et dans « Magie », Valéry incarne deux types de témoin différents : l'observateur et le spectateur. L'observateur d'« Images de la France » analyse la cathédrale d'un point de vue théorique. Bien que Valéry cherche à rendre raison de la beauté du monument, son propos réduit l'édifice à un spécimen. Notre-Dame n'est qu'un exemple, non moins remarquable qu'« une chapelle, une maison très simple ». Ce rapport conceptuel à l'édifice, qui le considère dans une perspective historique et nosologique, ne permet toutefois pas d'en distinguer la magie. Au milieu de son errance, le spectateur de « Magie » est surpris par l'apparition de Notre-Dame, « objet inconnu, — sans rapports antérieurs avec moi ». Sans histoire, privée de lieu, la cathédrale peut alors être véritablement vue. « Formation bizarre », elle se dérobe au verbe ; mais « une chose brusque, de brève durée, non prévue et sans conséquences ni traces — n'existe pas ». Cette rencontre avec l'innommable ne saurait se transmettre : seul le sentiment de l'évènement peut encore être murmuré par le poète.

A. G.

« Magie »

... À ce moment, le coq chanta et ne chanta pas, et ce n'était pas un coq — et peut-être pas un moment. Le vent fraîchit et ne fraîchit pas — et le ciel tout blanc d'astres n'avait pas existé. On l'avait récusé à temps, et ainsi de toutes choses.

Et à chaque instant, ce qui fut n'avait pas été.

... Tout à coup, dans le silence parfait et le repos général de toutes choses, en pleine lumière — un grand cri *se* fit entendre. Mais rien de plus. Rien de visible ensuite... On eût beau chercher. Etc... On crut à une illusion.

— Une chose brusque, de brève durée, non prévue et sans conséquences ni traces — n'existe pas.

Tout ce que voient véritablement nos yeux est hasard. Les ouvrir tout à coup est comme jeter les dés. Nous avions comme parié que nous retrouverions notre chambre ; ou bien, au contraire (en chemin de fer) que nous verrions du nouveau. Il se peut que nous perdions. Le peintre, en quête du « motif », erre dans la campagne, multiplie les regards plissés, — à peu près comme l'amateur de « réussites » étale ses cartes, et renonce, et les rebat, et les rerange une fois de plus, en ordre initial.

J'ai *rencontré* Notre-Dame. Je veux dire qu'elle m'est apparue tout à coup (comme je passais sur le quai) en objet inconnu — sans rapports antérieurs avec moi.

C'était là véritablement la voir — ou non ? J'étais frappé de son étrangeté, comme un Hellène[1] l'eût été. Cette formation bizarre de masses et de détails aigus, ce grillage de colonnettes — ces grosses tours, et la pointe fine au-delà.

© *Œuvres*, t. II,
édition de Jean Hytier,
Gallimard, Bibliothèque de la Pléiade, 1960.

« Images de la France »

En ce qui concerne l'architecture, il faut s'accoutumer, pour en avoir une opinion exacte et en tirer une jouissance supérieure, à distinguer les constructions dont la figure et la matière[2] sont demeurées indépendantes l'une de l'autre, de celles où ces deux facteurs ont été rendus comme inséparables. Le public confond trop souvent les qualités véritablement architectoniques avec les effets de décor purement extérieurs. On se satisfait d'être ému, ou étonné, ou amusé par des apparences théâtrales ; et, sans doute, il existe de très beaux monuments qui émerveillent les yeux quoiqu'ils soient faits d'une grossière matière, d'un noyau de concrétion revêtu d'enduits menteurs, de marbres appliqués, d'ornements rapportés. Mais, au regard de l'esprit, ces bâtisses ne vivent pas. Elles sont des masques, des simulacres sous lesquels se dissimule une misérable vérité. Mais, au contraire, il suffit au connaisseur de considérer une simple église de village comme il en existe encore des milliers en France, pour recevoir le choc du Beau total, et ressentir, en quelque sorte, le sentiment d'une synthèse.

Nos constructeurs des grandes époques ont toujours visiblement conçu leurs édifices d'un seul jet, et non en deux mouvements de l'esprit ou en deux séries d'opérations, les unes relatives à la forme, les autres à la matière. Si l'on me permet cette expression, ils pensaient en matériaux. D'ailleurs la magnifique qualité de la pierre dans les régions où l'architecture médiévale la plus pure s'est développée, leur était infiniment favorable à ce mode de concevoir. Si l'on considère la suite des découvertes et des réalisations qui se sont produites dans cet ordre de choses du XIIe au XIVe siècle, on assiste à une évolution bien remarquable, qui peut s'interpréter comme une lutte entre une imagination et des desseins de plus en plus hardis, un désir croissant de légèreté, de fantaisie et de richesse, et d'autre part, un sentiment de la matière et de ses propriétés qui ne s'obscurcit et ne s'égare que vers la fin de cette grande époque. Ce développement est marqué par l'accroissement de la science combinée de la structure et de la coupe des pierres, et s'achève par des prodiges et par les abus inévitables d'une virtuosité excessive. Mais avant d'en arriver à cette décadence, que de chefs-d'œuvre, quels accords extraordinairement justes entre les facteurs de l'édifice ! L'art n'a jamais approché de si près la logique et la grâce des êtres vivants, j'entends, de ceux que la nature a heureusement réussis, que dans ces œuvres admirables qui, bien différentes de celles dont la valeur se réduit à la valeur d'un décor de théâtre, supportent, et même suggèrent et imposent, le mouvement, l'examen, la réflexion. Circonstance singulière : nous ignorons entièrement les méthodes, la culture technique et théorique, les connaissances mathématiques et mécaniques de leurs grands créateurs.

Je signalerai au passage deux caractères très importants de leurs ouvrages, qui illustreront avec précision ce que je viens de dire au sujet de leur manière de concevoir. Entrez à Notre-Dame de Paris, et considérez la tranche de l'édifice qui est comprise entre deux piliers successifs de la nef. Cette tranche constitue un tout. Elle est comparable à un segment de vertébré. Au point de vue de la structure comme au point de vue de la décoration, elle est un élément intégrant complet, et visiblement complet. D'autre part, si vous portez votre attention sur les profils des formes de passage, des moulures, des nervures, des bandeaux, des arêtes qui conduisent l'œil dans ses mouvements, vous trouverez dans la compréhension de ces moyens auxiliaires si simples en eux-mêmes, une impression comparable à celle que donne en musique l'art de moduler et de transporter insensiblement d'un état dans un autre une âme d'auditeur. Mais il n'est pas besoin d'édifices considérables pour faire apparaître ces qualités supérieures. Une chapelle, une maison très simple suffisent, dans dix mille villages, à nous représenter des témoins séculaires de ce sentiment de l'intimité de la forme avec la matière, par laquelle une construction, même tout humble, a le caractère d'une production spontanée du sol où elle s'élève.

© Gallimard, coll. « Blanche », 1945 ;
coll. « Folio essais », 1988.

MICHEL TOURNIER

Le Roi des Aulnes
(1970)

 Ce passage se situe au début du roman : Abel Tiffauges, récemment abandonné par sa maîtresse, entame un journal dans lequel sont relatées ses craintes et ses pulsions les plus intimes. Le portrait dessiné esquisse une figure qui oscille entre l'ogre inquiétant des contes et la désarmante naïveté d'un géant[1].
 Ces deux traits sont prégnants dans ce passage, et Tiffauges les projette sur la cathédrale elle-même. Abel se confronte en effet d'abord au symbole de la cathédrale : il en dénonce la pompe, « ces crosses qui figurent autant de points d'interrogation, symboles de scepticisme et d'ignorance, ces cardinaux attifés dans leur pourpre comme la Putain écarlate de l'Apocalypse ». Si la cathédrale est vectrice d'images diaboliques, c'est parce qu'elle est habitée par le symbole, qui trahit un besoin de dissimulation. Mais aux palabres de Tiffauges contre l'Église se substitue progressivement l'errance du ressouvenir; l'orgue de la cathédrale est naïvement associé à l'orgue de Barbarie des fêtes foraines. Soudain déchargée de toute symbolique, la cathédrale devient un lieu insolite, ouvert à la polysémie une fois délivrée d'un sens univoque. Abel peut ainsi éprouver la curiosité émouvante du mandatum[2], « l'image de ce vieil homme chargé d'ors et de pourpre, courbé jusqu'au sol pour poser ses lèvres sur le pied nu d'un enfant ».

A. G.

15 avril 1938[1]. Hier matin, messe du jeudi saint à Notre-Dame. Je n'entre dans une église, je ne me rends à la messe qu'avec les sentiments *mêlés* qui conviennent. Car en dépit de toutes ses erreurs, Luther avait raison de dénoncer la présence de Satan sur le trône de saint Pierre[2]. Toute la hiérarchie est à la solde du Malin et porte effrontément sa livrée à la face du monde. Il faut avoir les yeux crevés par la superstition pour ne pas reconnaître dans le déploiement des fastes ecclésiastiques la pompe grotesque de Satan, ces mitres en forme de bonnets d'âne, ces crosses qui figurent autant de points d'interrogation, symboles de scepticisme et d'ignorance, ces cardinaux attifés dans leur pourpre comme la Putain écarlate de l'Apocalypse, et tout l'attirail romain, chasse-mouches et *sella gestatoria*[3] qui culmine dans la basilique de Saint-Pierre avec le monstrueux baldaquin du Cavalier Bernin[4] dont les quatre pattes et le ventre de mammouth couvrent l'autel comme pour le conchier.

Mais rien ne peut cependant tarir tout à fait la faible source qui ruisselle timidement sous cet amas d'immondices, car si Satan s'est jeté sur l'héritage du Nouveau Testament, toute lumière vient du Christ dont les prêtres sont bien obligés de se réclamer tout en bafouant son enseignement. Aussi n'est-il pas rare qu'un rai de lumière filtre à travers toute cette forêt de mensonges et de crimes, et c'est dans l'attente de cette improbable lueur que je hante de loin en loin quelque cérémonie religieuse.

Cette messe se célébrait à l'ombre funèbre du vendredi saint et gagnait en recueillement ce qu'elle perdait en éclat. Après le *Gloria*[5], les cloches sonnèrent pour la dernière fois avant le samedi saint. Puis ce fut l'oraison que l'organiste accompagna de variations sur le thème d'un choral de Bach.

Que le bon Dieu me pardonne, mais chaque fois que son instrument de musique officiel, l'orgue, fait entendre sa voix solennelle et dorée, c'est sur les chevaux de bois de la fête foraine de Gournay-en-Bray que je me retrouve. Le manège moud sa rengaine véhémente et endeuillée. Les cuisses nues des petits garçons s'écrasent contre les flancs vernis de leurs montures à demi cabrées qui menacent le ciel de leurs gueules béantes et de leurs yeux fous. L'escadron puéril plane à un mètre du sol, emporté par cette fanfare que souffle en tempête l'orgue limonaire[1], une vraie usine à musique, avec ses soupapes, ses cylindres, ses tambourins, sa forêt de tubulures, et, marquant la mesure d'un geste sec et précis, une furie aux seins exorbitants et au regard halluciné. Le souvenir qui spiritualise toute chose défunte a transformé cette cavalcade en choral contrapuntique, et c'est dans une lumière de vitrail où montent des volutes d'encens que je vois tourner, tourner les petits garçons des années mortes...

J'étais si absorbé dans ma rêverie que je fus surpris par l'Évangile et le *Mandatum*[2] qui le suit. Douze enfants de chœur assis dans les stalles font tour à tour émerger des plis de leur aube leurs petits pieds blancs dont la nudité tranche de façon émouvante au milieu de la pompe solennelle. Mgr Verdier s'agenouille successivement devant chacun d'eux. D'une aiguière[3] d'argent, il verse quelques gouttes sur un pied nu, il l'essuie avec un linge, puis, malmenant sa dignité et son embonpoint, il s'incline jusqu'à terre pour le baiser. Enfin pour remercier son jeune garçon, il lui remet un petit pain et une pièce de monnaie — comme le guerrier germain après la nuit de noces offrait la *Morgengabe*[4] à sa jeune épousée. Les enfants réagissent diversement à l'hommage. Celui-ci jette des regards effarés autour de lui, tel autre baisse les yeux d'un air recueilli, mais mon préféré qui a un visage d'ange serre les lèvres pour contenir son fou rire.

Elle est entrée pour toujours dans mon cœur, l'image de ce vieil homme chargé d'ors et de pourpre, courbé jusqu'au sol pour poser ses lèvres sur le pied nu d'un enfant. Et quelles que soient les turpitudes que l'Église doive étaler à mes yeux, je n'oublierai pas la réponse qu'elle a si profondément et si noblement donnée hier matin à la question que posait Nestor[1], il y a vingt ans, l'avant-veille de sa mort.

© Gallimard, coll. « Blanche », 1970 ;
coll. « Folio », 1975.

OSSIP MANDELSTAM

« Notre-Dame »
(1913)

Ossip Mandelstam (1891-1938) est l'un des poètes majeurs du XXe siècle. Associé à l'acméisme, courant littéraire russe envisageant la littérature comme une expérience sensible, le poète oppose aux symbolistes une conception sonore du langage, revendiqué comme création et non comme représentation. Il retire de son séjour à Paris, entre 1907 et 1908, une forte impression de Notre-Dame, à laquelle il consacre ce poème publié en 1913 dans la revue Apollon.

Le poète trouve en la cathédrale un témoignage barbare : « Là où Rome jugeait le peuple étranger / se dresse la basilique ». L'édifice est placé sous le signe de la différence : plus encore que l'autre de Rome, il est l'autre absolu. Cette altérité radicale s'exprime par un différend que la cathédrale entretient avec elle-même : « puissance égyptienne et modestie chrétienne, / chêne et roseau voisinent ». Si la cathédrale n'était qu'identique à elle-même, elle finirait écrasée par la densité de cette unité ; c'est en différant d'elle-même que la basilique parvient à se sauver : « ici les arcs-boutants ont bandé leurs forces / afin que la masse n'écrase les murs ».

Au début du poème l'évocation de la figure originelle d'Adam semble ainsi faire signe vers l'androgynie primitive et la naissance de la femme : les arcs-boutants de la cathédrale évoquent l'instant où, la côte arrachée, l'homme devient deux (« mon attention scrutait ta citadelle, lisant la monstruosité de tes côtes »). Mandelstam décèle dans la violence de cet arrachement la source de toute création véritable : « je songeais : d'une pesanteur mauvaise / je créerai moi aussi, un jour, la beauté. »

A. G.

Là où Rome jugeait le peuple étranger
se dresse la basilique, joie première,
où jouent, comme Adam jadis ses nerfs tendus,
tous les muscles de son aérienne voûte.

Mais au dehors se trahit le plan secret :
ici les arcs-boutants ont bandé leurs forces
afin que la masse n'écrase les murs
sous le lourd bélier de l'insolente voûte.

Forêt d'énigmes, spontané labyrinthe,
abîme médité de l'âme gothique,
puissance égyptienne et modestie chrétienne,
chêne et roseau voisinent, l'aplomb est roi.

Plus mon attention scrutait ta citadelle,
lisant la monstruosité de tes côtes,
plus je songeais : d'une pesanteur mauvaise
je créerai moi aussi, un jour, la beauté.

© Œuvres complètes,
traduction de Jean-Claude Schneider,
Le Bruit du temps / La Dogana, 2017.

*Familière, exotique, érotique :
vers une cathédrale fantasmée*

CHRISTINE DE PIZAN

Le Livre des faits et bonnes mœurs du sage roi Charles V
(1404)

Christine de Pizan (1364-1430), la première femme auteure de prose en langue française, raconte ici l'accident mortel d'un funambule, du haut des tours de Notre-Dame. Le funambulisme était une distraction à la mode à Paris, attestée en août 1389, à laquelle l'auteure a certainement assisté, dans l'île de la Cité, aux pieds de la cathédrale. Cet accident mêle l'anecdote et la légende formée autour du voltigeur. C'est déjà un fait divers avant l'heure.

Quelques siècles plus tard, on retrouvera le goût pour la hauteur, la fragilité et le risque chez Jean Genet dans Le Funambule *(1958), superbe poème en hommage à son ami Abdallah mort du sommet de sa corde, et chez Sylvain Tesson (voir p. 448).*

Bl. C.

OÙ L'ON RAPPORTE CE QUE LE ROI CHARLES DIT DE CELUI QUI S'ÉTAIT TUÉ POUR AVOIR FAIT TROP CONFIANCE À SON ART

Il y avait à Paris, au temps du sage roi Charles, un homme qui avait acquis une telle dextérité que, d'une manière extraordinaire, il sautait, faisait des cabrioles et un grand nombre d'acrobaties sur des cordes tendues haut en l'air, ce qui pourrait sembler, à ceux qui ne l'auraient pas vu, une chose impossible : car il tendait des cordes très minces depuis les tours de Notre-Dame de Paris jusqu'au palais de justice, et même plus loin, et sur ces cordes il sautait dans l'air et faisait des jeux d'acrobatie autant qu'il voulait, semblait-il, de telle sorte qu'on l'avait appelé l'homme volant. Je le vis, comme de nombreux autres spectateurs. Et on disait que dans cette activité on n'avait jamais vu un tel homme. Et comme de tels gens, ou de semblables, s'ingénient à faire diverses choses sans penser aux périls qu'ils peuvent encourir dans l'âme et le corps, celui-ci, à plusieurs occasions, voltigea ainsi devant le roi. Et comme, quelque temps après, le roi entendit dire que celui-ci, en voltigeant, avait manqué la corde qu'il devait saisir du pied et était tombé de si haut que son corps était en miettes, le roi dit : « Il est tout à fait impossible qu'un homme qui présume trop de son intelligence, de sa force, de son adresse ou d'un autre talent, à la fin, ne fasse une mauvaise chute. »

Traduction de Jacqueline Cerquiglini-Toulet.

ALEXANDRE DUMAS

Isabel de Bavière
(1835)

Un funambule en équilibre au sommet des deux tours de Notre-Dame, pour la plus grande joie des Parisiens : Dumas raconte la même anecdote que Christine de Pizan et d'autres, preuve que ce divertissement était en vogue au Moyen Âge.
Paru en 1835, Chroniques de France : Isabel de Bavière *est le premier roman de Dumas, connu jusqu'alors comme auteur de théâtre. S'inspirant de l'histoire des ducs de Bourgogne, il y romance des scènes historiques dramatiques du règne de Charles VI, et notamment les aventures de sa femme Isabelle (surnommée, le plus souvent pour s'en moquer, Isabeau) de Bavière (1371-1435), cette « impérieuse et adultère figure », telle qu'il la qualifie dans ses* Mémoires. *La reine fréquenta Christine de Pizan : une miniature fameuse montre l'auteure lui offrant ses* Épîtres du Débat sur le Roman de la Rose. *Les deux femmes ont donc probablement vu le même funambule — si l'on en croit Dumas —, actif à Paris au tournant des règnes de Charles V et Charles VI.*

Bl. C.

Cependant la nuit était venue, car depuis Saint-Denis on n'avait pu marcher qu'au petit pas, et les différents spectacles échelonnés le long de la route avaient grandement retardé le cortège; mais enfin l'on approchait de Notre-Dame où se rendait la reine. Le Pont-au-Change seul restait à traverser, et l'on ne croyait pas que l'on pût encore inventer quelque chose de nouveau, lorsqu'on vit tout à coup un spectacle merveilleux et inattendu : un homme vêtu comme un ange apparut au faîte des tours de Notre-Dame portant un flambeau de chaque main, et marchant sur une corde si fine, qu'à peine si elle se voyait; il descendit par-dessus les maisons semblant glisser en l'air comme par miracle, et vint en faisant une foule de tours et d'expertises se poser sur une des maisons qui bordaient le pont[1]. Lorsque la reine fut en face de lui, elle lui défendit de s'en aller par le même chemin de peur de quelque accident; mais lui, sachant bien quel motif lui avait fait donner cet ordre, n'en tint aucun compte, et remontant à reculons pour ne pas tourner le dos à sa souveraine, il regagna le sommet de la tour de la cathédrale, et s'enfonça dans la même ouverture par laquelle il était sorti. La reine demanda quel était cet homme si léger et si habile, il lui fut répondu que c'était un Génois d'origine, maître en ces sortes de jeux,

Pendant cette dernière féerie, des marchands d'oiseaux s'étaient rassemblés en grand nombre sur la route de la reine, portant en cage une foule de passereaux auxquels ils donnèrent la volée tout le long du pont, et tandis que la reine passait. C'était une vieille coutume qui faisait allusion à l'espérance que le peuple avait toujours qu'un nouveau règne donnerait le vol à de nouvelles libertés; la coutume s'est perdue, mais non l'espérance.

MICHEL DE MONTAIGNE

Essais
(vers 1580)

Dans l'« Apologie de Raymond Sebond », l'un des chapitres les plus longs et les plus cités des Essais *(livre II, chap. XII), Montaigne se livre à un examen philosophique radical, en opposant le dogmatisme au scepticisme hérité des Anciens. Il fait notamment jouer la science contre l'expérience, la raison contre l'imagination.*

*L'exemple développé par Montaigne du philosophe en proie au vertige sera repris notamment par Pascal (*Pensées, *fragment 41, éd. Le Guern, Folio classique; fragment 82 dans le classement Brunschvicg; 44 dans Lafuma) : « Le plus grand philosophe du monde sur une planche plus large qu'il ne faut, s'il y a au-dessous un précipice, quoique sa raison le convainque de sa sûreté, son imagination prévaudra. Plusieurs n'en sauraient soutenir la pensée sans pâlir et suer. »*

Que Montaigne, rédigeant son livre dans son château du Bordelais, situe son philosophe au sommet de Notre-Dame de Paris montre l'importance de la cathédrale dans l'imaginaire collectif et dans l'expérience commune.

Bl. C.

Combien donnent à la force des sens les poètes, qui font Narcisse[1] éperdu de l'amour de son ombre,

Cunctáque miratur, quibus est mirabilis ipse;
Se cupit imprudens; et qui probat, ipse probatur;
Dúmque petit, petitur; paritérque accendit et ardet[a];

et l'entendement de Pygmalion[1] si troublé par l'impression de la vue de sa statue d'ivoire, qu'il l'aime et la serve pour vive!

Oscula dat reddìque putat, sequitúrque tenetque,
Et credit tactis digitos insidere membris;
Et metuit pressos veniat ne livor in artus[b].

Qu'on loge un philosophe dans une cage de menus filets de fer clairsemés, qui soit suspendue au haut des tours Notre-Dame de Paris, il verra par raison évidente qu'il est impossible qu'il en tombe, et si[c], ne se saurait garder (s'il n'a accoutumé[d] le métier des recouvreurs) que la vue de cette hauteur extrême ne l'épouvante et ne le transisse. Car nous avons assez affaire de nous assurer[e] aux galeries qui sont en nos clochers, si elles sont façonnées à jour[f], encore qu'elles soient de pierre. Il y en a qui n'en peuvent pas seulement porter[g] la pensée. Qu'on jette une poutre entre ces deux tours, d'une grosseur telle qu'il nous

---

a. Ovide, *Métamorphoses*, livre III : « Il admire tout ce qui le rend admirable lui-même; à son insu, il se désire lui-même; il loue et c'est lui-même qui est loué; en convoitant, il est lui-même convoité; il embrase et brûle également. »

b. Ovide, *Métamorphoses*, livre X : « Il la couvre de baisers et croit qu'elle y répond; il la saisit, l'embrasse, il croit sentir son corps fléchir sous ses doigts; il craint, en la pressant, de laisser une empreinte livide. »

c. *Et si* : et pourtant.

d. *S'il n'a accoutumé* : s'il n'a pas pris l'habitude.

e. *Assurer* : rassurer.

f. *À jour* : de manière ajourée (pour que l'on voie à travers).

g. *Porter* : supporter.

la faut à[a] nous promener dessus : il n'y a sagesse philosophique de si grande fermeté qui puisse nous donner courage d'y marcher comme nous le ferions, si elle était à terre. J'ai souvent essayé[b] cela en nos montagnes de deçà (et si[c] suis de ceux qui ne s'effraient que médiocrement[d] de telles choses) que je ne pouvais souffrir la vue de cette profondeur infinie sans horreur et tremblement de jarrets et de cuisses, encore qu'il s'en fallût bien ma longueur que je ne fusse du tout au bord[e], et n'eusse su choir si je ne me fusse porté à escient[f] au danger. J'y remarquai aussi, quelque hauteur qu'il y eût, pourvu qu'en cette pente il s'y présentât un arbre ou bosse de rocher pour soutenir un peu la vue et la diviser, que cela nous allège et donne assurance, comme si c'était chose de quoi à la chute nous pussions recevoir secours ; mais que les précipices coupés[g] et unis, nous ne les pouvons pas seulement regarder sans tournoiement de tête : « *ut despici sine vertigine simul oculorum animique non possit*[1] » ; qui est une évidente imposture de la vue. Ce beau philosophe se creva les yeux pour décharger l'âme de la débauche[h] qu'elle en recevait, et pouvoir philosopher plus en liberté[2].

Mais, à ce compte, il se devait aussi faire étouper[i] les oreilles, que Théophraste[3] dit être le plus dangereux instrument que nous ayons pour recevoir des impressions violentes à nous troubler et changer, et

a. *À* : pour.
b. *Essayé* : éprouvé.
c. *Et si* : et pourtant.
d. *Médiocrement* : moyennement.
e. Alors que j'étais éloigné du bord d'une distance égale à ma taille.
f. *À escient* : consciemment, volontairement.
g. *Coupés* : à pic.
h. *Débauche* : distraction.
i. *Étouper* : boucher.

se devait priver enfin de tous les autres sens, c'est-à-dire de son être et de sa vie. Car ils ont tous cette puissance de commander notre discours[a] et notre âme. « *Fit etiam sæpe specie quadam, sæpe vocum gravitate et cantibus, ut pellantur animi vehementius; sæpe etiam cura et timore*[1]. »

Établissement du texte (orthographe et graphie modernisées) par Pierre Michel (Folio classique, 1973); voir aussi la nouvelle édition par Emmanuel Naya, Delphine Reguig et Alexandre Tarrête, Folio classique, 2009.

---

a. *Discours* : raison.

FRANÇOIS VILLON

Le Testament Villon
(1461)

François Villon (1431-1463), dans toute son œuvre et particulièrement dans son Testament, *est un chantre de Paris, du lacis de ses rues, de ses tavernes, de ses métiers. Il est l'un des premiers auteurs à forger la légende du vieux Paris : le Paris nocturne, le Paris de l'errance, celui des mauvais garçons et des rencontres de fortune.*

Dans ce paysage parisien, ce n'est pas la silhouette de la cathédrale que Villon retient, comme tant d'autres poètes, mais le son de sa grosse cloche, la Jacqueline, qu'il voudrait voir sonner pour son enterrement. Cette grosse cloche orgueilleuse, qui s'était brisée et avait dû être refondue en 1430, emblématise pour Villon les contrastes qu'il affectionne, les tensions qui caractérisent son œuvre, avec le secret espoir, dans un texte qui se veut un testament, de ne pas mourir.

Bl. C.

CLXXIX

Item, je veux qu'on sonne à la volée	*Item, je vueil qu'on sonne a bransle*
Le gros bourdon qui est de verre[1],	*Le groz beffroy qui est de voirre,*
Bien qu'il fasse trembler tous les cœurs	*Combien qu'il n'est cueur qui ne tremble*

Quand il est en train de sonner.	Quant de sonner est a son erre.
Il a sauvé de bien belles terres	Sauvé a mainte belle terre,
Au temps passé, chacun le sait.	Le temps passé, chascun le scet :
Mercenaires ou tonnerre,	Feussent gens d'armes ou tonnoire,
Quand il sonnait, tout mal cessait.	Au son de luy tout mal cessoit.

CLXXX

Les sonneurs auront quatre miches,	Les sonneurs auront quatre miches,
Et si c'est peu, une demi-douzaine	Et se c'est peu, demye douzaine
— Les plus riches n'en donnent pas tant —	— Autant n'en donnent les plus riches —
Mais ce seront miches de saint Étienne[1].	Mais ilz seront de saint Estienne.
Volant[2] est un homme dur à la peine,	Volant est homme de grant peine :
Il sera l'un d'eux; à y réfléchir,	L'un en sera; quant g'y regarde,
Il en vivra une semaine.	Il en vivra une sepmaine.
Et l'autre? Eh bien, Jean de la Garde[3].	Et l'autre? Auffort, Jehan de la Garde.

© Traduction et annotation
de Jacqueline Cerquiglini-Toulet,
Œuvres complètes,
Gallimard, Bibliothèque de la Pléiade, 2014.

LÉO FERRÉ

Les Cloches de Notre-Dame
(1953)

Enregistrée en 1953 alors que Léo Ferré est encore un interprète peu connu, la chanson Les Cloches de Notre-Dame, *composée par l'artiste, fait partie de l'album* Paris canaille, *exploration des monuments et de la gouaille de la capitale.*

En musicien, Léo Ferré s'adresse directement aux cloches de la cathédrale pour qu'elles chantent avec les pauvres. Il distingue ainsi la cathédrale lugubre du glas, qui pleure les puissants, de la cathédrale lumineuse et révoltée des carillons, qui sonnent à leur guise.

A. G.

Cloches de Notre-Dame à Paris
Qui sonnez les glas et les carillons
Qui sonnez la joie et la peine
Cloches de Notre-Dame à Paris
Vous êtes vieilles comme le monde
Vous êtes pauvres comme la Seine
Vous êtes tendres comme le bronze
Cloches de Notre-Dame à Paris
Cessez vos glas et vos carillons
Et penchez-vous un peu du côté d'Aubervilliers ou
   des Lilas

Et chantez le bonheur de ceux qui n'en auront jamais
Cloches de Notre-Dame à Paris
Qui sonnez chaque mort d'évêque
Sonnez un jour une nuit au hasard comme ça toutes
 seules

Ça mettra les gens en bas de leur lit
De leur lit douillet à Paris
Et ça fera peut-être peur
Aux imbéciles.

© Les Nouvelles Éditions Méridian /
La Mémoire et la Mer.

LOUIS ARAGON

« Le Paysan de Paris chante »
(1943)
(*En étrange pays dans mon pays lui-même*, 1947)

Composé en 1943 pendant la guerre alors qu'Aragon est exilé en zone sud, « Le Paysan de Paris chante » est empreint d'une nostalgie qui se manifeste jusque dans son titre, évocation de son récit Le Paysan de Paris *publié en 1926.*

Paris, d'abord découvert par un regard empli d'une candeur pastorale, est redécouvert par le truchement des photographies : hier insolite, aujourd'hui lointain. Paris se révèle désormais sous le signe de l'aube et d'un adieu aux rêves. Dans ce cadre, Notre-Dame apparaît comme l'indice du matin, le lieu où les rêves échouent. Comme un « aimant » sorti de l'eau, la cathédrale est invoquée pour son aspect compact et terrestre qui condense les vapeurs du rêve et abrège les hésitations de la nuit.

A. G.

Comme on laisse à l'enfant pour qu'il reste tranquille
Des objets sans valeur traînant sur le parquet
Peut-être devinant quel alcool me manquait
Le hasard m'a jeté des photos de ma ville
Les arbres de Paris ses boulevards ses quais

Il a le front changé d'un acteur qu'on défarde
Il a cet œil hagard des gens levés trop tôt

C'est pourtant mon Paris sur ces vieilles photos
Mais ce sont les fusils des soldats de la Garde
Si comme ces jours-ci la rue est sans autos

L'air que siffle un passant vers soixante dut plaire
Sous les fers des chevaux les pavés sont polis
Un immeuble m'émeut que j'ai vu démoli
Cet homme qui s'en va n'est-ce pas Baudelaire
Ce luxe flambant neuf la rue de Rivoli

J'aime m'imaginer le temps des crinolines[1]
Le Louvre était fermé du côté Tuileries
Par un château chantant dans le soir des soieries[2]
Les lustres brillaient trop à minuit pour le spleen
Le spleen a la couleur des bleus d'imprimerie

Il se fait un silence à la fin des quadrilles
Paris rêve et qui sait quels rêves sont les siens
Ne le demandez pas aux Académiciens
Le secret de Paris n'est pas au bal Mabille[3]
Et pas plus qu'à la Cour au conseil des Anciens[4]

Paris rêve et jamais il n'est plus redoutable
Plus orageux jamais que muet mais rêvant
De ce rêve des ponts sous leurs arches de vent
De ce rêve aux yeux blancs qu'on voit aux dieux des fables
De ce rêve mouvant dans les yeux des vivants

Paris rêve et de quoi rêve-t-il à cette heure
Quelle ombre traîne-t-il sur sa lumière entée[5]
Il a des revenants pis qu'un château hanté
Et comme à ce lion qui rêve du dompteur
Le rêve est une terre à ce nouvel Antée[6]

Paris s'éveille et c'est le peuple de l'aurore
Qui descend du fond des faubourgs à pas brumeux

Ils semblent ignorer ce qui déjà les meut
L'air a lavé déjà leurs grands fronts incolores
Des songes mal peignés y pâlissent comme eux

Qui n'a pas vu le jour se lever sur la Seine
Ignore ce que c'est que ce déchirement
Quand prise sur le fait la nuit qui se dément
Se défend se défait les yeux rouges obscène
Et Notre-Dame sort des eaux comme un aimant

Qu'importe qu'aujourd'hui soit le Second Empire
Et que ce soit Paris plutôt que n'importe où
Tous les petits matins ont une même toux
Et toujours l'échafaud vaguement y respire
C'est une aube sans premier métro voilà tout

Toute aube est pour quelqu'un la peine capitale
À vivre condamné que le sommeil trompa
Et la réalité trace avec son compas
Ce triste trait de craie à l'orient des Halles
Les contes ténébreux ne le dépassent pas

Paris s'éveille et moi pour retrouver ces mythes
Qui nous brûlaient le sang dans notre obscurité
Je mettrai dans mes mains mon visage irrité
Que renaisse le chant que les oiseaux imitent
Et qui répond Paris quand on dit liberté.

© *Œuvres poétiques complètes*, t. I,
édition sous la direction d'Olivier Barbarant,
Gallimard, Bibliothèque de la Pléiade, 2007.

ÉMILE ZOLA

L'Œuvre
(1886)

Quatorzième tome de la série des Rougon-Macquart, L'Œuvre porte sur le monde de l'art : il traite des affres de la création artistique et de la souffrance de l'artiste face à l'incompréhension du public. C'est aussi un grand roman d'amitié, et sans doute le plus autobiographique des romans de Zola. On suit le parcours de deux amis d'enfance; l'un deviendra peintre, Claude Lantier, mais cantonné au Salon des refusés; l'autre écrivain, Sandoz, mais, lui, écrivain à succès. Zola transpose ici sa relation avec Manet, de leur Provence natale jusqu'à Paris. Claude incarne la figure de l'artiste tourmenté, intransigeant, obnubilé par son œuvre et aveugle à l'amour qui s'offre à lui.

Le roman contient parmi les plus belles descriptions de Paris qu'on rencontre dans la littérature. Paris incarne pour Claude une source d'inspiration lumineuse et vivifiante, à l'opposé de l'atelier clos et lugubre. La capitale est aussi symbole de défi et de promesses pour l'artiste à qui le succès est refusé.

Le premier extrait décrit une promenade familière de Claude et Christine : longtemps amis avant d'être amants, leur cristallisation amoureuse se joue dans ce tableau parisien, à la fois rassurant et étrange. La puissance de ce cœur de Paris — l'île de la Cité — leur communique une force qui les rapproche, dans une même jouissance esthétique du paysage. Zola évoque des éléments que l'on retrouvera dans tous les textes portant sur le « vieux Paris » : les péniches déambulant sur la Seine, les boîtes de bouquinistes, les marchés aux fleurs... et la présence de la cathédrale, figure de proue d'un glorieux paysage.

Le second extrait se situe plus avant dans le roman : Claude et Christine, désormais en ménage et parents d'un petit Jacques, vivent dans la misère; Claude est obsédé par la réalisation de son chef-d'œuvre, qui lui apporterait la reconnaissance de ses pairs. La description de la cathédrale, lors d'une nouvelle promenade au même endroit, offre une véritable scène d'apparition esthétique et magique.

Bl. C.

Dans le ciel pâle, des dômes de monuments bleuissaient. Comme ils arrivaient au pont Saint-Louis, il dut lui nommer Notre-Dame qu'elle ne reconnaissait pas, vue ainsi du chevet, colossale et accroupie entre ses arcs-boutants, pareils à des pattes au repos, dominée par la double tête de ses tours, au-dessus de sa longue échine de monstre. Mais leur trouvaille, ce jour-là, ce fut la pointe occidentale de l'île, cette proue de navire continuellement à l'ancre, qui, dans la fuite des deux courants, regarde Paris sans jamais l'atteindre. Ils descendirent un escalier très raide, ils découvrirent une berge solitaire, plantée de grands arbres; et c'était un refuge délicieux, un asile en pleine foule, Paris grondant alentour, sur les quais, sur les ponts, pendant qu'ils goûtaient au bord de l'eau la joie d'être seuls, ignorés de tous. Dès lors, cette berge fut leur coin de campagne, le pays de plein air où ils profitaient des heures de soleil, quand la grosse chaleur de l'atelier, où le poêle rouge ronflait, les suffoquait et commençait à chauffer leurs mains d'une fièvre dont ils avaient peur.

Cependant, jusque-là, Christine refusait de se laisser accompagner plus loin que le Mail¹. Au quai des Ormes², elle congédiait toujours Claude, comme si Paris, avec sa foule et ses rencontres possibles, eût commencé à cette longue file de quais, qu'il lui fallait suivre. Mais Passy était si loin, et elle s'ennuyait tant à faire seule une course pareille, que peu à peu elle céda, lui permettant d'abord de pousser jusqu'à l'Hôtel de Ville, puis jusqu'au Pont-Neuf, puis jusqu'aux Tuileries. Elle oubliait le danger, tous deux s'en allaient maintenant bras dessus bras dessous, comme un jeune ménage ; et cette promenade sans cesse répétée, cette marche lente sur le même trottoir, du côté de l'eau, avait pris un charme infini, une jouissance de bonheur telle, qu'ils ne devaient jamais en éprouver de plus vive. Ils étaient l'un à l'autre, profondément, sans s'être donnés encore. Il semblait que l'âme de la grande ville, montant du fleuve, les enveloppât de toutes les tendresses qui avaient battu dans ces vieilles pierres, au travers des âges.

Depuis les grands froids de décembre, Christine ne venait plus que l'après-midi ; et c'était vers quatre heures lorsque le soleil déclinait, que Claude la reconduisait à son bras. Par les jours de ciel clair, dès qu'ils débouchaient du pont Louis-Philippe, toute la trouée des quais, immense, à l'infini, se déroulait. D'un bout à l'autre, le soleil oblique chauffait d'une poussière d'or les maisons de la rive droite ; tandis que la rive gauche, les îles, les édifices, se découpaient en une ligne noire, sur la gloire enflammée du couchant. Entre cette marge éclatante et cette marge sombre, la Seine pailletée luisait, coupée des barres minces de ses ponts, les cinq arches du pont Notre-Dame sous l'arche unique du pont d'Arcole, puis le pont au Change, puis le Pont-Neuf, de plus en plus fins, montrant chacun, au-delà de son ombre, un vif coup de lumière, une eau de satin bleu, blanchissant dans un reflet de miroir; et, pendant que les découpures crépusculaires de gauche se terminaient par la silhouette des tours pointues du Palais de Justice, charbonnées durement sur le vide, une courbe molle s'arrondissait à droite dans la clarté, si allongée et si perdue, que le pavillon de Flore, tout là-bas, qui s'avançait comme une citadelle, à l'extrême pointe, semblait un château du rêve, bleuâtre, léger et tremblant, au milieu des fumées roses de l'horizon. Mais eux, baignés de soleil sous les platanes sans feuilles, détournaient les yeux de cet éblouissement, s'égayaient à certains coins, toujours les mêmes, un surtout, le pâté de maisons très vieilles, au-dessus du Mail : en bas, de petites boutiques de quincaillerie et d'articles de pêche à un étage, surmontées de terrasses, fleuries de lauriers et de vignes vierges, et, par-derrière, des maisons plus hautes, délabrées, étalant des linges aux fenêtres, tout un entassement de constructions baroques, un enchevêtrement de planches et de maçonneries, de murs croulants et de jardins suspendus, où des boules de verre allumaient des étoiles. Ils marchaient, ils délaissaient bientôt les grands bâtiments qui suivaient, la Caserne, l'Hôtel de Ville, pour s'intéresser, de l'autre côté du fleuve, à la Cité, serrée dans ses murailles droites et lisses, sans berge. Au-dessus des maisons assombries, les tours de Notre-Dame, resplendissantes, étaient comme dorées à neuf. Des boîtes de bouquinistes commençaient à envahir les parapets ; une péniche, chargée de charbon, luttait contre le courant terrible, sous une arche du pont Notre-Dame. Et là, les jours de marché aux fleurs, malgré la rudesse de la saison, ils s'arrêtaient à respirer les premières violettes et les giroflées hâtives. Sur la gauche, cependant, la rive se découvrait et se prolongeait : au-delà des poivrières du Palais de Justice, avaient paru les petites maisons blafardes du quai de l'Horloge, jusqu'à la touffe d'arbres du terre-plein; puis, à mesure qu'ils avançaient, d'autres quais sortaient de la brume, très loin, le quai Voltaire, le quai Malaquais, la coupole de l'Institut, le bâtiment carré de la Monnaie, une longue barre grise de façades dont on ne distinguait même pas les fenêtres, un promontoire de toitures que les poteries des cheminées faisaient ressembler à une falaise rocheuse, s'enfonçant au milieu d'une mer phosphorescente. En face, au contraire, le pavillon de Flore sortait du rêve, se solidifiait dans la flambée dernière de l'astre. Alors, à droite, à gauche aux deux bords de l'eau, c'étaient les profondes perspectives du boulevard Sébastopol et du boulevard du Palais; c'étaient les bâtisses neuves du quai de la Mégisserie, la nouvelle Préfecture de police en face, le vieux Pont-Neuf, avec la tache d'encre de sa statue; c'étaient le Louvre, les Tuileries, puis, au fond, par-dessus Grenelle, les lointains sans borne, les coteaux de Sèvres, la campagne noyée d'un ruissellement de rayons. Jamais Claude n'allait plus loin, Christine toujours l'arrêtait avant le Pont-Royal, près des grands arbres des bains Vigier; et, quand ils se retournaient pour échanger encore une poignée de main, dans l'or du soleil devenu rouge, ils regardaient en arrière, ils retrouvaient à l'autre horizon l'île Saint-Louis, d'où ils venaient, une fin confuse de capitale, que la nuit gagnait déjà, sous le ciel ardoisé de l'orient.

Ah! que de beaux couchers de soleil ils eurent, pendant ces flâneries de chaque semaine! Le soleil les accompagnait dans cette gaieté vibrante des quais, la vie de la Seine, la danse des reflets au fil du courant, l'amusement des boutiques chaudes comme des serres, et les fleurs en pot des grainetiers, et les cages assourdissantes des oiseliers, tout ce tapage de sons et de couleurs qui fait du bord de l'eau l'éternelle jeunesse des villes. Tandis qu'ils avançaient, la braise ardente du couchant s'empourprait à leur gauche, au-dessus de la ligne sombre des maisons ; et l'astre semblait les attendre, s'inclinait à mesure, roulait lentement vers les toits lointains, dès qu'ils avaient dépassé le pont Notre-Dame, en face du fleuve élargi. Dans aucune futaie séculaire, sur aucune route de montagne, par les prairies d'aucune plaine, il n'y aura jamais des fins de jour aussi triomphales que derrière la coupole de l'Institut. C'est Paris qui s'endort dans sa gloire. À chacune de leurs promenades, l'incendie changeait, des fournaises nouvelles ajoutaient leurs brasiers à cette couronne de flammes. Un soir qu'une averse venait de les surprendre, le soleil, reparaissant derrière la pluie, alluma la nuée tout entière, et il n'y eut plus sur leurs têtes que cette poussière d'eau embrasée, qui s'irisait de bleu et de rose.

[...]

Au pont des Saints-Pères, Claude, désespéré, s'arrêta. Il avait quitté le bras de Christine, il s'était retourné vers la pointe de la Cité. Elle sentait le détachement qui s'opérait, elle devenait très triste ; et, le voyant s'oublier là, elle voulut le reprendre.

« Mon ami, rentrons, il est l'heure... Jacques nous attend, tu sais. »

Mais il s'avança jusqu'au milieu du pont. Elle dut le suivre. De nouveau, il demeurait immobile, les yeux toujours fixés là-bas, sur l'île continuellement à l'ancre, sur ce berceau et ce cœur de Paris, où depuis des siècles vient battre tout le sang de ses artères, dans la perpétuelle poussée des faubourgs qui envahissent la plaine. Une flamme était montée à son visage, ses yeux s'allumaient, il eut enfin un geste large.

« Regarde ! regarde ! »

D'abord, au premier plan, au-dessous d'eux, c'était le port Saint-Nicolas, les cabines basses des bureaux de la navigation, la grande berge pavée qui descend, encombrée de tas de sable, de tonneaux et de sacs, bordée d'une file de péniches encore pleines, où grouillait un peuple de débardeurs, que dominait le bras gigantesque d'une grue de fonte ; tandis que, de l'autre côté de l'eau, un bain froid, égayé par les éclats des derniers baigneurs de la saison, laissait flotter au vent les drapeaux de toile grise qui lui servaient de toiture. Puis, au milieu, la Seine vide montait, verdâtre avec des petits flots dansants, fouettée de blanc, de bleu et de rose. Et le pont des Arts établissait un second plan, très haut sur ses charpentes de fer, d'une légèreté de dentelle noire, animé du perpétuel va-et-vient des piétons, une chevauchée de fourmis, sur la mince ligne de son tablier. En dessous, la Seine continuait, au loin ; on voyait les vieilles arches du Pont-Neuf, bruni de la rouille des pierres ; une trouée s'ouvrait à gauche, jusqu'à l'île Saint-Louis, une fuite de miroir d'un raccourci aveuglant ; et l'autre bras tournait court, l'écluse de la Monnaie semblait boucher la vue de sa barre d'écume. Le long du Pont-Neuf, de grands omnibus jaunes, des tapissières bariolées, défilaient avec une régularité mécanique de jouets d'enfant. Tout le fond s'encadrait là, dans les perspectives des deux rives : sur la rive droite, les maisons des quais, à demi cachées par un bouquet de grands arbres, d'où émergeaient, à l'horizon, une encoignure de l'Hôtel de Ville et le clocher carré de Saint-Gervais, perdus dans une confusion de faubourg ; sur la rive

gauche, une aile de l'Institut, la façade plate de la
Monnaie, des arbres encore, en enfilade. Mais ce qui
tenait le centre de l'immense tableau, ce qui montait du fleuve, se haussait, occupait le ciel, c'était
la Cité, cette proue de l'antique vaisseau, éternellement dorée par le couchant. En bas, les peupliers
du terre-plein verdissaient en une masse puissante,
cachant la statue. Plus haut, le soleil opposait les
deux faces, éteignant dans l'ombre les maisons
grises du quai de l'Horloge, éclairant d'une flamblée les maisons vermeilles du quai des Orfèvres,
des files de maisons irrégulières, si nettes, que l'œil
en distinguait les moindres détails, les boutiques,
les enseignes, jusqu'aux rideaux des fenêtres. Plus
haut, parmi la dentelure des cheminées, derrière
l'échiquier oblique des petits toits, les poivrières[1] du
Palais et les combles de la Préfecture étendaient des
nappes d'ardoises, coupées d'une colossale affiche
bleue, peinte sur un mur, dont les lettres géantes,
vues de tout Paris, étaient comme l'efflorescence de
la fièvre moderne au front de la ville. Plus haut, plus
haut encore, par-dessus les tours jumelles de Notre-
Dame, d'un ton de vieil or, deux flèches s'élançaient,
en arrière la flèche de la cathédrale, sur la gauche
la flèche de la Sainte-Chapelle[2], d'une élégance si
fine, qu'elles semblaient frémir à la brise, hautaine
mâture du vaisseau séculaire, plongeant dans la
clarté, en plein ciel.

« Viens-tu, mon ami ? » répéta Christine doucement.

Claude ne l'écoutait toujours pas, ce cœur de Paris
l'avait pris tout entier. La belle soirée élargissait
l'horizon. C'étaient des lumières vives, des ombres
franches, une gaieté dans la précision des détails,
une transparence de l'air vibrante d'allégresse. Et la
vie de la rivière, l'activité des quais, cette humanité

dont le flot débouchait des rues, roulait sur les ponts, venait de tous les bords de l'immense cuve, fumait là en une onde visible, en un frisson qui tremblait dans le soleil. Un vent léger soufflait, un vol de petits nuages roses traversait très haut l'azur pâlissant, tandis qu'on entendait une palpitation énorme et lente, cette âme de Paris épandue autour de son berceau.

> Édition d'Henri Mitterand, préface de Bruno Foucart,
> Folio classique, 1982.

HONORÉ DE BALZAC

Les Proscrits
(1831)

et

L'Envers de l'histoire contemporaine
(1854)

Marque du réel et lieu d'une fréquentation familière, la cathédrale peut néanmoins dépayser celui qui l'aborde.

Les Proscrits, *publié en 1831, fait partie de la section* « Études philosophiques » *de* La Comédie humaine. *Situé au Moyen Âge, le récit relate un épisode imaginaire de la vie de Dante qui se serait réfugié à Paris, logeant anonymement avec le jeune Godefroid chez le sergent de ville Tirechair près de Notre-Dame. Quant à* L'Envers de l'histoire contemporaine, *c'est le dernier roman de Balzac, qui clôt* La Comédie humaine. *Bien qu'il fût édité en volume après la mort de l'auteur, en 1850, la première partie du récit est parue dans la presse dès 1842. Le héros, lui aussi appelé Godefroid, rencontre les Frères de la consolation, une société secrète qui œuvre au bien sous la direction de Mme de La Chanterie.*

Les deux intrigues se déroulent sous la même « ombre froide », *celle de Notre-Dame. Les alentours de la cathédrale apparaissent comme une enclave en suspens, hors de la ville et du temps. Tout le district se contracte autour de l'orbite de la basilique qui semble épuiser la vitalité du lieu. La pesanteur de la cathédrale affecte la topographie du quartier (« le sol s'y est tellement exhaussé devant et autour de la cathédrale, qu'il n'existe pas vestige des douze degrés par lesquels on y montait jadis ») et détermine son climat (« les vents d'est s'y engouffrent sans rencontrer d'obstacles, et les brouillards de la Seine y sont en quelque sorte retenus par les noires parois de la vieille église métropolitaine* »). *Contrairement à ce que ses convictions conservatrices pourraient laisser présager, les descriptions de Balzac se situent à mille lieues d'une évocation nostalgique de la cathédrale, symbole de la féodalité et de la chrétienté. Ce lieu* « *mélancolique* » *n'appartient pas plus au Moyen Âge qu'à la modernité :* « *Alors comme aujourd'hui, Paris n'avait pas de lieu plus solitaire.* »

Cette désolation recèle pourtant le cœur d'un ange (Mme de La Chanterie) et l'âme d'un poète (Dante). Épuisant son lieu, la cathédrale donne vie à un désert, seul refuge où peuvent s'émouvoir les « *graves pensées* ».

A. G.

Les Proscrits

En 1308, il existait peu de maisons sur le Terrain formé par les alluvions et par les sables de la Seine, en haut de la Cité, derrière l'église Notre-Dame. Le premier qui osa se bâtir un logis sur cette grève soumise à de fréquentes inondations, fut un sergent de la ville de Paris qui avait rendu quelques menus services à messieurs du chapitre Notre-Dame[1] ; en récompense, l'évêque lui bailla vingt-cinq perches[2] de terre, et le dispensa de toute censive[3] ou redevance pour le fait de ses constructions. Sept ans avant le jour où commence cette histoire, Joseph Tirechair, l'un des plus rudes sergents de Paris[4], comme son nom le prouve, avait donc, grâce à ses droits dans les amendes par lui perçues pour les délits commis ès rues[5] de la Cité, bâti sa maison au bord de la Seine, précisément à l'extrémité de la rue du Port-Saint-Landry. Afin de garantir de tout dommage les marchandises déposées sur le port, la ville avait construit une espèce de pile en maçonnerie qui se voit encore sur quelques vieux plans de Paris, et qui préservait le pilotis du port en soutenant à la tête du Terrain les efforts des eaux et des glaces ; le sergent en avait profité pour asseoir son logis, en sorte qu'il fallait monter plusieurs marches pour arriver chez lui. Semblable à toutes les maisons du temps, cette bicoque était surmontée d'un toit pointu qui figurait au-dessus de la façade la moitié supérieure d'une losange[1]. Au regret des historiographes, il existe à peine un ou deux modèles de ces toits à Paris. Une ouverture ronde éclairait le grenier dans lequel la femme du sergent faisait sécher le linge du Chapitre, car elle avait l'honneur de blanchir Notre-Dame, qui n'était certes pas une mince pratique. Au premier étage étaient deux chambres qui, bon an, mal an, se louaient aux étrangers à raison de quarante sous parisis[2] pour chacune, prix exorbitant justifié d'ailleurs par le luxe que Tirechair avait mis dans leur ameublement. Des tapisseries de Flandre garnissaient les murailles ; un grand lit orné d'un tour en serge[3] verte, semblable à ceux des paysans, était honorablement fourni de matelas et recouvert de bons draps en toile fine. Chaque réduit avait son chauffe-doux, espèce de poêle dont la description est inutile. Le plancher soigneusement entretenu par les apprenties de la Tirechair, brillait comme le bois d'une châsse. Au lieu d'escabelles, les locataires avaient pour sièges de grandes *chaires* en noyer sculpté, provenues sans doute du pillage de quelque château. Deux bahuts incrustés en étain, une table à colonnes torses, complétaient un mobilier digne des chevaliers bannerets[4] les mieux huppés que leurs affaires amenaient à Paris. Les vitraux de ces deux chambres donnaient sur la rivière. Par l'une, vous n'eussiez pu voir que les rives de la Seine et les trois îles désertes dont les deux premières ont été réunies plus tard et forment l'île Saint-Louis aujourd'hui, la troisième était l'île Louviers. Par l'autre, vous auriez aperçu à travers une échappée du port Saint-Landry, le quartier de la Grève, le pont Notre-Dame avec ses maisons, les hautes tours du Louvre récemment bâties par Philippe-Auguste, et qui dominaient ce Paris chétif et pauvre, lequel suggère à l'imagination des poètes modernes tant de fausses merveilles[1]. Le bas de la maison à Tirechair, pour nous servir de l'expression alors en usage, se composait d'une grande chambre où travaillait sa femme, et par où les locataires étaient obligés de passer pour se rendre chez eux, en gravissant un escalier pareil à celui d'un moulin. Puis derrière, se trouvaient la cuisine et la chambre à coucher, qui avaient vue sur la Seine. Un petit jardin conquis sur les eaux étalait au pied de cette humble demeure ses carrés de choux verts, ses oignons et quelques pieds de rosiers défendus par des pieux formant une espèce de haie. Une cabane construite en bois et en boue servait de niche à un gros chien, le gardien nécessaire de cette maison isolée. À cette niche commençait une enceinte où criaient des poules dont les œufs se vendaient aux chanoines. Çà et là, sur le Terrain fangeux ou sec, suivant les caprices de l'atmosphère parisienne, s'élevaient quelques petits arbres incessamment battus par le vent, tourmentés, cassés par les promeneurs ; des saules vivaces, des joncs et de hautes herbes. Le Terrain, la Seine, le Port, la maison étaient encadrés à l'ouest par l'immense basilique de Notre-Dame, qui projetait au gré du soleil son ombre froide sur cette terre. Alors comme aujourd'hui, Paris n'avait pas de lieu plus solitaire, de paysage plus solennel ni plus mélancolique. La grande voix des eaux, le chant des prêtres ou le sifflement du vent troublaient

Charles Meryon, *Notre-Dame de Paris* (1854)

seuls cette espèce de bocage, où parfois se faisaient aborder quelques couples amoureux pour se confier leurs secrets, lorsque les offices retenaient à l'église les gens du chapitre.

Louis Lambert, suivi de *Jésus-Christ en Flandre*
et Les Proscrits, édition de Samuel S. de Sacy,
préface de Raymond Abellio, Folio classique, 1980.

L'Envers de l'histoire contemporaine

En 1836, par une belle soirée du mois de septembre, un homme d'environ trente ans restait appuyé au parapet de ce quai[1] d'où l'on peut voir à la fois la Seine, en amont, depuis le Jardin des Plantes jusqu'à Notre-Dame, et en aval, la vaste perspective de la rivière jusqu'au Louvre. Il n'existe pas deux semblables points de vue dans la capitale des idées. On se trouve comme à la poupe de ce vaisseau devenu gigantesque. On y rêve Paris depuis les Romains jusqu'aux Francs, depuis les Normands jusqu'aux Bourguignons, le Moyen Âge, les Valois, Henri IV et Louis XIV, Napoléon et Louis-Philippe. De là, toutes ces dominations offrent quelques vestiges ou des monuments qui les rappellent au souvenir. Sainte-Geneviève couvre de sa coupole le quartier latin. Derrière vous s'élève le magnifique chevet de la cathédrale. L'Hôtel de Ville vous parle de toutes les révolutions, et l'Hôtel-Dieu de toutes les misères de Paris. Quand vous avez entrevu les splendeurs du Louvre, en faisant deux pas vous pouvez voir les haillons de cet ignoble pan de maisons situées entre le quai de la Tournelle et l'Hôtel-Dieu, que les modernes échevins s'occupent en ce moment de faire disparaître.

En 1835, ce tableau merveilleux avait un enseignement de plus : entre le Parisien appuyé au parapet et la cathédrale, le Terrain, tel est le vieux nom de ce lieu désert, était encore jonché des ruines de l'archevêché. Lorsque l'on contemple de là tant d'aspects inspirateurs, lorsque l'âme embrasse le passé comme le présent de la ville de Paris, la Religion semble logée là comme pour étendre ses deux mains sur les douleurs de l'une et l'autre rive, aller du faubourg Saint-Antoine au faubourg Saint-Marceau. Espérons que tant de sublimes harmonies seront complétées par la construction d'un palais épiscopal dans le genre gothique, qui remplacera les masures sans caractère assises entre le Terrain, la rue d'Arcole, la cathédrale et le quai de la Cité.

Ce point, le cœur de l'ancien Paris, en est l'endroit le plus solitaire, le plus mélancolique. Les eaux de la Seine s'y brisent à grand bruit, la cathédrale y jette ses ombres au coucher du soleil. On comprend qu'il s'y émeuve de graves pensées chez un homme atteint de quelque maladie morale. Séduit peut-être par un accord entre ses idées du moment et celles qui naissent à la vue de scènes si diverses, le promeneur restait les mains sur le parapet, en proie à une double contemplation : Paris et lui ! Les ombres grandissaient, les lumières s'allumaient au loin, et il ne s'en allait pas, emporté qu'il était au courant d'une de ces méditations grosses de notre avenir, et que le passé rend solennelles.

En ce moment, il entendit venir à lui deux personnes dont la voix l'avait frappé dès le pont en pierre qui réunit l'île de la Cité au quai de la Tournelle. Ces deux personnes se croyaient sans doute seules, et parlaient un peu plus haut qu'elles ne l'eussent fait en des lieux fréquentés, ou si elles se fussent aperçues de la présence d'un étranger. Dès le pont, les voix annonçaient une discussion qui, par quelques paroles apportées à l'oreille du témoin involontaire de cette scène, étaient relatives à un prêt d'argent. En arrivant auprès du promeneur, l'une des deux personnes, mise comme l'est un ouvrier, quitta l'autre par un mouvement de désespoir. L'autre se retourna, rappela l'ouvrier et lui dit : « Vous n'avez pas un sou pour repasser le pont. Tenez, ajouta-t-il en lui donnant une pièce de monnaie, et souvenez-vous, mon ami, que c'est Dieu lui-même qui nous parle quand il nous vient de bonnes pensées ! »

[...]

Chez un homme habitué à dépenser six mille francs quand il en avait cinq, ce n'était pas une petite entreprise que de se réduire à vivre de deux mille francs. Il lut tous les matins *Les Petites Affiches*, espérant y trouver un asile où ses dépenses pussent être fixées, où il pût jouir de la solitude nécessaire à un homme qui voulait se replier sur lui-même, s'examiner, se donner une vocation. Les mœurs des pensions bourgeoises du quartier latin choquèrent sa délicatesse, les maisons de santé lui parurent malsaines, et il allait retomber dans les fatales irrésolutions des gens sans volonté, lorsqu'il fut frappé par l'annonce suivante :

> *Petit logement de soixante-dix francs par mois, pouvant convenir à un ecclésiastique. On veut un locataire tranquille ; il trouverait la table, et l'on meublerait l'appartement à des prix modérés en cas de convenance mutuelle.*
>
> *S'adresser rue Chanoinesse, près Notre-Dame, à*

monsieur Millet, épicier, qui donnera tous les renseignements désirables.

Séduit par la bonhomie cachée sous cette rédaction et par le parfum de bourgeoisie qui s'en exhalait, Godefroid était venu vers quatre heures chez l'épicier, qui lui avait dit que madame de La Chanterie dînait en ce moment et ne recevait personne pendant ses repas. Cette dame était visible le soir après sept heures, ou le matin de dix heures à midi. Tout en parlant, monsieur Millet examinait Godefroid et lui faisait subir, selon l'expression des magistrats, un premier degré d'instruction.

— Monsieur était-il garçon? Madame voulait une personne de mœurs réglées; on fermait la porte à onze heures au plus tard. Monsieur, dit-il en terminant, me paraît d'ailleurs d'un âge à convenir à madame de La Chanterie.

— Quel âge me donnez-vous donc? demanda Godefroid.

— Quelque chose comme quarante ans, répondit l'épicier.

Cette naïve réponse jeta Godefroid dans un accès de misanthropie et de tristesse; il alla dîner sur le quai de la Tournelle, et revint contempler Notre-Dame au moment où les feux du soleil couchant ruisselaient en se brisant dans les arcs-boutants multipliés du chevet. Le quai se trouve alors dans l'ombre quand les tours brillent bordées de lueurs, et ce contraste frappa Godefroid en proie à toutes les amertumes que la cruelle naïveté de l'épicier avait remuées.

Ce jeune homme flottait donc entre les conseils du désespoir et la voix touchante des harmonies religieuses mises en branle par la cloche de la cathédrale, quand, au milieu des ombres, du silence, aux clartés de la lune, il entendit la phrase du prêtre. Quoique peu dévot, comme la plupart des enfants de ce siècle, sa sensibilité s'émut à cette parole, et il revint rue Chanoinesse, où il ne voulait déjà plus aller.

Le prêtre et Godefroid furent aussi étonnés l'un que l'autre d'entrer dans la rue Massillon, qui fait face au petit portail nord de la cathédrale, de tourner ensemble dans la rue Chanoinesse, à l'endroit où, vers la rue de la Colombe, elle finit pour devenir la rue des Marmousets. Quand Godefroid s'arrêta sous le porche cintré de la maison où demeurait madame de La Chanterie, le prêtre se retourna vers Godefroid en l'examinant à la lueur d'un réverbère qui sera sans doute un des derniers à disparaître au cœur du vieux Paris.

— Vous venez voir madame de La Chanterie, monsieur? dit le prêtre.

— Oui, répondit Godefroid. La parole que je viens de vous entendre dire à cet ouvrier m'a prouvé que cette maison, si vous y demeurez, doit être salutaire à l'âme.

— Vous avez donc été témoin de ma défaite? dit le prêtre en levant le marteau, car je n'ai pas réussi.

— Il me semble bien plutôt que c'est l'ouvrier, car il vous demandait de l'argent assez énergiquement.

— Hélas! répondit le prêtre, l'un des plus grands malheurs des révolutions en France, c'est que chacune d'elles est une nouvelle prime donnée à l'ambition des classes inférieures. Pour sortir de sa condition, pour arriver à la fortune, que l'on regarde aujourd'hui comme la seule garantie sociale, cet ouvrier se livre à ces combinaisons monstrueuses qui, si elles ne réussissent pas, doivent amener le spéculateur à rendre des comptes à la justice humaine. Voilà ce que produit quelquefois l'obligeance.

Le portier ouvrit une lourde porte, et le prêtre dit à Godefroid : — Monsieur vient peut-être pour le petit appartement ?

— Oui, monsieur.

Le prêtre et Godefroid traversèrent alors une assez vaste cour au fond de laquelle se dessinait en noir une haute maison flanquée d'une tour carrée encore plus élevée que les toits et d'une vétusté remarquable. Quiconque connaît l'histoire de Paris sait que le sol s'y est tellement exhaussé devant et autour de la cathédrale, qu'il n'existe pas vestige des douze degrés par lesquels on y montait jadis. Aujourd'hui, la base des colonnes du porche est de niveau avec le pavé. Donc, le rez-de-chaussée primitif de cette maison doit en faire aujourd'hui les caves. Il se trouve un perron de quelques marches à l'entrée de cette tour, où monte en spirale une vieille vis[1] le long d'un arbre sculpté en façon de sarment. Ce style, qui rappelle celui des escaliers du roi Louis XII au château de Blois, remonte au XIVe siècle. Frappé de mille symptômes d'antiquité, Godefroid ne put s'empêcher de dire en souriant au prêtre : — Cette tour n'est pas d'hier.

— Elle a soutenu, dit-on, l'attaque des Normands et aurait fait partie d'un premier palais des rois de Paris ; mais, selon les traditions, elle aurait été plus certainement le logis du fameux chanoine Fulbert, l'oncle d'Héloïse[2].

En achevant ces mots, le prêtre ouvrit la porte de l'appartement qui paraissait être le rez-de-chaussée, et qui, sur la première comme sur la seconde cour, car il existe une petite cour intérieure, se trouve au premier étage.

Dans cette première pièce travaillait, à la lueur d'une petite lampe, une domestique coiffée d'un bonnet en batiste à tuyaux gaufrés[3] pour tout ornement ;

elle ficha une de ses aiguilles dans ses cheveux, et garda son tricot à la main, tout en se levant pour ouvrir la porte d'un salon éclairé sur la cour intérieure. Le costume de cette femme rappelait celui des Sœurs Grises[1].

— Madame, je vous amène un locataire, dit le prêtre en introduisant Godefroid dans cette pièce où il vit trois personnages assis sur des fauteuils auprès de madame de La Chanterie.

Les trois personnages se levèrent, la maîtresse de la maison se leva ; puis quand le prêtre eut avancé pour Godefroid un fauteuil, quand le futur locataire se fut assis sur un geste de madame de La Chanterie, accompagné de ce vieux mot : « Seyez-vous, monsieur ! », le Parisien se crut à une énorme distance de Paris, en Basse-Bretagne ou au fond du Canada.

Le silence a peut-être ses degrés. Peut-être Godefroid, déjà saisi par le silence des rues Massillon et Chanoinesse où il ne roule pas deux voitures par mois, saisi par le silence de la cour et de la tour, dut-il se trouver comme au cœur du silence, dans ce salon gardé par tant de vieilles rues, de vieilles cours et de vieilles murailles.

Cette partie de l'île qui se nomme le Cloître[2] a conservé le caractère commun à tous les cloîtres, elle semble humide, froide, et demeure dans le silence monastique le plus profond aux heures les plus bruyantes du jour. On doit remarquer, d'ailleurs, que toute cette portion de la Cité, serrée entre le flanc de Notre-Dame et la rivière, est au nord et dans l'ombre de la cathédrale. Les vents d'est s'y engouffrent sans rencontrer d'obstacles, et les brouillards de la Seine y sont en quelque sorte retenus par les noires parois de la vieille église métropolitaine. Ainsi personne ne s'étonnera du sentiment qu'éprouva Godefroid en comparaissant dans ce vieux logis, en présence de quatre personnes silencieuses, et aussi solennelles que l'étaient les choses elles-mêmes. Il ne regarda point autour de lui, pris de curiosité pour madame de La Chanterie dont le nom l'avait intrigué déjà. Cette dame était évidemment une personne de l'autre siècle, pour ne pas dire de l'autre monde. Elle avait un visage douceâtre, à teintes à la fois molles et froides, un nez aquilin, un front plein de douceur, des yeux bruns, un double menton; le tout encadré de boucles de cheveux argentés. On ne pouvait donner à sa robe que le vieux nom de fourreau, tant elle y était serrée selon la mode du XVIIIe siècle. L'étoffe, en soie couleur carmélite[1] à longues raies vertes fines et multipliées, semblait être de ce même temps. Le corsage, fait en corps de jupe, se cachait sous une mantille en pou-de-soie bordée de dentelle noire, et attachée sur la poitrine par une épingle à miniature. Les pieds, chaussés de brodequins en velours noir, reposaient sur un petit coussin. De même que sa servante, madame de La Chanterie tricotait des bas, et avait sous son bonnet de dentelle une aiguille fichée dans ses boucles crêpées.

Édition de Samuel S. de Sacy,
préface de Bernard Pingaud,
Folio classique, 1978.

FRIEDRICH SCHLEGEL

« Deuxième complément sur les tableaux anciens »

(Descriptions de tableaux, 1805)

Philosophe et écrivain, Friedrich Schlegel (1772-1829) est l'une des figures de proue du romantisme allemand. Son travail pour le développement de la critique littéraire demeure fondateur. Ses Descriptions de tableaux, *rédigées entre 1803 et 1805, étaient publiées dans la revue* Europa. *Résidant à Paris entre 1802 et 1804, Schlegel profite des collections exceptionnelles du musée Napoléon pour exercer son œil sur des œuvres venues du monde entier[1]. Loin de se cantonner à l'art français, ses chroniques sont une incursion cosmopolite dans l'art mondial, dans une perspective comparatiste.*

Schlegel examine Notre-Dame de Paris dans le rapport qu'elle entretient avec d'autres œuvres, notamment picturales. En dépit de son aspect granitique, une cathédrale est également un monument lumineux et bigarré : à l'intérieur de l'édifice, ses vitraux colorent ses cloisons et contribuent à faire de l'église un monde en soi. Si les vitraux de Notre-Dame sont souvent reconnus comme des œuvres majeures de la culture européenne (à ce sujet, voir le texte de Duby, p. 59), Schlegel les trouve anecdotiques au regard de ceux d'autres cathédrales européennes. Pour le critique allemand, les vitraux des églises gothiques ne peuvent pas être considérés en eux-mêmes : au sein d'une rosace placée très en hauteur, le spectateur ne distingue pas les dessins des vitraux exigus; ne demeure que l'effet lumineux, qui constitue l'œuvre véritable. L'art du vitrail est donc l'invention d'un rapport nouveau entre le monde et l'édifice, à travers la lumière qui les traverse. Or, selon Schlegel, Notre-Dame pâtit d'un lien tronqué à l'univers qui l'entoure : « mal située, en un lieu trop bas », la cathédrale est incommensurable à la cité qui l'accueille. Seule véritable « œuvre d'art architecturale » de Paris, elle fait figure d'exception. « Inachevée et atrocement défigurée à l'intérieur par la modernisation des piliers », elle est pour lui inadéquate à son époque. La médiocrité qu'il attribue aux vitraux apparaît comme la marque de la solitude d'une église restée étrangère à son site.

A. G.

Mais j'ai été encore plus frappé du traitement des couleurs dans un grand *Ecce homo* de Dürer ; on peut imaginer sans peine comment cette œuvre fut conçue, car le peintre a souvent repris ce sujet ainsi que des sujets proches dans ses peintures et ses dessins ; le Christ présente une noble beauté morale, les soldats qui le raillent sont des caricatures de méchanceté et de brutalité, mais des caricatures dont le sens est inépuisable. Cette version d'un sujet que Dürer peignit si souvent ne compte certainement pas parmi les moins réussies ; mais l'énorme effet qu'il produit est dû sans doute, avant tout, à la force incandescente des couleurs, domaine dans lequel aucun genre ne peut rivaliser avec l'art des vitraux. De même que dans le domaine musical les grands maîtres usèrent souvent de vives dissonances pour signifier la passion la plus violente, proche du désespoir, de même les couleurs presque criardes des vitraux sont-elles particulièrement aptes à imprimer dans les yeux et le cœur des spectateurs, avec toute la force requise, l'acuité de la plus haute des souffrances et de la Passion. Il va de soi que cet effet n'est atteint que si les vitraux considérés ont à peu près la même taille que des tableaux et si la place du spectateur est sensiblement la même que lorsqu'il contemple ces derniers. Dans le chœur des églises gothiques, évidemment, lorsque les vitraux étroits s'élèvent à une hauteur que l'œil peut à peine atteindre, l'effet ne peut guère être le même que lorsqu'on regarde un tableau ; dans ce cas, les vitraux sont comme des tapis de cristaux multicolores, mosaïques transparentes faites de pierres précieuses sublimement brillantes qui paraissent avoir été audacieusement jetées, comme au hasard, sur les grands espaces où le ciel, traversant un luxe de couleurs terrestres, semble foudroyer la terre de ses flammes lumineuses ; dans ce cas l'effet produit est celui d'un grand tout, et il est bien rare — y compris lorsque l'éclairage est très favorable — que l'on parvienne à distinguer le motif particulier de chaque vitrail. J'ai vu dans la belle église gothique inachevée de Sainte-Gudule à Bruxelles de splendides vitraux de ce genre, et un grand nombre aussi à Cologne[1]. Paris est loin d'être aussi riche. L'église Notre-Dame, seul édifice de cette ville que l'on puisse vraiment considérer comme une œuvre d'art architecturale, mais mal située, en un lieu trop bas, inachevée et atrocement défigurée à l'intérieur par la modernisation des piliers, etc. ne contient pas de vitraux dignes d'être mentionnés. On en trouve de meilleurs dans la partie supérieure de l'église Saint-Sulpice ; j'y remarquai en particulier un saint Denis, la tête dans la main, surmonté d'un calice et d'une hostie auréolée. Mais l'art du vitrail est incontestablement une branche particulière de la peinture et il est complètement aberrant et faux, dans le domaine de la peinture — comme au reste dans la plupart des arts « matériels », utilisant directement la matière pour arriver à des représentations —, de choisir comme principe de classification la diversité des objets représentés. Ceux-ci en effet ne constituent, dans l'art véritable et parfait de la représentation, que des intermédiaires et les chiffres d'un sens caché supérieur, qu'il est sans doute permis d'appeler « sujet spirituel » de l'œuvre. N'avons-nous pas déjà montré antérieurement que le portrait, le paysage, le bouquet floral, la nature morte, la caricature n'atteignent complètement leur sens et ne produisent leur véritable effet que lorsqu'on en fait un usage important et élevé dans la peinture dite « historique » (et qu'il serait plus judicieux de nommer absolue, ou allégorique, ou mieux encore, si cela était possible, de n'associer aucun qualificatif à cette peinture, la seule qui soit authentique et qui mérite vraiment de porter ce nom)?

© Traduction de Bénédicte Savoy,
École nationale supérieure des beaux-arts, 2003.

JEAN-JACQUES ROUSSEAU

« Histoire du précédent écrit »

(*Rousseau juge de Jean-Jacques*, 1782)

Écrit entre 1772 et 1776, Rousseau juge de Jean-Jacques *est une prouesse littéraire : Rousseau y met en scène son jugement sur lui-même, ou plutôt la caricature que l'on a faite de lui. Il narre ici l'échec de son projet de déposer ses dialogues biographiques sur l'autel de Notre-Dame, dans l'espoir qu'ils soient lus par le roi, déçu par les amis à qui il avait jusque-là confié ses textes.*

Mais cet acte de foi envers Dieu et de défiance à l'égard des hommes se transforme subitement en inquiétude vis-à-vis de la cathédrale elle-même. Ce lieu familier devient dépaysant quand Rousseau réalise l'existence d'une grille, qu'il n'avait jamais remarquée, lui empêchant l'accès au chœur. Ce dédoublement de la cathédrale ne peut qu'évoquer le dédoublement de Rousseau dans son propre texte, lui qui, moqué par ses adversaires, est devenu étranger à lui-même. La cathédrale, étrangement inquiétante, provoque la fuite de l'auteur, mais le souvenir de ce sentiment aboutit à un nouveau dédoublement. C'est cette fois Jean-Jacques qui juge la grandiloquence de Rousseau : « l'idée que mon manuscrit parviendrait directement au Roi, [...] cette idée, dis-je, était si folle que je m'étonnais moi-même d'avoir pu m'en bercer un moment ».

Notre-Dame n'offre pas seulement des épiphanies sereines : dans le clair-obscur de la cathédrale, la révélation peut prendre la forme d'un doute qui ne lâche plus son hôte.

A. G.

Je ne parlerai point ici du sujet, ni de l'objet, ni de la forme de cet Écrit. C'est ce que j'ai fait dans l'avant-propos qui le précède. Mais je dirai quelle était sa destination, quelle a été sa destinée, et pourquoi cette copie se trouve ici.

Je m'étais occupé durant quatre ans de ces dialogues malgré le serrement de cœur qui ne me quittait point en y travaillant, et je touchais à la fin de cette douloureuse tâche, sans savoir, sans imaginer comment en pouvoir faire usage et sans me résoudre sur ce que je tenterais du moins pour cela. Vingt ans d'expérience m'avaient appris quelle droiture et quelle fidélité je pouvais attendre de ceux qui m'entouraient sous le nom d'amis. Frappé surtout de l'insigne duplicité de Duclos, que j'avais estimé au point de lui confier mes *Confessions*, et qui du plus sacré dépôt de l'amitié n'avait fait qu'un instrument d'imposture et de trahison, que pouvais-je attendre des gens qu'on avait mis autour de moi depuis ce temps-là et dont toutes les manœuvres m'annonçaient si clairement les intentions ? Leur confier mon manuscrit n'était autre chose que vouloir le remettre moi-même à mes persécuteurs, et la manière dont j'étais enlacé ne me laissait plus le moyen d'aborder personne autre.

Dans cette situation, trompé dans tous mes choix et ne trouvant plus que perfidie et fausseté parmi les hommes, mon âme exaltée par le sentiment de son innocence et par celui de leur iniquité s'éleva par un élan jusqu'au siège de tout ordre et de toute vérité, pour y chercher les ressources que je n'avais plus ici-bas. Ne pouvant plus me confier à aucun homme qui ne me trahît, je résolus de me confier uniquement à la providence et de remettre à elle seule l'entière disposition du dépôt que je désirais laisser en de sûres mains.

J'imaginai pour cela de faire une copie au net de cet écrit et de la déposer dans une Église sur un autel, et pour rendre cette démarche aussi solennelle qu'il était possible, je choisis le grand Autel de l'Église de Notre-Dame, jugeant que partout ailleurs mon dépôt serait plus aisément caché et détourné par les Curés ou les Moines, et tomberait infailliblement dans les mains de mes *ennemis*, au lieu qu'il pouvait arriver que le bruit de cette action fît parvenir mon manuscrit jusques sous les yeux du Roi ; ce qui était tout ce que j'avais à désirer de plus favorable, et qui ne pouvait jamais arriver en m'y prenant de toute autre façon.

Tandis que je travaillais à transcrire au net mon écrit, je méditais sur les moyens d'exécuter mon projet, ce qui n'était pas fort facile et surtout pour un homme aussi timide que moi. Je pensai qu'un samedi, jour auquel toutes les semaines on va chanter devant l'autel de notre Dame un mottet[1] durant lequel le Chœur reste vide, serait le jour où j'aurais le plus de facilité d'y entrer, d'arriver jusqu'à l'Autel et d'y placer mon dépôt. Pour combiner plus sûrement ma démarche, j'allai plusieurs fois de loin en loin examiner l'état des choses et la disposition du Chœur et de ses avenues ; car ce que j'avais à redouter était d'être retenu au passage, sûr que dès lors mon projet était manqué. Enfin mon Manuscrit étant prêt, je l'enveloppai, et j'y mis la Suscription suivante.

« Dépôt remis à la providence »

« Protecteur des opprimés, Dieu de justice et de vérité, reçois ce dépôt que remet sur ton Autel et confie à ta providence un étranger infortuné, seul, sans appui, sans défenseur sur la terre, outragé, moqué, diffamé, trahi de toute une génération, chargé depuis quinze ans à l'envi de traitements pires que la mort et d'indignités inouïes jusqu'ici parmi les humains, sans avoir pu jamais en apprendre au moins la cause. Toute explication m'est refusée, toute communication m'est ôtée, je n'attends plus des hommes aigris par leur propre injustice qu'affronts, mensonges et trahisons. Providence éternelle, mon seul espoir est en toi; daigne prendre mon dépôt sous ta garde et le faire tomber en des mains jeunes et fidèles, qui le transmettent exempt de fraude à une meilleure génération; qu'elle apprenne en déplorant mon sort comment fut traité par celle-ci un homme sans fiel et sans fard, ennemi de l'injustice, mais patient à l'endurer, et qui jamais n'a fait, ni voulu, ni rendu de mal à personne. Nul n'a droit, je le sais d'espérer un miracle, pas même l'innocence opprimée et méconnue. Puisque tout doit rentrer dans l'ordre un jour, il suffit d'attendre. Si donc mon travail est perdu, s'il doit être livré à mes ennemis et par eux détruit ou défiguré, comme cela paraît inévitable, je n'en compterai pas moins sur ton œuvre, quoique j'en ignore l'heure et les moyens, et après avoir fait, comme je l'ai dû, mes efforts pour y concourir, j'attends avec confiance, je me repose sur ta justice, et me résigne à ta volonté. »

Au verso du titre et avant la première page était écrit ce qui suit.

« Qui que vous soyez que le Ciel a fait l'arbitre de cet écrit, quelque usage que vous ayez résolu d'en faire, et quelque opinion que vous ayez de l'Auteur, cet Auteur infortuné vous conjure par vos entrailles humaines et par les angoisses qu'il a souffertes en l'écrivant, de n'en disposer qu'après l'avoir lu tout entier. Songez que cette grâce que vous demande un cœur brisé de douleur, est un devoir d'équité que le Ciel vous impose. »

Tout cela fait, je pris sur moi mon paquet, et je me rendis le samedi 24 février 1776 sur les deux heures à Notre-Dame dans l'intention d'y présenter le même jour mon offrande.

Je voulus entrer par une des portes latérales par laquelle je comptais pénétrer dans le Chœur. Surpris de la trouver fermée, j'allai passer plus bas par l'autre porte latérale qui donne dans la nef. En entrant, mes yeux furent frappés d'une grille que je n'avais jamais remarquée et qui séparait de la nef la partie des bas-côtés qui entoure le Chœur. Les portes de cette grille étaient fermées, de sorte que cette partie des bas-côtés dont je viens de parler était vide et qu'il m'était impossible d'y pénétrer. Au moment où j'aperçus cette grille je fus saisi d'un vertige comme un homme qui tombe en apoplexie, et ce vertige fut suivi d'un bouleversement dans tout mon être, tel que je ne me souviens pas d'en avoir éprouvé jamais un pareil. L'Église me parut avoir tellement changé de face que doutant si j'étais bien dans Notre-Dame, je cherchais avec effort à me reconnaître et à mieux discerner ce que je voyais. Depuis trente-six ans que je suis à Paris, j'étais venu fort souvent et en divers temps à Notre-Dame ; j'avais toujours vu le passage autour du Chœur ouvert et libre, et je n'y avais même jamais remarqué ni grille ni porte autant qu'il pût m'en souvenir. D'autant plus frappé de cet obstacle imprévu que je n'avais dit mon projet à personne, je crus dans mon premier transport voir concourir le Ciel même à l'œuvre d'iniquité des hommes et le murmure d'indignation qui m'échappa ne peut être conçu que par celui qui saurait se mettre à ma place, ni excusé que par celui qui sait lire au fond des cœurs.

Je sortis rapidement de cette Église, résolu de n'y rentrer de mes jours, et me livrant à toute mon agitation, je courus tout le reste du jour, errant de toutes parts sans savoir ni où j'étais ni où j'allais, jusqu'à ce que, n'en pouvant plus, la lassitude et la nuit me forcèrent de rentrer chez moi rendu de fatigue et presque hébété de douleur.

Revenu peu à peu de ce premier saisissement je commençai à réfléchir plus posément à ce qui m'était arrivé, et par ce tour d'esprit qui m'est propre, aussi prompt à me consoler d'un malheur arrivé qu'à m'effrayer d'un malheur à craindre, je ne tardai pas d'envisager d'un autre œil le mauvais succès de ma tentative. J'avais dit dans ma suscription que je n'attendais pas un miracle, et il était clair néanmoins qu'il en aurait fallu un pour faire réussir mon projet : car l'idée que mon manuscrit parviendrait directement au Roi, et que ce jeune Prince prendrait lui-même la peine de lire ce long écrit, cette idée, dis-je, était si folle* que je m'étonnais moi-même d'avoir pu m'en bercer un moment. Avais-je pu douter que quand même l'éclat de cette démarche aurait fait arriver mon dépôt jusqu'à la Cour, ce n'eût été que pour y tomber, non dans les mains du Roi, mais dans celles de mes plus malins persécuteurs ou de leurs amis, et par conséquent pour être ou tout à fait supprimé ou défiguré selon leurs vues pour le rendre funeste à ma mémoire ? Enfin le mauvais succès de mon projet dont je m'étais si fort affecté, me parut à force d'y réfléchir un bienfait du Ciel qui m'avait empêché d'accomplir un dessein si contraire à mes

---

* Cette idée et celle du dépôt sur l'autel m'était venue durant la vie de Louis quinze, et alors elle était un peu moins ridicule.

intérêts; je trouvai que c'était un grand avantage que mon manuscrit me fût resté pour en disposer plus sagement [...].

Œuvres complètes, t. I,
édition sous la direction de Bernard Gagnebin
et Marcel Raymond, Gallimard,
Bibliothèque de la Pléiade, 1959.

SIGMUND FREUD

Lettres à Martha Bernays
(1885)

et

« Un trouble de mémoire sur l'Acropole »
Lettre à Romain Rolland
(1936)

Dans les lettres adressées à sa fiancée Martha Bernays, alors qu'il est en voyage à Paris, le jeune Freud témoigne de la grande impression que lui a faite Notre-Dame. Cinquante ans plus tard, dans une lettre adressée à Romain Rolland, alors qu'il se remémore un voyage à Athènes avec son frère en 1904, la silhouette du monument parisien se découpera subrepticement dans l'azur méditerranéen. Dans ce texte, datant de 1936, Freud analyse le sentiment d'irréalité qui l'a saisi devant l'Acropole : il constate qu'atteindre un but, c'est toujours aller trop loin, car pour un jeune homme la finalité reste de dépasser son père, ce qui s'assimile à une trahison. Mais à la faveur d'une comparaison historique, le couronnement de Napoléon à Notre-Dame, Freud évoque un tiers lieu, qui correspond peut-être à la mémoire occultée de son séjour à Paris.

En effet dans les lettres qu'il adresse à Martha Bernays, se révèle le portrait d'une figure paternelle, Charcot[1], qui apparaît au jeune Freud aussi fascinante qu'écrasante. On peut voyager pour quitter son père et en trouver un autre à l'arrivée. Contrairement à l'Acropole, la cathédrale n'est pas comparée à un but atteint mais à une destination inaccessible. Charcot est à ce titre lui-même comparé à la cathédrale : « Il m'arrive de sortir de ses cours comme si je sortais de Notre-Dame, tout plein de nouvelles idées sur la perfection. Mais il m'épuise et, quand je le quitte, je n'ai plus aucune envie de travailler à mes propres travaux, si *insignifiants. »* Qualifiée d'austère, d'obscure et d'étroite, la cathédrale, loin d'une source d'inspiration, s'avère intimidante. Notre-Dame retrouve donc, dans l'itinéraire d'un jeune homme, son destin de sanctuaire, évocateur d'une crainte sacrée.

A. G.

Lettres à Martha Bernays

Paris, le jeudi 19 novembre 1885.

Ma gentille chérie,
Tu es si surhumainement bonne que je ne sais vraiment comment te remercier. Certaines choses sont liées à la présence, et la distance de Paris à Hambourg m'empêche de te prendre dans mes bras et de t'embrasser comme je le voudrais tant. Le journal m'a procuré un réconfort sans pareil, en particulier les coupures sur Vienne avec le délicieux article de Spitzer. Ma description[1] est, en général, très incomplète et il faut la lire avec une certaine réserve, car je m'efforce toujours, dans la mesure du possible et de ce qui est permis, de dire la vérité.

Tu as raison, mon trésor, de dire que j'ai maintenant encore beaucoup plus de choses à te raconter qu'auparavant et, en règle générale, j'en oublie aussi, comme par exemple ma visite à Notre-Dame de Paris dimanche dernier. Jamais je n'avais éprouvé une impression semblable à celle que j'ai ressentie en y entrant : « Ça, c'est une église ! » Je tournai la tête vers Ricchetti[2] qui, lui, connaît les églises d'Italie. Il se tenait là, figé et frappé d'étonnement. Je n'ai jamais rien vu d'aussi émouvant que cette cathédrale sans aucun ornement, son austérité et son absence de lumière, elle est très étroite, d'où sans doute l'impression générale. Il faut que je lise, pendant mon séjour ici, le roman de Victor Hugo, c'est l'endroit où l'on peut le mieux le comprendre. [...]

Paris, le 24 novembre 1885.

Ma petite chérie,
... Les deux lettres de Maman et de Minna[1] sont très gentilles et exigent une réponse. Je ne suis pas non plus du tout paresseux pour écrire et la République est contente de me voir à Paris, tant je dépense d'argent en timbres. Je suis tout à fait d'accord au sujet du cadeau de Noël pour Mme Gehrke[2]. Il faut qu'il vienne de Paris, n'est-ce pas ?

Je suis vraiment très confortablement installé maintenant, et je crois que je change beaucoup. Je vais te raconter en détail ce qui agit sur moi. Charcot[3], qui est l'un des plus grands médecins et dont la raison confine au génie, est tout simplement en train de démolir mes conceptions et mes desseins. Il m'arrive de sortir de ses cours comme si je sortais de Notre-Dame, tout plein de nouvelles idées sur la perfection. Mais il m'épuise et, quand je le quitte, je n'ai plus aucune envie de travailler à mes propres travaux, si insignifiants ; voilà trois jours entiers que je n'ai rien fait, et je n'en éprouve aucun remords. Mon esprit est saturé, comme après une soirée au théâtre. La graine produira-t-elle son fruit ? je l'ignore ; mais ce que je sais, c'est qu'aucun autre homme n'a jamais eu autant d'influence sur moi. Le vieux Ricchetti lui-même, qui a connu tous les hommes importants de son temps, est tout aussi bouleversé par lui. Quand je rentre chez moi je me sens tout à fait résigné et je me dis : Aux hommes de cinquante à soixante-dix ans, les grands problèmes, à nous les jeunes, la vie. Mon ambition se borne à ceci : apprendre à comprendre au cours d'une longue existence quelque chose à notre vaste monde et mes plans d'avenir sont de nous marier, de nous aimer et de travailler afin de pouvoir jouir ensemble de la vie, au lieu de tendre toutes mes forces comme un cheval de course qui cherche à atteindre le but ; en d'autres termes, je veux me construire un foyer, tâche qui exige tant de travail et de privations que je donne deux ou trois ans de survie à sa santé mentale. Suis-je donc influencé par cette ville ensorcelante, à la fois attirante et repoussante ? Si oui, ce serait une influence tout à fait indirecte. As-tu quelque chose à me dire à ce sujet, ma chérie ?

Correspondance (1873-1939),
traduction d'Anne Berman, édition d'Ernst L. Freud,
Gallimard, coll. « Connaissance de l'inconscient », 1979.

Un trouble de mémoire sur l'Acropole
À Romain Rolland

L'autre caractéristique générale des sentiments d'étrange irréalité, à savoir leur dépendance vis-à-vis du passé, du trésor de souvenirs que possède le moi et d'expériences enfantines douloureuses qui, depuis, ont peut-être fait l'objet d'un refoulement, ne leur est pas concédée sans que soit émise une objection. Mais l'expérience, précisément, que j'ai vécue sur l'Acropole[1] et qui, on le sait, aboutit à un trouble de la

Sigmund Freud 397

Louis Bonnier
Photomontage avec Notre-Dame de Paris et le Woolworth Building de New York (vers 1928)

remémoration, à une falsification du passé, nous aide à mettre en évidence cette influence. Il n'est pas vrai que, pendant mes années de lycée, j'aie jamais douté de l'existence réelle d'Athènes. Je doutais seulement qu'il me fût jamais donné de voir cette ville de mes propres yeux. Voyager aussi loin, « pousser les choses aussi loin » me semblait aller totalement au-delà du possible. Cela était lié à l'étroitesse et à la pauvreté de nos conditions de vie dans ma jeunesse. L'ardent désir de voyager exprimait à coup sûr aussi celui d'échapper à la pression qu'elles représentaient, lui-même étant apparenté à celui qui pousse tant d'enfants qui ne sont pas encore adolescents à faire des fugues. J'avais depuis longtemps pris conscience de ce qu'une bonne part du plaisir de voyager tenait au fait que ces désirs enfantins s'y accomplissaient, autrement dit qu'il avait ses racines dans l'insatisfaction suscitée par la vie qu'on passe à la maison dans sa famille. Lorsqu'on voit la mer pour la première fois, qu'on traverse l'océan, qu'on fait cette expérience que les villes et pays qu'on visite sont des réalités, alors que, si longtemps, ils ont été de lointains, d'inaccessibles objets de désir, on se fait à soi-même l'effet d'un héros ayant réussi des prouesses invraisemblables. Ce jour-là, sur l'Acropole, j'aurais pu demander à mon frère : « Te souviens-tu quand, étant jeunes, nous prenions tous les jours le même chemin pour aller de la rue... au lycée, puis quand, le dimanche, nous allions chaque fois au Prater ou dans un coin de campagne que nous connaissions déjà si bien, et maintenant nous sommes à Athènes, nous sommes sur l'Acropole ! Nous avons vraiment poussé les choses très loin ! » S'il est permis de comparer de si petits faits avec de plus grands évènements, Napoléon Ier, le jour de son couronnement à Notre-Dame, ne s'est-il pas tourné vers l'un de ses frères — je crois que c'était l'aîné, Joseph — pour lui adresser cette remarque : « Que dirait *Monsieur notre père** s'il pouvait être ici maintenant ? »

Mais voici que nous rencontrons la solution du petit problème que nous nous étions posé, à savoir pourquoi nous nous étions gâché dès Trieste le plaisir d'aller à Athènes. La seule explication possible, c'est qu'à la satisfaction d'avoir poussé les choses aussi loin est lié un sentiment de culpabilité : il y a là-dedans quelque chose d'injuste, quelque chose qui, depuis toujours, est interdit. Cela a à voir avec la critique à l'endroit du père qui se faisait jour chez l'enfant, avec le mépris par lequel avait été relayée la surestimation de soi propre à la petite enfance. Tout se présente comme si l'essentiel, dans le succès, était de pousser les choses plus loin que son père et comme s'il n'était toujours pas permis de vouloir le surpasser.

Votre Sigm. Freud
Janvier 1936

© *Huit études sur la mémoire et ses troubles*,
traduction de Denis Messier, préface de J.-B. Pontalis,
Gallimard, coll. « Connaissance de l'inconscient », 2010.

WALTER BENJAMIN

« Trop près »
(*Brèves ombres*, 1929)

L'œuvre de Walter Benjamin (1892-1940), pensée de l'histoire au croisement du marxisme et de la théologie, s'est imposée comme un jalon de la philosophie allemande. Son travail entretient un lien étroit avec la littérature, poésie et concept s'entremêlant sous sa plume. Cette transcription d'un rêve en est une illustration, l'analyse du rêve étant indissociable du récit qu'on en fait.

Benjamin, qui s'est intéressé à Baudelaire et dont l'un des livres majeurs est écrit en français (Paris, capitale du XIXᵉ siècle), est marqué par la capitale, qu'il habitera après avoir fui l'Allemagne nazie. Pour évoquer le sentiment que lui inspire l'apparition de Notre-Dame dans l'un de ses rêves, Benjamin emploie le mot Sehnsucht, que le terme français de nostalgie ne traduit que partiellement. Nostalgie tournée vers le futur, la Sehnsucht est littéralement une aspiration maladive, vouée à l'échec. Le désir qui porte vers la cathédrale ne peut en effet se satisfaire de l'image de la cathédrale que chacun peut contempler. Dans l'horizon onirique, l'édifice trahit son matériau en se révélant fait de briques et de bois. S'exprime alors la « force du nom » Notre-Dame qui, animant tous ceux qui l'admirent, ne peut pourtant être effleuré que dans les confins du rêve. Alors que l'image de l'édifice « se transforme, vieillit, rajeunit », ces visages épars se rassemblent sous le mystère de son nom. Prisonnière des aléas de l'histoire qui en bouleversent l'aspect, *la cathédrale, infidèle à son image, demeure propre à son nom.*

A. G.

En rêve, sur la rive gauche de la Seine, devant Notre-Dame. J'étais là, mais il n'y avait rien là qui ressemblât à Notre-Dame. D'une construction en briques, seuls les derniers gradins dépassaient d'un haut coffrage de bois. J'étais pourtant, bouleversé, devant Notre-Dame. Ce qui me bouleversait, c'était la nostalgie. Nostalgie justement de ce Paris où je me trouvais en rêve. D'où me venait alors ce sentiment ? Et d'où l'objet totalement déformé, méconnaissable, qui en était la cause ? C'est qu'en rêve je m'en étais trop approché. L'extraordinaire nostalgie qui, au cœur de l'objet désiré, m'avait assailli n'était point celle qui, de loin, tend vers l'image. C'était la bienheureuse nostalgie qui a déjà franchi le seuil de l'image et de la possession, et n'a plus conscience que de la force du nom dont vit la chose aimée, dans lequel elle se transforme, vieillit, rajeunit et, elle-même sans image, est le refuge de toute image.

© Œuvres, t. II,
traduction de Maurice de Gandillac,
revue par Rainer Rochlitz,
Gallimard, coll. « Folio essais », 2000.

GEORGE SAND

Indiana
(1836)

 Paru en 1832, premier roman que George Sand écrit seule et publie sous son nom de plume, Indiana *est une virulente critique de la condition des femmes. Lu comme un pamphlet contre le mariage, il rencontra un grand succès et lança la carrière littéraire de l'auteure. Le roman retrace le parcours d'une jeune femme, de la fin de la Restauration au début de la monarchie. Mariée à un homme âgé, antipathique et autoritaire, elle se laisse séduire, à Paris, par un jeune homme qui se révélera être un séducteur sans vergogne. Rejetée par le jeune séducteur, elle finira par retourner avec son mari sur l'île Bourbon. Ce passage décrit sa vie mélancolique en compagnie de son mari et de son cousin (secrètement amoureux d'elle), rythmée par de longues balades solitaires.*
 L'évocation de Paris est une échappatoire, dans le rêve, à la noirceur du quotidien. Notre-Dame émerge du brouillard insulaire, rendue exotique sous ces nouvelles latitudes. L'empreinte nostalgique de la cathédrale ne se résume pourtant pas à l'emblème de Paris qu'elle est devenue : elle est au contraire puisée dans une image singulière, presque aberrante, de l'édifice privé de sa base, ses tours flottant dans le ciel. Accueillir dans toute son étrangeté cette apparition suppose une « faculté d'illusions » que possède Indiana, vision tragique qui la fait courir vers l'abîme.

A. G.

Mais quand, vers le soir, la brise de terre commençait à s'élever et à lui apporter le parfum des rizières fleuries, elle s'enfonçait dans la savane, laissant Delmare et Ralph[1] savourer sous la varangue l'aromatique infusion du *faham*[2], et distiller lentement la fumée de leurs cigares. Alors elle allait, du haut de quelque piton accessible, cratère éteint d'un ancien volcan, regarder le soleil couchant qui embrasait la vapeur rouge de l'atmosphère, et répandait comme une poussière d'or et de rubis sur les cimes murmurantes des cannes à sucre, sur les étincelantes parois des récifs. Rarement elle descendait dans les gorges de la *rivière Saint-Gilles*[3], parce que la vue de la mer, tout en lui faisant mal, l'avait fascinée de son mirage magnétique. Il lui semblait qu'au-delà de ces vagues et de ces brumes lointaines la magique apparition d'une autre terre allait se révéler à ses regards. Quelquefois les nuages de la côte prirent pour elle des formes singulières : tantôt elle vit une lame blanche s'élever sur les flots et décrire une ligne gigantesque qu'elle prit pour la façade du Louvre ; tantôt ce furent deux voiles carrées qui, sortant tout à coup de la brume, offraient le souvenir des tours Notre-Dame de Paris, quand la Seine exhale un brouillard compact qui embrasse leur base et les fait paraître comme suspendues dans le ciel ; d'autres fois c'étaient des flocons de nuées roses qui, dans leurs formes changeantes, présentaient tous les caprices d'architecture d'une ville immense. L'esprit de cette femme s'endormait dans les illusions du passé, et elle se prenait à palpiter de joie à la vue de ce Paris imaginaire dont les réalités avaient signalé le temps le plus malheureux de sa vie. Un étrange vertige s'emparait alors de sa tête. Suspendue à une grande élévation au-dessus du sol de la côte, et voyant fuir sous ses yeux les gorges qui la séparaient de l'Océan, il lui semblait être lancée dans cet espace par un mouvement rapide, et cheminer dans l'air vers la ville prestigieuse de son imagination. Dans ce rêve, elle se cramponnait au rocher qui lui servait d'appui; et pour qui eût observé alors ses yeux avides, son sein haletant d'impatience et l'effrayante expression de joie répandue sur ses traits, elle eût offert tous les symptômes de la folie. C'étaient pourtant là ses heures de plaisir et les seuls moments de bien-être vers lesquels se dirigeaient les espérances de sa journée. Si le caprice de son mari eût supprimé ces promenades solitaires, je ne sais de quelle pensée elle eût vécu; car, chez elle, tout se rapportait à une certaine faculté d'illusions, à une ardente aspiration vers un point qui n'était ni le souvenir, ni l'attente, ni l'espoir, ni le regret, mais le désir dans toute son intensité dévorante. Elle vécut ainsi des semaines et des mois sous le ciel des tropiques, n'aimant, ne connaissant, ne caressant qu'une ombre, ne creusant qu'une chimère.

Édition de Béatrice Didier, Folio classique, 1984.

THÉOPHILE GAUTIER

« Notre-Dame »

(*La Comédie de la mort*, 1838)

Dans ce poème, paru dans La Comédie de la mort *en 1838, Gautier souligne l'écart entre un Paris devenu petit-bourgeois et sa cathédrale demeurée gothique, seule à rappeler la splendeur médiévale de la capitale.*

Gautier affirmera pourtant, dans un autoportrait publié dans L'Illustration *en 1867 : « J'aimais beaucoup les cathédrales, sur la foi de Notre-Dame de Paris, mais la vue du Parthénon m'a guéri de la maladie gothique, qui n'a jamais été bien forte chez moi*[1]*. » Cette affirmation pourrait surprendre si l'on en juge par la critique féroce de l'architecture néoclassique formulée dans ce poème : « Ces pauvres ordres grecs qui se meurent de froid, / Ces panthéons bâtards, décalqués dans l'école, / Antique friperie empruntée à Vignole ». Mais ce n'est pas la latinité de ces ouvrages que vise le poète ; romantique, il s'en prend à la volonté d'imitation d'architectes qui copient servilement l'Antiquité. Les édifices qu'ils conçoivent pourraient être bâtis par n'importe qui, ce que souligne la métaphore de la prostitution (« églises courtisanes », « catins »).*

Notre-Dame s'oppose à ces ersatz par sa singularité fantastique. Gautier la situe dans un passé antérieur au Moyen Âge, une Antiquité authentique. Loin de l'aspect sombre qu'on lui attribue parfois, la cathédrale se révèle solaire, méditerranéenne : ses vitraux sont « plus frais que les jardins d'Alcine ou de Morgane, / sous un chaud baiser de soleil », ses trèfles sont qualifiés d'« arabes ». Du haut de ses tours, c'est finalement tout Paris qui appartient à cet Orient méridional : le ciel est « safran », le spectateur distingue « sous le même horizon, Tyr, Babylone et Rome ». Loin de la « noble simplicité et calme grandeur » que Winckelmann, l'un des pères du néoclassicisme, distinguait dans l'art grec, Notre-Dame donne à voir une Antiquité fauve : « prodigieux amas, chaos fait de main d'homme ». La chasteté chrétienne que Gautier attribue à la cathédrale en devient tout aussi ambiguë que la pudeur d'une vierge de la Renaissance.

A. G.

I

Las de ce calme plat où d'avance fanées,
Comme une eau qui s'endort, croupissent nos années ;
Las d'étouffer ma vie en un salon étroit,
Avec de jeunes fats et des femmes frivoles,
Échangeant sans profit de banales paroles ;
Las de toucher toujours mon horizon du doigt.

Pour me refaire au grand et me rélargir l'âme,
Ton livre[1] dans ma poche, aux tours de Notre-Dame ;
   Je suis allé souvent, Victor,
À huit heures, l'été, quand le soleil se couche,
Et que son disque fauve, au bord des toits qu'il touche,
   Flotte comme un gros ballon d'or.

Tout chatoie et reluit ; le peintre et le poète
Trouvent là des couleurs pour charger leur palette,
Et des tableaux ardents à vous brûler les yeux
Ce ne sont que saphirs, cornalines, opales,
Tons à faire trouver Rubens et Titien[2] pâles ;
Ithuriel[3] répand son écrin dans les cieux.

Cathédrales de brume aux arches fantastiques ;
Montagnes de vapeurs, colonnades, portiques,
    Par la glace de l'eau doublés ;
La brise qui s'en joue et déchire leurs franges,
Imprime, en les roulant, mille formes étranges
    Aux nuages échevelés.

Comme, pour son bonsoir, d'une plus riche teinte,
Le jour qui fuit revêt la cathédrale sainte,
Ébauchée à grands traits à l'horizon de feu ;
Et les jumelles tours, ces cantiques de pierre,
Semblent les deux grands bras que la ville en prière,
Avant de s'endormir, élève vers son Dieu.

Ainsi que sa patronne[1], à sa tête gothique,
La vieille église attache une gloire mystique
    Faite avec les splendeurs du soir ;
Les roses des vitraux, en rouges étincelles,
S'écaillent brusquement, et comme des prunelles.
    S'ouvrent toutes rondes pour voir.

La nef épanouie, entre ses côtes minces,
Semble un crabe géant faisant mouvoir ses pinces,
Une araignée énorme, ainsi que des réseaux,
Jetant au front des tours, au flanc noir des murailles,
En fils aériens, en délicates mailles,
Ses tulles de granit, ses dentelles d'arceaux.

Aux losanges de plomb du vitrail diaphane,
Plus frais que les jardins d'Alcine ou de Morgane[2],
    Sous un chaud baiser de soleil,
Bizarrement peuplés de monstres héraldiques,
Éclosent tout d'un coup cent parterres magiques
    Aux fleurs d'azur et de vermeil.

Légendes d'autrefois, merveilleuses histoires
Écrites dans la pierre, enfers et purgatoires,
Dévotement taillés par de naïfs ciseaux ;
Piédestaux du portail, qui pleurent leurs statues,
Par les hommes et non par le temps abattues,
Licornes, loups-garous, chimériques oiseaux,

Dogues hurlant au bout des gouttières ; tarasques,
Guivres et basilics[1], dragons et nains fantasques,
  Chevaliers vainqueurs de géants,
Faisceaux de piliers lourds, gerbes de colonnettes,
Myriades de saints roulés en collerettes,
  Autour des trois porches béants.

Lancettes, pendentifs, ogives, trèfles grêles
Où l'arabesque folle accroche ses dentelles
Et son orfèvrerie, ouvrée à grand travail ;
Pignons troués à jour, flèches déchiquetées,
Aiguilles de corbeaux et d'anges surmontées,
La cathédrale luit comme un bijou d'émail !

II

Mais qu'est-ce que cela ? lorsque l'on a dans l'ombre
Suivi l'escalier svelte aux spirales sans nombre
  Et qu'on revoit enfin le bleu,
Le vide par-dessus et par-dessous l'abîme,
Une crainte vous prend, un vertige sublime
  À se sentir si près de Dieu !

Ainsi que sous l'oiseau qui s'y perche, une branche
Sous vos pieds qu'elle fuit, la tour frissonne et penche,
Le ciel ivre chancelle et valse autour de vous ;
L'abîme ouvre sa gueule, et l'esprit du vertige,

Vous fouettant de son aile en ricanant voltige
Et fait au front des tours trembler les garde-fous.

Les combles anguleux, avec leurs girouettes,
Découpent, en passant, d'étranges silhouettes
    Au fond de votre œil ébloui,
Et dans le gouffre immense où le corbeau tournoie,
Bête apocalyptique, en se tordant aboie,
    Paris éclatant, inouï !

Oh ! le cœur vous en bat, dominer de ce faîte,
Soi, chétif et petit, une ville ainsi faite ;
Pouvoir, d'un seul regard, embrasser ce grand tout,
Debout, là-haut, plus près du ciel que de la terre,
Comme l'aigle planant, voir au sein du cratère,
Loin, bien loin, la fumée et la lave qui bout !

De la rampe, où le vent, par les trèfles arabes,
En se jouant, redit les dernières syllabes
    De l'hosanna du séraphin ;
Voir s'agiter là-bas, parmi les brumes vagues,
Cette mer de maisons dont les toits sont les vagues ;
    L'entendre murmurer sans fin ;

Que c'est grand ! que c'est beau ! les frêles cheminées,
De leurs turbans fumeux en tout temps couronnées,
Sur le ciel de safran tracent leurs profils noirs,
Et la lumière oblique, aux arêtes hardies,
Jetant de tous côtés de riches incendies
Dans la moire du fleuve enchâsse cent miroirs.

Comme en un bal joyeux, un sein de jeune fille,
Aux lueurs des flambeaux s'illumine et scintille
    Sous les bijoux et les atours ;
Aux lueurs du couchant, l'eau s'allume, et la Seine

Berce plus de joyaux, certes, que jamais reine
　　N'en porte à son col les grands jours.

Des aiguilles, des tours, des coupoles, des dômes
Dont les fronts ardoisés luisent comme des heaumes,
Des murs écartelés d'ombre et de clair, des toits
De toutes les couleurs, des résilles de rues,
Des palais étouffés, où, comme des verrues,
S'accrochent des étaux et des bouges étroits !

Ici, là, devant vous, derrière, à droite, à gauche,
Des maisons ! des maisons ! le soir vous en ébauche
　　Cent mille avec un trait de feu !
Sous le même horizon, Tyr, Babylone et Rome,
Prodigieux amas, chaos fait de main d'homme,
　　Qu'on pourrait croire fait par Dieu !

III

Et cependant, si beau que soit, ô Notre-Dame,
Paris ainsi vêtu de sa robe de flamme,
Il ne l'est seulement que du haut de tes tours.
Quand on est descendu tout se métamorphose,
Tout s'affaisse et s'éteint, plus rien de grandiose,
Plus rien, excepté toi, qu'on admire toujours.

Car les anges du ciel, du reflet de leurs ailes,
Dorent de tes murs noirs les ombres solennelles,
　　Et le Seigneur habite en toi.
Monde de poésie, en ce monde de prose,
À ta vue, on se sent battre au cœur quelque chose ;
　　L'on est pieux et plein de foi !

Aux caresses du soir, dont l'or te damasquine,
Quand tu brilles au fond de ta place mesquine,
Comme sous un dais pourpre un immense ostensoir[1] ;

À regarder d'en bas ce sublime spectacle,
On croit qu'entre tes tours, par un soudain miracle,
Dans le triangle saint Dieu se va faire voir.

Comme nos monuments à tournure bourgeoise
Se font petits devant ta majesté gauloise,
    Gigantesque sœur de Babel,
Près de toi, tout là-haut, nul dôme, nulle aiguille,
Les faîtes les plus fiers ne vont qu'à ta cheville,
    Et ton vieux chef heurte le ciel.

Qui pourrait préférer, dans son goût pédantesque,
Aux plis graves et droits de ta robe Dantesque,
Ces pauvres ordres grecs qui se meurent de froid,
Ces panthéons[1] bâtards, décalqués dans l'école,
Antique friperie empruntée à Vignole[2],
Et dont aucun dehors ne sait se tenir droit[3].

Ô vous! maçons du siècle, architectes athées,
Cervelles, dans un moule uniforme jetées,
    Gens de la règle et du compas;
Bâtissez des boudoirs pour des agents de change,
Et des huttes de plâtre à des hommes de fange;
    Mais des maisons pour Dieu, non pas!

Parmi les palais neufs, les portiques profanes,
Les parthénons coquets, églises courtisanes,
Avec leurs frontons grecs sur leurs piliers latins,
Les maisons sans pudeur de la ville païenne;
On dirait, à te voir, Notre-Dame chrétienne,
Une matrone chaste au milieu de catins!

MICHEL TOURNIER

« Le peintre et son modèle »
(*Petites proses*, 1986)

Le Peintre et son modèle *est présenté par Michel Tournier comme une histoire inédite du héros de* La Goutte d'or *(1986). Dans ce roman, Tournier racontait l'histoire d'Idriss, jeune berger algérien venu à Paris à la recherche d'une photographie que des touristes français avaient prise de lui. Dans* Le Peintre et son modèle, *Tournier poursuit sa réflexion sur le rapport que les mondes chrétien et musulman entretiennent à l'image. Idriss rencontre ici de l'Épeechevalier, artiste qui prend Notre-Dame comme modèle pour peindre les pyramides de Guizèh.*

Quelle image de la cathédrale capture ce peintre en dessinant des pyramides? Comme en témoignent Gautier (p. 405) ou Mandelstam (p. 341), Notre-Dame inspire souvent aux poètes un Orient rêvé. Ici le fantasme s'émancipe de son origine; ne reste sur la toile du peintre que l'Égypte évoquée par la basilique. De l'Épéechevalier, qui comparera ensuite le monument à un jeu de roulette, explicite verbalement les affinités qui commandent ces analogies. Comme les grandes pyramides, Notre-Dame a été bâtie par des « foules anonymes ». Qu'elle résulte d'une construction aléatoire ou du plan de Dieu, la cathédrale est le fruit de la tectonique de l'histoire, et sa compréhension résiste à l'intelligence humaine. Plus proche d'une montagne que d'un bâtiment, Notre-Dame demeure sans pourquoi.

A. G.

Un jour il rencontre un véritable créateur, un peintre, un dessinateur surtout. Cela se passe près de Notre-Dame, sur les quais, le long des mangeoires des bouquinistes, là où la Seine coule entre des livres.

Ce créateur, c'était Charles Frédéric de l'Épéechevalier. Il avait dressé son chevalet en face de Notre-Dame, et il s'activait de la plume et du pinceau.

Après les mésaventures qu'il avait endurées, Idriss[1] aurait fait un détour pour éviter un photographe. Mais ces mésaventures mêmes avaient aiguisé dans son esprit une certaine curiosité à l'égard de la peinture et du dessin. Il se remplit le cœur d'abord du spectacle de cette noble et douce nef qui voguait si calmement sur les eaux noires du fleuve. Il était si rare, depuis qu'il avait quitté le désert, que le monde lui offrît un spectacle à la fois fort et apaisant, qu'il sentit sa poitrine se gonfler et ses yeux se mouiller. Ainsi donc il pouvait y avoir, même au cœur de cette ville sombre et brutale, de la grandeur, de la bonté, une majesté vivante et sage. Il lui semblait que pour la première fois il découvrait Paris.

C'est alors seulement qu'il posa les yeux sur la toile du peintre avec la gêne qu'il y a toujours à commettre une indiscrétion. Mais la surprise qu'il éprouva effaça tout autre sentiment. L'œuvre était encore à peine esquissée, mais il était clair qu'il n'y aurait là ni île de la Cité, ni tours jumelles, ni portail, ni rosace, ni flèche, ni rien qui ressemblât à Notre-Dame de Paris. Non, ce qu'Idriss voyait surgir lentement comme d'un brouillard avec une indicible stupéfaction, c'était ni plus ni moins que les trois pyramides de Gizeh avec, comme un chien de garde veillant sur leur sommeil, le sphinx à tête de femme et à queue de lion.

Idriss regardait de tous ses yeux s'opérer l'étrange

métamorphose qui d'une cathédrale du xiiie siècle français faisait une nécropole pharaonique de l'ancienne Égypte. Mais de son côté de l'Épéechevalier avait repéré, dans la zone marginale de son champ visuel, la présence de ce naïf témoin, et il ne pouvait tarder à le faire entrer dans son jeu, d'autant plus que l'arabesque verbale accompagnait très naturellement chez lui le discours pictural.

— Voilà bien des années que je hante ce quai, dit-il d'abord comme pour lui-même, et je me demandais quelle œuvre cette cathédrale enfanterait un jour sur ma toile. Aujourd'hui enfin je le sais, et le résultat dépasse mon attente.

Idriss fixait intensément les lèvres du peintre, puis il regardait l'esquisse des pyramides, puis Notre-Dame, et il revenait au visage souriant et énigmatique du peintre, comme s'il cherchait vainement à ajuster trois pièces résolument incongrues. Et comme de l'Épéechevalier le regardait du coin de l'œil comme pour l'encourager à parler :

— Mais si vous voulez faire des pyramides, pourquoi regardez-vous une cathédrale ? lui demanda-t-il.

— Qui vous dit que je veux faire des pyramides ? répliqua de l'Épéechevalier. Moi, je fais une peinture, mon intention n'est pas plus précise.

— Alors pourquoi regardez-vous la cathédrale ?

— Parce que je peins sous l'inspiration de cette cathédrale. Mais mon inspiration n'est pas un décalque. La cathédrale m'inspire ? Quoi ? Je n'en sais rien avant de commencer. Bien entendu, je sais qu'il y aura une affinité profonde entre la cathédrale inspirante et la peinture inspirée. D'ailleurs vous voyez vous-même : la parenté entre la pyramide et la cathédrale saute aux yeux.

— Pas à mes yeux, avoua Idriss.

— C'est pourtant clair. Il s'agit de deux monuments

religieux dont les auteurs furent des foules anonymes animées par la foi. C'est cela que me dit la cathédrale de Paris. Du moins est-ce cela que voient mes yeux. Et alors au lieu de recopier servilement la forme et la couleur du bâtiment, j'entends, je comprends, je traduis son message. Et cette traduction, c'est Gizeh[1]. Pour cette fois du moins. Car demain, le même message de Notre-Dame de Paris se traduira peut-être sur ma toile par le temple d'Angkor[2] ou par le visage de Bouddha.

— Parce que vous faites aussi des portraits?
— Des portraits? Mais je ne fais que cela! À dire vrai, je n'en fais sans relâche qu'un seul, toujours le même.

La foule devenait plus dense en cette fin d'après-midi, et les deux hommes étaient incessamment bousculés parce qu'ils encombraient une partie du trottoir. Finalement de l'Épéechevalier entreprit de serrer sa toile et son matériel d'artiste peintre.

— Nous ne pouvons rester plantés ici. Venez prendre un verre à côté, proposa-t-il.

Idriss n'était pas habitué à être invité si poliment par des inconnus. Il accepta avec reconnaissance, tout en redoutant d'avoir à boire de l'alcool. De l'Épéechevalier l'entraîna dans un vaste café rendu immense par des miroirs qui recouvraient ses quatre murs et multipliaient ses volumes et ses gens. Ils s'assirent côte à côte sur une banquette de moleskine, et de l'Épéechevalier commanda deux diabolos-menthe.

— Vous parliez de portraits, dit-il enfin pour renouer le fil de leur conversation. Je ne vais pas vous faire un cours d'histoire de l'art. Disons cependant qu'après les monstres égyptiens, les dieux grecs et les empereurs romains, l'art a cherché pendant des siècles le contact avec le visage individuel, irremplaçable, tel qu'on ne l'avait jamais vu, tel qu'on ne le reverrait plus jamais. L'ambition était ambiguë, voire contradictoire, car cette image éphémère, étroitement solidaire d'un certain *hic et nunc*, pourquoi et comment prétendre la douer de l'éternité et de l'universalité de l'œuvre d'art ? Mais le propre de la création est de rendre l'impossible non seulement réel, mais nécessaire. L'entreprise réussit au-delà de toute espérance, et les musées du monde entier regorgent de visages infiniment personnels, d'une individualité totalement particulière, que nous sentons cependant proche de nous au point de nous toucher jusqu'aux larmes. On dirait que l'universel est obtenu grâce à un paroxysme de singularité, ce qui est bien le comble du paradoxe.

Mais tout devait basculer avec l'irruption de la photographie. Là, plus de création, plus d'universalité, la fiche anthropométrique dans toute sa sordide platitude. On dirait qu'à force de vouloir approcher le concret, l'artiste a fait un faux pas et s'est heurté à lui au point de s'y briser. Il y a eu d'abord un temps de désarroi. D'aucuns ont prophétisé la mort définitive de la peinture. Des centaines d'artistes spécialisés dans le portrait en miniature se sont convertis à la photographie. Ce fut le cas en France de Félix Tournachon qui devint le célèbre Nadar[1].

Mais le portrait devait renaître de ses cendres. Si le grain ne tombe en terre et ne meurt[2], il ne donnera pas de nouvelle moisson. La peinture, frappée à mort par la photographie, devait connaître une prodigieuse résurrection. Écoutez bien ceci : les chaînes qui alourdissaient la peinture en l'attachant à la reproduction servile du réel, voici que la photographie s'en chargeait. Du coup la peinture allait prendre un essor incomparable avec l'impressionnisme, le fauvisme, l'expressionnisme, le cubisme, et cent autres manifestations de sa folle et toute jeune liberté.

Il se tut en souriant et laissa son regard errer sur la fantasmagorie que les miroirs du café créaient entre eux. Ce fut Idriss qui le ramena à son sujet.

— Mais où en êtes-vous dans tout cela ?

— Moi ? J'ai pris, comme on dit, le taureau par les cornes. Bien rares étaient depuis cent ans les dessinateurs qui osaient aborder à nouveau le portrait. La photographie paraissait avoir annexé pour toujours ce domaine. Avec quelques autres, j'ai décidé de reconquérir ce terrain perdu.

— Des portraits à l'ancienne mode ?

— Évidemment non. L'ancienne mode, la photographie l'a poursuivie et épuisée. Et pour tout vous dire, la photographie ne sait plus très bien comment continuer à faire des portraits sans piétiner sur place. Le moment de la relève par le dessin est, je crois, venu.

Il ouvrit sur la table de faux marbre un vaste carton rempli de feuilles et d'esquisses.

— Mais avant d'aborder le portrait, je voudrais revenir un instant à Notre-Dame et aux pyramides. Que dites-vous de cela ?

Il étala une gravure verte et jaune couverte de dessins géométriques très simples, et de quelques mots. Idriss l'observa un moment.

— C'est le plan intérieur de l'église Notre-Dame. Je le sais parce que j'en sortais quand je vous ai rencontré. Je reconnais le chœur, le transept, les chapelles latérales.

— Fort bien, approuva de l'Épéechevalier. Mais ces mots écrits sur ce plan ne vous surprennent pas un peu ?

— Pair, impair, rouge, noir, passe, manque, lut Idriss. Je ne comprends pas.

— Vous n'avez jamais vu un tapis de roulette ?

— Je ne sais pas ce que c'est.

— C'est un jeu où on risque de l'argent, et auquel parfois on en gagne. Les jetons se placent sur un tapis vert parfaitement semblable à celui-là.

— Votre gravure représente donc à la fois le plan intérieur d'une église et un tapis de roulette. Je trouve cela amusant, mais très gratuit.

— Amusant, j'espère bien que mon dessin l'est profondément. Mais gratuit, il le serait sans ces mots de Bossuet[1] qui lui servent d'épigraphe ou de légende, comme vous voudrez.

— « Ce qui est un hasard à l'égard des hommes est dessein à l'égard de Dieu[2] », déchiffra Idriss. Qui est ce Bossuet ?

— Un prédicateur en forme d'aigle dont le ramage valait mieux que le plumage[3]. Mais j'espère que votre connaissance du français vous permet d'apprécier l'équivoque de cette phrase.

— Le hasard, c'est le jeu de la roulette.

— Bravo !

— Le dessein de Dieu, c'est la fortune ou l'infortune du joueur, et c'est aussi l'espace sacré de la cathédrale.

— De mieux en mieux ! Quant au dessin (sans e), j'en fais mon affaire. Ce qu'il faut retenir de tout cela, voyez-vous, c'est que grâce à l'ambiguïté, par la vertu de l'équivoque, par le rire du calembour, je parviens à déjouer le piège de l'image. Je déboîte les mâchoires impitoyables qui se referment habituellement à la fois sur la personne dessinée et sur celle qui regarde le dessin. Mes dessins sont ouverts. Leur raison d'être est une leçon de liberté, de libre et joyeuse fantaisie. Mais bien entendu, c'est surtout dans le portrait que cette leçon fait merveille.

© Gallimard, coll. « Folio », 1986.

LOUIS ARAGON

Aurélien
(1944)

Publié en 1944, Aurélien *est le quatrième livre du cycle romanesque* Le Monde réel. *Aragon y dessine le portrait d'un rentier, durant l'entre-deux-guerres, dont le désœuvrement matériel engendre une langueur morale. Cette lassitude sera le terreau d'une liaison passionnée qu'Aurélien entretiendra avec Bérénice.*

Dans ce passage situé au début du roman, Aurélien invite dans son appartement Mary, avec laquelle il vit une aventure éphémère. Au détachement dont fait preuve Aurélien à l'égard de sa conquête succède l'irruption du paysage parisien dans la pièce. Plongée dans une atmosphère vespérale, Notre-Dame invite aux rêves et à la nuit. Paris est comparé à un livre, Notre-Dame est la première des lettres qui le compose mais n'est pourtant qu'un élément de cette brume de caractères. La cathédrale joue donc le rôle inverse de celui qu'elle campe dans « Le Paysan de Paris chante », où elle était le signe du réveil et la marque du réel (voir p. 357) : vue de son chevet, Notre-Dame berce et endort. Cet aspect onirique de la cathédrale coïncide certes avec la fatigue existentielle d'Aurélien. Aragon valorise pourtant le point de vue qu'offre l'appartement : contrairement à celui des Barbentane, amis d'Aurélien, membres de la grande bourgeoisie dont l'appartement surplombe la ville, il porte en lui le germe de la communauté et du partage. Notre-Dame comme l'appartement d'Aurélien apparaissent en tant que membres indissociables et égaux d'une ville commune, au même titre que les péniches qui la sillonnent.

A. G.

Ils[1] gagnèrent l'ombre de vitesse. Ils arrivèrent à l'île Saint-Louis avant la nuit qui montait du fleuve. Mme de Perseval, qui venait de se refaire le visage, s'entortilla dans sa grande écharpe de laine anglaise, de telle sorte qu'il n'en sortait que les yeux.

« Aussi, — dit-elle, — on n'a pas idée... aller habiter dans une maison de Paris où on connaît tout le monde... Et à quel étage est-ce?
— Tout en haut.
— Tout en haut? Mais c'est fou! Une garçonnière, ça se tient au rez-de-chaussée... l'entresol, à la grande rigueur...
— Ce n'est pas une garçonnière, c'est un point de vue... »

La maison faisait la proue de l'île, vers l'aval, où la rive se termine par un bouquet d'arbres, et un tournant solitaire et triste où viennent s'accouder les amoureux et les désespérés. Ils montèrent. Aurélien regardait les guibolles qui se dépêchaient à grimper quatre à quatre. Oui, des jambes pas mal, mais il ne faut rien exagérer.

Au passage, la concierge, reconnaissant son locataire, avait donné de la lumière dans l'escalier. Mary qui ne s'y attendait pas avait accentué son emmitouflage et hâté encore le pas. Au quatrième elle s'arrêta, le cœur battant : « C'est ici? » Non. Il y avait là un petit escalier qui prenait de côté et on grimpait encore un étage et demi... Elle se jeta dans l'appartement, la porte à peine ouverte : « J'avais une de ces peurs de croiser le prince R. dans l'escalier! Tu le connais?

— Nous nous saluons sur le palier. »

Elle courait dans les pièces, faisant petite fille : « Mais c'est charmant... charmant... Un vrai pigeonnier... mais charmant ! »

À vrai dire, elle regardait très peu les choses. Elle devait avoir une idée de derrière la tête que Leurtillois devinait dans la pénombre avec un certain ennui. Ah non, il ne faut rien exagérer. Il ouvrit la fenêtre large et basse, et dit : « Regarde... » Il l'avait poussée un peu, sur le balcon. Ce n'était pas ce qu'elle attendait. Elle dit encore avec un coup d'œil vers le sofa beige : « Quand je pense à ce qui a dû se passer ici !... » Mais sa phrase n'était pas achevée qu'elle eut un petit cri d'admiration.

Le dernier lambeau du jour donnait un air de féerie au paysage dans lequel la maison avançait en pointe comme un navire. On était au-dessus de ces arbres larges et singuliers qui garnissaient le bout de l'île, on voyait sur la gauche la Cité où déjà brillaient les réverbères, et le dessin du fleuve qui l'enserre, revient, la reprend et s'allie à l'autre bras, au-delà des arbres, à droite, qui cerne l'île Saint-Louis. Il y avait Notre-Dame, tellement plus belle du côté de l'abside que du côté du parvis, et les ponts, jouant à une marelle curieuse, d'arche en arche entre les liés, et là, en face, de la Cité à la rive droite... et Paris, Paris ouvert comme un livre avec sa pente gauche plus voisine vers Sainte-Geneviève, le Panthéon, et l'autre feuillet, plein de caractères d'imprimerie difficiles à lire à cette heure jusqu'à cette aile blanche du Sacré-Cœur... Paris, immense, et non pas dominé comme de la terrasse des Barbentane[1], Paris vu de son cœur, à son plus mystérieux, avec ses bruits voisins, estompés par le fleuve multiple où descendait une péniche, une longue péniche aux bords peints au minium[2], avec du linge séchant sur des cordes, et des ombres qui semblaient jouer à cache-cache à son bord... Le ciel aussi avait son coin de minium...

© Gallimard, coll. « Blanche », 1944;
coll. « Folio », 1986.

FRANCIS PONGE

« Paroles à propos des nus de Fautrier »
(*L'Atelier contemporain*, 1977)

Le poème, dont ce passage est tiré, a été publié en 1956 dans le catalogue d'une exposition du peintre Jean Fautrier. Ponge y donne la parole à Dionysos, qui se fait avocat de la nature auprès des hommes. S'abolit alors le partage entre nature et culture, extérieur et intérieur, comme la fleur dont la robe et la chair se confondent dans les pétales qui l'habillent. La cathédrale est envisagée dans cette dimension florale : son orgue n'est pas situé dans la cathédrale mais concourt à l'édification de sa silhouette en résonnant dans ses alcôves. Cette indifférenciation de l'enceinte et du sanctuaire qu'elle renferme devient une révélation provocante, érotique. Ce sentiment licencieux métamorphose la cité et l'univers : des perches des mariniers, dont le caractère phallique est dévoilé par la cambrure du chevet de Notre-Dame, jusqu'au fils de Dieu dont le nom évoque la marque de sous-vêtements Jesos.

A. G.

[...]

Une chair mélangée à ses robes, comme toute pétrie de satin, voilà la substance des fleurs.

Chacune à la fois robe et cuisse, sein et corsage aussi bien — qu'on peut tenir entre deux doigts, enfin ! et manier pour telle : approcher, éloigner de sa narine, saisir, disposer, regarder, entrouvrir, délaisser et reprendre — et flétrir au besoin d'une seule ecchymose terrible, dont elle ne se relèvera plus — de saveur âcre — et opérant une sorte de retour à la feuille — ce que l'amour, pour chaque jeune fille, met au moins quelques mois à accomplir.

Nous savons bien que le nu est aussi une architecture, mais nous connaissons le moment où l'orgue intérieur faisant tressaillir les piliers, et se bander les arcatures[1], les ogives s'entrouvrent, par où s'écoule le flot nuptial.

Scandale, la publicité Jesos ou Vénus ?
Non, le véritable scandale, c'est ta cathédrale, ô Jésus !
Sous les tétons du ciel s'encorbellant aux deux tours, je ne sais quelle étreinte, autour de la rosace du nombril, soude ces dernières, jusqu'à la troublante arcature de la gaine[2], entre les piliers.
Voilà ce que tu laisses voir du parvis, Notre-Dame de Paris, tandis que vers ton abside, cambrée comme les reins d'une chatte, les mariniers d'amont, à mains pleines, guindent leur timon[3].
[...]

© Gallimard, coll. « Blanche », 1977 ;
Œuvres complètes, t. II, édition sous la direction de Bernard Beugnot, Bibliothèque de la Pléiade, 2002.

MAX JACOB

« Mort morale »

(*Le Laboratoire central*, 1960)

Associée à Dada et au surréalisme, l'œuvre poétique de Max Jacob (1876-1944) est marquée par l'expérience de la conversion. Issu d'une famille athée d'origine juive, Max Jacob s'est, en effet, converti au catholicisme lors d'une épiphanie en 1909.

La notion de mort morale, *qui donne son titre au poème, est utilisée de manière récurrente par le poète pour décrire l'épreuve de la conversion. La mort morale est donc la mort d'une morale permettant une renaissance spirituelle radicale. La révolution invoquée au début du poème est eschatologique : Paris n'y est pas le lieu d'une révolte mais du jugement dernier. La « chemiserie, marchands de quat' saisons / Teints du sang des cochers » que le poète évoque n'est pourtant pas l'indice du châtiment des damnés mais constitue le stigmate d'une naissance. Le désordre de la ville est de ceux qui accompagnent une délivrance : « le Christ est venu / Dans la nue sur la ville, il était nu. / Des anges soutenaient sa couronne, le ciel était fendu. » Ainsi, au milieu de ces labeurs, Notre-Dame, « au creux d'un incendie », ne brûle pas mais fond « comme un sucre candi ». La cathédrale refondue : signe que la violence qui parcourt la ville relève de la joyeuse brutalité de l'enfance.*

A. G.

La révolution inquiète la patrie
Et des gouttes de feu pleuvent sur les balcons :
Modes, chemiserie, marchands de quat' saisons
Teints du sang des cochers ferment leurs batteries
On n'arrosera plus ; les pavés sont tout blancs
Et les chiens fouillent les ordures du printemps.
Aux restes dévastés qui furent le Pont-Neuf
Un drapeau sourd et muet dont les plis sont tout neufs
En silence a conduit tes disciples, Babeuf
Dans le Louvre les tableaux incendiés se pourlèchent.
La Tour Eiffel dans l'eau désaltère sa flèche.
La Chambre est occupée militairement,
Une automobile grise emporte des dolmans[1].
Notre-Dame paraît au creux d'un incendie
Transparente et coulant comme un sucre candi.
Au Mont-de-Piété les Rothschild font la queue,
L'empereur en uniforme est traîné par les cheveux.
Les matelas crevés sont la langue des murs.
Les pavés impuissants à panser les blessures
Ont le cœur plus humain que les graves passants.
Des supplices chinois place de la Concorde,
Des bourgeois sont pendus à leur porte-manteaux,
On les descend dans la vidange avec des cordes.
Les moines du Carmel sauvant l'Hostie Divine
Dans la rue Quincampoix[2] rencontrent la marine.
Un pensionnat muré est devenu harem,
Les mères des enfants pleuraient devant la porte.
On les a fait saouler dans un mortel dilemme,
On a fait boire les fils près de leurs mères mortes.
Pourquoi tout dire ? un jour le Christ est venu
Dans la nue sur la ville, il était nu.
Des anges soutenaient sa couronne, le ciel était fendu.

Gallimard, coll. « Blanche », 1960 ;
coll. « Poésie/Gallimard », 1980.

Une cathédrale a brûlé

VICTOR HUGO

Notre-Dame de Paris
(1831)

Si la responsabilité d'un incendie peut être imputée aux affres des guerres[1], *ou aux négligences d'un tel ou de tel autre, le spectacle de son feu excède les mises en accusations et semble appartenir à la cathédrale elle-même.*
Ce passage de Notre-Dame de Paris, *où les truands de la cour des miracles assiègent la cathédrale pour soustraire Esmeralda aux mains de Quasimodo, ne représente pas à proprement parler un incendie. Pour repousser les assaillants, le bossu a allumé un feu au sommet de la cathédrale afin de faire fondre du plomb qu'il jette par les gouttières sur les truands. Hugo donne pourtant à voir les ébats du feu et de la pierre. Comme si Quasimodo libérait la flamme recelée dans l'édifice, gargouilles et chimères s'animent à la lumière du brasier. L'« église fée » ne pâtit pas du feu, mais exprime une flamme à la mesure de ses ombres.*

A. G.

LIVRE X

CHAPITRE IV

Un si maladroit ami

Sa pluie de moellons ne suffisait pas à repousser les assaillants.

En ce moment d'angoisse, il remarqua, un peu plus bas que la balustrade d'où il écrasait les argotiers, deux longues gouttières de pierre qui se dégorgeaient immédiatement au-dessus de la grande porte. L'orifice interne de ces gouttières aboutissait au pavé de la plate-forme. Une idée lui vint. Il courut chercher un fagot dans son bouge de sonneur, posa sur ce fagot force bottes de lattes et force rouleaux de plomb, munitions dont il n'avait pas encore usé, et, ayant bien disposé ce bûcher devant le trou des deux gouttières, il y mit le feu avec sa lanterne.

Pendant ce temps-là, les pierres ne tombant plus, les truands avaient cessé de regarder en l'air. Les bandits, haletant comme une meute qui force le sanglier dans sa bauge, se pressaient en tumulte autour de la grande porte, toute déformée par le bélier, mais debout encore. Ils attendaient avec un frémissement le grand coup, le coup qui allait l'éventrer. C'était à qui se tiendrait le plus près pour pouvoir s'élancer des premiers, quand elle s'ouvrirait, dans cette opulente cathédrale, vaste réservoir où étaient venues s'amonceler les richesses de trois siècles. Ils se rappelaient les uns aux autres, avec des rugissements de joie et d'appétit, les belles croix d'argent, les belles chapes de brocart, les belles tombes de vermeil, les grandes magnificences du chœur, les fêtes éblouissantes, les Noëls étincelantes de flambeaux, les Pâques éclatantes de soleil, toutes ces solennités splendides où châsses, chandeliers, ciboires, tabernacles, reliquaires, bosselaient les autels d'une croûte d'or et de diamants. Certes, en ce beau moment, cagoux et malingreux, archisuppôts et rifolés, songeaient beaucoup moins à la délivrance de l'Égyptienne qu'au pillage de Notre-Dame. Nous croirions même volontiers que, pour bon nombre d'entre eux, la Esmeralda n'était qu'un prétexte, si des voleurs avaient besoin de prétextes.

Tout à coup, au moment où ils se groupaient pour un dernier effort autour du bélier, chacun retenant son haleine et roidissant ses muscles afin de donner toute sa force au coup décisif, un hurlement, plus épouvantable encore que celui qui avait éclaté et expiré sous le madrier, s'éleva au milieu d'eux. Ceux qui ne criaient pas, ceux qui vivaient encore, regardèrent. Deux jets de plomb fondu tombaient du haut de l'édifice au plus épais de la cohue. Cette mer d'hommes venait de s'affaisser sous le métal bouillant qui avait fait, aux deux points où il tombait, deux trous noirs et fumants dans la foule, comme ferait de l'eau chaude dans la neige. On y voyait remuer des mourants à demi calcinés et mugissant de douleur. Autour de ces deux jets principaux, il y avait des gouttes de cette pluie horrible qui s'éparpillaient sur les assaillants et entraient dans les crânes comme des vrilles de flamme. C'était un feu pesant qui criblait ces misérables de mille grêlons.

La clameur fut déchirante. Ils s'enfuirent pêle-mêle, jetant le madrier sur les cadavres, les plus hardis comme les plus timides, et le Parvis fut vide une seconde fois.

Tous les yeux s'étaient levés vers le haut de l'église. Ce qu'ils voyaient était extraordinaire. Sur le sommet de la galerie la plus élevée, plus haut que la rosace centrale, il y avait une grande flamme qui montait entre les deux clochers avec des tourbillons d'étincelles, une grande flamme désordonnée et furieuse dont le vent emportait par moments un lambeau dans la fumée. Au-dessous de cette flamme, au-dessous de la sombre balustrade à trèfles de braise, deux gouttières en gueules de monstres vomissaient sans relâche cette pluie ardente qui détachait son ruissellement argenté sur les ténèbres de la façade inférieure. À mesure qu'ils approchaient du sol, les deux jets de plomb liquide s'élargissaient en gerbes comme l'eau qui jaillit des mille trous de l'arrosoir. Au-dessus de la flamme, les énormes tours, de chacune desquelles on voyait deux faces crues et tranchées, l'une toute noire, l'autre toute rouge, semblaient plus grandes encore de toute l'immensité de l'ombre qu'elles projetaient jusque dans le ciel. Leurs innombrables sculptures de diables et de dragons prenaient un aspect lugubre. La clarté inquiète de la flamme les faisait remuer à l'œil. Il y avait des guivres qui avaient l'air de rire, des gargouilles qu'on croyait entendre japper, des salamandres qui soufflaient dans le feu, des tarasques qui éternuaient dans la fumée. Et parmi ces monstres ainsi réveillés de leur sommeil de pierre par cette flamme, par ce bruit, il y en avait un qui marchait et qu'on voyait de temps en temps passer sur le front ardent du bûcher, comme une chauve-souris devant une chandelle.

Sans doute ce phare étrange allait éveiller au loin le bûcheron des collines de Bicêtre, épouvanté de voir chanceler sur ses bruyères l'ombre gigantesque des tours de Notre-Dame.

Il se fit un silence de terreur parmi les truands, pendant lequel on n'entendit que les cris d'alarme des chanoines enfermés dans leur cloître et plus inquiets que des chevaux dans une écurie qui brûle, le bruit furtif des fenêtres vite ouvertes et plus vite fermées, le remue-ménage intérieur des maisons et de l'Hôtel-Dieu, le vent dans la flamme, le dernier râle des mourants, et le pétillement continu de la pluie de plomb sur le pavé.

Cependant les principaux truands s'étaient retirés sous le porche du logis Gondelaurier, et tenaient conseil. Le duc d'Égypte, assis sur une borne, contemplait avec une crainte religieuse le bûcher fantasmagorique resplendissant à deux cents pieds en l'air. Clopin Trouillefou se mordait ses gros poings avec rage.

— Impossible d'entrer! murmurait-il dans ses dents.

— Une vieille église fée[1]! grommelait le vieux bohémien Mathias Hungadi Spicali.

— Par les moustaches du pape! reprenait un narquois grisonnant qui avait servi, voilà des gouttières d'églises qui vous crachent du plomb fondu mieux que les mâchicoulis de Lectoure.

— Voyez-vous ce démon qui passe et repasse devant le feu? s'écriait le duc d'Égypte.

— Pardieu, dit Clopin, c'est le damné sonneur, c'est Quasimodo.

[...]

Alors ce fut un hurlement prodigieux où se mêlaient toutes les langues, tous les patois, tous les accents. La mort du pauvre écolier jeta une ardeur furieuse dans cette foule. La honte la prit, et la colère d'avoir été si longtemps tenue en échec devant une église par un bossu. La rage trouva des échelles, multiplia les torches, et au bout de quelques minutes Quasimodo éperdu vit cette épouvantable fourmilière monter de toutes parts à l'assaut de Notre-Dame. Ceux qui n'avaient pas d'échelles avaient des cordes à nœuds, ceux qui n'avaient pas de cordes grimpaient aux reliefs des sculptures. Ils se pendaient aux guenilles les uns des autres. Aucun moyen de résister à cette marée ascendante de faces épouvantables. La fureur faisait rutiler ces figures farouches; leurs fronts terreux ruisselaient de sueur; leurs yeux éclairaient. Toutes ces grimaces, toutes ces laideurs investissaient Quasimodo. On eût dit que quelque autre église avait envoyé à l'assaut de Notre-Dame ses gorgones, ses dogues, ses drées, ses démons, ses sculptures les plus fantastiques. C'était comme une couche de monstres vivants sur les monstres de pierre de la façade.

Cependant, la place s'était étoilée de mille torches. Cette scène désordonnée, jusqu'alors enfouie dans l'obscurité, s'était subitement embrasée de lumière. Le Parvis resplendissait et jetait un rayonnement dans le ciel. Le bûcher allumé sur la haute plate-forme brûlait toujours, et illuminait au loin la ville. L'énorme silhouette des deux tours, développée au loin sur les toits de Paris, faisait dans cette clarté une large échancrure d'ombre. La ville semblait s'être émue. Des tocsins éloignés se plaignaient. Les truands hurlaient, haletaient, juraient, montaient, et Quasimodo, impuissant contre tant d'ennemis, frissonnant pour l'Égyptienne, voyant les faces furieuses se rapprocher de plus en plus de sa galerie, demandait un miracle au ciel, et se tordait les bras de désespoir.

Préface d'Adrien Goetz, notes de Benedikte Andersson (adaptées pour cette anthologie), Folio classique, 2009.

MARCEL PROUST

Lettre à sa voisine
(1914)

Prise dans les tourments de la Première Guerre mondiale, la cathédrale de Reims subit un incendie à la suite des bombardements allemands.
Dans une lettre adressée à Marie Williams, sa voisine du boulevard Haussmann, Proust fait le constat du désastre. C'est au moment où la cathédrale vacille que se révèle l'« humanité de pierre » de l'édifice, partageant le martyre d'une l'humanité de chair qui souffre dans les tranchées. Cette humanité n'est pourtant pas abstraite, et Proust la mesure en se remémorant l'intimité qu'il a nouée avec l'édifice. Une fois l'immortelle blessée, Proust peut évoquer le « sourire » de la cathédrale : il ne déplore pas la disparition d'un monument mais pleure la perte d'une amie.

A. G.

[Noël 1914]

Madame,

Je vous demande la permission de garder encore aujourd'hui — pour ennoblir ce Noël tragique qui n'apporte pas « sur la terre la Paix aux hommes de bonne volonté » — les émouvantes images merveilleuses qui vous seront restituées demain. Et vraiment par cette miraculeuse vision vous avez, avec une intelligence inventive qui déconcerte, continué au-delà du possible ce que nous disions l'autre jour de la Comtesse Trépof de *Sylvestre Bonnard*. Puisque en effet c'est sous la forme d'une bûche de Noël que m'est venue l'incomparable *Vies des Saints*, la prodigieuse *Légende dorée*[1] ou plutôt pourprée (car un compatriote du Docteur Williams[2] me disait l'autre jour que Reims, pour son sublime clocher hélas, est devenue de la plus extraordinaire *pourpre*) la Bible de Reims qui n'est plus intacte comme la Bible d'Amiens[3], les pierres de Reims qui réalisent la prophétie : « Et les pierres elles-mêmes crieront pour demander justice[4] ». Peut-être d'ailleurs le désastre de Reims, mille fois plus funeste à l'humanité que celui de Louvain[5] — et à l'Allemagne d'abord, dont Reims à cause de Bamberg était la cathédrale préférée — n'est-il pas un crime aussi froidement conçu. La guerre est la guerre et nous ne pleurons pas qu'une humanité de pierres. Mais celle de Reims dont le sourire semblait annonciateur de celui de Vinci[6], dans ses draperies qui rappelaient à confondre l'esprit la plus belle époque de la Grèce était unique. Ni Amiens plus austèrement biblique, ni Chartres plus saintement immatériel n'était tout de même cela. Et sans doute je sais bien que beaucoup déplorent Reims qui n'ont jamais levé les yeux sur Notre-Dame et qui croient naïvement que la plus belle église de Paris est notre paroisse, notre vilain Saint Augustin[7]. Mais moi qui tant que ma santé me le permet fais aux pierres de Reims des pèlerinages aussi pieusement émerveillés qu'aux pierres de Venise, je crois que j'ai le droit de parler de la diminution humaine qui sera consommée le jour où s'écrouleront à jamais les voûtes déjà à demi incendiées sur ces anges qui sans se soucier du danger cueillent encore des fruits merveilleux aux feuillages stylisés et touffus de la forêt de pierres. Mes yeux trop malades et qui me refusent ce soir le service interrompent un bavardage qui serait interminable car peut-on être bref quand on voit toute déchirée sur la France ce que Saint Bernard je crois (mais je me trompe je crois d'auteur) appelait la blanche robe d'églises[1]. Je vous renverrai demain les Saintes Images, les immortelles blessées et vous remercie aujourd'hui de votre pensée avec un bien reconnaissant respect.

Marcel Proust

© *Lettres à sa voisine*,
édition d'Estelle Gaudry et Jean-Yves Tadié,
Gallimard, coll. « Blanche », 2013.

GABRIELE D'ANNUNZIO

Envoi à la France
(1922)

Poète italien issu du décadentisme, Gabriele D'Annunzio (1863-1938) témoigne, par sa vie et son œuvre, des déchirements politiques et identitaires que connut l'Italie unifiée. Volontiers outrancier, son patriotisme le jeta un temps dans les bras du nationalisme avant qu'il ne déchante.

L'incendie de la cathédrale de Reims connut un retentissement mondial et donna matière à penser à de nombreux écrivains des deux côtés des tranchées. Au-delà des reproches mutuels que s'adressèrent Allemands et Français, les bombes ravageant ce sanctuaire posaient la question des bouleversements spirituels qui se révélaient à l'occasion de cette guerre. Ernst Jünger, mobilisé non loin de Reims durant la guerre, remarque ainsi dans Le Travailleur (1931) : « Il y a une grande différence entre les anciens iconoclastes et incendiaires d'églises et le haut degré d'abstraction qui permet à un artilleur de la guerre mondiale de considérer une cathédrale gothique comme un simple point de repère dans sa zone de tir. Là où les symboles surgissent, l'espace se vide de toutes les forces de nature différente, du monde d'esprits grands et petits qui y avaient établi leur séjour. » La cathédrale n'a pas été outragée par les Allemands, mais neutralisée, réduite à une coordonnée dans une guerre devenue entièrement technique.

Si le bombardement a causé l'incendie, il ne se confond pas avec lui : les flammes ravivèrent l'âtre éteint de la cathédrale. D'Annunzio, absent en 1914, ne put qu'en contempler la ruine durant une visite à Reims le 16 mars 1915 lors de laquelle il aurait déclaré : « La cathédrale s'achève dans les flammes. » Dans Envoi à la France, *il se pose néanmoins en témoin du désastre, comme si l'incendie embrasait toujours l'édifice. Le calvaire du feu paraît rendre vie à une église exsangue, le râle de la chair à vif restitue les pleurs du nourrisson : la cathédrale « souffrait et chantait comme les confesseurs de la foi », son crucifix était « comme arraché de la gaine de ses membres pour ajouter au supplice, tant ses veines et ses muscles étaient apparents*[1]*. » Élévation vers le ciel, le brasier soulève la terre où gisent les morts. Devant la basilique en flammes, l'enfer dantesque et son peuple anonyme s'imposent à D'Annunzio : aux côtés d'Ulysse, les foules innombrables ressuscitent, confondues dans un abîme infernal, « les mille et mille et mille hommes qui avaient extrait, taillé et assemblé ces pierres en chantant [...] hors du temps mesuré et du langage scandé ».*

Le destin de cet « emblème du Ciel et de la Terre » excède blâmes et incriminations[2]*. Les bombes allemandes n'ont fait qu'éveiller l'incendie que couve la cathédrale depuis la pose de sa première pierre.*

A. G.

Du rebord de la route encombrée de camions chargés de blessés, exposés au feu des batteries ennemies, j'embrassai, dans un grand geste d'amour, la ville de Clovis dont on n'apercevait que la pointe des flèches.

C'étaient les flèches de Saint-Jean-des-Vignes[3]. Elles dépassaient la colline qui masquait les murs. Elles semblaient être les extrémités sensibles de la ville cachée, sensibles comme les mains qui se tendent, comme les mains qui implorent sans se joindre ou avant de se joindre. Elles touchaient le ciel, mais là où le ciel est citadin, là où il est devenu humain, grâce à la respiration des maisons, des rues et des places. La force recueillie de la ville vivait en cet air palpitant où les pierres jointes et sculptées paraissaient assumer quelque chose de spirituel et de presque ailé. Même sous le tonnerre des mortiers, je pensais au chant de l'alouette gauloise. Je pensais à toutes vos cathédrales, à toutes les pierres de vos cathédrales que le chant éthéré de l'alouette semble avoir conduites des fondations aux faîtes, plus haut, toujours plus haut.

À présent, de ce talus, je sentais et mesurais le rythme générateur de la cité profonde, avec un sentiment presque filial, avec un instinct de race, avec une divination pareille à celle qui me révéla les esprits de Sienne, quand pour la première fois je traversai la désolation sublime de ses craies embrasées par le soleil couchant[1].

D'autres camions de blessés survenaient, s'arrêtaient. Le chemin qui conduisait à l'hôpital et l'hôpital lui-même étaient battus par l'ennemi, sans trêve. La chair sanglante était entassée, douleur contre douleur, fièvre contre fièvre. On n'entendait pas une plainte, pas une imprécation. Tous ces hommes me paraissaient beaux. Le visage de la France était sur chacun de ces visages. Là, en des reliefs d'os et de muscles était sculpté le destin le plus mâle. Les récentes blessures ne semblaient-elles pas les vieilles cicatrices du pays, ouvertes de nouveau et enflammées ? Un sourire épanoui sur un visage pansé n'était-il point pareil à ce sourire printanier que le peuple vit s'entrouvrir sur les statues de ses cathédrales, construites avec le chant ? Une plaisanterie héroïque secouait d'un ondoiement d'hilarité soudaine tous ces bandages ensanglantés, avec je ne sais quelle fraîcheur qui dominait l'horreur à la façon d'une roseraie blanche et rouge.

Quelqu'un dit : « De la carrière, ils bombardent la ville. » Alors la ville fut comme toute cette chair. Il me semblait entendre, au-delà du coteau, battre son cœur intrépide.

Dans l'air sillonné par le fer et par le feu, la pierre des deux flèches dressées avait cette délicate couleur cendrée qui, de temps en temps, paraît changeante comme la gorge de la tourterelle. Je croyais les voir vaciller à chaque explosion. L'ennemi occupait avec ses canons les carrières mêmes d'où était sortie la pierre des maisons et des églises et des remparts.

Pour moi qui voyais les deux bras de la foi intacts, comme pour les blessés qui ne voyaient que la triste route barrée, la ville atteinte n'était pas seulement le siège vénérable de la première dynastie, la préférée du Mérovingien baptisé par saint Rémi[1], elle était l'image idéale de la ville édifiée par la race franque, de la ville agenouillée à l'ombre de sa cathédrale, construite par l'artisan et par le peuple comme un modèle de l'Aine et du Corps, comme un emblème du Ciel et de la Terre, comme un symbole du Paradis et de l'Enfer.

Je tendais l'oreille pour surprendre le son des cloches, pendant les arrêts de l'atroce grondement. Je tendais l'oreille pour surprendre le son de la gloire, l'éclat de toutes les gloires ; je tendais l'oreille pour entendre la voix des siècles, pour écouter à travers les siècles la voix de l'amour, de la constance et de l'espérance.

L'Ange qui veille au sommet du pilier, vêtu d'une tunique nombreuse qui ne semble pas des plis autour d'une forme mais des rayons autour d'une pensée, l'Ange qui porte l'heure solaire sur sa poitrine, l'Ange de vos cathédrales maternelles était monté au plus haut du ciel, prenait son essor entre les deux pinacles. Et l'instant inévitable était marqué par lui.

Un éblouissement soudain troubla mes veux. Tout l'espace vacilla. La respiration de la cité profonde s'arrêta. Un silence humain et surhumain se fit à l'entour, se fit dans toutes les choses, comme à la minute où la foule assemblée sur la place publique se tait pour entendre la tête de l'innocent rouler de l'échafaud dans le panier du bourreau.

L'une des deux flèches apparaissait, tronquée. La ville ne levait plus vers le ciel qu'un bras et un moignon.

Du rebord de la route je criai vers les chars.

Alors, toutes les blessures saignèrent pour cette pierre qui n'avait point saigné.

Ensuite, d'une autre hauteur, je touchai une douleur et une splendeur et un amour plus merveilleux encore. Je vis une autre cathédrale, la plus solennelle, celle des grands sacres, s'achever dans la flamme. Je vis la flamme, suprême artiste, conduire toutes les lignes de la pierre immobile à la perfection de la prière ailée. Les deux bras levés au ciel et disjoints, je vis la flamme les rapprocher.

Comme le silence de Soissons, le cantique de Reims était sans paroles. Les mille et mille et mille hommes qui avaient extrait, taillé et assemblé ces pierres en chantant, entonnaient de nouveau leur cantique interrompu qui montait, hors du temps mesuré et hors du langage scandé. Ce n'était qu'une force ascendante comme la flamme. C'était la même force ascendante. La cathédrale touchait enfin le cœur du ciel.

Née d'une aspiration vers la hauteur, née d'une imitation angélique, d'un besoin de vol et de chœur, la cathédrale exprimait une anxiété qui ne s'apaise jamais. Elle ne pouvait être conduite par les hommes jusqu'à son achèvement et ne pouvait s'achever elle-même. Aucune génération ne l'avait vue terminée. Le poids de la pierre, le poids du ciseau, le poids de la main conservaient une terrestérité invaincue. Le souffle des constructeurs ne réussissait qu'à tourner vers le ciel le feuillage des chapiteaux et les plumes des Anges de pierre[1]. L'édifice était un désir arrêté au moment de se surpasser. C'était une masse enracinée qui enviait le nuage survolant.

Et voici que tout à coup, la flamme héroïque en reprenait et en développait le rythme premier. La pierre se mouvait, la pierre se libérait, la pierre montait dans le firmament. Tout son effort d'ascension était secondé par la flamme. De l'abside, des arcs-boutants, des voussures de ses portails, de tous les lieux de gloire, les ailes se déployaient, les Anges s'envolaient dans le feu. Et, dans le feu, d'autres Anges se créaient et suivaient le même vol. Le mystère de l'Ascension, enfermé dans la cathédrale, n'était plus révélé par le verbe mais par l'acte. La Cathédrale était sans toit, comme le monument près duquel Marie se tenait assise, éplorée, alors que les messagers vêtus de blanc lui dirent : « Femme, pourquoi pleures-tu[1] ? »

La Cathédrale était flamboyante de résurrection et l'âme de la France était là, debout, comme le ressuscité.

Ensuite, il m'arriva d'approcher du temple sublimé. Sa nouvelle beauté me stupéfia comme une apparition soudaine. L'incendie était alors éteint mais les flammes lui survivaient comme les esprits de la musique se manifestent dans le silence qui suit l'harmonie.

Elle était jeune et entière, car toutes ces blessures la proclamaient invulnérable.

Elle n'était que pureté, comme au temps où sa première pierre fut posée dans le sol, comme au temps où elle vivait seule, dans l'air et dans l'esprit du peuple créateur.

Les siècles l'avaient chargée de mille choses vaines et étrangères : de toutes choses vaines et étrangères voilà qu'elle était purifiée.

Les grands piliers semblaient retournés à la nature sacrée, étaient redevenus des rocs à frapper pour en faire jaillir des sources cachées.

Les verrières ne conservaient plus que leurs plombs noirs, comme les feuilles consumées par l'automne ne conservent plus que leurs nervures ;

mais les plombs dessinaient des images de ciel, là où étaient encastrées des images de verre.

Les sept et sept arcs-boutants me paraissaient plus gigantesques, dans leur effort d'étreindre une vie extraordinairement puissante et de la soulever.

La tour, brûlée par l'incendie, avait la couleur que prend la chair des martyrs lorsque dans le martyre elle se divinise. Elle souffrait et chantait comme les confesseurs de la foi.

À un chant déjà entendu, se mêlait un chant inouï.

Devant le Baptistère de Clovis, la tribune du Gloria était déserte où les clercs avaient coutume d'entonner leur hymne, le dimanche des Rameaux. Mais elle était occupée par je ne sais quelle attente, presque visible, pareille à ces draperies dont on décore la galerie où paraîtra celui qui va bénir ou annoncer.

Je dirai peut-être, plus tard, tout ce que je vis et compris et interprétai dans le temple non pas en ruine mais restitué à la grâce, pour le Sacre futur.

Aujourd'hui, je ne dis qu'un mouvement de mon inspiration.

Je regardais les nuages cendrés se déchirer aux pinacles des contreforts et courir vers l'est comme des bataillons envoyés à la rescousse. Dans la tour incendiée, la tête d'une statue brûlée s'éparpilla comme au vent le duvet d'un chardon ; elle se dissipa, se perdit dans l'air ; et je fus couvert d'une fine poussière, comme d'un peu de cendre pâle.

Je me tournai vers l'immense Crucifix, tout rouge encore de l'incendie et comme arraché de la gaine de ses membres pour ajouter au supplice, tant ses veines et ses muscles étaient apparents. Je le vis sans crâne ; il n'était plus hérissé d'épines, mais surmonté d'un long clou rouillé, plus cruel que les trois autres enfoncés dans sa chair.

Le parvis était désert. L'air fumait sur les murs

noirâtres des maisons brûlées. L'obusier brutal tonnait et hurlait. J'entendis un long fracas. Le gardien parut sur le seuil du grand portail et m'appela. Un obus avait atteint les grandes orgues, avait tué le grand corps sonore. La forêt des tuyaux, cependant, paraissait intacte. Ce n'était pas ainsi que le chant des constructeurs pouvait être étouffé. Je ramassai un éclat de ce bois imprégné d'harmonie et je prêtai l'oreille.

À droite et à gauche du portail, de solides palissades recouvertes de sacs de sable protégeaient les rangées de belles statues. En me penchant, j'aperçus la lumière qui passait par les interstices comme par les crevasses d'une caverne naturelle. Et soudain, il me revint à l'esprit une de mes imaginations de jadis qui m'avait fait reconnaître la figure de l'Ulysse dantesque dans une de ces statues barbue et coiffée d'une sorte de bonnet marin. Je me rappelais le vigilant courage de sa face et sa bouche sinueuse mais ferme que les boucles de la barbe laissaient libre : bouche digne de proférer l'« *orazion picciola* » l'oraison brève.

> *Considerate la vostra semenza :*
> *Fatti non foste a viver come bruti*[1]...

Submergé par une onde de tristesse, je me sentis de nouveau exilé et discordant. La solitude se fit plus dure que le fer, me comprima les côtes comme un engin de torture.

Je fermai les yeux, et ma patrie oublieuse mais inoubliable prit dans mon cœur un relief plus puissant que le relief de tout autre simulacre. Et mon cœur était plein de piété, de remords, de regret, de reproche, de fureur, de honte, de supplication, de dévouement, de présage.

Considerate la vostra semenza...

C'était bien là le vers éternel qu'il fallait graver au front de l'orgueil latin. De l'autre côté, il y avait les brutes avec leurs ignominies. Et voilà que leur insulte n'avait pu détruire la beauté construite par la volonté créatrice. Une telle beauté s'était faite plus altière et plus haute, comme toute créature royale qui s'élève au-dessus de l'outrage.

Il y a une superstition de la beauté. Je la possède. Puisque la cathédrale me semblait ainsi plus pathétique et plus pure, il était donc vraiment nécessaire qu'elle s'allégeât, dans la ruine, de tant de pierres profanées, altérées, restaurées, remplacées et que, pour une destinée mystérieuse, elle conservât seulement ses signes les plus nobles.

« L'Ulysse de Dante est-il sauvé ? » demandait mon angoisse à mon cœur. Mais déjà je connaissais la réponse du dieu intime. Ce qui est tout à fait beau ne périt pas.

Le soir de l'incendie, les flammes, en se rapprochant, imitaient les deux arcs de l'ogive. À présent, mon imagination me représentait le feu partagé en deux cornes, le double bûcher où se consomme le martyre des deux compagnons.

O voi che siete duo dentro ad un fuoco[1] !

Dans mon esprit, chaque syllabe prenait un sens nouveau, plein de significations actuelles. Le Livre de ma race ne serait-il plus lourd d'oracles, au gré de chaque interprète ?

De la statue élue, brisée ou demeurée intacte, ma superstition voulait tirer l'auspice de ce qui était dans ma foi, dans mes vœux et dans mon impatience.

Alors je me glissai entre la palissade et le soubassement, je me courbai dans l'ombre des sacs, palpant la pierre avec des mains chargées d'âme, comme celui qui, dans les ténèbres, espère découvrir un être cher au milieu des moribonds et des morts. Par les interstices pénétrait, çà et là, une lueur qui révélait le bas d'une robe, un coude replié, deux pieds joints.

Il y avait là comme l'humidité de la tranchée récemment creusée, le mystère du chemin couvert, l'encombrement tumultueux de l'ouvrage défensif, élevé pour boucher la brèche.

Je donnais de la tête, tantôt contre une poutre, tantôt contre une moulure. Je m'arrêtais, à tout moment, saisi de répugnance comme celui qui craint de marcher sur un cadavre ou de faire rouler un crâne. Enfin, en m'agrippant, je crus sentir sous mes doigts les plis du sayon marin.

Alors je m'efforçai d'élargir le soupirail entre deux sacs, palpitant comme l'enseveli vivant qui a soif de lumière.

Je me retournai dans l'étroit espace, aiguisant ma vue. Avec le tremblement de celui qui déterre un chef-d'œuvre enfoui, je découvris la bouche fermée aux angles relevés qui ne sourit pas comme les lèvres sourient, mais comme sourit la pensée.

L'effigie de l'Ulysse dantesque, de l'exemplaire héros tyrrhénien, était intacte ; et il semblait épier, en silence, par la fente que j'avais ouverte entre les deux sacs de sable, tranquille et résolu, comme dans le ventre du cheval de Troie. À peine avait-il, au genou, une éraflure, blanche sur la patine brune.

« *Ale al folle volo !* Des ailes au vol fou ! » s'écria mon cœur sans voix. Le présage était favorable. Les deux cornes de la flamme antique devaient se rapprocher.

Un leste Ulysside allait défaire la Circé rugueuse et son troupeau.

Traduction d'André Doderet.

SYLVAIN TESSON

Ô reine de Douleur
(2019)

*Sylvain Tesson raconte une double renaissance grâce à Notre-Dame de Paris : celle d'un corps réparé, après une grave chute, grâce à un entraînement quotidien dans les escaliers des tours de la cathédrale; celle de la foi assumée auprès de Notre-Dame. Grand voyageur, nouvelliste et romancier à succès (*Dans les forêts de Sibérie, S'abandonner à vivre, Sur les chemins noirs, *parus chez Gallimard), Tesson fut aussi adepte d'alpinisme et d'ascensions urbaines, notamment au sommet des églises. Dans ce texte écrit au soir de l'incendie, il évoque sa familiarité avec la cathédrale et fait son examen de conscience : si l'ascension des tours ou de la flèche de Notre-Dame, qu'il a souvent pratiquée, peut être vue comme sacrilège, c'est surtout pour lui un hommage « carnavalesque » à la cathédrale. Reprenant l'idée du carnaval développée par Bakhtine à propos de Rabelais (voir p. 141), Tesson rappelle que la cathédrale était au Moyen Âge le cœur de la ville : lieu de célébration de la vie et de la mort, du ciel et de la terre; lieu de brassage du profane et du sacré. Il s'inscrit ainsi dans la lignée des acrobates qui, depuis le Moyen Âge, rendent hommage à l'église et à la ville — tel le funambule qu'évoque Christine de Pizan (p. 345[1]). Mais ce spectacle, le plus souvent clandestin, se donne désormais au cœur de la nuit, dans l'intimité de la foi et le partage de l'amitié.*

Sylvain Tesson s'interroge également sur la lecture de l'incendie comme évènement historique. Quel sens en tirer

— *c'est-à-dire quelle interprétation et quelle orientation pour l'avenir ? La chute de la flèche est-elle symbole d'une société en perte de sens ? L'auteur nous invite à questionner notre propre rapport à la tradition, à notre passé, et à la beauté qui souvent nous entoure.*

Bl. C.

Nuit du lundi 15 avril 2019

À l'esprit, dans l'ordre : l'effroi, les analyses, les souvenirs.

L'effroi, c'est l'impensable mêlé au sublime. Les images du brasier sont belles. Beauté horrifique, gravure en fusion de Gustave Doré.

Tout homme a un rendez-vous quotidien avec le paysage qu'il habite. Je vis sur les quais de la Seine, entre l'église Saint-Julien-le-Pauvre où fut enterrée ma mère et l'église Saint-Séverin où fut baptisé Huysmans. Notre-Dame est là, tout près, reine mère de sa couvée d'églises.

Je séjourne « sous le commandement des tours de Notre-Dame » (Péguy dans *Les Sept contre Paris*).

LA PRÉSENCE. Tous les matins, de chez moi, je regardais la flèche décochée vers le ciel par Viollet-le-Duc. Je lui adressais un coup d'œil. C'était un salut. Certaines choses sont plantées. Non ! tout ne varie pas sur cette terre et tout n'est pas destiné à circuler frénétiquement à sa surface. *Le monde tourne, la croix demeure*, c'est la devise des Pères Chartreux. C'est une belle phrase. Il faut des radeaux quand les eaux montent.

La flèche apparaissait le soir dans le ciel

d'Île-de-France aux nuances pastel. Quand je venais de l'est, je la voyais surnager de l'entrelacs d'arcs absidiaux. Et sa droiture « irréprochable » (Péguy encore) rassurait. Elle était là. Le monde pouvait trembler, les institutions se détricoter, les bêtes disparaître. Au moins les flèches se fichaient-elles imperturbablement à la croisée des transepts. On se disait que Péguy avait raison : la flèche ne peut « faillir ».

LA CHUTE. Et voilà que soudain, elle tombe. On vivra désormais devant le trou. Et l'on se prend à songer. Quelle est cette époque qui prétend augmenter l'homme sans conserver ses châsses ? Quelle est cette impéritie ? Comme la modernité manque de sérieux ! Pourquoi ne sommes-nous pas de meilleurs *conservateurs* ? Que signifie cet écroulement ?

Léon Bloy disait dans son journal « Dieu se retire ». Il y a de cela dans l'image de l'incendie. L'époque peut-être ne méritait-elle pas cette flèche. Elle ne s'est pas effondrée. Elle s'est soustraite au carnaval.

Tout cela ressortit à la pensée magique, médiévale. Ce sont des considérations vaporeuses embuées de chagrin. Mais après tout, une cathédrale est une châsse magique, élevée à l'Invisible.

LES ESCALADES. Il y a vingt-cinq ans, avec une escouade de camarades, j'escaladais les cathédrales gothiques. Nous grimpions par les contreforts, les arcs-boutants, les toits et les parapets, et nous allions jusqu'au sommet des flèches. Nous avions écumé une vingtaine de grandes reines du génie européen. Nous lisions Fulcanelli et Nerval[1], nous savions que le gothique marie la force et la grâce, c'est-à-dire, en termes architecturaux, la puissance de l'élévation et la dentelle de l'ornement. Le miracle des cathédrales réside dans la poussée des forces par un système de compression des façades. Arcs-boutants, contreforts et pilastres empêchent l'accrétion. Sans eux, le fruit s'ouvrirait. Les flèches jaillissent en geyser, résultant de cette contention. Elles sont la résolution de l'équation de poussée.

Péguy donnait dans ses poèmes une indication technique très valable : pour lui, la flèche s'élevait « d'un seul jaillissement ». La flèche est un derrick. En dessous, la nappe d'hydrocarbures en dormance s'appelle la foi.

Je suis monté cent fois sur Notre-Dame, nuitamment, sans abîmer le moindre ornement, sans désagréger ni arceau ni moulure, prenant soin de ne laisser aucune trace. Parfois, j'ai rencontré des Compagnons du Devoir. Ils travaillaient déjà, en pleine nuit, dans la charpente partie en fumée. C'étaient alors d'étranges conversations, dans la *forêt*, à voix feutrée, avec des hommes qui n'étaient pas de leur temps, ni de leur terre.

Nous allions sur les tours, sur les coursives, en haut de la flèche. Paris se révélait, à nos pieds, illuminé partout, endormi pour partie, faisant la fête ailleurs. Peut-être en ce temps-là avions-nous déjà lu le poème de Rimbaud[1] :

> *J'ai tendu des cordes de clocher à clocher; des guirlandes de fenêtre à fenêtre; des chaînes d'or d'étoile à étoile, et je danse.*

Nous nous prenions pour des funambules, ou des chats, ou des jongleurs du XIIIe siècle. Nous n'étions que des plaisantins, mais la plaisanterie avait son sens et les nuits leur poésie.

Quand il y avait du vent, le sommet de la flèche bougeait légèrement, car elle était de bois, souple, vivante, et ce mouvement était un peu vertigineux. Nous avions l'impression de nous tenir au mât. Il portait la nuit en drapeau. Parfois, je me croyais accroché à un métronome. La très légère oscillation battait la mesure du temps passé.

Nous redescendions à la corde, nous faisions de courtes pauses sous les arcs-boutants et, au milieu de ce peuple de tarasques, de gargouilles et de créatures mêlé aux feuillages gothiques, nous nous demandions ce qu'un Parisien du XIIIe siècle pensait de ce vaisseau de pierre surnageant plus haut que tout autre édifice. Sans doute devait-il trouver le monument accordé à son époque. La nôtre jamais n'élèvera un monument pour l'âme. Tout juste peut-elle convoquer ses techniciens pour s'occuper des décombres.

LES ÂMES MORTES. Je suis un mauvais chrétien mais je suis chrétien. Je fus éduqué dans l'amour du Christ, j'ai conservé une vénération pour la chrétienté mais contracté un scepticisme à l'encontre du christianisme, cette canalisation de la source évangélique. Pourtant, mes escalades étaient une prière. Dans les escarpements de Notre-Dame habillés de vide et bordés par la nuit, je n'étais jamais seul.

En gagnant la base de la flèche, nous passions sous les statues des apôtres. Le rétablissement était périlleux mais le visage de Viollet-le-Duc, qui s'était fort modestement représenté en apôtre avec sa règle d'architecte à la main et regardait sa flèche dans un déhanchement bizarre, nous rassurait un peu : il y avait d'autres hommes avec nous pour escalader la nuit.

Un jour, j'ai emmené là-haut l'alpiniste Chantal Mauduit. Elle partait le surlendemain pour l'Himalaya. Nous nous sommes encordés, et nous sommes montés vers les étoiles[1]. Au sommet de la flèche, Chantal a accroché un petit fanion tibétain, seulement visible si l'on était informé de son emplacement. Elle a trouvé la mort, quelques jours après notre ascension, sur les pentes du Dhaulagiri népalais. Une autre fois, je suis monté avec un camarade, Tancrède Melet, artiste acrobate qui se jetait des falaises avec un parachute. Il voulait sauter de la tour nord et nous étions allés repérer le départ du vol. Il s'est tué lui aussi en chutant d'une montgolfière, quelques semaines plus tard. Et parfois, lorsque je passais au pied de la cathédrale sous les vertes coulées de lierre du square Jean-XXIII, je pensais à ces amis tombés.

POUR QUI SONNE LE GLAS? Puis le glas a sonné dans Paris. Je l'entendis de chez moi. C'était après l'attentat de *Charlie Hebdo*, en janvier 2015. On se rendit compte que Dieu n'est pas rancunier. C'est le miracle chrétien (et c'est un miracle exclusivement chrétien). Un Ravachol[2] sera toujours un enfant de Dieu et recevra les prières de ceux-là mêmes dont il se moquait. Ailleurs, sous la recommandation d'autres textes, on l'égorgerait. Chacun fait ce qu'il peut avec la grandeur.

Je m'étais fracturé le crâne et le dos en tombant d'un toit. Pour ma rééducation physique, les médecins m'avaient recommandé de faire de l'exercice. Fidèle, je retournai à Notre-Dame. Cette fois par des chemins raisonnables, déjà tracés : les escaliers des tours. Toutes les semaines, je grimpais les marches. Les agents de sécurité m'accueillaient amicalement et je commençais l'ascension. Au début, ce fut l'épreuve, l'Himalaya du convalescent. Mais l'effort est un baume pour les corps fracassés. On se force, on se contraint, on s'oblige. La douleur recule, les marches défilent, le ciel se rapproche, tout devient facile. Plus je montais, moins les tours semblaient hautes. Et dans le lent mouvement de spirale de l'escalier (cette élévation de l'éternel retour), il me venait à l'esprit le souvenir de Quasimodo, ce cœur brave, insensible au vertige, candidat à l'amour. [...]

En arrivant au sommet des tours, je sortais du boyau de l'escalier, et le jour explosait. Paris était là, gris, bleu, veine d'artères, bruissant, bourdonnant. Une ville est un tapis dont la cathédrale est la prière. Ce n'était jamais la même vision, selon l'humeur du ciel. La ville, comme les effeuilleuses, se changeait sans cesse. La cathédrale, elle, assurait sa garde, imperturbable. Mais pas infaillible.

Que signifie l'effondrement ? Y a-t-il le moindre enseignement à tirer d'un brasier ? Il est peut-être temps de se calmer. Trop d'empressement à faire table rase mène peut-être à ce genre de désastre. Et si l'effondrement de la flèche était la suite logique de ce que nous faisons subir à l'Histoire ? L'oubli, le ricanement, la certitude de nous-même, l'emballement, l'*hybris*, le fétichisme de l'avenir... et, un jour, les cendres.

Peut-être un peuple va-t-il se porter au chevet de sa reine ? Peut-être va-t-il se souvenir qu'il n'est pas né hier ? Mais peut-être rien ne changera-t-il et continuerons-nous à nous espionner les uns les autres, à nous haïr, à nous conspuer.

Alors, on se dira que la flèche a bien fait de se retirer.

[...]

Nous autres qui ne croyons pas en Dieu (mais vénérons son idée et certaines de ses représentations grecques, latines, juives et chrétiennes), nous cherchons à tout prix un signe dans la flèche dévorée.

Peu importe que le signe tombe du ciel ou bien naisse de nos esprits. En signalétique, une « flèche » indique une direction. Si on ne peut pas affubler les évènements d'une valeur symbolique, c'est à désespérer de la poésie ! « Que serions-nous sans le secours de ce qui n'existe pas », disait Paul Valéry[1].

Il est temps de nous réformer. La flèche est tombée, la cathédrale vacille mais reste debout. Nous avons l'opportunité de nous calmer un peu, de lever les yeux de nos écrans, de regarder à nouveau le ciel, de protéger les herbes et les bêtes, de faire silence en nos propres nefs, de nous souvenir que le monde n'a pas commencé hier et de songer à la concorde civile.

C'est cela, un signe.

Non un message à déchiffrer, mais une occasion à saisir.

© Éditions des Équateurs, 2019.

DOSSIER

CHRONOLOGIE DE NOTRE-DAME DE PARIS
Construction, restaurations, évènements historiques

Avant la construction de Notre-Dame, son site accueillait déjà une vaste basilique chrétienne, elle-même construite à l'emplacement d'un ancien temple païen.

12 octobre 1160. Maurice de Sully élu évêque de Paris. Dès son élection il propose la construction d'une église-cathédrale dédiée à la Vierge.
1163. Date retenue pour la pose de la première pierre.
1163-1182. Construction du chœur, s'achevant par la consécration du maître-autel.
1182-1225. Construction de la nef, des bas-côtés et des tribunes.
1225-1250. Construction de la galerie haute et des deux tours.
1239. Louis IX, qui a acquis la couronne d'épines du Christ après un arrangement financier avec l'empereur de Byzance, la dépose à Notre-Dame.
1248. Avant son départ pour les croisades, Louis IX se recueille à Notre-Dame.
Du XIIIe au XIVe siècle. Divers aménagements et ajouts (arcs-boutants, clôture de pierre autour du chœur et du sanctuaire...).
1594. Henri IV, qui en 1572 avait fait scandale en se mariant, non pas à l'intérieur, mais sur le parvis de la cathédrale par respect pour sa foi protestante,

La cathédrale Notre-Dame de Paris protégée contre les raids aériens par des sacs de sable pendant la Première Guerre mondiale
(Excelsior, 3 juin 1918)

assiste à une messe à Notre-Dame pour célébrer sa fraîche conversion au catholicisme.

1638. Louis XIII s'engage à offrir un nouveau maître-autel à Notre-Dame.

1699. Louis XIV réalise le vœu de son père. Dans cette perspective, Robert de Cotte réaménage le sanctuaire.

1725-1727. Restauration de la rose sud par Guillaume Brice. D'autres vitraux des XIIe et XIIIe siècles seront remplacés par des vitres blanches au cours du XVIIIe siècle.

1728. Le cardinal de Noailles fait blanchir à la chaux l'intérieur de la cathédrale.

1771. Soufflot, l'architecte à l'origine de l'église Sainte-Geneviève (actuel Panthéon), remanie le portail central et conçoit une nouvelle sacristie.

1789. La cathédrale entre dans le patrimoine de l'État après la nationalisation des biens du clergé. Néanmoins, dans les premiers temps de la Révolution, les drapeaux de la garde nationale y sont bénis.

1791. Les cloches sont fondues, à l'exception du bourdon Emmanuel.

1792. Un culte de la Raison est organisé dans la cathédrale. Son trésor est pillé et les statues sont mutilées.

1793. La cathédrale est transformée en entrepôt de vin pour la République.

1802. Notre-Dame est restituée à l'Église catholique.

1804. Sacre de Napoléon Ier en présence du pape Pie VII.

1831. Publication de *Notre-Dame de Paris* de Victor Hugo.

1845-1864. Restauration de la cathédrale sous la direction de Lassus et de Viollet-le-Duc, qui restera seul à la tête du chantier après la mort de Lassus en 1857.

1856. Napoléon III, qui avait été couronné empereur mais privé de sacre après le refus du pape, fait baptiser son fils dans la cathédrale, en présence du souverain pontife.

1865. Agrandissement du parvis.

1871. Pendant la Commune de Paris, des insurgés

	tentent de mettre le feu à l'édifice. Des internes de l'Hôtel-Dieu parviennent à le sauver des flammes.
1918.	Un *Te Deum* célèbre la victoire de la France.
1944.	Le 26 avril, le maréchal Pétain, en visite à Paris, assiste à une messe célébrée à la mémoire des victimes des bombardements. Le 26 août, en présence du général de Gaulle et du général Leclerc, un *Magnificat* est chanté dans la cathédrale pour célébrer la libération de Paris.
1965.	Le Chevallier remplace des vitraux du XIXe siècle par des vitraux plus aptes à restituer l'ambiance lumineuse du XIIIe siècle.
1968.	Ravalement de la façade.
2002.	L'éclairage est rénové.
2013.	Huit nouvelles cloches sont installées.
2019.	Dans la soirée du 15 avril, la « forêt » de Notre-Dame (sa charpente) prend feu. L'incendie détruit l'ensemble de la toiture ; la flèche s'effondre.

BIBLIOGRAPHIE SÉLECTIVE

La bibliographie sur l'histoire et l'architecture de Notre-Dame de Paris étant abondante, nous nous contentons de signaler quelques ouvrages récents, aisément consultables, ainsi que des livres de référence.

CAMILLE, Michael, *Les Gargouilles de Notre-Dame. Médiévalisme et monstres de la modernité*, traduit de l'anglais par Myriam Dennehy, Alma, 2011.
DU COLOMBIER, Pierre, *Les Chantiers des cathédrales*, Picard, 1973.
ERLANDE-BRANDENBURG, Alain, *La Cathédrale*, Fayard, 1989.
—, *Notre-Dame de Paris*, photographies de Caroline Rose, Nathan / CNMHS, 1991.
—, *Quand les cathédrales étaient peintes*, Gallimard, coll. « Découvertes Gallimard », 1993.
—, « Notre-Dame de Paris », dans *Les Lieux de mémoire*, dir. Pierre Nora, Gallimard, 1993, coll. « Quarto », t. III, 1997.
Carnet de Villard de Honnecourt (XIIIe siècle), introduction et commentaires d'Alain Erlande-Brandenburg, Régine Pernoud, René Gimpel, Roland Bechmann, Stock, 1986.
FOLLETT, Ken, *Notre-Dame*, Robert Laffont, 2019.
FOUCART, Bruno, « Viollet-le-Duc et la restauration »,

dans *Les Lieux de mémoire*, dir. Pierre Nora, Gallimard, 1993, coll. « Quarto », t. I, 1997.

GAEHTGENS, Thomas W., *La Cathédrale incendiée. Reims, septembre 1914*, traduit de l'allemand par Danièle Cohn, Gallimard, coll. « Bibliothèque illustrée des Histoires », 2018.

GOETZ, Adrien, *Notre-Dame de l'humanité*, Grasset, 2019.

KRAUS, Henry, *À prix d'or. Le financement des cathédrales*, Éditions du Cerf, 1991.

LE GOFF, Jacques, *La Civilisation de l'Occident médiéval*, Arthaud, 1964; nouvelle édition, Flammarion, 1982; reprise en poche, coll. « Champs Flammarion », 1997.

LE GOFF, Jacques et RÉMOND, René (dir.), *Histoire de la France religieuse*, Seuil, 1988-2001, 4 vol.

Notre-Dame de Paris. Cathédrale éternelle, textes de Claude Gauvard, photographies de Joël Laiter, E/P/A, 2019 [1re édition, *Notre-Dame de Paris. Cathédrale médiévale*, Chêne, 2006].

PANOFSKY, Erwin, *Architecture gothique et pensée scolastique* [1951], traduction française et postface de Pierre Bourdieu, Minuit, 1967.

Paris romantique (1815-1848), catalogue des expositions au Petit Palais et au musée de la Vie romantique, sous la direction de Jean-Marie Bruson, Paris Musées, 2019 [une section est consacrée à *Notre-Dame de Paris* de Hugo et au goût du XIXe siècle pour le Moyen Âge].

TONAZZI, Pascal, *La Grande Histoire de Notre-Dame dans la littérature*, Le Passeur, 2019 [1re édition, *Florilège de Notre-Dame de Paris*, Arléa, 2007].

VAUCHEZ, André, « La cathédrale », dans *Les Lieux de mémoire*, dir. Pierre Nora, Gallimard, 1993, coll. « Quarto », t. III, 1997.

WIRTH, Jean, *Villard de Honnecourt, architecte du XIIIe siècle*, Droz, 2015.

On pourra également lire les romans policiers d'Alexis Ragougneau, tirés de son expérience de gardien de la cathédrale : *La Madone de Notre-Dame* (Viviane Hamy, 2014; reprise en poche, coll. « Points Seuil », 2016) et *Évangile pour un gueux* (Viviane Hamy, 2016; coll. « Points Seuil », 2017).

On lira enfin l'article de Jean-Claude Perrier, « Notre-Dame des écrivains », paru dans *L'Orient littéraire* de juillet 2019, qui le premier a employé l'expression qui donne son titre à cette anthologie.

NOTICES SUR LES ILLUSTRATIONS
DU CAHIER HORS-TEXTE

1a. Rosace du transept sud
de Notre-Dame de Paris.

À rebours de l'aura sombre et granitique qu'impose la silhouette de la cathédrale, les roses illuminent l'intérieur de l'édifice. À la lumière des vitraux, « le ciel, traversant un luxe de couleurs terrestres, semble foudroyer la terre de ses flammes lumineuses » (voir le texte de Schlegel, p. 382).

La mosaïque des vitraux évoque les différentes sphères que traverse la lumière divine, alors que le galbe des rosaces (roses situées au-dessus des portails) rappelle la hiérarchie à laquelle ces mondes répondent dans l'imaginaire médiéval : « Les roses [...] épousent la courbe fermée que les astres parcourent dans le firmament » (voir le texte de Duby, p. 59).

1b. Missel de Paris, XIIIᵉ siècle.

Les missels sont les livres liturgiques contenant, pour chaque jour de l'année, les chants, les prières et les lectures servant à la célébration de la messe (voir à ce sujet Amédée de Ponthieu, p. 122). Cette partition, issue d'un missel du XIIIᵉ siècle appartenant à la paroisse de la cathédrale de Paris, transcrit l'introït (le chant ouvrant la célébration) chanté le dimanche qui suit la fête de

Pâques — et nommé, d'après les premiers mots de l'introït, dimanche de Quasimodo. Le personnage de Victor Hugo, trouvé sur le parvis de la cathédrale à cette date, en tire d'ailleurs son nom. Consécration de l'enfance et de la natalité (« comme des enfants nouveau-nés, alléluia, désirez sans ruse le lait spirituel »), ce chant, répété d'année en année, célèbre une temporalité circulaire et saisonnière où la renaissance succède à la mort (voir à ce sujet Julien Green, p. 162). Congédié par cette liturgie, le temps historique s'immiscera pourtant à l'intérieur même du rite : les musiciens de Notre-Dame de Paris seront parmi les fondateurs de la polyphonie, révolutionnant ainsi la musique occidentale et les cérémonies durant lesquelles elle était chantée (voir à ce sujet le chapeau du texte de Liszt, p. 182).

2. *Vue intérieure de l'église cathédrale Notre-Dame de Paris*, 1770.

Avant que Viollet-le-Duc ne les modifie, de nombreuses restaurations furent effectuées à Notre-Dame : au cours du XVIIIe siècle l'intérieur est blanchi, des vitres transparentes remplacent certains vitraux. Les rénovations, dictées par un idéal de clarté hérité du Grand Siècle, pourtant si étranger à l'intention gothique, rendent le colosse de pierre étrangement inoffensif. « Les temples doivent être vieux », affirmait Louis-Sébastien Mercier en déplorant la disparition des traces de « fumée » de l'édifice (voir p. 238). Inactuelle, la cathédrale est le refuge du fantasme et des possibles ; mais actualisée, elle est réduite au prolongement fonctionnel d'un espace normalisé.

3. François-Antoine Aveline, *Maison du Château frileux vue du parvis de Notre-Dame*, avant 1748.

Henry James, qui redoutait l'afféterie française, remarquait que « l'influence du monument gothique se distinguait même des petites élégances parisiennes, de l'ordonnance et du sens de la mesure de la ville » (voir *La Muse tragique*, p. 215). Cette asymétrie de la cathédrale a également frappé Schlegel lors de son séjour dans la capitale (voir p. 382). Le XVIIIe siècle, héritier du classicisme du Grand Siècle, ne savait que faire de ce caprice architectural barbare. François-Antoine Laveline met au pas la cathédrale : dans sa vision perspectiviste, la verticalité de l'édifice concourt à l'ordonnancement rectiligne de toute la cité.

4. Paul Signac, *La Cité, Paris*, 1934.

Loin du clair-obscur hugolien, Signac révèle Notre-Dame à l'heure (aube ou crépuscule) où « tout chatoie et reluit » (voir le poème de Gautier p. 405). Dénuée de ses ombres gothiques, la cathédrale semble surprise par le peintre, revêtue de son déshabillé de lumière. On pense à la rêverie sensuelle de Ponge : « Sous les tétons du ciel s'encorbellant aux deux tours, je ne sais quelle étreinte, autour de la rosace du nombril, soude ces dernières » (voir p. 423).

5. Brassaï, *Notre-Dame*, vers 1930-1932.

La nuit tombée, la cathédrale semble défier les éclairages artificiels. Refuge de la nuit, Notre-Dame condense les ténèbres comme un « aimant » (selon le mot d'Aragon, p. 419) dont le champ repousse les assauts lumineux de la ville et du siècle. Ultime obstacle à la modernité, la cathédrale poursuit sa vocation d'asile (voir *La Esmeralda* de Victor Hugo et Louise Bertin, p. 305). À l'heure où l'obscurité est le nouvel intrus, celle-ci peut venir se lover sous ses voûtes, à l'abri de la ville lumière.

6. Maurice Utrillo, *Notre-Dame*, 1909.

Un monument décrépit peut prendre cette mine verdâtre dont les villes humides ont le secret. Utrillo peint une cathédrale délavée et tachetée de rouille. Si Hugo s'indignait de cet abandon au siècle précédent, le peintre, qui a connu les restaurations de Viollet-le-Duc, semble en rechercher les reliques. Les couleurs de sa rosace embuée semblent avoir déteint sur l'édifice, lui restituant les couleurs qui ornaient jadis ses reliefs (voir à ce sujet le livre d'Erlande-Brandenburg, *Quand les cathédrales étaient peintes*).

7. Henri Matisse, *Notre-Dame, une fin d'après-midi*, 1902.

À l'abri du soleil, que l'on devine hors cadre, vue comme à la dérobée par une fenêtre, Notre-Dame perd ses reliefs ; sa robe uniforme l'enclot comme une écorce. Sous ce « haut coffrage de bois » (voir Benjamin, p. 400), que reste-t-il du « vaisseau de pierre », comme la nomme Henry James dans *La Muse tragique* ? Dans le jour tombant d'une capitale devenue presque provinciale, Matisse peint le regret d'une cathédrale prête à s'évanouir.

8. Janine Niepce, *Vue depuis le sommet de la cathédrale Notre-Dame*, années 1950.

La hauteur des cathédrales faisait débat lors de la construction de Notre-Dame (voir Pierre le Chantre, p. 36). Au XXe siècle Notre-Dame de Paris devient le promontoire idéal pour admirer le panorama de la ville, dont la basilique est de fait absente. Dans ce jeu de regards où les touristes observent et se donnent à observer, la cathédrale est occultée, réduite à la toile de fond de ce palais des glaces.

9. François Schuiten, *Notre-Dame, des lendemains qui changent*, 2019.

Peu après l'incendie d'avril 2019, le journal *Libération* a demandé à des dessinateurs d'imaginer ce que pourrait être la cathédrale une fois restaurée. François Schuiten s'en explique : « La flèche incarnant, pour une bonne part, la dimension iconique de Notre-Dame, c'est ailleurs qu'il faut introduire la modernité. Si la charpente peut être l'enjeu de prouesses d'ingénierie, la reconstruction elle-même peut aussi donner lieu à la mise en scène novatrice d'un chantier emblématique : des passerelles pourraient tourner autour de l'édifice, permettant au public de découvrir, dans les détails, le travail des artisans à l'œuvre et de circuler dans les hauteurs, pour apprécier, par des points de vue inattendus, le lien extraordinaire entre la cathédrale et sa ville. »

À l'instar de Robida dans ses dessins d'anticipation (p. 191), Schuiten envisage Notre-Dame comme un élément stable qui permet d'apprécier les évolutions qui l'entourent. Mais cette immuabilité apparente semble menacée, chez les deux dessinateurs, par les dispositifs dans lesquels elle est intégrée. Dominée par des passerelles, survolée par des aéronefs, la cathédrale n'est plus contemplée par des adorateurs mais toisée par des spectateurs. L'aube de la ville nouvelle est peut-être le crépuscule de sa cathédrale.

10. Jean Fouquet, *La Main droite de Dieu protégeant les fidèles des démons*, enluminure extraite du *Livre d'heures* d'Étienne Chevalier, vers 1452-1460.

Depuis le Ciel, la main de Dieu chasse les démons afin de protéger les Justes au premier plan. En situant la scène face à Notre-Dame, Fouquet révèle toute l'ambivalence du sanctuaire : lieu du partage entre sacré et profane, sainteté et sacrilège (voir à ce sujet Rodenbach, p. 169).

11. Jacques Tardi, *Le Savant Fou*. *Les Aventures extraordinaires d'Adèle Blanc-Sec*, t. III, 1977.

Célèbre bande dessinée en neuf tomes, *Les Aventures extraordinaires d'Adèle Blanc-Sec* mettent en scène une jeune et intrépide feuilletoniste des années 1910. Dans cet épisode, elle est aux prises avec le pithécanthrope, un homme des cavernes conservé dans des glaces et ramené à la vie par des scientifiques. Clin d'œil à Quasimodo, ce monstre au sommet de la cathédrale n'est pas sans rappeler les diables de Fouquet. La cathédrale partage avec cet homme de Cro-Magnon la majesté rustique des êtres dont la vocation a disparu avant eux (voir à ce sujet Étienne Gilson dans *Matières et formes*, p. 328).

12. Honoré Daumier,
Notre-Dame de Paris, XIXe siècle.

Sous l'angle choisi par Daumier, la cathédrale semble surgir d'une ville italienne (voir un tel déracinement dans *Indiana* de Sand, p. 402) : l'enchevêtrement des ponts, les voûtes et les barques rappellent les canaux de Venise. Le gris de la cathédrale, contrastant avec l'ambiance dorée de la ville dépeinte, dénote le caractère insolite de l'édifice. À l'ombre de la cathédrale, c'est toute la ville qui se métamorphose.

13. Pablo Picasso, *Notre-Dame*,
14 juillet 1945, 1945.

Cathédrale de Paris ou église de la Cité ? À l'image des drapeaux tricolores qui ponctuent la toile, Notre-Dame déchoit de son statut de symbole national pour participer à l'effervescence d'un hameau en fête. Soulignant son caractère insulaire, Picasso donne au monument l'aspect chaleureux d'un clocher de village (voir dans cette perspective le texte de Brassaï, « La concierge de Notre-Dame », p. 290).

14. Eugène Atget, *Notre-Dame*, 1925.

« Endroit le plus solitaire, le plus mélancolique » (Balzac, *L'Envers de l'histoire contemporaine*), le Terrain, à la pointe orientale de la Cité, inspire d'un siècle à l'autre une même tristesse. Espace désolé par l'« ombre froide » de la cathédrale (Balzac, *Les Proscrits*), il est l'envers du parvis populeux qui fait face aux tours. Propice au séjour des morts, cette arrière-cour, où les reclus croisent les parias, accueille désormais un mémorial de la déportation.

15. Lorenzo Mattotti,
Notre-Dame — Verdure, 2019.

Répondant, comme François Schuiten, à la demande de *Libération*, Lorenzo Mattotti propose ce dessin accompagné d'un texte de Jerry Kramsky, scénariste de plusieurs de ses albums : « En début de soirée, le feu dévora la flèche, amoureuse des flammes qui l'enveloppaient et l'illuminaient d'une beauté éphémère. Elles s'étaient déjà lassées d'elle, dans leur fougue de tout réduire en cendres. Et puis l'incendie n'eut plus rien à dire, seulement de la tristesse. Une profonde tristesse qui, le matin venu, l'incendie maîtrisé, imprégnait encore les murs de l'église. Maintenant, elle devrait demeurer ainsi, seule avec ses murs nus, ouverte et sans toit. On devrait y cultiver herbes et plantes médicinales des traditions les plus anciennes. Et dans cette verdure y élever les anges, qui arpenteraient la ville avec leurs bruissements d'ailes et leurs murmures, dans la langue angélique dont nous, humains, ne percevons que le silence. Durant 1 200 ans. »

Privées de lumière par les grands arbres, les jeunes pousses ne parviennent plus à croître, la forêt meurt de ne pas mourir. Il faudra un incendie pour que, des brûlis générés par le feu, le bois retrouve sa vie perdue. Figée dans une image éternelle, Notre-Dame risque cette même vieillesse stérile qu'évoquaient Rabelais et Bakhtine. Des flammes qui ont ravagé la forêt de la cathédrale, le grain pourra-t-il germer, comme l'imagine Lorenzo Mattotti au lendemain du désastre ?

16. Plantu, dessin paru
dans *Le Monde* du 16 avril 2019.

Les flammes transforment Notre-Dame en étendard. Mais qui s'assemblera sous sa bannière ? Le monde ou la France ? L'incendie qui ravagea Notre-Dame de

Reims provoqua le même type de question, partagé entre l'amour de la France (« La Cathédrale était flamboyante de résurrection et l'âme de la France était là, debout, comme le ressuscité », écrit D'Annunzio, p. 438) et le deuil d'une « humanité de pierres » (Proust, *Lettre à sa voisine*, p. 435). Perspectives antagonistes, qui expriment pourtant un même besoin de consolation partagée.

A. G.

LEXIQUE DES TERMES
D'ARCHITECTURE RELIGIEUSE

ABSIDE : partie intérieure de l'église qui forme son extrémité semi-circulaire ou polygonale.

ARC : élément d'architecture en forme de courbe qui enjambe le vide.

ARC-BOUTANT : arc extérieur qui s'appuie sur un contrefort soutenant une voûte ou un mur.

BASILIQUE : titre prestigieux accordé par la papauté aux églises qui rassemblent de nombreux fidèles. On distingue les basiliques majeures (les quatre grandes églises de Rome) des basiliques mineures, réparties à travers le monde.

CHAPITEAU : haut d'une colonne.

CHEVET : face extérieure de l'ABSIDE qui, par extension, désigne l'ensemble de l'édifice au-delà du TRANSEPT.

CORBEILLE : partie principale du CHAPITEAU autour de laquelle se groupent les ornements.

CHIMÈRES : ornements sculpturaux en forme de créatures fantastiques et grotesques qui, contrairement aux GARGOUILLES, ne recouvrent aucune fonction utilitaire.

CHŒUR : le chœur liturgique est la partie de l'église réservée au clergé, où se trouve le SANCTUAIRE ; le chœur architectural comprend, quant à lui, l'ensemble de la NEF située autour du chœur liturgique.

CONTREFORT : renfort de maçonnerie saillant présent sur la face extérieure d'un bâtiment.

ENCORBELLEMENT : construction saillante d'un mur

Lexique des termes d'architecture religieuse

soutenue par d'autres éléments saillants (les corbeaux ou les consoles).

FLEURON : sculpture ornementale en forme de fleur ou de feuille.

GARGOUILLE : conduit saillant par lequel l'eau des gouttières se déverse hors des murs ; et, par extension, figures fantaisistes ornant ces conduits.

MAÎTRE-AUTEL : l'autel principal d'une église, situé dans le chœur.

NEF : partie d'une église comprise entre le portail et le TRANSEPT, délimitée par des rangées de piliers. C'est le lieu où se tiennent les fidèles lors des cérémonies.

OGIVE : voûte ou arcade formée d'arcs brisés symétriques.

PINACLE : ornement en forme de cône ou de pyramide surplombant le sommet d'un toit, d'un CONTREFORT.

ROSACE : rose située au-dessus du portail, à l'une des extrémités de la NEF ou de l'un des bras du TRANSEPT.

ROSE : ouverture de forme circulaire dotée d'un vitrail également circulaire.

SANCTUAIRE : partie du CHŒUR où se trouve le MAÎTRE-AUTEL et où se déroule le cérémonial.

TRANSEPT : partie perpendiculaire au reste de l'église, qui sépare la NEF centrale du CHŒUR et constitue les bras de la forme en croix de l'église.

TAILLOIR : petit plateau carré ou polygonal au sommet du chapiteau d'une colonne.

TRÈFLE : ornement formé de trois lobes.

NOTES

NOTRE-DAME ET SES CONTEMPORAINS

Page 26.

1. *Indulgence* : rémission des peines encourues par un pécheur en échange d'une somme d'argent.

Page 28.

1. *On offre aux yeux des riches...* : c'est ce que Bernard de Clairvaux écrit vers 1125 dans l'*Apologie à Guillaume de Saint-Thierry* ; voir la traduction du passage, p. 38, n. 8.

Jean de Saint-Victor

Page 29.

1. *Grande cérémonie* : le rituel ordinaire de fondation d'une église est, quant à lui, décrit dans l'extrait de Guillaume Durand, p. 42.

2. *Philippe le Chancelier* : dans la première moitié du XIIIᵉ siècle, ce théologien rapporte dans l'un de ses sermons la tradition selon laquelle la première pierre aurait été posée par le pape Alexandre III : « Lorsqu'on jette les fondements d'une nouvelle église, les hommes les plus dignes ont l'habitude de mettre de leurs mains la première pierre, comme pierre de fondation, de même qu'on

dit qu'Alexandre l'a fait pour la cathédrale de Paris » (trad. E. Arioli; ms. BnF, lat. 3280, fol. 109vb).

Page 30.

1. *Inédit* : jusqu'à présent, ce texte n'était cité qu'à travers un témoignage indirect du XVIIIe siècle (*Gallia Christiana*, t. VII, Paris, 1744, col. 71).

Robert d'Auxerre

Page 31.

1. Pour le texte latin, voir *Recueil des historiens des Gaules et de la France*, éd. dir. Léopold Delisle, t. XII, Paris, 1877, p. 298. Cf. l'édition *princeps*, où l'auteur est désigné comme « anonymus coenobii S. Mariani apud Altissiodorum » : *Chronologia... usque ad annum a Christi ortu millesimum ducentesimum*, edita opera et studio Nicolai Camuzaei Tricassini, Trecis, apud Natalem Moreau, 1608, fol. 84r-84v.

Page 32.

1. Pour le texte latin, voir *Bibliotheca mundi Vincentii Burgundi... Speculum quadruplex, naturale, doctrinale, morale, historiale*, Douai, ex officina typographica Baltazaris Belleri, 1624, t. IV, p. 1192-1193 (caput XXI).

Robert de Torigni

2. *Chevet... achevé* : le maître-autel fut consacré seulement cinq ans plus tard, en 1182, d'après le témoignage de Geoffroi de Vigeois, moine de Saint-Martial de Limoges puis abbé (mort en 1184 et auteur d'une chronique qui s'étend jusqu'à cette année) : « Quatre jours après la solennité de la Pentecôte [le 19 mai 1182], le légat apostolique Henri [de Château-Marçay, le cardinal-évêque d'Albano], assisté par Maurice [de Sully], consacre l'autel de [la cathédrale] Sainte-Marie à Paris » (trad. E. Arioli;

Recueil des historiens des Gaules et de la France, éd. dir. Léopold Delisle, t. XVIII, Paris, 1879, p. 212).

3. *Chevet* : c'est par le mot latin *caput* (littéralement, la tête) qu'on désignait cette partie de l'église qui termine la nef, là où se trouve le maître-autel. Le chevet symbolise le Christ ou alors les prélats qui sont à la tête du corps mystique de l'Église, comme on le verra dans les textes de Pierre le Chantre et de Guillaume Durand.

4. *Grande couverture* : l'expression *tectorium maior* est plutôt vague dans ce contexte ; elle désigne probablement non seulement la toiture à strictement parler, mais aussi le grand comble, constitué par la charpente et la couverture. Elle pourrait même se référer plus largement aux voûtes. À sa mort, en 1196, Maurice de Sully légua cent livres pour la construction d'une couverture en plomb. C'est à cause de celle-ci que des opérations de décontamination ont été nécessaires après l'incendie du 15 avril 2019.

Page 33.

1. Pour le texte latin, voir Robert de Torigni, *Chronique*, éd. Léopold Delisle, Rouen, Ch. Métérie, 1872-1873, t. II, p. 68.

Chroniqueur d'Anchin

Page 34.

1. Pour le texte latin, voir G. H. Pertz, *Monumenta Germaniae historica*, *Scriptores*, t. VI, Hannoverae, 1846, p. 421.

Césaire de Heisterbach

Page 36.

1. *Sûreté* : l'assurance qui est ici promise procède de la règle selon laquelle l'argent mal acquis ne peut être restitué sous forme d'aumône, parce qu'il est entaché de faute. Pour le texte latin, voir Caesarii Heisterbacensis, *Dialogus miraculorum*, éd. Josephus Strange, Coloniae,

Bonnae et Bruxellis, Heberle, 1851, t. I, p. 107 (Dist. II, Cap. XXXIII).

Pierre Le Chantre

Page 37.

1. *Béthel et Aï* : c'est entre ces deux localités que, selon la Bible, Abraham installe ses tentes et construit un autel dans le pays de Canaan (Genèse, XII, 8 ; XIII, 3).

2. *Il offrit l'hospitalité à des anges* : allusion à l'épisode biblique dans lequel Abraham reçoit la visite de trois hommes qui lui prédisent que sa femme Sarah aura un fils (Genèse, XVIII, 1-11).

3. *Loth et Noé* : le premier est le neveu d'Abraham, le second est l'un de ses ancêtres (Genèse, VI et XIII).

4. *Issus de manière fabuleuse* : l'auteur fait allusion à la croyance populaire, bien attestée dès la Grèce antique, en des naissances légendaires à partir d'une pierre ou d'un arbre (le plus souvent un chêne).

5. *Élisée* : l'auteur se réfère au deuxième livre des Rois (quatrième livre selon la Vulgate), où une femme sunamite prépare chez elle, avec l'accord du mari, une chambre pour le prophète Élisée (IV, 8-11). D'après la Bible, cette femme n'est donc pas veuve.

Page 38.

1. « *Dans toute ville ou tout village...* » : citation de l'Évangile selon Matthieu, X, 11.

2. « *Le ciel est mon trône...* » : citation d'Isaïe, LXVI, 1.

3. « *Les renards ont des tanières...* » : citation de l'Évangile selon Luc, IX, 58.

4. *Dathan et Abiron* : ces deux personnages bibliques sont deux lévites qui, après s'être rebellés contre Moïse et Aaron, furent engloutis par la terre (Nombres, XVI, 1-35, Deutéronome, XI, 6).

5. *L'air voué à emprisonner les démons...* : au Moyen Âge, on considérait que certains types de démons étaient emprisonnés dans l'air jusqu'au moment où, lors du jugement

dernier, ils seraient précipités dans les abîmes de l'enfer. Anges déchus, ils sont décrits comme des êtres incorporels, mais capables de prendre les apparences les plus diverses.

6. *Compagnons... des autruches* : l'auteur fait allusion au verset biblique suivant : « Je suis devenu le frère des chacals, le compagnon des autruches » (Job, XXX, 29). On lit aussi : « L'autruche abandonne ses œufs à la terre et les laisse chauffer sur la poussière » (Job, XXXIX, 14). L'autruche, qui plonge sa tête dans le sable du désert pour enfouir des œufs qu'elle oublie ensuite, a été considérée comme un oiseau distrait, paresseux et cruel envers ses petits. Souvent assimilée au pécheur, elle a également symbolisé des péchés capitaux (la paresse, mais aussi la gloutonnerie et l'envie).

7. « *Le ciel appartient au Seigneur...* » : citation des Psaumes, CXV, 16 (selon la Vulgate, CXIII, 24).

8. *Le Prélat* : le *sanctus Praelatus* est saint Bernard de Clairvaux. Dans l'*Apologie à Guillaume de Saint-Thierry* (rédigée vers 1125), il critique « la hauteur immense des églises, leur longueur démesurée, l'inutile ampleur de leurs nefs, la richesse de matériaux polis », en écrivant également : « Ô vanité des vanités, mais encore plus insensée que vaine! L'Église resplendit dans ses murs et elle est indigente dans ses pauvres. Elle couvre d'or ses pierres et abandonne ses fils nus. On offre aux yeux des riches les ressources destinées aux pauvres » (trad. E. Arioli; pour le texte latin, voir la *Patrologia Latina*, t. 182, p. 915).

Page 39.

1. « *Notre tête, c'est le Christ* » : allusion à l'Épître aux Éphésiens, IV, 15. Pour la valeur symbolique du chevet, tête de l'Église, voir les textes de Robert de Torigni et de Guillaume Durand.

2. « *Par quel sermon... par les mages* » : l'intégralité du passage est empruntée à la lettre XLIV de saint Jérôme. Les épisodes évangéliques mentionnés se réfèrent à Matthieu, II et à Luc, II. Pour le texte latin de Pierre le Chantre, voir Petri Cantoris Parisiensis, *Verbum abbreviatum*, éd. Monique Boutry, Turnhout, Brepols, 2012.

Guillaume Durand de Mende

Page 40.

1. Pour le texte latin de la *Somme des offices ecclésiastiques*, voir Sicardi Cremonensis episcopi, *Mitralis de officiis*, éd. Gábor Sarbak et Lorenz Weinrich, Turnhout, Brepols, 2008, lib. I, cap. 4. Guillaume Durand y emprunte des passages concernant la pose de la première pierre, l'orientation de l'église, les fondements, le ciment, les murs, la crypte, les verrières, les portes, les colonnes, le pavé, les poutres, la charpente, les tuiles du toit (voir la *Patrologia Latina*, t. 213, 17A-22D); quelques lignes sur les colonnes, le pavé, les poutres et les tuiles du toit se trouvaient déjà dans la *Gemme de l'âme* (voir la *Patrologia Latina*, t. 172, 568D-587A); Guillaume Durand a utilisé comme source également le *Miroir des mystères de l'Église* pour ce qui concerne les tours, le coq, les fondements, les verrières, les portes et la charpente (voir la *Patrologia Latina*, t. 177, 335A-337B).

Page 42.

1. *Flèche de Viollet-le-Duc...* : l'horloge de Notre-Dame de Paris se trouvait approximativement à la base de la flèche; le coq, qui a été retrouvé dans les décombres après l'incendie du 15 avril 2019, était placé au sommet de la flèche et contenait des reliques.

2. « *La maison du Seigneur...* » : il s'agit d'un verset chanté qui fait allusion à l'Évangile selon Matthieu, VII, 25.

3. *Église militante* : cette expression — littéralement l'Église qui « combat sur terre » (*in terris militat*) — indique l'ensemble des fidèles sur terre, alors que les expressions d'Église triomphante et d'Église souffrante désignent respectivement l'ensemble des âmes réunies dans le paradis et dans le purgatoire. D'après la doctrine chrétienne, ces trois Églises n'en forment qu'une seule, guidée par le Christ.

4. *Sur ce fondement... apôtres et prophètes* : allusion à l'Épître aux Éphésiens, II, 20 (« Vous avez été édifiés sur le fondement des apôtres et des prophètes, Jésus-Christ lui-même étant la pierre angulaire »).

5. « *Ses fondements sont dans les montagnes saintes* » : citation des Psaumes, LXXXVII, 1 (selon la Vulgate, LXXXVI, 1).

6. *Gentils* : le mot, qui désignait dans la Bible les non-Juifs, indique les païens, sous la plume des auteurs chrétiens.

Page 43.

1. *Ses ennemis pour Dieu* : selon la doctrine chrétienne, la charité permet non seulement d'aimer le prochain en Dieu (*in Deo*), en participant ainsi à l'amour divin qui se répand sur les créatures, mais aussi d'aimer pour Dieu (*pro Deo*) — d'une affection généreuse et désintéressée — ses ennemis (allusion à Évangile selon Matthieu, V, 44).

Page 44.

1. « *Couvre une multitude de péchés* » : citation de la Première épître de Pierre, IV, 8.

2. « *Si tu veux entrer dans la vie...* » : citation de l'Évangile selon Matthieu, XIX, 17.

3. « *Mon âme est prosternée...* » : citation des Psaumes, CXIX, 25 (selon la Vulgate, CXVIII, 25).

4. *Quatre côtés égaux de la cité céleste...* : allusion à l'Apocalypse, XXI, 16 (« La ville avait la forme d'un carré, sa longueur était égale à sa largeur »).

5. « *Ton cou est comme la tour...* » : citation du Cantique des cantiques, IV, 4.

6. « *Lève-toi, toi qui dors* » : allusion à l'Épître aux Éphésiens, V, 14.

Page 45.

1. « *Je châtie mon corps, etc.* » : citation de la Première épître aux Corinthiens, IX, 27 ; la suite est : « et je le traite

comme un esclave, de peur d'être moi-même disqualifié après avoir prêché aux autres ».

2. « *Je suis la porte* » : citation de l'Évangile selon Jean, X, 9.

3. *Pauvres en esprit* : allusion à l'Évangile selon Matthieu, V, 3 (« Heureux les pauvres en esprit, car le royaume des cieux est à eux »).

Page 46.

1. *Poutres* : le texte latin utilise le terme de *trabes* qui indique, de manière plus technique, les sablières, poutres supportées par des colonnes ou des pilastres et qui forment les architraves.

2. *Charpente* : les deux textes latins — celui de Pierre le Chantre et celui de la Bible (où le terme est généralement traduit par « solives » ou « poutres ») — emploient le terme plus technique de *tigna* qui désigne les entraits : il s'agit des poutres jetées d'un côté à l'autre du bâtiment qui reposent sur les architraves et soutiennent les autres pièces de la charpente.

3. « *Les poutres de nos maisons...* » : citation du Cantique des cantiques, I, 17.

4. « *Le roi Salomon s'est fait un palanquin...* » : citation du Cantique des cantiques, III, 9.

5. *Sanctuaire* : le texte emploie le terme de *cancellus* qui se réfère non seulement à la « balustrade », mais aussi à la partie du chevet que celle-ci délimite, là où se trouve le maître-autel.

6. « *Plus tu es grand...* » : citation de l'Ecclésiastique (Siracide), III, 20.

7. *L'horloge, où les heures logent...* : nous avons tâché de restituer par ce jeu de mots approximatif l'explication étymologique qui se trouve déjà, au VIIe siècle, dans le vingtième livre des *Étymologies* (*Etymologiae*) d'Isidore de Séville et qu'on traduirait littéralement par « l'horloge, sur laquelle on lit les heures c'est-à-dire qu'on les décompte ». Le mot latin *horologium* est issu du grec ὡρολόγιον / hôrológion (littéralement, « qui dit l'heure », de ὥρα / hóra, « heure », et λέγω / légô, « dire »).

8. « *J'ai chanté tes louanges sept fois par jour* » : citation des Psaumes, CXIX, 164 (dans la Vulgate, CXVIII, 164).

9. Pour le texte latin, voir Guillelmi Duranti, *Rationale divinorum officiorum*, éd. A. Davril et T.-M. Thibodeau, Turnhout, Brepols, 1995-2000, 3 vol.

Jean de Jandun

Page 49.

1. *Grande croix...* : le moine bénédictin Jacques du Breul mentionne « le grand crucifix qui est au-dessus de la grande porte du chœur » dans son ouvrage *Le Théâtre des Antiquitez de Paris* (Paris, 1612, p. 13). Cette « grande croix » fut probablement détruite en 1699, lors de la construction du nouveau maître-autel et du renouvellement de la décoration intérieure.

2. *Deux pareilles rosaces...* : l'auteur se réfère aux deux rosaces symétriques du transept. La rose nord, consacrée à l'Ancien Testament, a été édifiée vers 1250-1260, la rose sud, consacrée au Nouveau Testament, vers 1260-1270. Leur forme circulaire — d'un diamètre de 12,90 m environ — leur a valu le surnom d'O (la quatrième voyelle, comme l'écrit Jean de Jandun).

3. Voir Le Roux de Lincy et L. M. Tisserand, *Paris et ses historiens aux XIVe et XVe siècles*, Paris, Imprimerie impériale, 1867.

DÉCHIFFRER LA CATHÉDRALE

Émile Mâle
L'Art religieux du XIIIe siècle en France

Page 54.

1. Voir à ce sujet le texte d'Esprit Gobineau, p. 64.

Georges Duby
Le Temps des cathédrales

Page 59.

1. Repris dans l'édition de ses *Œuvres* dans la Bibliothèque de la Pléiade, établie par Felipe Brandi, préface de Pierre Nora, 2019. — Voir, dans le cahier couleur central, une photo de la rosace que commente ici Duby.

Page 61.

1. *Scolastique* : courant de pensée dominant dans l'Europe médiévale du XIIIe siècle à la Renaissance. La scolastique tente de faire coïncider la philosophie antique, au premier chef celle d'Aristote, avec l'enseignement des Écritures.

Page 62.

1. Traduction des termes présents sur la sphère, de l'intérieur vers l'extérieur : « enfer », « sphère de la terre », « sphère de l'eau », « sphère de l'air », « sphère du feu », « ciel de la Lune », « ciel de Mercure », « ciel de Vénus », « ciel du Soleil », « ciel de Mars », « ciel de Jupiter », « ciel de Saturne », « ciel des étoiles », « ciel cristallin », « ciel intermédiaire entre l'empyrée et le cristallin se mouvant d'un mouvement très simple », « ciel empyrée, fixe et immobile, où se trouve le trône de Salomon et où résident Dieu et les bienheureux » (traduction E. Arioli).

Page 63.

1. Selon *Aristote*, l'univers se hiérarchise en plusieurs sphères : de la terre où tout est corruptible jusqu'à la sphère des fixes dont le mouvement est circulaire. Le critère qui les échelonne est donc la possibilité de se rapprocher de l'immuabilité qui est signe de la perfection et attribut divin. Robert *Grosseteste* (1175 env.-1253), théologien anglais, inscrit sa cosmogonie chrétienne dans ce schéma mais, contrairement à Aristote pour qui le monde est éternel, il doit rendre compte de sa création. Dans

son *De luce* (*De la lumière*), Grosseteste voit donc dans la lumière, incarnation du verbe divin, une effusion qui sort la matière d'une inertie analogue au néant.

2. Chef-d'œuvre du XIIIe siècle, *Le Roman de la Rose* se compose d'une première partie allégorique écrite par Guillaume de Lorris dans la tradition courtoise et d'une seconde partie écrite cinquante ans plus tard sur un ton ironique par Jean de Meun.

Esprit Gobineau de Montluisant
Explication très curieuse des Énigmes
et Figures hiéroglyphiques, Physiques,
qui sont au grand portail de l'Église Cathédrale
et Métropolitaine de Notre-Dame de Paris

Page 64.

1. *Métropolitaine* : à la tête de plusieurs diocèses réunis en une province. — Le portail que décrit ici Gobineau fut détruit par Soufflot au XVIIIe siècle. Le portail actuellement visible est dû à la restauration de Viollet-le-Duc qui a tenté d'en rétablir l'aspect originaire. Voir le texte de Hugo, p. 75.

Page 65.

1. *La Formation de l'esprit scientifique*, Vrin, 2004, p. 57.

Page 66.

1. *Âme catholique* : au sens d'âme universelle. La notion d'âme du monde a été utilisée par certains successeurs de Platon qui la tiraient de la lecture du *Timée*. Le fait de donner une matérialité à cette âme appartient en revanche aux alchimistes. Dans un cadre général où le monde se divise entre l'humide et le sec (ce dernier consistant en un désir d'humidité), le « soufre vital » associé au sec et au feu et le « Mercure de vie », associé à l'humide radical, se combinent dans tous les métaux.

2. Selon une cosmologie héritée de l'Antiquité et de sa

lecture chrétienne, l'univers est hiérarchisé en plusieurs sphères ; Dieu domine cette hiérarchie en tant que premier moteur immobile par opposition au monde sublunaire, dominé par la turpitude de la matière, où vivent les humains. Voir p. 68, n. 1. La lecture d'Esprit Gobineau est fortement influencée par le néoplatonisme, notamment quand il utilise le concept d'émanation (« [Dieu] émane surnaturellement ») qui décrit un mode de présence de Dieu en toute chose.

Page 67.

1. Le *sel* est le troisième principe — avec le sec et l'humide — qui assure le mariage du soufre et du mercure.

2. Selon une tradition philosophique datant de l'Antiquité, quatre éléments constituent notre monde : l'eau, la terre, l'air et le feu.

3. « Il a établi sa tente dans le soleil ; et il est lui-même comme un époux qui sort de sa chambre nuptiale. / Il sort plein d'ardeur pour courir comme un géant dans sa carrière ; il part de l'extrémité du ciel, / Et il arrive, jusqu'à l'autre extrémité du ciel ; et il n'y a personne qui se dérobe à sa chaleur. / La loi du Seigneur est sans tache, et convertit les âmes ; le témoignage du Seigneur est fidèle, et donne de la sagesse aux petits. » (Gobineau suit la traduction de la Vulgate.)

4. « Le soleil se lève, le soleil se couche ; il soupire après le lieu d'où il se lève de nouveau. Le vent se dirige vers le midi, tourne vers le nord ; puis il tourne encore, et reprend les mêmes circuits. »

Page 68.

1. Dans la conception de Gobineau, dérivée du platonisme, le corps est le lieu du particulier et procède de l'idée qui est du domaine de l'universel.

Page 69.

1. *Magistère des sages* : l'expression désigne la sagesse hermétique, doctrine religieuse et philosophique dont

les premières sources écrites remontent à l'Antiquité, qui consiste en un corpus indéterminé de textes attribués à Hermès Trismégiste et servira d'assise philosophique aux alchimistes.

2. La *pierre des philosophes*, ou pierre philosophale, permettait selon les alchimistes la conversion de tous les métaux en or. Si certaines croyances magiques étaient associées à ce « grand œuvre », telles que la quête de l'immortalité, la recherche de la pierre philosophale était aussi la pratique d'une sagesse qui postulait la convertibilité universelle des éléments à partir d'une commune matière première dont ils dériveraient tous.

3. *Siccité* : caractère sec.

Page 70.

1. Pour les alchimistes, le mercure humide coïncide avec un principe femelle (parfois appelé *chienne de Corascene*) et le soufre sec coïncide avec un principe mâle (le *chien d'Arménie*).

2. *Guillemus Parisiensis* : Guillaume d'Auvergne (1190 env.-1249), aussi appelé Guillaume de Paris, théologien et philosophe, inspiré par Avicenne. Il est impliqué en tant qu'évêque de Paris dans la construction de la cathédrale, notamment de la façade ouest qui est bâtie sous son épiscopat.

Page 72.

1. *Hercelets* : disputes.

2. *Rubification* : l'œuvre au rouge, qui consiste en alchimie à faire rougir la matière. — *Déalbation* : l'œuvre au blanc, qui consiste à faire blanchir la matière. — *Cohobations* : distillation pratiquée à plusieurs reprises. — *Amalgamations* : dissolutions ou incorporations de deux métaux différents.

Page 73.

1. *Bernard le Trévisan* (1406-1490) : alchimiste réputé qui a contribué à la légende d'un Guillaume d'Auvergne alchimiste.

Victor Hugo
Notre-Dame de Paris

Page 76.

1. Ce traité a été publié dans les *Annales archéologiques*, t. XXI, mai-juin et juillet-août 1861, p. 140-147 et 210-221.

Page 77.

1. Le temple d'*Eklinga* est célèbre pour son sanctuaire de marbre blanc. — *Sikra* : éléments d'architecture mésopotamienne.

2. *Erras, amice Claudi* : en latin : « Tu fais erreur, l'ami Claude. »

3. *Orpheus* (Orphée) représente le symbole, à la manière de la notation musicale, et *Hermès* le nombre, qui est le véritable chiffre de l'harmonie des mondes.

4. *Peristera* : mot grec désignant la colombe, qui peut avoir la valeur numérique 801, chiffre de l'alpha et l'oméga (le nom du Christ). Certains hérétiques en ont tiré argument pour identifier le Christ et le Saint-Esprit, symbolisé par la colombe.

Page 78.

1. En latin : « Glose sur les Épîtres de saint Paul. Nuremberg, Antoine Koburger. »

Page 79.

1. Souvenir des Évangiles (Luc, VIII, 30 et Marc, V, 9) : Jésus fait passer le démon qui possédait un homme et qui dit s'appeler « Légion » : « parce que nous sommes plusieurs » (trad. Lemaistre de Sacy).

Page 81

1. Exode, XX, 25.

Page 83.

1. L'actuelle *cathédrale de Cologne*, dont la construction commença au XIIIe siècle et s'interrompit au début du

XVIᵉ siècle, fut d'abord restaurée au début du XIXᵉ siècle puis enfin achevée de 1842 à 1880.

Page 84.

1. Voir le texte suivant, p. 86.

Page 85.

1. Jean-Marc Hovasse, *Victor Hugo*, Fayard, 2001, p. 484. La citation que fait J.-M. Hovasse pour la lettre K est issue d'une sorte d'alphabet codé que rédige Hugo dans une note du 24 septembre 1839.

Page 86.

1. Le mot grec *anankè* sera traduit par Jehan Frollo par « Fatum » en latin et par « Fatalité » en français (voir plus loin, ainsi que le chapeau suivant).

2. Dans *Guerre aux démolisseurs*, Hugo écrira : « le vandalisme a badigeonné Notre-Dame » (voir *Notre-Dame de Paris*, Folio classique, p. 735). Hugo se réfère aux restaurations du XVIIIᵉ, qui ont vu l'intérieur de Notre-Dame blanchi à la chaux.

Page 88.

1. Voir Michel Frizot, « Les machines à lumière. Au seuil de l'invention », dans Michel Frizot (dir.), *Nouvelle histoire de la photographie*, Paris/Genève, Bordas/Adam Biro, 1995, p. 15-21.

2. *Rue Neuve-Sainte-Geneviève* : aussi appelée rue Neuve-Notre-Dame, cette voie disparaît pendant les travaux haussmanniens et est actuellement englobée dans le parvis de la cathédrale.

Page 89.

1. *Vis de Saint-Gilles* : l'escalier de Saint-Gilles, réputé pour sa structure exemplaire et sa difficulté technique.

2. *Pudendum* : les « *pudenda* » désignent en latin les parties honteuses.

3. Jehan Frollo joue sur le sens propre et symbolique

des œufs, qui sont aussi signe de la résurrection chrétienne et œufs philosophiques (récipients pour la confection du grand œuvre alchimique).

Page 91.

1. *Hippocéphales* : littéralement créatures « à tête de cheval ». Hugo a fait peut-être ici la confusion avec le terme « hypocéphale », « ce qui est sous la tête », qui désigne des disques recouverts d'inscriptions, utilisés dans les rites funéraires de l'Égypte antique.
2. *L'araignée* est un symbole de la fatalité. L'adjectif *architecte* renvoie au dieu architecte, désignant en alchimie le maître du microcosme qui accomplit le grand œuvre (dont le *cercle* et la *rose* sont des symboles), et rapproche une nouvelle fois alchimie et architecture.

Page 92.

1. *Spira, spera* : en latin, jeu de mots signifiant « Souffle, espère ».
2. En latin et en grec : « D'où ? de là ? — L'homme est pour l'homme un monstre. — Les astres, la forteresse, le nom, la puissance divine. — Grand livre, grand mal. — Ose savoir. — Il souffle où il veut. »
3. En latin : « Dis *Domine* (Mon seigneur) au Seigneur céleste et *Domne* (Monsieur) au seigneur terrestre ».

Page 93.

1. *Des triangles qui s'intersectaient* : le sceau de Salomon, symbole alchimique de l'union du macrocosme et du microcosme, représentant également la pierre philosophale.
2. *Manou* : personnage mythique de l'Inde ancienne, il passait pour le premier homme et le premier législateur des Indiens. — *Zoroastre* : le zoroastrisme, monothéisme gnostique, a été assimilé par les Occidentaux à un culte du feu et a suscité l'intérêt des alchimistes.

Page 94.

1. *Averroës* : philosophe aristotélicien arabe, qui eut une grande influence sur la philosophie médiévale européenne,

avant d'être fortement dénoncé par l'Église et la Sorbonne.

2. *Flamma* : en latin, la flamme. — Sur Nicolas *Flamel*, voir p. 206, n. 3.

3. *Martin Magistri* : mort en 1482, cet alchimiste fut l'aumônier de Louis XI.

4. Citation inspirée par les *Lois de Manou*.

5. *Sophia* : personnification de la sagesse divine, chère à l'ésotérisme.

Page 95.

1. *Cassiodore* : érudit, homme d'État et religieux du VIe siècle ; il prétendait avoir mis au point une lampe perpétuelle.

2. *Zéchiélé* : rabbin légendaire qui aurait inventé une lampe sans huile.

3. *Hutin* : le hutinet est un maillet, utilisé par les tonneliers, qui fait beaucoup de bruit.

4. *Emen-hétan* : formule prononcée par les sorciers se rendant au sabbat, signifiant « Ici et là ».

CATHÉDRALE DU CIEL, CATHÉDRALE DE LA TERRE

André Gide
Lettre à sa mère

Page 101.

1. Le temple de *Pentemont*, rue de Grenelle, où Gide assiste régulièrement au culte dominical.

Charles Péguy
« *Paris* »

Page 104.

1. *Caravansérail* : au Maghreb, refuge pour les caravanes. Le terme désigne par extension un lieu fréquenté par de nombreux étrangers.

Pierre Michon
Rimbaud le fils

Page 109.

1. Voir Claudel, *Ma conversion*, p. 153.

Page 110.

1. Théodore *Banville* (1823-1891) : poète romantique, mentor de Rimbaud qui a pourtant fini par prendre ses distances avec lui.

2. Le tableau d'Antoine Watteau (1684-1721) intitulé *Gilles* représente un Pierrot ; Michon lui a consacré le texte « Je veux me divertir » dans *Maîtres et serviteurs* (Verdier, 1990). Le terme permet ici à Michon de réunir Breton, Banville et Claudel en une seule et même figure.

Page 112.

1. Michon cite des personnages des pièces de Claudel : Thomas Pollock Nageoire dans *L'Échange*, Monsieur de Coûfontaine dans *L'Otage* et Dormant dans *Le Pain dur* ; ces pièces font partie de la trilogie des Coûfontaine.

2. *Claudel* a préfacé les œuvres complètes de Rimbaud parues au Mercure de France en 1912. *Breton* attaquera violemment Claudel auquel il reproche une lecture catholique de Rimbaud.

3. *Filioque* fait référence à un terme employé dans la formulation latine d'une profession de foi dérivée du *Symbole de Nicée-Constantinople*. La querelle suscitée par les diverses interprétations du passage — et donc des rapports entre les personnes de la Sainte-Trinité — a contribué au schisme de l'Église. Pour l'Église romaine, le Saint-Esprit « procède du Père et du Fils » (*ex Patre Filioque procedit*). Pour l'Église orthodoxe, il procède du père seulement.

Page 113.

1. *Caliban* : personnage de *La Tempête* de Shakespeare, esclave du mage Prospero, et aussi monstrueux que Quasimodo.

Charles Baudelaire
Lettre à Madame Aupick et *Salon de 1859*

Page 118.

1. Il s'agit des gravures de Meryon (que Baudelaire orthographie avec un e accent aigu).

Page 119.

1. La *rue de la Tixeranderie* a été entièrement détruite dans le cadre de la construction de la rue de Rivoli dans les années 1850.

Page 120.

1. Il s'agit de Charles Meryon.

Page 121.

1. Victor Hugo, « À l'Arc de Triomphe », dans *Les Voix intérieures* (*Les Chants du crépuscule, Les Voix intérieures, Les Rayons et les Ombres*, Gallimard, coll. « Poésie/Gallimard », 1983).

Amédée de Ponthieu
Légendes du vieux Paris

Page 123.

1. *Sueur* : cordonnier; ici, charpentier.

Page 124.

1. Sous l'Ancien Régime, le *prévôt des marchands* occupait une fonction analogue à celle de maire de Paris; des *échevins* l'assistaient.
2. Entre 1576 et 1594 la Sainte Ligue regroupa les adversaires les plus farouches du protestantisme, sa puissance fut telle qu'elle menaça la couronne, ses membres prirent même Paris qu'ils occupèrent de 1588 jusqu'en 1590 où elle fut défaite par Henri IV. — *Myron* : François Miron (1560-1609) était un fidèle d'Henri IV qui occupa la charge de prévôt des marchands de 1604 à 1609.
3. Henri *Sauval* : voir p. 260, n. 3.

Page 129.

1. *Pelotte* : jeu de balle.

Page 130.

1. *Cythère* : île de la mer Égée sur laquelle se trouvait un temple dédié à Aphrodite.

Page 131.

1. *Aliboron* : nom porté par l'âne dans les *Fables* de La Fontaine.

Page 132.

1. *Asine* : qui est de la nature de l'âne.
2. *Encourtinée* : recouverte d'un voile.

Page 133.

1. Il est dit dans la Bible, à propos de Sion : « Tu seras couverte d'une foule de chameaux, de dromadaires de *Madian* et d'Épha » (Ésaïe, LX, 5).

Page 134.

1. *Biaulx* : forme picarde de « beaux ».
2. *Ite missa est* : formule prononcée par l'officiant pour conclure la messe (signifiant d'abord « Vous pouvez disposer » puis par déformation « Allez, la messe est dite ») ; ce à quoi le chœur des fidèles répond : *Deo gratias* (« Rendons grâce à Dieu »).

François Rabelais
Gargantua

Page 137.

1. Rabelais reprend cet épisode à un ouvrage anonyme paru en 1532, *Les Grandes et Inestimables Cronicques de l'enorme geant Gargantua*. Il y ajoute un sens politique, inspiré du climat d'agitation des années 1530 à Paris, où

la faculté de théologie s'oppose au pouvoir royal. Analysant cet épisode, Gérard Defaux émet l'hypothèse que les cloches symboliseraient les théologiens exilés. On se souvient que le protecteur de Rabelais, Jean Du Bellay, évêque de Paris depuis 1532, était alors accusé d'hérésie par la rumeur populaire.

2. L'expression renvoie aux prédicateurs qui reviennent à la lettre de l'Évangile.

3. *Proficiat* : il s'agit à l'origine d'un présent adressé à l'évêque par les ecclésiastiques en signe de bienvenue, puis d'un don en vue de l'obtention d'un grade.

4. *Ce ne sera que par rys* : fameux jeu de mots sur « Paris », que Rabelais explicite dans la suite du texte.

5. Parodie de la manière de compter dans la Bible.

Page 138.

1. Formule magique reprise à *La Farce de maître Pathelin*.

2. *Strabo* : le géographe grec Strabon (la référence est en outre erronée).

3. Livre et auteur fictifs.

4. Issu du grec παρρησία, parole libre ou trop libre, franchise.

Page 139.

1. *Jambonnier de sainct Antoine* : les membres de l'ordre de Saint-Antoine passaient pour guérir les porcs.

2. À l'hôtel de *Nesle*, situé en face du Louvre, François Ier avait nommé en 1522 un magistrat chargé de juger les procès au sein de l'Université.

3. *Baralipton* : terme mnémotechnique désignant le cinquième des neuf modes du syllogisme.

Mikhaïl Bakhtine
L'Œuvre de François Rabelais et la culture populaire du Moyen Âge et sous la Renaissance

Page 142.

1. Comme le cinéaste Tarkovski en offre un bel exemple dans *Andreï Roublev* (1969).
2. Voir cet épisode p. 138.
3. *Grandes Chronicques* : *Les Grandes et Inestimables Cronicques de l'enorme geant Gargantua*, ouvrage anonyme écrit à partir de récits populaires, dont s'est inspiré Rabelais.
4. Pour Bakhtine, la vision carnavalesque du monde déployée par Rabelais ôte aux termes de *détrônement* et de *rabaissant* la dimension péjorative que l'on peut leur associer. Les phénomènes de *rénovations* visibles dans l'œuvre de Rabelais impliquent, en effet, un délitement des hiérarchies.

Page 143.

1. Le *Roman de Fauvel* est un poème satirique composé par plusieurs auteurs vers 1310-1314. Le héros est une mule affublée des défauts attribués aux pouvoirs royal et religieux (flatterie, avarice, vilenie, variété [inconstance], envie et lâcheté, dont son nom est l'acronyme).

Page 144.

1. Dans le vocabulaire bakhtinien, le *principe matériel et corporel* est associé à la fonction restauratrice partagée par la terre, le giron et le bas corporel. Pour Bakhtine, dans une perspective carnavalesque, la mort est l'occasion d'une nouvelle naissance. Cette vision, vivante dans la culture orale au Moyen Âge, fut occultée dans la culture écrite religieuse au profit de la prétention céleste à l'éternité. L'éternité fut en retour dénoncée, dans le discours populaire, comme ce qui se refuse à mourir, ou la persistance d'une vieillesse stérile.

Page 146.

1. *Lyripipion* : sorte de chaperon.
2. *Ponocrates* est le précepteur humaniste que Gargantua est venu rejoindre à Paris.

SANCTUAIRE / SACRILÈGE

Paul Claudel
Ma conversion

Page 154.

1. Ernest *Renan*, historien positiviste, a publié en 1863 une *Vie de Jésus*, best-seller qui fit scandale, car l'historien présentait le Christ comme une figure historique, certes estimable mais privée de son aspect divin.

Page 155.

1. *Devoir kantien* : avec le concept d'impératif catégorique (« Agis comme si la maxime de ton action devait être érigée par ta volonté en loi universelle de la nature »), Kant pose les fondements d'une éthique qui ne nécessite pas le recours à la transcendance divine pour asseoir son universalité.

Page 156.

1. *Adeste fideles* : chant liturgique, généralement de Noël.

Page 157.

1. « Adieu », dans *Une saison en enfer*.

Page 159.

1. Évocation allégorique de la tourmente spirituelle qui agite Claudel, *Tête d'or* est un drame composé en 1889 relatant l'ascension de Simon, guerrier d'une

époque indéterminée, qui finit par prendre conscience de la vanité de sa gloire. — Claudel avait commencé à écrire *La Ville* avant sa conversion ; il remania fortement sa pièce après celle-ci. La pièce prend pour décor une ville dont les habitants sont déchirés par des querelles politiques.

2. Anna Katharina *Emmerich* (1774-1824) : mystique allemande dont les visions ont étés retranscrites par le poète Clemens Brentano.

3. *L'Imitation* : *L'Imitation de Jésus-Christ*, texte médiéval invitant ses lecteurs à suivre la voie du Christ.

4. *Exultet* : chant en latin, chanté la nuit de Pâques.

Page 160.

1. Eugène Crépet entreprend en 1887 la publication des derniers textes de Baudelaire ; on y trouve notamment *Fusées* et *Mon cœur mis à nu*, réunis sous le titre de *Journaux intimes*, titre trompeur, car il s'agit davantage de notes personnelles, d'esquisses et de brouillons. La réalité de la conversion de Baudelaire demeure contestée. Voir *Fusées, Mon cœur mis à nu et autres fragments posthumes*, édition d'André Guyaux, Folio classique, 2016.

2. *Saint-Médard* : église du Ve arrondissement de Paris.

Julien Green
Journal

Page 163.

1. Après la mort de Georges Pompidou en 1974, Alain *Poher* (1909-1996) est nommé président de la République par intérim.

Page 164.

1. *Stabat mater dolorosa* : « la mère endolorie se tenait debout ». Titre d'une prière mariale.

2. L'ecclésiaste syrien Joseph *Nasrallah* fut prêtre de l'église Saint-Julien-le Pauvre.

Léon Bloy
L'Âme de Napoléon

Page 166.

1. En exil sur l'île d'Elbe depuis 1814, Napoléon reconquiert brièvement le trône de France en 1815 ; s'ouvre alors la période dite des Cent-Jours.

2. *Israël fort contre Dieu* : après que Jacob a combattu contre l'ange, il est dit dans la Genèse (XXXII, 28) : « On ne vous nommera plus à l'avenir Jacob, mais Israël, c'est-à-dire, fort contre Dieu : car si vous avez été fort contre Dieu, combien le serez-vous davantage contre les hommes. »

Georges Rodenbach
« *Baudelaire* »

Page 170.

1. « *Franciscæ meæ laudes* » : poème écrit en latin par Baudelaire, paru dans *Les Fleurs du Mal*.

2. Ernest *Hello* (1828-1885) : critique littéraire et apologiste chrétien.

Page 171.

1. Stanislas *de Guaïta* (1861-1897) et Joséphin *Peladan* (1858-1918), écrivains et occultistes, fondèrent ensemble l'Ordre kabbalistique de la Rose-Croix.

Éric Hazan
Une histoire de la Révolution française

Page 173.

1. Pendant la Révolution, les *sections*, qui remplacèrent les districts, étaient l'équivalent des actuels arrondissements parisiens. Donnant une voix aux citoyens passifs (privés de droit de vote, car exclus du suffrage censitaire),

les sections eurent un réel pouvoir, notamment en 1793 lors du renversement des Girondins.

2. Louis-Michel *Lepeletier* de Saint-Fargeau (1760-1793) : député issu de la noblesse qui vota la mort du roi. Il fut assassiné, quelques heures avant la décapitation de Louis XVI, par un monarchiste.

Page 174.

1. Jacques Alexis *Thuriot* de la Rozière (1753-1829) : député montagnard.

2. Le *Bulletin des Lois*, créé en 1793, permettait aux administrations et aux citoyens d'être informés des lois qui étaient votées. Il est l'ancêtre de l'actuel Bulletin officiel.

3. Antoine-François *Momoro* (1756-1794) et Pierre-Gaspard *Chaumette* (1763-1793) : membres influents du club des Cordeliers qui se situait à l'extrême gauche de l'échiquier politique de l'époque ; Louis-Marie *Lullier* était procureur-général-syndic (magistrat élu à l'échelle locale) du département au Conseil général de la commune de Paris en 1793 ; Jean-Nicolas *Pache* (1746-1823) était maire de Paris en 1793.

4. Jean-Baptiste *Gobel* (1727-1794) : ce prêtre, député aux États généraux de 1789 (il participa à la rédaction de la Déclaration des droits de l'homme et du citoyen), fut le premier évêque à prêter serment à la Constitution civile du clergé, en 1791. Proche des hébertistes (courant d'extrême gauche de l'époque), membre actif du club des Jacobins, il renonce à la prêtrise en 1793. Anticlérical mais pas athée, il finira guillotiné l'année suivante.

Page 175.

1. Pierre-Antoine *Laloy* (1749-1846) : député montagnard, président de l'Assemblée du 6 au 21 novembre 1793.

Page 176.

1. François-Joseph *Gossec* (1734-1829) : compositeur impliqué dans la Révolution ; il mit en musique plusieurs

hymnes révolutionnaires. — Marie-Joseph *Chénier* : poète, membre de la Convention.

Edmond et Jules de Goncourt
Histoire de la société française pendant le Directoire

Page 179.

1. Le *Catéchisme universel* de Jean-François de *Saint-Lambert* (1716-1803) est un ouvrage philosophique tentant d'établir des fondements moraux sans recourir à Dieu.

2. Pierre-Henri *Holbach* (1723-1789), philosophe encyclopédiste français, a tenté d'appréhender l'univers globalement sans recourir à l'intervention divine.

3. *Pyrrhonisme* : école philosophique prônant le scepticisme radical.

4. *Le coupletier de Mme de Pompadour* : allusion difficile à identifier. Pourrait-il s'agir de Voltaire ? (Le coupletier est l'auteur de couplets, de chansons.)

5. *Serment civique* : à la suite d'un décret de 1790 les prêtres sont tenus d'effectuer un serment où ils jurent fidélité à la république et à la nation.

Page 180.

1. *Jureurs* : prêtres qui avaient prêté le serment civique (voir la note précédente).

2. Ce *Toussenel* n'a pu être identifié.

Franz Liszt
Lettre à la comtesse d'Agoult

Page 182.

1. Nombre de ses représentants les plus illustres exerçaient la fonction de maître de chapelle — chargé de diriger l'ensemble des musiciens attachés à une paroisse — à Notre-Dame : Pérotin, Léonin...

John Ruskin
Fors Clavigera

Page 186.

1. Luc, I, 49.

2. Notre-Dame : Ruskin emploie le terme « Our Lady », alors que les Anglo-Saxons conservent généralement l'appellation française. Par cette traduction, Ruskin insiste sur le caractère marial de la cathédrale, qui est dédiée à la Vierge.

3. *Illégitimement adorés* : allusion ironique au point de vue des protestants.

Page 187.

1. « Mon âme a glorifié Dieu parce qu'il a respecté l'humilité de sa servante. »

2. *Troisième Force* : « Third Fors ». Référence au titre *Fors Clavigera*. Pour Ruskin, le latin *clavigera* permet de distinguer les trois puissances (*fors*) qui permettent aux hommes de renverser le cours des choses : la force symbolisée par la massue (*clava*), la bravoure symbolisée par la clef (*clavis*) et la fortune, troisième force, symbolisée par le clou (*clavus*).

Page 188.

1. Genèse, III, 21.

2. Référence biblique, notamment à Apocalypse, XII, 9 : « Et il fut précipité, le grand dragon, le serpent ancien, appelé le diable et Satan, celui qui séduit toute la terre »

Albert Robida
Le Vingtième Siècle

Page 189.

1. Voir les textes de Liszt, p. 182 ; Anaïs Nin, p. 229 ; Ruskin p. 184.

Page 190.

1. Dans le XXᵉ siècle imaginé par Robida, le *Moyen Âge* s'étend jusqu'au début du siècle en question, et tout ce qui échappe à cette modernité imaginaire devient médiéval. Il est ainsi dit de la dernière locomotive à vapeur qui circula jusqu'en 1915 : « Elle est au musée Cluny la pauvre vieille, avec toutes les reliques du Moyen Âge. »

REGRETTER / RESTAURER

Venance Fortunat
Sur l'église de Paris

Page 195.

1. Voir notamment les textes de Mercier, p. 238 ; Hugo, p. 75 ; Dumas, p. 347.

Page 196.

1. Sur *Childebert*, voir p. 242, n. 4.
2. *Melchisédech* : personnage de l'Ancien Testament dont le nom signifie étymologiquement « roi » (*melek*) et « justice » (*sedeq*).

Joris-Karl Huysmans
Trois églises et trois primitifs et *La Cathédrale*

Page 199.

1. Jules *Quicherat* (1814-1882) : archéologue.
2. *Vincent de Beauvais* : penseur du début du XIIIᵉ siècle, auteur d'une vaste encyclopédie, le *Speculum maius*, généralement traduit par *Grand Miroir du monde* (voir p. 31). — Également encyclopédiste, Honorius d'Autun (1080 env.-1154 env.) est notamment l'auteur du *Speculum Ecclesiae*, un recueil de sermons (voir p. 40). — *M. Male* : voir p. 53. — *Spicilège de Solesmes* :

ouvrage consistant en une clef des symboles bibliques, composés de divers textes compilés par Dom Pitra (voir p. 202, n. 2. — La *Légende dorée* : célèbre ouvrage écrit par Jacques de Voragine (1228 env.-1298) faisant le récit de la vie et des miracles de saints et de martyrs chrétiens.

Page 200.

1. *Grégoire le Grand* (540 env.-604) : pape, il fait œuvre de théologien et est régulièrement cité par les auteurs médiévaux.

Page 201.

1. *La Parabole des vierges* est évoquée dans Matthieu, XXV, 1 à XXV, 13 : « Alors le royaume des cieux sera semblable à dix vierges qui, ayant pris leurs lampes, s'en allèrent au-devant de l'époux. Il y en avait cinq qui étaient folles, et cinq qui étaient sages. Les cinq folles, ayant pris leurs lampes, ne prirent pas d'huile avec elles ; mais les sages prirent de l'huile dans leurs vases avec leurs lampes. Comme l'époux tardait à venir, elles s'assoupirent toutes et s'endormirent. Au milieu de la nuit, un cri s'éleva : Voici l'époux qui vient, allez au-devant de lui. Alors toutes ces vierges se levèrent et préparèrent leurs lampes. Et les folles dirent aux sages : Donnez-nous de votre huile, car nos lampes s'éteignent. Les sages répondirent : De crainte qu'il n'y en ait pas assez pour nous et pour vous ; allez plutôt chez ceux qui en vendent, et achetez-en pour vous. Mais, pendant qu'elles allaient en acheter, l'époux arriva, et celles qui étaient prêtes entrèrent avec lui dans la salle des noces, et la porte fut fermée. Plus tard, les autres vierges vinrent aussi, disant : Seigneur, Seigneur, ouvrez-nous. Il leur répondit : En vérité, je vous le dis, je ne vous connais pas. Veillez donc, car vous ne savez ni le jour, ni l'heure. » Les vierges sages et les vierges folles (souvent grimaçantes) sont souvent représentées dans les églises gothiques.

Page 202.

1. *Yves de Chartres* (1040 env.-1116 env.) : philosophe et théologien, il fut évêque de Chartres.

2. Jean-Baptiste *Pitra* (1812-1889) : cardinal, il est l'éditeur scientifique du *Spicilège de Solesmes*.

3. Il s'agit bien de *Méliton de Sardes* (théologien de langue grecque du IIe siècle) mais ses textes, encore introuvables au XIXe siècle, ont étés recomposés à partir de divers manuscrits par Dom Pitra, qui ne disposait que de leur traduction latine.

4. *Généthliaque* : en astrologie, qui tente de prédire l'avenir d'un sujet en fonction de la position des astres lors de sa naissance.

Page 203.

1. *Chrysopée* : opération alchimique consistant à produire de l'or.

Page 204.

1. *Nemrod* : roi réputé pour ses talents de chasseur dans l'Ancien Testament ; la littérature rabbinique en fait une figure de rebelle allant jusqu'à s'insurger contre Dieu lui-même.

2. *Spagyrique* : en alchimie, qui a trait à la séparation et à la combinaison des corps chimiques.

3. *Gobineau de Montluisant* : voir p. 64.

4. Pierre Gaspard *Chaumette* (1763-1794) : membre du club des Cordeliers, il se fait porte-parole de la population misérable des faubourgs et s'engage fortement dans la campagne de déchristianisation de la France.

Page 205.

1. Charles-François *Dupuis* (1742-1809) : auteur de l'*Origine de tous les Cultes, ou la Religion universelle*. Selon lui, tous les cultes différents expriment les mêmes lois physiques déguisées sous le nom de Dieu.

2. *Récepte* : graphie latinisante désignant un secret transmis (ou la composition d'un remède alchimique).

3. Depuis le XVIIe siècle les *Bollandistes*, groupes d'érudits majoritairement composés de jésuites, s'attachent à

étudier les recueils de vies de saints qui nous sont parvenus.

4. *Rogations* : fêtes religieuses chrétiennes destinées à favoriser les récoltes.

Page 206.

1. *Cambriel* (1774-1850 env.) : écrivain hermétiste qui dispensait des cours d'alchimie.
2. *Athanor* : four utilisé par les alchimistes.
3. *Nicolas Flamel* (1330 env.-1418) : alchimiste au renom presque légendaire.
4. *Saint chrême* : sainte huile, consacrée par l'évêque, qui symbolise la pénétration du Saint-Esprit dans les âmes des fidèles.

Page 208.

1. *Aîtres* (du latin *atrium*) : passages libres devant les églises, servant de parvis ou de cimetière.
2. *En anses de panier* : en courbe plane, à la manière de l'anse d'un panier. — *En cul de four* : voûte correspondant à un quart de sphère, d'une forme similaire aux fours à pain.

Page 209.

1. *Insens* : Huysmans, par ce néologisme, songe-t-il à l'ancien français *insence* qui signifiait folie ou frénésie ?
2. Jean-Jacques *Olier* (1608-1657) : ecclésiastique mystique qui eut une révélation à Notre-Dame.

Page 210.

1. *Rémolade* : rémoulade, sauce mayonnaise piquante. — Les *fredons* sont des airs chantés à mi-voix mais peuvent aussi signifier des sons indistincts.
2. *Jansénisme* : mouvement religieux apparu au XVIIe siècle qui professait la prédestination et qui a été à ce titre combattu par l'Église.

Henry James
L'Américain et La Muse tragique

Page 212.

1. Mona Ozouf, *La Muse démocratique. Henry James ou les pouvoirs du roman*, Calmann-Lévy, 1998.

Page 214.

1. *Bellegarde* : la famille aristocratique de la maîtresse du héros, qui l'a poussé à la rupture.
2. Newman est en possession d'une information susceptible de faire chuter les Bellegarde.

Page 215.

1. *Nick Dormer* : le héros du roman, poussé dans une carrière politique, ce qui met en péril son désir d'être peintre.

Page 216.

1. *Gabriel Nash* : ami fidèle de Nick.

Page 218.

1. Jeanne Marie Philipon (1754-1793), dite *Madame Roland* : son salon était l'un des plus influents pendant la période révolutionnaire. Elle deviendra une figure importante des Girondins.

Ernest Hemingway
Le soleil se lève aussi

Page 225.

1. *Au Nègre joyeux* : magasin de café situé place de la Contrescarpe, dans le Ve arrondissement de Paris, ouvert en 1897. Dans les années 2010, l'enseigne, toujours visible sur la façade (et accompagnée d'une peinture représentant un homme noir servant une tasse de café à une femme blanche), a fait l'objet de vives critiques

dénonçant la survivance de représentations racistes dans les rues de la capitale.

Anaïs Nin
Journal

Page 230.

1. Dans le roman autobiographique d'Anaïs Nin *La Chambre du cœur* (paru en anglais en 1950), l'auteure nomme l'amant de l'héroïne *Rango*. Le véritable nom de son amant est Gonzalo Moré.

Page 231.

1. *La vida es sueño* : « la vie est un songe ». Titre d'un chef-d'œuvre du théâtre baroque espagnol, écrit par Pedro Calderón de la Barca vers 1634-1635.

Page 232.

1. *Gonzalo* : voir p. 230, n. 1.

Mark Twain
Les Innocents à l'étranger,
ou Le Voyage des pèlerins modernes

Page 234.

1. Voir les textes d'Hemingway, p. 222 et James, p. 212.

Page 235.

1. *Nous* : il s'agit de Mark Twain, qui signe de son nom civil : Samuel Clemens, et du groupe de voyageurs qui l'accompagnent, eux aussi américains. Le quotidien *Alta California* a chargé Twain de faire une chronique de son voyage en Europe.

2. *Le patriarche de Jérusalem* : le 17 janvier 1185, Héraclius d'Auvergne, le patriarche latin de Jérusalem, a célébré une messe dans la cathédrale dont la construction n'était pas achevée.

Page 236.

1. Voir à ce sujet le texte de Fortunat, p. 195.

2. *Jean sans Peur*, duc de bourgogne, a en effet commandité l'assassinat de *Louis d'Orléans* dans le cadre de la guerre de Cent Ans, mais ne semble pas avoir participé à la construction d'une partie de Notre-Dame. Les connaissances historiques de Twain ne sont pas toujours très sûres. Il a utilisé pour rédiger ses articles sur son voyage en Europe un ou des guides en usage à l'époque. Plusieurs éditeurs américains et anglais avaient publié des *Handbooks for the travellers in Europe*, souvent remplis d'erreurs (on en a relevé plusieurs dans le texte de Twain de cette provenance). Quant aux personnes qui ont pu faire visiter les monuments parisiens au groupe de Twain, parlaient-elles bien l'anglais, Twain a-t-il toujours bien compris ? Par ailleurs, Twain, qui détestait l'Ancien Régime, n'a jamais été à l'aise avec l'histoire de l'Europe, ses rois, ses guerres. Bien des éléments peuvent expliquer des erreurs, confusions, inexactitudes. Le *Jeanne d'Arc* de Twain (le livre de lui qu'il préférait entre tous) est historiquement invraisemblable. Des erreurs de détails dans cette course à travers un Paris auquel il ne connaît rien ne sont donc pas surprenantes. [Note de Philippe Jaworski.]

3. *Napoléon III* est couronné empereur le 2 décembre 1852, il est en revanche privé de sacre, le pape refusant de se rendre à Paris.

4. *Napoléon Ier* fut sacré empereur par le pape le 2 décembre 1804.

Page 237.

1. Denis Affre, archevêque de Paris, fut abattu pendant la révolution de 1848.

2. *Ferguson* : nom dont Samuel Clemens et les membres de son groupe affublent chacun des guides qu'ils engagent durant leur traversée de l'Europe.

Louis-Sébastien Mercier
Tableau de Paris

Page 240.

1. Retirée à l'initiative du Chapitre en 1786, la statue de *saint Christophe*, située à l'entrée de l'église, mesurait plus de neuf mètres. Saint-Christophe porta un enfant sur ses épaules pour traverser un fleuve, qui s'avéra être Jésus.

2. Cette légende se réfère à un chanoine de Notre-Dame, Raymond Diocres, mort vers 1084. Alors qu'il allait être inhumé au sein de la cathédrale, sa dépouille se dressa de son cercueil et s'écria : « *Justo judicio Dei accusatus sum* » (J'ai été cité devant le juste jugement de Dieu). Dès lors, damné, il ne put être enterré dans l'enceinte de la cathédrale.

3. Fondu sous Louis XIV, le *bourdon* de Notre-Dame est la plus grosse cloche de la cathédrale, située dans la tour sud.

Page 241.

1. *Cul-de-jatte, gardien du bénitier* : on voit qu'à la manière de Quasimodo les infirmes pouvaient trouver un abri et une place dans l'enceinte de la cathédrale.

2. La *sacristie* est l'annexe d'une cathédrale où le prêtre se prépare pour les cérémonies ; c'est là qu'est entreposé le trésor de la cathédrale, ses différentes reliques souvent faites dans des matériaux précieux ; nombre d'entre elles ont été dispersées sous la Révolution. La construction de la sacristie de Notre-Dame a été approuvée par Louis XV en 1756, mais l'édifice dessiné par Soufflot a été entièrement reconstruit par Viollet-le-Duc en 1849.

Page 242.

1. *Bedaux* : employés laïques chargés de l'entretien de l'église.

2. *Maréchale de Guébriant* : Renée du Bec, de son nom de jeune fille, a eu pour mission d'accompagner en Pologne Marie de Gonzague, pour rejoindre son nouvel

époux, le roi Ladislas IV Vasa. Morte en 1659, elle repose auprès de son époux à Notre-Dame.

3. *L'édifice de Sainte-Genevieve* : construite, à l'initiative de Louis XV par Soufflot, en lieu et place de l'abbaye du même nom, l'église Sainte-Geneviève devait accueillir les reliques de la sainte. L'édifice deviendra le Panthéon sous la Révolution.

4. Fils cadet de Clovis, *Childebert Ier* devint, après la mort de son père en 511, roi d'une partie du royaume franc qui englobait Paris. On lui impute la construction de la première cathédrale parisienne.

5. Les rois de France sont en fait traditionnellement enterrés à la basilique Saint-Denis.

Page 243.

1. La châsse de sainte Geneviève (patronne de Paris) accompagnait en procession celle de saint Marcel (ancien évêque de Paris), répondant au vieux dicton : « Sainte Geneviève ne sort que si saint Marcel la va quérir. » L'usage voulait que la châsse de saint Marcel, venue de Notre-Dame et portée par des membres de la confrérie des orfèvres, rejoigne celle de sainte Geneviève dans l'abbaye de Sainte-Geneviève. Le cortège quittait alors l'abbaye pour rejoindre la cathédrale Notre-Dame où se déroulait une grande messe.

Page 244.

1. *Valétudinaire* : malade.

2. *Aumuces* : l'aumusse est un attribut vestimentaire ecclésiastique porté au bras gauche.

Page 245.

1. *François-Henri de Montmorency* (1628-1695), maréchal de Luxembourg, fut surnommé le « tapissier de Notre-Dame » après la guerre de Neuf Ans qui opposa principalement la France aux Pays-Bas

Rainer Maria Rilke
Les Carnets de Malte Laurids Brigge
et *Lettre à Clara Rilke*

Page 247.

1. Les *Hôtels-Dieu*, institution créée à la fin du Moyen Âge, sont des hôpitaux destinés aux pauvres. Alors contrôlés par l'évêché, ils sont souvent situés près des cathédrales.
2. *Duc de Sagan* : titre de la noblesse d'Empire.

Page 249.

1. *Le maître* : Rodin, avec qui Rilke avait visité des cathédrales.

Viollet-le-Duc
« *Projet de restauration de Notre-Dame de Paris* » et article « Restauration »
du *Dictionnaire raisonné de l'architecture française du XIe au XVIe siècle*

Page 253.

1. *Arc d'Orange* : arc de triomphe construit par les Romains ; sa restauration en 1820 est saluée pour sa simplicité.

Page 257.

1. *Séez* : la cathédrale Notre-Dame de Sées, dans l'Orne. Des contreforts en fer ont effectivement étés utilisés lors de la restauration.

Page 260.

1. Gilles *Corrozet* (1510-1568) : imprimeur et libraire ; il est l'auteur d'un guide de la capitale, *Les Antiquitez de Paris*.
2. Auguste *Garneray* (1785-1824) : peintre et dessinateur.
3. Henri *Sauval* : historien, auteur d'ouvrages consacrés à Paris (il est l'une des principales sources de Victor Hugo pour *Notre-Dame de Paris*).

Page 261.

1. Il s'agit des deux *flèches* qui, selon certaines conjectures, devaient venir couronner les tours de Notre-Dame. Viollet-le-Duc a produit un dessin qui montre un tel projet sous un jour peu désirable (voir p. 255).

Page 262.

1. En charge de la restauration de 1787, l'architecte *Parvy* prit le parti d'ôter nombre de hauts-reliefs qui présentaient des difficultés de restauration.

Page 264.

1. *Adrien* (76-138) : empereur réputé pour son goût pour les lettres et les arts.
2. Située dans l'actuel Liban, la ville de *Baalbek* est appelée Héliopolis par les Romains.
3. La dynastie des Lagides a régné sur l'Égypte de 323 avant J.-C. avec le couronnement de Ptolemaios jusqu'à ce qu'en 30 avant J.-C. la conquête d'Auguste mette fin à leur règne.
4. *Arc de Trajan* : inauguré en 315, cet arc de triomphe a été construit en l'honneur de Constantin (285 env.-337) pour célébrer sa victoire contre Maxence. Des statues et fresques du forum construit sous Trajan (53-117) ont été utilisées pour sa construction.
5. Inadéquatement appelé *temple de la fortune virile*, le temple de Portunus a été construit au IVe ou IIIe siècle avant J.-C.

Page 266.

1. Georges *Cuvier* (1769-1832) : scientifique à l'origine de la classification zoologique et de la paléontologie.

Victor Hugo
Notre-Dame de Paris

Page 270.

1. Note ajoutée à l'édition définitive (1832).

2. Victor Hugo, *Choses vues*, Folio classique, p. 98.

3. Voir ce texte dans l'édition Folio classique de *Notre-Dame de Paris*, p. 726.

Page 272.

1. Parmi ces *mutilations* on peut citer l'effondrement de la flèche, survenu en 1792, faute d'entretien.

2. En latin : « Le temps dévore, l'homme plus encore » (d'après Ovide, *Métamorphoses*, livre XV).

Page 273.

1. *Romanceros* : recueils de romances espagnoles.

Page 274.

1. « Dont la masse emplit de terreur ceux qui la contemplent » (citation de Du Breul, *Le Théâtre des Antiquitez de Paris*).

2. Détruites pendant la Révolution, ces *statues* des rois de Juda ont longtemps été prises pour des effigies des rois de France.

3. La construction du *portail* est attribuée à Biscornette. Soufflot l'entaillera pour laisser passer les processions. Le portail actuel est l'œuvre de Viollet-le-Duc.

Page 275.

1. Statue maintenant détruite (voir p. 239 et p. 240, n. 1).

2. Pour célébrer la grossesse inespérée de sa femme après vingt-trois ans de mariage sans héritier, Louis XIII plaça en février 1638 sa personne et la France sous le patronage de la Vierge et fit le vœu de renouveler la décoration du chœur de Notre-Dame. Ce ne fut qu'en 1699 que Louis XIV entreprit de réaliser le vœu de son père. Viollet-le-Duc n'a pas restitué le chœur médiéval : il a essentiellement dégagé les placages de marbre installés au XVIIIe siècle pour recouvrir les piliers gothiques. C'est au XVIIIe qu'ont lieu les nombreuses modifications majeures évoquées par Hugo : le remplacement des vitraux des

fenêtres hautes par des « vitres blanches », le badigeonnage du chœur et de la nef et l'unification des dalles du sol en bleu foncé et blanc faisant disparaître les anciennes pierres tombales.

3. *Sauval* : historien du XVIIe siècle qui a servi de source à Hugo. — Selon Sauval, sous François Ier, un traître à la Couronne vit son palais « barbouillé de jaune » en signe de sa félonie.

Page 276.

1. *Un architecte de bon goût* : référence aux travaux de Parvy (voir p. 262, n. 1)

Page 277.

1. *Luther* incarne les dommages infligés par la tendance iconoclaste de la Réforme, *Mirabeau* incarne les destructions causées par les révolutions.

2. *Vitruve* (Ier s. av. J.-C.) : auteur du seul traité d'architecture de l'Antiquité conservé dans son intégralité. — L'architecte italien Vignole et son *Traité des cinq ordres d'architecture* (1562) est devenu une référence aux XVIIe et XVIIIe siècles.

3. Allusion à la fable de La Fontaine « Le Lion devenu vieux » (III, 14).

4. Afin d'assurer l'immortalité de son nom, *Érostrate* incendia, en 356 avant J.-C., le temple d'Artémis à Éphèse, l'une des sept merveilles du monde.

Page 279.

1. *La petite Porte-Rouge* : porte des chanoines, qui mène du chœur au cloître.

2. Nicolas Flamel, grand alchimiste, ordonnateur de la construction de l'église *Saint-Jacques-de-la-Boucherie*, est censé avoir enfermé dans les sculptures le secret de son art.

3. *Grégoire VII*, pape du XIe siècle, travailla à la réforme de l'Église catholique. Le *schisme* opposé à l'« unité papale » est plus probablement ici une référence au grand schisme

d'Occident, ayant entraîné au cours des XIVᵉ et XVᵉ siècles une double papauté, l'une à Rome, l'autre à Avignon.

Page 280.

1. *Pendent opera interrupta* : « les ouvrages délaissés restent suspendus » (Virgile, *Énéide*, IV, 88, trad. J. Perret).

NOTRE-DAME :
CARTE POSTALE DU VIEUX PARIS ?

Jacques Prévert
« Chanson de la Seine »

Page 288.

1. Voir le texte d'Éric Hazan, p. 172.

Pierre Mac Orlan
Images de Paris et *Surprenants visages de Paris*

Page 297.

1. *Batardeau* : barrage provisoire établi dans le lit d'un cours d'eau.
2. *Jupin* : Jupiter, dieu romain du ciel et de la terre, équivalent du Zeus grec.
3. Voir le texte de Fortunat, p. 195.
4. *Guerdon* : récompense. — Voir le texte de Villon, p. 353.

Page 299.

1. *Hauturier* : relatif à la haute mer.

Page 301.

1. Aux XIVᵉ et XVᵉ siècles, le *goliard* était un clerc étudiant pauvre, vivant de la mendicité ou se mettant au

service de condisciples riches, et écrivant souvent une littérature satirique.

2. *Plain-chant* : chant liturgique élaboré dès les commencements de la chrétienté.

Gérard de Nerval
« *Notre-Dame de Paris* »

Page 304.

1. *Le livre de Victor* : *Notre-Dame de Paris* de Hugo.

Victor Hugo et Louise Bertin
La Esmeralda

Page 306.

1. Dans la scène du dernier acte reproduite ici, Quasimodo gravit les marches de la cathédrale en portant Esmeralda dans ses bras. Afin de donner l'illusion de cette ascension, Hugo souhaitait que la toile de fond descende dans les dessous de la scène. L'opération s'avéra impossible techniquement, la cathédrale demeure sans relief.

2. Personnage de *Notre-Dame de Paris*, capitaine de la garde, *Phœbus* est épris d'Esmeralda. Il meurt dans l'opérette, où Esmeralda le suit dans la mort, mais non dans le roman.

Page 308.

1. L'opéra est représenté dans les locaux de la rue Pelletier de l'Académie royale de musique de Paris.

Page 312.

1. La ville médiévale est ponctuée d'espaces sacrés qui peuvent servir d'*asile* aux hors-la-loi. Notre-Dame est dotée de cette immunité ecclésiastique; à la porte de la cathédrale se trouve d'ailleurs un anneau que le réfugié pouvait saisir pour demander l'asile. Codifié au concile d'Orléans en 51, ce droit d'asile est cependant régulièrement remis en

cause par les autorités qui le restreignent au fil des siècles : en 1539, une ordonnance le supprime du droit civil.

2. *Noël!* : cri de réjouissance en usage au Moyen Âge.

Page 313.

1. Au XIIIᵉ siècle, Innocent III puis Grégoire IX excluent du droit d'asile un grand nombre de personnes, notamment les juifs et les personnes jugées hérétiques.

Marcel Proust
Le Temps retrouvé et « *La mort des cathédrales* »

Page 318.

1. Les cathédrales de *Reims* et d'*Arras* ont été bombardées pendant la Première Guerre mondiale.

Page 321.

1. Organisés en association, les *félibres* réunis autour de Frédéric Mistral œuvrent à la préservation de la langue d'oc et des cultures qui y sont associées. Trois félibres (Alphonse Bernard, Anthony Réal et Félix Ripert) organisent à partir de 1869 des « Fêtes romaines », mêlant théâtre et musique, pour redonner vie au vieux théâtre antique d'Orange.

Page 323.

1. Sur Émile *Mâle*, voir p. 53.

Étienne Gilson
Matières et formes

Page 329.

1. *Poiétique* : du grec *poiesis*, concept central depuis l'Antiquité et sa formulation par Aristote. Il désigne ce

qui est de l'ordre de la production : une activité attachée à un objet et à une fin, par différence avec la *praxis* qui est une activité dénuée d'objet.

Paul Valéry
« *Magie* »

Page 333.

1. *Hellène* : Grec ancien.

2. *La figure et la matière* : Valéry utilise ici un vocabulaire philosophique issu d'Aristote, qui divise la totalité de l'être entre matière et forme (*eïdos*, littéralement « le visage » ou « la figure »). Le travail de l'artiste ou de l'artisan consiste ainsi à donner une certaine forme à la matière.

Michel Tournier
Le Roi des Aulnes

Page 337.

1. Abel se compare lui-même à saint Christophe, ce géant qui porta Jésus, sous la forme d'un enfant, sur ses épaules. Peut-être Tournier savait qu'à une époque éloignée une statue de saint Christophe se trouvait à Notre-Dame.

2. Voir p. 339, n. 2.

Page 338.

1. *15 avril 1938* : jeudi saint. Ce jour, qui précède le dimanche de Pâques, commémore la cène et le lavement des pieds de ses disciples par Jésus.

2. Après la condamnation des thèses de *Luther* (1483-1546) par l'Église, le fondateur du protestantisme accusa le pape d'être l'antéchrist.

3. La *sella gestatoria* désigne la chaise à porteurs qu'utilisaient les papes.

4. *Bernin* (1598-1680), peintre et sculpteur, a construit

à la demande du pape un baldaquin au sein de la basilique Saint-Pierre à Rome.

5. *Gloria in excelsis Deo* (Gloire à Dieu) : chant de louange à la sainte Trinité.

Page 339.

1. *Orgue limonaire* : orgue de Barbarie.
2. *Mandatum* : cérémonie du lavement des pieds effectuée dans le culte catholique le jeudi saint.
3. *Aiguière* : récipient doté d'une anse, destiné à contenir de l'eau.
4. *Morgengabe* : littéralement « le don du matin ». Il désignait chez les Germains le présent que devait faire le mari à sa femme le lendemain de la nuit de noces.

Page 340.

1. *Nestor* : ami de jeunesse du narrateur qui a trouvé la mort prématurément. Durant tout le roman le souvenir de Nestor influence la trajectoire du héros.

FAMILIÈRE, EXOTIQUE, ÉROTIQUE :
VERS UNE CATHÉDRALE FANTASMÉE

Alexandre Dumas
Isabel de Bavière

Page 348.

1. Froissart et le religieux de Saint-Denis racontent le même fait ; seulement Froissart indique comme théâtre de ce jour le pont Saint-Michel, tandis que le religieux de Saint-Denis nomme le pont au Change. Froissart se trompe évidemment : un pareil spectacle ne pouvait pas être préparé sur le pont Saint-Michel, placé de l'autre côté de l'église Notre-Dame, et qui, par conséquent, ne se trouvait point sur la route de la reine.

Michel de Montaigne
Essais

Page 349.

1. Le mythe de Narcisse, notamment conté par Ovide, relate l'histoire d'un jeune homme tombé amoureux de son propre reflet et finissant par mourir, obnubilé par la contemplation de lui-même.

Page 350.

1. *Pygmalion* : sculpteur tombé amoureux de sa statue qui prendra vie grâce à Aphrodite.

Page 351.

1. Tite-Live, *Histoire*, livre XLIV, chap. VI : « De sorte qu'on ne peut regarder en bas sans que les yeux et l'esprit ne soient victimes du vertige. »
2. Anecdote attribuée à Démocrite.
3. *Théophraste* (371-288 av. J.-C.) : successeur d'Aristote à la tête du Lycée.

Page 352.

1. Cicéron, *De divinatione*, livre I, chap. XXXVII : « Il arrive même souvent que tel aspect, telle voix par sa gravité, tel chant trouble fortement les esprits ; souvent aussi un souci et une crainte font de même. »

François Villon
Le Testament Villon

Page 353.

1. *Le gros bourdon qui est de verre* : la Jacqueline, cloche offerte à Notre-Dame par Jean de Montaigu, grand maître de l'hôtel de Charles VI, et nommée du nom de sa femme. Elle nécessita diverses réparations et dut être refondue en 1430 et en 1451 — fragilité que dénonce ici Villon.

Page 354.

1. *Miches de saint Étienne* : expression proverbiale désignant les pierres avec lesquelles fut lapidé saint Étienne.
2. Guillaume *Volant* : riche marchand de sel de Paris.
3. *Jean de la Garde* : riche épicier, auquel Villon a légué dans *Le Lais* un mortier et un pilon.

Louis Aragon
« *Le Paysan de Paris chante* »

Page 358.

1. *Crinoline* : porté par les femmes au XIXe siècle, ce jupon formé d'une armature métallique permettait de faire bouffer les robes.
2. Ce *château* est le palais des Tuileries ; il fut réduit en cendres par des insurgés durant la Commune de Paris.
3. *Bal Mabille* : établissement, fondé en 1831, consacré à la danse et aux bals. Sous le Second Empire il est surtout fréquenté par la bourgeoisie mondaine et par des prostituées.
4. *Conseil des Anciens* : l'une des deux chambres exerçant le pouvoir législatif sous le directoire, qui symbolise à ce titre le suffrage censitaire.
5. *Entée* : greffée (terme de botanique).
6. *Antée* : géant de la mythologie grecque, qui renouvelait ses forces en entrant en contact avec la terre.

Émile Zola
L'Œuvre

Page 362.

1. *Mail* : allée plantée d'arbres dans une ville.
2. *Quai des Ormes* : toponyme aujourd'hui disparu, ce quai occupait l'emplacement de l'actuel quai des Célestins et d'une partie du quai de l'Hôtel-de-Ville.

Page 367.

1. *Poivrière* : petite construction, cylindrique, coiffée d'un toit conique, placée à l'angle d'un bâtiment. Elle avait originairement pour fonction d'accueillir un guetteur.

2. Située sur l'île de la Cité, la *Sainte-Chapelle*, construite à l'initiative de Saint Louis dans les murs du Palais de Justice (dont elle constitue, avec la Conciergerie, le seul vestige), a été achevée en 1248. Chef-d'œuvre de l'art gothique, sa proximité géographique avec Notre-Dame suggère souvent aux auteurs des rapprochements entre les deux bâtiments.

Honoré de Balzac
Les Proscrits et *L'Envers de l'histoire contemporaine*

Page 370.

1. À l'origine, les religieux membres du chapitre de Notre-Dame se réunissaient dans le chœur de la cathédrale pour chanter les offices. Le terme a ensuite désigné les religieux qui entourent et conseillent l'évêque.

2. Mesure variable selon les régions, la *perche* de Paris équivaut à peu près à 34 mètres carrés.

3. *Censive* : loyer annuel payé pour une terre.

4. *Sergent* : ici un agent de police.

5. *Commis ès rues* : commis dans les rues. Cette contraction était déjà vieillie à l'époque de Balzac (elle est cependant toujours utilisée dans l'expression : docteur ès lettres).

Page 371.

1. *Losange* : mot encore féminin à l'époque de Balzac.

2. *Sous parisis* : la monnaie royale de Paris, qui subsista jusqu'en 1667.

3. *Serge* : étoffe de laine résistante.

4. *Chevaliers bannerets* : chevaliers dotés d'un nombre suffisant de vassaux pour pouvoir former une compagnie durant la bataille et la regrouper derrière *leur* bannière.

Page 372.

1. Balzac compte sans doute Hugo et son *Notre-Dame de Paris* parmi ces « poètes modernes » aveuglés par de « fausses merveilles ».

Page 374.

1. *Ce quai* : la pointe de l'île de la Cité, dont Balzac fait aussi l'éloge dans *Les Proscrits*.

Page 379.

1. *Vis* : escalier en spirale construit le long d'un axe.
2. Née au début du XIIe siècle, *Héloïse* avait été séduite par le grand philosophe Abélard, son précepteur. Héloïse vivait alors chez son oncle et tuteur Fulbert qui, en tant que chanoine, logeait dans des appartements situés dans l'enceinte du cloître Notre-Dame (quartier clos, attenant à la cathédrale, réservé aux ecclésiastiques).
3. *Bonnet en batiste à tuyaux gaufrés* : bonnet étoffé de telle sorte qu'il fait apparaître une alternance de reliefs et de creux.

Page 380.

1. *Sœurs Grises* : ordre de nonnes franciscaines apparu au milieu du XIIIe siècle, dont les membres se consacraient notamment aux soins aux malades.
2. *Cloître* : voir p. 379, n. 2.

Page 381.

1. *Couleur carmélite* : brun clair, comme la robe des carmélites.

Friedrich Schlegel
« *Deuxième complément sur les tableaux anciens* »

Page 382.

1. Le musée des Arts, actuel musée du Louvres, a été

rebaptisé musée Napoléon sous le Premier Empire. Il bénéficiait d'un vaste regroupement d'œuvres issues des confiscations ordonnées pendant la Révolution puis réalisées lors des conquêtes napoléoniennes.

Page 384.

1. *Sainte-Gudule à Bruxelles* : la cathédrale Saints-Michel-et-Gudule de Bruxelles, dont la construction a débuté au XIIIe siècle et duré 300 ans. — La construction de la cathédrale Saint-Pierre-et-Sainte-Marie à *Cologne* a débuté en 1248.

Jean-Jacques Rousseau
« *Histoire du précédent écrit* »

Page 388.

1. *Mottet* : un motet est une pièce musicale religieuse chantée en dehors des offices.

Sigmund Freud
Lettres à Martha Bernays et « *Un trouble de mémoire sur l'Acropole* »

Page 393.

1. Sur *Charcot*, voir p. 395, n. 3.

Page 394.

1. Écrivain et journaliste, Daniel *Spitzer* tenait, dans la *Neue Freie Press*, une chronique intitulée *Promenades viennoises*. — La *description* évoquée par Freud se réfère aux récits des balades de Freud dans Paris qu'il avait précédemment envoyés à Martha Bernays.

2. Giacomo *Ricchetti* : ami de Freud, ce médecin vénitien, de vingt-quatre ans son aîné, a introduit Freud auprès de Charcot.

Page 395.

1. *Minna* Bernays est la sœur de Martha.
2. *Mme Gehrke* : femme de ménage chez les Bernays à Wandshak.
3. Sa rencontre avec le docteur Jean-Martin *Charcot* (1825-1893) est d'une grande importance pour Freud, qui suit ses cours sur l'hystérie à la Salpêtrière.

Page 396.

1. Après quelques tribulations lors d'un voyage en Grèce entrepris avec son frère en 1904, Freud découvre enfin l'*Acropole* d'Athènes qui lui fait s'écrier intérieurement, comme il le rapporte un peu plus haut dans cette lettre : « Ainsi tout cela existe réellement comme nous l'avons appris à l'école ! »

George Sand
Indiana

Page 403.

1. Le colonel *Delmare* est le mari d'Indiana ; *Ralph* est son cousin, secrètement amoureux d'elle.
2. *Varangue* : mot issu du créole signifiant véranda.
— *Faham* : orchidée provenant de l'océan Indien.
3. *Rivière Saint-Gilles* : sur l'île de La Réunion (à l'époque île Bourbon).

Théophile Gautier
« *Notre-Dame* »

Page 405.

1. Voir *Histoire du Romantisme, suivi de Quarante portraits romantiques*, Folio classique, p. 444.

Page 406.

1. *Ton livre* : *Notre-Dame de Paris* de Victor Hugo.
2. Une œuvre de Pierre Paul *Rubens* (1577-1640) est

décrite par Gautier dans *La Toison d'or* comme « un gouffre de lumière ». Il traite de Titien (1488 env.-1576) dans *Italia* : « Sa superbe nature s'épanouit à l'aise dans un tiède azur, sous un chaud soleil, et son coloris fait penser à ces beaux marbres antiques dorés à la blonde lumière de la Grèce. »

3. *Ithuriel* : sans doute un personnage emprunté au *Paradis perdu* de John Milton (1608-1674). Ithuriel y figure un ange qui s'oppose à Satan. Dans son poème « Les yeux bleus de la montagne », Gautier utilise également cet ange pour faire communier le ciel et la terre : les lacs montagneux sont identifiés à des « joyaux tombés du doigt de l'ange Ithuriel ». À la strophe suivante les cathédrales seront d'ailleurs identifiées à des montagnes.

Page 407.

1. *Sa patronne* : la Vierge Marie.
2. *Alcine* et sa sœur *Morgane* sont deux personnages de fées présents dans le *Roland furieux* de l'Arioste (1474-1533) : ce sont toutes deux des figures maléfiques et séductrices. Alcine entretient un jardin composé de ses amants transformés en plantes ; les hommes qui traversent le vallon de Morgane risquent d'y demeurer prisonniers s'ils ont déjà péché par infidélité.

Page 408.

1. Monstre du folklore médiéval, la *Tarasque* hanterait les abords de Tarascon. La *guivre* est un serpent fantastique, souvent préposé à garder un trésor, tandis que le *basilic* est un serpent venimeux réellement existant auquel les Anciens attribuaient la faculté de tuer d'un seul regard. Après son évocation de l'Arioste et de l'aspect solaire de la cathédrale, Gautier continue donc à donner à la cathédrale un aspect méridional.

Page 410.

1. *Ostensoir* : objet liturgique en forme de soleil destiné à recevoir l'hostie, pour l'exposer à la dévotion publique.

Page 411.

1. *Panthéons* : sans doute une allusion à la transformation par Louis-Philippe de l'église Sainte-Geneviève (voir p. 242, n. 3) en panthéon national.

2. *Vignole* : Jacopo Barozzi da Vignola (1507-1573), architecte italien dont l'œuvre se caractérise par sa sobriété, qui étudia les monuments romains afin de dégager les règles présidant à la composition de l'architecture antique. Le Panthéon, monument néoclassique, est lui-même directement inspiré de l'architecture antique.

3. *Dont aucun dehors ne sait se tenir droit* : allusion à la coupole qu'arborent généralement les édifices néoclassiques, le Panthéon en particulier.

Michel Tournier
« *Le peintre et son modèle* »

Page 413.

1. Dans la tradition islamique, *Idriss* est le nom d'un prophète, inventeur de l'écriture et de la couture.

Page 415.

1. À *Gizeh* sont concentrées les grandes pyramides, non loin du célèbre sphinx.

2. Le temple d'*Angkor* Vat, situé au sud du Cambodge, est la ruine d'un édifice religieux initialement hindou puis bouddhiste.

Page 416.

1. *Félix Tournachon* (1820-1910), dit *Nadar* : initialement caricaturiste, il devient l'un des premiers photographes français.

2. Formule du Nouveau Testament : « Si le grain de blé qui est tombé en terre ne meurt, il reste seul ; mais, s'il meurt, il porte beaucoup de fruit. Celui qui aime sa vie la perdra, et celui qui hait sa vie dans ce monde la conservera pour la vie éternelle » (Jean, XII, 24).

Page 418.

1. *Bossuet* (1627-1704) : écrivain et penseur conservateur, surnommé l'Aigle de Meaux, dont il fut évêque.
2. Bossuet, *Politique tirée de l'Écriture sainte*.
3. Allusion à la fable de La Fontaine *Le Corbeau et le Renard* : « Sans mentir, si votre ramage / Se rapporte à votre plumage, / Vous êtes le phénix des hôtes de ces bois. »

Louis Aragon
Aurélien

Page 420.

1. *Ils* : il s'agit d'Aurélien Leurtillois et de Mary de Perseval, sa maîtresse.

Page 421.

1. Edmond *Barbentane* et sa femme Blanchette habitent un domicile cossu à Passy.
2. *Minium* : peinture antirouille de couleur orangée.

Francis Ponge
« *Paroles à propos des nus de Fautrier* »

Page 424.

1. *Arcatures* : ensemble de petites arcades décoratives.
2. Dans le vocabulaire de la construction, la *gaine* désigne un conduit. Le terme est utilisé ici par Ponge pour sa polysémie, renvoyant aussi au sous-vêtement féminin. — L'aspect érotique de la cathédrale est inscrit de longue date dans l'imaginaire européen. Ainsi dans un article de la revue *Le Surréalisme au service de la révolution* (n° 6, 1933), André Breton, envisageant la restauration de Paris, propose de « remplacer les tours [de Notre-Dame] par un immense huilier croisé en verre, l'un des flacons rempli de sang, l'autre de sperme », et de transformer la cathédrale en « école sexuelle pour les vierges ». Cette dernière proposition, en subvertissant le

nom de l'édifice (notre Dame, la Vierge), montre que, quoique provocateur, ce projet de restauration révèle une sensualité de l'édifice déjà bien présente.

3. *Timon* : longue pièce de bois ou de métal utilisée pour diriger un navire.

Max Jacob
« *Mort morale* »

Page 426.

1. *Dolman* : courte veste militaire.
2. La *rue Quincampoix* a longtemps été un lieu de prostitution notoire.

UNE CATHÉDRALE A BRÛLÉ

Victor Hugo
Notre-Dame de Paris

Page 429.

1. Voir les textes de Proust, p. 435 et D'Annunzio, p. 438.

Page 433.

1. *Fée* est ici employé comme adjectif et signifie « enchantée ».

Marcel Proust
Lettre à sa voisine

Page 436.

1. *Légende dorée* : voir p. 199, n. 2.
2. *Docteur Williams* : l'époux de Marie Williams, de nationalité américaine.

3. Référence à la *Bible d'Amiens*, ouvrage de Ruskin traduit, préfacé et annoté par Proust, et plus généralement à l'ensemble des statues qui ornent la façade des cathédrales et constituent une véritable Bible destinée aux pauvres — Émile Mâle y verra même une encyclopédie de tous les savoirs humains.

4. Luc, XIX, 40 : « S'ils se taisent les pierres crieront. »

5. *Louvain* : la bibliothèque universitaire de Louvain a été incendiée par les troupes allemandes en août 1914, emportant avec elle de nombreux manuscrits.

6. Proust fait référence au sourire de l'ange de Reims qui peut faire penser à celui de certains personnages peints par Léonard de Vinci.

7. *Notre vilain Saint Augustin* : l'église Saint-Augustin est une construction récente de la seconde moitié du XIXe siècle. L'immeuble où résidaient Proust et le couple Williams était voisin de cette paroisse.

Page 437.

1. La citation est due à Raoul Glaber, moine du XIe siècle qui a fait œuvre d'historien.

Gabriele D'Annunzio
Envoi à la France

Page 439.

1. Le philosophe rémois Georges Bataille, qui assista à l'incendie, décrit lui aussi la cathédrale livrée aux flammes comme un organisme, évoquant son « ossature crevée » et sa « façade lèprée » (voir Georges Bataille, *Notre-Dame de Rheims*, dans *Œuvres complètes*, t. I, Gallimard, coll. « Blanche », 1970).

2. Voir par exemple Romain Rolland, *Pro Aris*, dans *Au-dessus de la mêlée* : « Qui tue cette œuvre [Notre-Dame de Reims] assassine plus qu'un homme, il assassine l'âme la plus pure d'une race. Son crime est inexpiable. »

3. Au sud de Soisson l'abbaye *Saint-Jean des Vignes* est surmontée de deux flèches gothiques.

Page 440.

1. Au sud de Sienne se trouve la région des Crete senesi (les *craies* siennoises) qui, comme la Champagne crayeuse aux environs de Reims, est constitué d'un sol essentiellement calcaire.

Page 441.

1. Clovis fut baptisé à Reims par *Rémi*, évêque de la ville.

Page 442.

1. Le portail de Notre-Dame de Reims comporte de multiples effigies d'anges. L'un d'entre eux, l'ange au sourire, est devenu un symbole de la cathédrale martyre après l'incendie de 1914.

Page 443.

1. Dans Jean xx, 11-17, Marie-Madeleine se rendit sur la tombe du Christ après son martyre : les anges gardant sa tombe lui demandèrent alors : « *Femme, pourquoi pleurez-vous ?* », phrase reprise ensuite par le Christ ressuscité.

Page 445.

1. *La Divine comédie*, xxvi, v. 118-119 : « Considérez quelle est votre semence : vous n'êtes pas fait à vivre comme des brutes. »

Page 446.

1. *La Divine comédie*, xxvi, v. 79 : « Ô vous qui êtes deux dans un feu unique. »

Sylvain Tesson
Ô reine de Douleur

Page 448.

1. Cette activité de funambulisme urbain est toujours vivante : en témoigne Philippe Petit (né en 1949), qui

conçoit ses performances comme des spectacles destinés au public, mettant en valeur un monument historique emblématique d'une ville. Il s'est notamment rendu célèbre pour la traversée (illégale) des deux tours du World Trade Center sur un fil en 1973. L'une de ses premières performances fut, en 1971, la traversée des tours de Notre-Dame de Paris. Voir notamment son livre *Funambule*, Albin Michel, 1991. — Le romancier Paul Auster lui rend hommage dans son recueil d'essais *L'Art de la faim* (chapitre « Sur le fil », traduction de Christine Le Bœuf, Actes Sud, 1992), où il analyse ce qui constitue l'art du funambule : le spectaculaire et le goût du risque, bien sûr, mais aussi la beauté simple et la mise à distance du danger. Car, contrairement au cascadeur qui accentue et exhibe le risque, le funambule tient le risque de la mort à distance, en marchant en l'air comme on marche au sol, annulant ainsi la distance entre ciel et terre. Paul Auster fut marqué par l'exploit de Philippe Petit au sommet de Notre-Dame en 1971 : « Chaque fois que je passais devant Notre-Dame, je revoyais la photographie qui avait paru dans le journal : un fil presque invisible tendu entre les énormes tours de la cathédrale, et là, juste au milieu, comme suspendue par magie dans l'espace, une minuscule silhouette humaine, petit point de vie sur le ciel. Il m'était impossible de ne pas associer le souvenir de cette image à la cathédrale effectivement présente devant moi, comme si ce vieux monument de Paris, édifié voilà si longtemps pour la gloire de Dieu, avait été métamorphosé. En quoi ? J'aurais eu de la peine à le dire. En quelque chose de plus humain, sans doute. Comme si ses pierres portaient désormais la marque d'un homme. Et pourtant, il n'y avait pas réellement de marque. J'avais fabriqué cette marque en pensée, et elle n'existait que par le souvenir. Mais l'évidence était indiscutable : ma perception de Paris s'était modifiée, je ne voyais plus la ville du même œil. »

Luc Olivier Merson
Quasimodo perché sur une gargouille
(1881)

Page 450.

1. *Fulcanelli* : pseudonyme d'un auteur non identifié, qui publia en 1926 *Le Mystère des cathédrales* et en 1930 *Les Demeures philosophales*, où il se livre à une analyse de la symbolique alchimique des monuments gothiques, dont la cathédrale parisienne. — Sur *Nerval*, voir p. 303.

Page 451.

1. Dans *Illuminations*, [Phrases II], 1886.

Page 453.

1. Voir la description, plus fantaisiste, que Hugo fait de l'ascension de Quasimodo (*Notre-Dame de Paris*, livre IV, chapitre III) : « Les tours, sur la surface extérieure desquelles on le voyait souvent ramper comme un lézard qui glisse sur un mur à pic, ces deux géantes jumelles, si hautes, si menaçantes, si redoutables, n'avaient pour lui ni vertige, ni terreur, ni secousses d'étourdissement ; à les voir si douces sous sa main, si faciles à escalader, on eût dit qu'il les avait apprivoisées. À force de sauter, de grimper, de s'ébattre au milieu des abîmes de la gigantesque cathédrale, il était devenu en quelque façon singe et chamois, comme l'enfant calabrais qui nage avant de marcher, et joue, tout petit, avec la mer. »

2. *Ravachol* (1859-1892) : célèbre anarchiste, auteur de plusieurs attentats à la bombe, qui finit guillotiné.

Page 455.

1. Paul Valéry, « Petite lettre sur les mythes », dans *Variété II*, 1930 (Gallimard, coll. « Folio Essais », 1998).

TABLE DES ILLUSTRATIONS

Illustrations intext :

Page 27 : Villard de Honnecourt (XIIIe siècle), *Carnet de dessins et croquis d'architecture*, manuscrit en parchemin du XIIIe siècle, Bibliothèque nationale de France, département des manuscrits, MS 19093, folio 17v. Photo © BnF, Paris.

Page 41 : *Ibid.*, MS 19093, folio 15r. Photo © BnF, Paris.

Page 47 : *Ibid.*, MS 19093, folio 10r. Photo © BnF, Paris.

Page 56 : Croquis d'une tige de cresson, dans Émile Mâle (1862-1954), *L'Art religieux du XIIIe siècle en France : étude sur l'iconographie du Moyen Âge et sur ses sources d'inspiration*, 1898, Bibliothèque nationale de France, département Littérature et Arts, cote 16-Z-6767. Photo © BnF, Paris.

Page 62 : Enluminure du monde en sphères extrait du *Psautier de Robert de Lisle*, vers 1308-1340, Ms Londres, Arundel 83, fol. 123v, British Library. Photo © BL. UK.

Page 71 : Portail du jugement dernier, façade ouest de la cathédrale Notre-Dame de Paris, vers 1200-1230, restauré au XIXe siècle. Photo © Jean-Paul Dumontier / LA COLLECTION.

Page 74 : Henri Meyer (1844-1899), *Victor Hugo*, caricature parue dans *Le Géant* du dimanche 28 avril 1868,

Paris, Maisons de Victor Hugo. Photo © Maisons de Victor Hugo / Roger-Viollet.

Page 79 : Benjamin Roubaud (1811-1947), *Panthéon charivarique*, lithographie parue dans *Le Charivari* du 9 décembre 1841, détail, Paris, Maisons de Victor Hugo. Photo © Maisons de Victor Hugo / Roger-Viollet.

Page 86 : Aglaüs Bouvenne (1829-1903), Ex-libris de Victor Hugo, 1870, Maisons de Victor-Hugo, Paris. Photo © Maisons de Victor Hugo/Roger-Viollet.

Page 116 : Charles Meryon (1821-1868), *Le Petit-Pont*, 1850, eau-forte, Paris, Musée Carnavalet. Photo © Musée Carnavalet / Roger-Viollet.

Page 136 : Georges Ripart, *Gargantua compissant les Parisiens*, 1890, dessin au fusain sur papier brun rehaussé de gouache blanche, musée Rabelais-La Devinière, Conseil départemental d'Indre-et-Loire.

Page 140 : Albert Robida (1848-1926), *Gargantua saute de sa jument sur le toit de Notre-Dame de Paris*, illustration pour *Les Œuvres complètes de François Rabelais*, la Librairie illustrée, 1885. Photo © Gusman / Bridgeman Images.

Page 147 : Gustave Doré (1832-1883), *Gargantua, après s'être emparé des cloches de Notre-Dame pour s'en faire des grelots pour sa jument, les rapporte*, 1873, gravure pour *La Vie très horrifique du grand Gargantua*, livre I, chapitre XXI, de François Rabelais, détail, collection particulière. Photo © Jean-Paul Dumontier / LA COLLECTION.

Page 192 : Albert Robida (1848-1926), *Station centrale des aéronefs à Notre-Dame de Paris*, 1884, gravure, illustration pour *Le 20e siècle*. © Collection KHARBINE-TAPABOR.

Page 239 : Fortuné Méaulle (1844-1916), *Le Colosse de Saint-Christophe portant l'enfant Jésus sur ses épaules à l'entrée de la cathédrale Notre-Dame de Paris*, 1877, gravure pour *Notre-Dame de Paris* de Victor Hugo. Photo © collection Grégoire / Bridgeman Images.

Page 254 : Notre-Dame avant la restauration de Viollet-le-Duc, calotype, photographie de Charles Marville (1813-1879), vers 1852-1855, Paris, Musée Carnavalet. Photo © Musée Carnavalet / Roger-Viollet.

Page 255 : Eugène Viollet-le-Duc (1814-1879), projet de restauration de la façade de Notre-Dame de Paris comprenant deux flèches, 1841. Photo © CC-BY-SA 3.0.

Page 265 : Eugène Viollet-le-Duc (1814-1879), dessins d'ornements, gravure dans *Entretiens sur l'architecture*, 1872, collection particulière. Photo © The Image Works / Roger-Viollet.

Page 271 : Jean-Jacques Grandville (1803-1847), *Grande course au clocher académique* (détail), 1839, lithographie, Paris, Maison de Balzac. Photo © Maisons de Balzac / Roger-Viollet.

Page 294 : Charles Meryon (1821-1868), *Le Stryge*, 1841-1868, gravure, Paris, Maisons de Victor-Hugo. Photo © Maisons de Victor Hugo / Roger-Viollet.

Page 295 : Brassaï (1899-1984), *Le Diable de Notre-Dame et la tour Saint-Jacques*, 1933, photographie, Paris, Centre Pompidou, MNAM-CCI. © Estate Brassaï — RMN — Grand Palais / photo © Centre Pompidou, MNAM-CCI, Dist. RMN-GP / Guy Carrard.

Page 303 : Edmond Marie Höner (1847- ?), *Victor-Hugo. La tête dans un ciel étoilé dominant Notre-Dame de Paris*, 1897, dessin, lavis encre et pinceau avec rehauts de craie blanche, Paris, Maisons de Victor Hugo. Photo © Maisons de Victor Hugo / Roger-Viollet.

Page 307 : Charles-Antoine Cambon (1802-1875), *Esmeralda*, esquisse de l'acte III, tableau 1, opéra en quatre actes, théâtre de l'Opéra-Le Peletier, 1836, dessin à la plume et crayon, rehauts d'aquarelle et de blanc sur papier beige. Bibliothèque nationale de France, département Bibliothèque-musée de l'Opéra, BMO ESQ CAMBON-78. Photo © BnF, Paris.

Page 319 : Marcel Proust, *Une cathédrale*, dessin dédicacé

« À Birnibuls », surnom de Reynaldo Hahn, 1904. Photo © Librairie Walden.

Page 373 : Charles Meryon (1821-1868), *Notre-Dame de Paris*, 1854, eau-forte, Paris, musée Carnavalet. Photo © Musée Carnavalet / Roger-Viollet.

Page 397 : Louis Bonnier (1856-1946), photomontage avec Notre-Dame de Paris et le Woolsworth Building de New York, vers 1928, Cité de l'Architecture et du Patrimoine, Paris. Photo © SIAF/Cité de l'architecture et du patrimoine/Archives d'architecture du XXe siècle.

Page 460 : La cathédrale Notre-Dame de Paris protégée contre les raids aériens par des sacs de sable pendant la Première Guerre mondiale, photographie parue dans le journal *Excelsior* du 3 juin 1918. Photo © Excelsior — L'Équipe / Roger-Viollet.

Page 535 : Luc-Olivier Merson (1846-1920), *Quasimodo perché sur une gargouille*, 1881, illustration pour *Notre-Dame de Paris* de Victor-Hugo. Photo © Wikimedia Commons / Guise.

Cahier hors-texte :

1a. Rosace, transept sud, Notre-Dame de Paris, vers 1260, restaurations du XIXe siècle. Photo © Jean-Claude N'Diaye / LA COLLECTION.

1b. Missel de Paris, XIIIe siècle, saisi à Notre-Dame de Paris pendant la période révolutionnaire. F°98V. Paris Bibliothèque nationale de France. Ms Latin 9441. Photo © BnF.

2. *Vue intérieure de l'église cathédrale Notre-Dame de Paris*, estampe, 1770. Paris, Musée Carnavalet. Photo © Musée Carnavalet/Roger-Viollet.

3. François-Antoine Aveline, *Maisons du château Frileux, vue du parvis de Notre-Dame*, eau-forte, avant 1748. Paris, Musée Carnavalet. Photo © Eric Emo/Musée Carnavalet/Roger-Viollet.

4. Paul Signac, *La Cité, Paris,* huile sur toile, 1934. Collection particulière. Photo © Christie's/Bridgeman Images.

5. Brassaï, *Notre-Dame*, photographie, vers 1930-1932. © Estate Brassaï — RMN-GP. Paris, Centre Pompidou — Musée national d'art moderne — Centre de création industrielle. Photo © Centre Pompidou, MNAM-CCI, Dist. RMN-GP/Adam Rzepka.

6. Maurice Utrillo, *Notre-Dame*, huile sur carton, 1909. © Adagp, Paris, 2020. Paris, musée de l'Orangerie. Photo © RMN-GP (musée de l'Orangerie)/Franck Raux.

7. Henri Matisse, *Notre-Dame, une fin d'après-midi*, huile sur papier, 1902. © Succession H. Matisse. Buffalo, Albright-Knox Art Gallery. Photo © Albright-Knox Art Gallery/Art Resource, NY/Scala, Florence.

8. Janine Niepce, *Vue depuis le sommet de la cathédrale Notre-Dame*, années 1950. Photo © Janine Niepce/Roger-Viollet.

9. François Schuiten, *Notre-Dame, des lendemains qui changent*, extrait de *L'Horloger du rêve*. © Casterman, 2014. Paru dans Libération, 24 avril 2019.

10. Jean Fouquet, *La Main droite de Dieu protégeant les fidèles des démons*, enluminure extraite du *Livre d'heures* d'Étienne Chevalier, détrempe et feuille d'or sur parchemin, vers 1452-1460. New York, The Metropolitan Museum of Art. Photo du musée.

11. Jacques Tardi, *Le Savant Fou. Les Aventures extraordinaires d'Adèle Blanc-Sec*, t. III. © Casterman, 1977.

12. Honoré Daumier, *Notre-Dame de Paris*, huile sur toile, XIXe siècle. Avignon, Musée Calvet. Photo © Granger Coll. NY/Aurimages.

13. Pablo Picasso, *Notre-Dame, 14 juillet 1945*, huile sur toile, 1945. © Succession Picasso, 2020. Collection particulière. Photo © Marc Domage.

14. Eugène Atget, *Notre-Dame*, photographie, mars 1925.

New York, Museum of Modern Art. Photo © 2019, Digital Image, The MoMa, NY/Scala, Florence.

15. Lorenzo Mattotti, *Notre-Dame — Verdure*, 2019. Paru dans Libération, 24 avril 2019.

16. Plantu, dessin paru dans *Le Monde*, 16 avril 2019. © Plantu.

Préface de Michel Crépu 7
Note sur l'édition 15

NOTRE-DAME DES ÉCRIVAINS

NOTRE-DAME ET SES CONTEMPORAINS (1163-MILIEU DU XIVᵉ SIÈCLE)

Jean de Saint-Victor (Johannes Victorinus canonicus)	29
Robert d'Auxerre (Robertus Altissiodorensis)	30
Robert de Torigni (Robertus de Torigneio)	32
Chroniqueur d'Anchin	33
Césaire de Heisterbach (Caesarius Heisterbacensis)	34
Pierre le Chantre (Petrus Cantor)	36
Guillaume Durand de Mende	40
Jean de Jandun	48

DÉCHIFFRER LA CATHÉDRALE

Émile Mâle, *L'Art religieux du XIIIe siècle en France* (1898) — 53

Georges Duby, *Le Temps des cathédrales* (1976) — 59

Esprit Gobineau de Montluisant, *Explication très curieuse des Énigmes et Figures hiéroglyphiques, Physiques, qui sont au grand portail de l'Église Cathédrale et Métropolitaine de Notre-Dame de Paris* (XVIIe siècle) — 64

Victor Hugo, *Notre-Dame de Paris* (1831) — 75

CATHÉDRALE DU CIEL, CATHÉDRALE DE LA TERRE

André Gide, *Les Cahiers d'André Walter* (1891) et *Lettre à sa mère* (1890) — 99

Charles Péguy, « Paris » (*Les Sept contre Paris*, 1913) et « Présentations de la Beauce à Notre-Dame de Chartres » (*La Tapisserie de Notre-Dame*, 1913) — 103

Guillaume Apollinaire, « 2e Canonnier conducteur » (*Calligrammes*, 1918) — 106

Pierre Michon, *Rimbaud le fils* (1991) — 109

Julian Przybos, adapté par Paul Éluard, « Notre-Dame de Paris » (1931 et 1965) — 114

Charles Baudelaire, *Lettre à Madame Aupick* (1860) et *Salon de 1859* (1868) — 117

Amédée de Ponthieu, *Légendes du vieux Paris* (1867) — 122

François Rabelais, *Gargantua* (1535) — 135

Mikhaïl Bakhtine, *L'Œuvre de François Rabelais et la culture populaire du Moyen Âge et sous la Renaissance* (1965) — 141

Table des matières 545

Jacques Audiberti, « Les deux mains »
(*Ange aux entrailles*, 1964) — 148

SANCTUAIRE / SACRILÈGE

Paul Claudel, *Ma conversion* (1909) — 153
Julien Green, *Journal* (1974-1980) — 162
Léon Bloy, *L'Âme de Napoléon* (1912) — 166
Georges Rodenbach, « Baudelaire »
(*L'Élite : écrivains, orateurs sacrés, peintres, sculpteurs*, 1899) — 169
Éric Hazan, *Une histoire de la Révolution française* (2012) — 172
Edmond et Jules de Goncourt, *Histoire de la société française pendant le Directoire* (1855) — 178
Franz Liszt, *Lettre à la comtesse d'Agoult* (1840) — 182
John Ruskin, *Fors Clavigera* (1871) — 184
Albert Robida, *Le Vingtième Siècle* (1883) — 189

REGRETTER / RESTAURER

Venance Fortunat, *Sur l'église de Paris*
(VIe siècle) — 195
Joris-Karl Huysmans, *Trois églises et trois primitifs* (1908) et *La Cathédrale* (1898) — 197
Henry James, *L'Américain* (1877) et *La Muse tragique* (1890) — 212
Jules Supervielle, *Boire à la source* (1933) et
« Paris » (1951) — 219
Ernest Hemingway, *Le soleil se lève aussi* (1926)
et « Le dernier beau coin du pays » (1972) — 222
Anaïs Nin, *Journal* (1936 et 1972) — 229
Mark Twain, *Les Innocents à l'étranger, ou Le Voyage des pèlerins modernes* (1869) — 234

Louis-Sébastien Mercier, *Tableau de Paris* (1783) — 238

Rainer Maria Rilke, *Les Carnets de Malte Laurids Brigge* (1910) et « Lettre à Clara Rilke » (1906) — 246

Viollet-le-Duc, « Projet de restauration de Notre-Dame de Paris : rapport adressé à M. le Ministre de la Justice et des Cultes » (avec Jean-Baptiste-Antoine Lassus) (1843) et article « Restauration » du *Dictionnaire raisonné de l'architecture française du XIe au XVIe siècle* (1854-1868) — 251

Victor Hugo, *Notre-Dame de Paris* (1831) — 270

NOTRE-DAME :
CARTE POSTALE DU VIEUX PARIS ?

Édith Piaf et Eddy Marnay, « Notre-Dame de Paris » (1952) — 285

Jacques Prévert, « Chanson de la Seine » (*Spectacle*, 1951) — 288

Brassaï, « La concierge de Notre-Dame » (*Le Paris secret des années 30*, 1976) — 290

Pierre Mac Orlan, *Images de Paris* (1951) et *Surprenants visages de Paris* (1952) — 296

Gérard de Nerval, « Notre-Dame de Paris » (*Odelettes*, 1834) — 303

Victor Hugo et Louise Bertin, *La Esmeralda* (1836) — 305

Marcel Proust, *Le Temps retrouvé* (1927) et « La mort des cathédrales » (1919) — 317

Henri Bergson, *La Pensée et le Mouvant* (1934) — 324

Étienne Gilson, *Matières et formes* (1964) — 328

Paul Valéry, « Magie » (*Mauvaises pensées et autres*, 1942) et « *Images*

Table des matières   547

de la France » *(Regards sur le monde actuel et autres essais*, 1945)	331
Michel Tournier, *Le Roi des Aulnes* (1970)	337
Ossip Mandelstam, « *Notre-Dame* » (1913)	341

FAMILIÈRE, EXOTIQUE, ÉROTIQUE :
VERS UNE CATHÉDRALE FANTASMÉE

Christine de Pizan, *Le Livre des faits et bonnes mœurs du sage roi Charles V* (1404)	345
Alexandre Dumas, *Isabel de Bavière* (1835)	347
Michel de Montaigne, *Essais* (vers 1580)	349
François Villon, *Le Testament Villon* (1461)	353
Léo Ferré, *Les Cloches de Notre-Dame* (1953)	355
Louis Aragon, « Le Paysan de Paris chante » (1943)	357
Émile Zola, *L'Œuvre* (1886)	360
Honoré de Balzac, *Les Proscrits* (1831) et *L'Envers de l'histoire contemporaine* (1854)	369
Friedrich Schlegel, « Deuxième complément sur les tableaux anciens » (*Descriptions de tableaux*, 1805)	382
Jean-Jacques Rousseau, « Histoire du précédent écrit » (*Rousseau juge de Jean-Jacques*, 1782)	386
Sigmund Freud, *Lettres à Martha Bernays* (1885) et « *Un trouble de mémoire sur l'Acropole* » (*Lettre à Romain Rolland*) (1936)	393
Walter Benjamin, « Trop près » (*Brèves ombres*, 1929)	400
George Sand, *Indiana* (1836)	402
Théophile Gautier, « Notre-Dame » (*La Comédie de la mort*, 1838)	405
Michel Tournier, « Le peintre et son modèle » (*Petites proses*, 1986)	412

Louis Aragon, *Aurélien* (1944)	419
Francis Ponge, « Paroles à propos des nus de Fautrier » (*L'Atelier contemporain*, 1977)	423
Max Jacob, « Mort morale » (*Le Laboratoire central*, 1960)	425

UNE CATHÉDRALE A BRÛLÉ

Victor Hugo, *Notre-Dame de Paris* (1831)	429
Marcel Proust, *Lettre à sa voisine* (1914)	435
Gabriele D'Annunzio, *Envoi à la France* (1922)	438
Sylvain Tesson, *Ô reine de Douleur* (2019)	448

DOSSIER

Chronologie de Notre-Dame de Paris	459
Bibliographie sélective	463
Notices sur les illustrations du cahier hors-texte	466
Lexique des termes d'architecture religieuse	474
Notes	476
Table des illustrations	537

COLLECTION
FOLIO CLASSIQUE

Dernières parutions

4819 *Les Guerres puniques*. Traduction du latin et du grec ancien de Maxime Gaucher, Denis Roussel et Philippe Torrens. Préface de Claudia Moatti.

4825 GEORGE SAND : *Elle et Lui*. Édition de Thierry Bodin.

4849 VICTOR HUGO : *Notre-Dame de Paris*. Édition de Benedikte Andersson. Préface d'Adrien Goetz.

4893 MICHEL DE MONTAIGNE : *Essais, tome I*. Édition d'Emmanuel Naya, Delphine Reguig-Naya et Alexandre Tarrête. Nouvelle édition de l'Exemplaire de Bordeaux.

4894 MICHEL DE MONTAIGNE : *Essais, tome II*. Édition d'Emmanuel Naya, Delphine Reguig-Naya et Alexandre Tarrête. Nouvelle édition de l'Exemplaire de Bordeaux.

4895 MICHEL DE MONTAIGNE : *Essais, tome III*. Édition d'Emmanuel Naya, Delphine Reguig-Naya et Alexandre Tarrête. Nouvelle édition de l'Exemplaire de Bordeaux.

4910 JANE AUSTEN : *Le Cœur et la Raison*. Traduction de l'anglais et édition de Pierre Goubert. Préface de Christine Jordis.

4934 JULES VERNE : *Le Tour du monde en quatre-vingts jours*. Édition de William Butcher. Illustrations de L. Benett et C. de Neuville.

4952 ALEXANDRE DUMAS : *La Reine Margot*. Édition de Janine Garrisson.

4976 FÉDOR DOSTOÏEVSKI : *Le Songe d'un homme ridicule et autres récits*. Traduction du russe de Gustave Aucouturier. Préface de Michel Aucouturier.

4990 GEORGE ELIOT : *Daniel Deronda, tome I*. Traduction de l'anglais et édition d'Alain Jumeau.

4991 GEORGE ELIOT : *Daniel Deronda, tome II*.
Traduction de l'anglais et édition d'Alain Jumeau.

5009 CHARLES DICKENS : *David Copperfield*. Traduction
de l'anglais de Lucien Guitard, André Parreaux et
Madeleine Rossel, révisée par Francis Ledoux et
Pierre Leyris. Édition d'André Topia.

5032 *Écrivains fin-de-siècle*. Édition de Marie-Claire
Bancquart.

5046 JOSEPH CONRAD : *La Ligne d'ombre*. Traduction
de l'anglais de Florence Herbulot. Édition de Sylvère
Monod. Préface d'Alain Jaubert.

5059 ÉRASME : *Éloge de la Folie et autres écrits*.
Traduction du latin de Franz Bierlaire, Claude Blum
et Jean-Claude Margolin. Édition de Jean-Claude
Margolin.

5082 STENDHAL : *Journal*. Édition d'Henri Martineau,
avec la collaboration de Xavier Bourdenet. Préface
de Dominique Fernandez.

5099 JULES VERNE : *L'Île mystérieuse*. Édition de
Jacques Noiray. Illustrations de Férat.

5130 *Nouvelles du Moyen Âge*. Traduction nouvelle de
l'ancien français et édition de Nelly Labère.

5157 CERVANTÈS : *Don Quichotte, tome I*. Traduction
de l'espagnol de Claude Allaigre, Jean Canavaggio et
Michel Moner. Édition publiée sous la direction de
Jean Canavaggio.

5158 CERVANTÈS : *Don Quichotte, tome II*. Traduction
de l'espagnol de Claude Allaigre, Jean Canavaggio et
Michel Moner. Édition publiée sous la direction de
Jean Canavaggio.

5159 BALTASAR GRACIAN : *L'Homme de cour*. Précédé
d'un essai de Marc Fumaroli. Traduction de
l'espagnol d'Amelot de La Houssaie. Édition de
Sylvia Roubaud.

5183 STENDHAL : *Aux âmes sensibles. Lettres choisies
(1800-1842)*. Choix d'Emmanuel Boudot-Lamotte.
Édition de Mariella Di Maio.

5213 MIKHAÏL BOULGAKOV : *Le Maître et Marguerite*. Traduction du russe et édition de Françoise Flamant.

5214 JANE AUSTEN : *Persuasion*. Traduction de l'anglais et édition de Pierre Goubert. Préface de Christine Jordis.

5229 ALPHONSE DE LAMARTINE : *Raphaël*. Édition d'Aurélie Loiseleur.

5230 ALPHONSE DE LAMARTINE : *Voyage en Orient (1832-1833)*. Édition de Sophie Basch.

5269 THÉOPHILE GAUTIER : *Histoire du Romantisme* suivi de *Quarante portraits romantiques*. Édition d'Adrien Goetz, avec la collaboration d'Itaï Kovács.

5278 HERMAN MELVILLE : *Mardi*. Traduction de l'anglais de Rose Celli, révisée par Philippe Jaworski. Édition de Dominique Marçais, Mark Niemeyer et Joseph Urbas. Préface de Philippe Jaworski.

5314 ALEXANDRE DUMAS : *Gabriel Lambert*. Édition de Claude Schopp.

5328 ANN RADCLIFFE : *Les Mystères de la forêt*. Traduction de l'anglais de François Soulès, révisée par Pierre Arnaud. Édition de Pierre Arnaud.

5334 MONTESQUIEU : *Histoire véritable et autres fictions*. Édition de Philip Stewart et Catherine Volpilhac-Auger.

5357 E.T.A. HOFFMANN : *Contes nocturnes*. Traduction de l'allemand de F.-A. Loève-Veimars. Édition de Pierre Brunel.

5370 *Journaux intimes. De Madame de Staël à Pierre Loti*. Édition de Michel Braud.

5371 CHARLOTTE BRONTË : *Jane Eyre*. Traduction de l'anglais et édition de Dominique Jean. Préface de Dominique Barbéris.

5385 VIRGINIA WOOLF : *Les Vagues*. Traduction de l'anglais et édition de Michel Cusin, avec la collaboration d'Adolphe Haberer.

5399 LAURENCE STERNE : *La Vie et les Opinions de Tristram Shandy, Gentleman*. Traduction de l'anglais d'Alfred Hédouin, révisée par Alexis Tadié. Édition d'Alexis Tadié.

5413 THOMAS MORE : *L'Utopie*. Traduction du latin de Jean Le Blond, révisée par Barthélemy Aneau. Édition de Guillaume Navaud.

5414 MADAME DE SÉVIGNÉ : *Lettres de l'année 1671*. Édition de Roger Duchêne. Préface de Nathalie Freidel.

5439 ARTHUR DE GOBINEAU : *Nouvelles asiatiques*. Édition de Pierre-Louis Rey.

5472 NICOLAS RÉTIF DE LA BRETONNE : *La Dernière Aventure d'un homme de quarante-cinq ans*. Édition de Michel Delon.

5487 CHARLES DICKENS : *Contes de Noël*. Traduction de l'anglais de Francis Ledoux et Marcelle Sibon. Préface de Dominique Barbéris.

5501 VIRGINIA WOOLF : *La Chambre de Jacob*. Traduction de l'anglais et édition d'Adolphe Haberer.

5522 HOMÈRE : *Iliade*. Traduction nouvelle du grec ancien et édition de Jean-Louis Backès. Postface de Pierre Vidal-Naquet.

5545 HONORÉ DE BALZAC : *Illusions perdues*. Édition de Jacques Noiray.

5558 TALLEMANT DES RÉAUX : *Historiettes*. Choix et présentation de Michel Jeanneret. Édition d'Antoine Adam et Michel Jeanneret.

5574 RICHARD WAGNER : *Ma vie*. Traduction de l'allemand d'Albert Schenk et Noémi Valentin. Édition de Jean-François Candoni.

5615 GÉRARD DE NERVAL : *Sylvie*. Édition de Bertrand Marchal. Préface de Gérard Macé.

5641 JAMES JOYCE : *Ulysse*. Traduction de l'anglais par un collectif de traducteurs. Édition publiée sous la direction de Jacques Aubert.

5642 STEFAN ZWEIG : *Nouvelle du jeu d'échecs*. Traduction de l'allemand de Bernard Lortholary. Édition de Jean-Pierre Lefebvre.

5643 STEFAN ZWEIG : *Amok*. Traduction de l'allemand de Bernard Lortholary. Édition de Jean-Pierre Lefebvre.

5658 STEFAN ZWEIG : *Angoisses*. Traduction de l'allemand de Bernard Lortholary. Édition de Jean-Pierre Lefebvre.

5661 STEFAN ZWEIG : *Vingt-quatre heures de la vie d'une femme*. Traduction de l'allemand d'Olivier Le Lay. Édition de Jean-Pierre Lefebvre.

5681 THÉOPHILE GAUTIER : *L'Orient*. Édition de Sophie Basch.

5682 THÉOPHILE GAUTIER : *Fortunio – Partie carrée – Spirite*. Édition de Martine Lavaud.

5700 ÉMILE ZOLA : *Contes à Ninon* suivi de *Nouveaux Contes à Ninon*. Édition de Jacques Noiray.

5724 JULES VERNE : *Voyage au centre de la terre*. Édition de William Butcher. Illustrations de Riou.

5729 VICTOR HUGO : *Le Livre des Tables. Les séances spirites de Jersey*. Édition de Patrice Boivin.

5752 GUY DE MAUPASSANT : *Boule de suif*. Édition de Louis Forestier.

5753 GUY DE MAUPASSANT : *Le Horla*. Édition d'André Fermigier.

5754 GUY DE MAUPASSANT : *La Maison Tellier*. Édition de Louis Forestier.

5755 GUY DE MAUPASSANT : *Le Rosier de Madame Husson*. Édition de Louis Forestier.

5756 GUY DE MAUPASSANT : *La Petite Roque*. Édition d'André Fermigier.

5757 GUY DE MAUPASSANT : *Yvette*. Édition de Louis Forestier.

5763 *La Grande Guerre des écrivains. D'Apollinaire à Zweig*. Édition d'Antoine Compagnon, avec la collaboration de Yuji Murakami.

5779 JANE AUSTEN : *Mansfield Park*. Traduction de l'anglais et édition de Pierre Goubert. Préface de Christine Jordis.

5799 D.A.F. DE SADE : *Contes étranges*. Édition de Michel Delon.

5810 *Vies imaginaires. De Plutarque à Michon*. Édition d'Alexandre Gefen.

5840 MONTESQUIEU : *Mes pensées*. Édition de Catherine Volpilhac-Auger.

5857 STENDHAL : *Mémoires d'un touriste*. Édition de Victor Del Litto. Préface de Dominique Fernandez.

5876 GUY DE MAUPASSANT : *Au soleil* suivi de *La Vie errante et autres voyages*. Édition de Marie-Claire Bancquart.

5877 GUSTAVE FLAUBERT : *Un cœur simple*. Édition de Samuel Sylvestre de Sacy. Préface d'Albert Thibaudet.

5878 NICOLAS GOGOL : *Le Nez*. Traduction du russe d'Henri Mongault. Préface de Georges Nivat.

5879 EDGAR ALLAN POE : *Le Scarabée d'or*. Traduction de l'anglais et préface de Charles Baudelaire. Édition de Jean-Pierre Naugrette.

5880 HONORÉ DE BALZAC : *Le Chef-d'œuvre inconnu*. Édition d'Adrien Goetz.

5881 PROSPER MÉRIMÉE : *Carmen*. Édition d'Adrien Goetz.

5882 FRANZ KAFKA : *La Métamorphose*. Traduction de l'allemand et édition de Claude David.

5895 VIRGINIA WOOLF : *Essais choisis*. Traduction nouvelle de l'anglais et édition de Catherine Bernard.

5920 *Waterloo. Acteurs, historiens, écrivains*. Édition de Loris Chavanette. Préface de Patrice Gueniffey.

5936 VICTOR HUGO : *Claude Gueux*. Édition d'Arnaud Laster.

5949 VOLTAIRE : *Le Siècle de Louis XIV*. Édition de René Pomeau. Préface de Nicholas Cronk.

5978 THÉRÈSE D'AVILA : *Livre de la vie*. Traduction de l'espagnol et édition de Jean Canavaggio.

6003 ALEXANDRE DUMAS : *Le Château d'Eppstein*. Édition d'Anne-Marie Callet-Bianco.

6004 GUY DE MAUPASSANT : *Les Prostituées. Onze nouvelles*. Édition de Daniel Grojnowski.

6005 SOPHOCLE : *Œdipe roi*. Traduction du grec ancien de Jean Grosjean. Édition de Jean-Louis Backès.

6025 AMBROISE PARÉ : *Des monstres et prodiges*. Édition de Michel Jeanneret.

6040 JANE AUSTEN : *Emma*. Traduction de l'anglais et édition de Pierre Goubert. Préface de Dominique Barbéris.

6041 DENIS DIDEROT : *Articles de l'Encyclopédie*. Choix et édition de Myrtille Méricam-Bourdet et Catherine Volpilhac-Auger.

6063 HENRY JAMES : *Carnets*. Traduction de l'anglais de Louise Servicen, révisée par Annick Duperray. Édition d'Annick Duperray.

6064 VOLTAIRE : *L'Affaire Sirven*. Édition de Jacques Van den Heuvel.

6065 VOLTAIRE : *La Princesse de Babylone*. Édition de Frédéric Deloffre, avec la collaboration de Jacqueline Hellegouarc'h.

6066 WILLIAM SHAKESPEARE : *Roméo et Juliette*. Traduction de l'anglais et édition d'Yves Bonnefoy.

6067 WILLIAM SHAKESPEARE : *Macbeth*. Traduction de l'anglais et édition d'Yves Bonnefoy.

6068 WILLIAM SHAKESPEARE : *Hamlet*. Traduction de l'anglais et édition d'Yves Bonnefoy.

6069 WILLIAM SHAKESPEARE : *Le Roi Lear*. Traduction de l'anglais et édition d'Yves Bonnefoy.

6092 CHARLES BAUDELAIRE : *Fusées, Mon cœur mis à nu et autres fragments posthumes*. Édition d'André Guyaux.

6106 WALTER SCOTT : *Ivanhoé*. Traduction de l'anglais et édition d'Henri Suhamy.

6125 JULES MICHELET : *La Sorcière*. Édition de Katrina Kalda. Préface de Richard Millet.

6140 HONORÉ DE BALZAC : *Eugénie Grandet*. Édition de Jacques Noiray.

6164 *Les Quinze Joies du mariage*. Traduction nouvelle de l'ancien français et édition de Nelly Labère.

6205 HONORÉ DE BALZAC : *La Femme de trente ans*. Édition de Jean-Yves Tadié.

6197 JACK LONDON : *Martin Eden*. Traduction de l'anglais et édition de Philippe Jaworski.

6206 CHARLES DICKENS : *Histoires de fantômes*. Traduction de l'anglais et édition d'Isabelle Gadoin.

6228 MADAME DE SÉVIGNÉ : *Lettres choisies*. Édition de Nathalie Freidel.

6244 VIRGINIA WOOLF : *Nuit et jour*. Traduction de l'anglais et édition de Françoise Pellan.

6247 VICTOR HUGO : *Le Dernier Jour d'un Condamné*. Édition de Roger Borderie.

6248 VICTOR HUGO : *Claude Gueux*. Édition d'Arnaud Laster.

6249 VICTOR HUGO : *Bug-Jargal*. Édition de Roger Borderie.

6250 VICTOR HUGO : *Mangeront-ils ?* Édition d'Arnaud Laster.

6251 VICTOR HUGO : *Les Misérables. Une anthologie*. Édition d'Yves Gohin. Préface de Mario Vargas Llosa.

6252 VICTOR HUGO : *Notre-Dame de Paris. Une anthologie*. Édition de Benedikte Andersson. Préface d'Adrien Goetz.

6268 VOLTAIRE : *Lettres choisies*. Édition de Nicholas Cronk.

6287 ALEXANDRE DUMAS : *Le Capitaine Paul*. Édition d'Anne-Marie Callet-Bianco.

6288 KHALIL GIBRAN : *Le Prophète*. Traduction de l'anglais et édition d'Anne Wade Minkowski. Préface d'Adonis.

6302 JULES MICHELET : *Journal*. Choix et édition de Perrine Simon-Nahum. Texte établi par Paul Viallaneix et Claude Digeon.

6325 MADAME DE STAËL : *Delphine*. Édition d'Aurélie Foglia.

6340 ANTHONY TROLLOPE : *Les Tours de Barchester*. Traduction de l'anglais de Christian Bérubé, révisée par Alain Jumeau. Édition d'Alain Jumeau.

6363 LÉON TOLSTOÏ : *Les Insurgés. Cinq récits sur le tsar et la révolution*. Traduction nouvelle du russe et édition de Michel Aucouturier.

6368 VICTOR HUGO : *Les Misérables*. Édition d'Yves Gohin.

6382 BENJAMIN CONSTANT : *Journaux intimes*. Édition de Jean-Marie Roulin.

6397 JORIS-KARL HUYSMANS : *La Cathédrale*. Édition de Dominique Millet-Gérard. Illustrations de Charles Jouas.

6405 JACK LONDON : *Croc-Blanc*. Traduction de l'anglais, postface et notes de Marc Amfreville et Antoine Cazé. Préface de Philippe Jaworski.

6419 HONORÉ DE BALZAC : *La Femme abandonnée*. Édition de Madeleine Ambrière-Fargeaud.

6420 JULES BARBEY D'AUREVILLY : *Le Rideau cramoisi*. Édition de Jacques Petit.

6421 CHARLES BAUDELAIRE : *La Fanfarlo*. Édition de Claude Pichois.

6422 PIERRE LOTI : *Les Désenchantées*. Édition de Sophie Basch. Illustrations de Manuel Orazi.

6423 STENDHAL : *Mina de Vanghel*. Édition de Philippe Berthier.

6424 VIRGINIA WOOLF : *Rêves de femmes. Six nouvelles*. Précédé de l'essai de Woolf « Les femmes

et le roman » traduit par Catherine Bernard.
Traduction de l'anglais et édition de Michèle Rivoire.

6425 CHARLES DICKENS : *Bleak House*. Traduction de l'anglais et édition de Sylvère Monod. Préface d'Aurélien Bellanger.

6439 MARCEL PROUST : *Un amour de Swann*. Édition de Jean-Yves Tadié.

6440 STEFAN ZWEIG : *Lettre d'une inconnue*.
Traduction de l'allemand de Mathilde Lefebvre.
Édition de Jean-Pierre Lefebvre.

6472 JAROSLAV HAŠEK : *Les Aventures du brave soldat Švejk pendant la Grande Guerre*. Traduction du tchèque de Benoit Meunier. Édition de Jean Boutan.

6510 VIRGINIA WOOLF : *Orlando*. Traduction de l'anglais et édition de Jacques Aubert.

6556 DENIS DIDEROT : *Histoire de Mme de La Pommeraye* précédé de *Sur les femmes*. Édition d'Yvon Belaval.

6533 ANTHONY TROLLOPE : *Le Directeur*. Traduction de l'anglais de Richard Crevier, révisée par Isabelle Gadoin. Édition d'Isabelle Gadoin.

6547 RENÉ DESCARTES : *Correspondance avec Élisabeth de Bohême et Christine de Suède*.
Édition de Jean-Robert Armogathe.

6584 MIKHAÏL BOULGAKOV : *Le Maître et Marguerite*.
Traduction du russe et édition de Françoise Flamant.

6585 GEORGES BERNANOS : *Sous le soleil de Satan*.
Édition de Pierre Gille. Préface de Michel Crépu.

6586 STEFAN ZWEIG : *Nouvelle du jeu d'échecs*.
Traduction de l'allemand de Bernard Lortholary.
Édition de Jean-Pierre Lefebvre.

6587 FÉDOR DOSTOÏEVSKI : *Le Joueur*. Traduction du russe de Sylvie Luneau. Préface de Dominique Fernandez.

6588 ALEXANDRE POUCHKINE : *La Dame de Pique*.

Traduction du russe d'André Gide et Jacques Schiffrin. Édition de Gustave Aucouturier.

6589 EDGAR ALLAN POE : *Le Joueur d'échecs de Maelzel*. Traduction de l'anglais de Charles Baudelaire. Chronologie et notes de Germaine Landré.

6590 JULES BARBEY D'AUREVILLY : *Le Dessous de cartes d'une partie de whist*. Suivi d'une petite anthologie du jeu de whist dans la littérature. Édition de Jacques Petit. Préface de Johan Huizinga.

6604 EDGAR ALLAN POE : *Eureka*. Traduction de l'anglais de Charles Baudelaire. Édition de Jean-Pierre Bertrand et Michel Delville.

6616 HONORÉ DE BALZAC : *Gobseck et autres récits d'argent* (*Gobseck*, *L'Illustre Gaudissart*, *Gaudissart II*, *Un homme d'affaires*, *Le Député d'Arcis*). Édition d'Alexandre Péraud.

6636 *Voyageurs de la Renaissance. Léon l'Africain, Christophe Colomb, Jean de Léry et les autres*. Édition de Grégoire Holtz, Jean-Claude Laborie et Frank Lestringant, publiée sous la direction de Frank Lestringant.

6637 FRANÇOIS-RENÉ DE CHATEAUBRIAND : *Voyage en Amérique*. Édition de Sébastien Baudoin.

6654 ANTOINE HAMILTON : *Mémoires du comte de Gramont*. Édition de Michel Delon.

6668 ALEXANDRE DUMAS : *Les Quarante-Cinq*. Édition de Marie Palewska.

6696 ÉSOPE : *Fables*, précédées de la *Vie d'Ésope*. Traduction du grec ancien de Julien Bardot. Édition d'Antoine Biscéré.

6697 JACK LONDON : *L'Appel de la forêt*. Traduction de l'anglais, postface et notes de Marc Amfreville et Antoine Cazé. Préface de Philippe Jaworski.

6729 *Scènes de lecture. De saint Augustin à Proust*. Textes choisis et présentés par Aude Volpilhac.

Composition : Nord Compo
Impression Grafica Veneta
à Trebaseleghe, le 27 février 2020
Dépôt légal : février 2020

ISBN : 978-2-07-287239-6./Imprimé en Italie

360108

Notre-Dame des écrivains

Entre ciel et terre, profane et sacré, jadis et demain, Notre-Dame de Paris est la chambre d'échos où résonnent les fantasmes des romanciers et des poètes, les questionnements des historiens ou des philosophes. Cette anthologie propose la confrontation de quatre-vingts auteurs pour qui la cathédrale est tantôt un sanctuaire, tantôt l'autel où l'on goûte aux délices du sacrilège ; l'objet de regret ou d'un désir de restauration. Quoique familière, elle est la pierre de touche où s'érigent les rêveries poétiques, parfois même érotiques. Sous l'œil des contemporains de sa construction et des grands chantres de Paris (Villon, Prévert, Aragon, Hemingway, Hugo...), on rencontrera aussi Christine de Pizan évoquant la chute d'un funambule marchant entre les tours, Rabelais et son héros Gargantua « compissant » Paris depuis son sommet ; un alchimiste du XVIIe siècle déchiffrant la mystique de son portail…

[...] nous à l'immense chœur des [...]

[...] couleurs (Fouquet, Matisse, Brassaï, Picasso, Tardi...) [...] anc. Textes présentés et commentés ; lexique des termes [...] e ; chronologie de Notre-Dame de Paris.

folio classique